영어 그림책의 안과 밖

영어 그림책 바로 알고 새로 읽기

이동환 지음

Inside & Outside of
English Picture Books

KM 경문사

머리말

영어 그림책은 2000년대에 들어서서 영어교육에서 다독이 화제가 되면서 아동문학과 더불어 초기 학습자의 영어학습 및 효과적인 읽기 프로그램 교재로 주목받고 있다. 빽빽한 글자를 제대로 읽고 이해하기 힘든 어린 외국어 학습자들이 매력적인 이미지로 충실히 내용을 담은 삽화를 넘기며 이야기에 몰입함으로써 자연스럽게 영어표현의 의미까지 익히기 적합하기 때문이다. 영어 그림책에 글과 삽화(이미지)가 절묘하게 어우러져 있어서 학습적으로 유용한 것이다.

영어 그림책의 교육적 이점이 일반에도 널리 알려지면서 그림책으로 영어를 배우는 관행이 미취학 아동과 초등학생을 중심으로 성행하고 있다. 엄마표 영어로 인기를 구가하는 유명인들이 그림책들을 언어, 내용, 추천 별점 등으로 분류하여 소개하고, 교사들은 영어수업용으로 추천받기 위한 그림책 정보를 주고받기도 한다. 영어 그림책의 교육적 활용에 관한 관심이 점증함에 따라 유아교육과 초등영어교육 전공자들은 연구회를 통해 유용한 그림책과 읽기 방법에 관한 도서를 간행하기도 한다. 그렇다면 영어 그림책은 한국의 영어교육을 의미있게 끌고 가는 것에 얼마나 기여하고 있는 것일까? 매년 영어 사교육 비용이 최고치를 경신한다는 뉴스가 끊이지 않는 현실을 염두에 둘 때, 영어 그림책 열풍은 마냥 선한 영향력을 행사하기보다 뚜렷한 빛과 그림자를 드리우는 듯하다.

영어 그림책을 활용하는 방법에 정답이란 있을 수 없다. 그럼에도 불구하고, 각종 매체에서 영어 그림책으로 교육적 효과를 거둔 특정한 사례를 정답인 것처럼 선전하고, 누군가는 이를 믿고 따르다가 뜻대로 되지 않아 어려움을 겪는 일들이 지속되고 있다. 유명인, 도서, 혹은 인공지능으로부터 다양한 영어 그림책 자료와 방법을 추천받지만, 정작 본인의 수업이나 아이에게 적용하려면 막연한 지점이 적지 않아 대충 읽히고 말거나 아예 그림책 이용을 포기하는 일이 벌어지기도 한다. 이와 같은 문제를 시정하려면 영어 그림책이 무엇인지 먼저 정확하게 이해해야 한다. 영어 그림책들을 언어와 내용에 따라 분류하고 어울리는 학습 방법이나 활동 방법을 제시하는 작업은 차순위일 것이다. 영어 그림책의 본질을 간과한 채 그럴싸한 영어 그림책을 가져와 학습자에게 성급하게 읽도록 강요하면 투자한 시간과 노력에 비해 성과가 미미할 수밖에 없다.

한국에서 영어 그림책은 영어를 배우는 읽기자료, 일상의 기초 개념을 다루는 교재, 아동문학의 한 분야로서 문학적 감상을 위한 텍스트처럼 다양한 위상을 점하고 있다. 이렇게 그림책은 언어학습 자료로 간단히 치부될 수 없다. 때로는 영어 그림책의 위상이 하나로 고정되지 않고 중첩되는 양상을 보이기도 한다. 결국, 그림책을 사용하는 저마다의 상황을 고려하여 위에서 말한 특성들의 교집합을 찾아 슬기롭게 활용하려는 노력이 무엇보다 중요하다. 안타깝게도, 우리는 영어 그림책 활용에 관한 한 알짜리 만병통치약(one-size-fits-all)을 누군가가 가져다주는 행운을 고

대하지만, 현실적으로 나만의 상황에 맞는 그림책을 고르고 가르치는 방법은 모호하기 짝이 없다. 이런 의미에서, 한국의 영어 그림책 열풍은 흥부에게 박씨를 물어다 준 제비와 같은 은인을 바라는 심리에 기대고 있는지도 모른다.

이 책은 그림책이라는 물고기를 잡아다 다양한 요리로 만들어 독자의 입에 넣어주는 것보다 무슨 물고기를 언제 어디에서 어떻게 잡는지, 물고기를 무슨 부재료로 어떻게 요리해서 누구에게 줄지, 더 나은 요리를 만들기 위해 무엇을 해야 하는지와 같은 본질적인 지점을 논하기 위한 목적으로 기획되었다. 칼데콧 수상작이나 날로 발전하는 인공지능기술처럼 훌륭한 그림책 목록이나 가능한 활용법은 여러 경로로 안내받을 수 있지만, 막상 교육적으로 사용하려면 그림책이 의외로 두껍고 어려워 학습자 수준에 맞지 않는 문제가 생기곤 한다. 이런 현상은 마치 온라인 리뷰를 보고 좋다고 생각하여 식당에 방문하거나 그대로 집에서 조리하였을 때 '생각하던 그 맛'이 아니라 실망하는 사례에 빗댈 수 있다.

이 책에서는 한국의 영어교육과 영미 아동문학이라는 두 가지 맥락을 중심으로 영어 그림책의 본질에 대해 다양한 각도로 생각해 보고자 했다. 이에 따라, 그림책의 의미를 집중적으로 논의하기 위한 25가지 개념을 선정하고 이를 8개 파트(대개념)로 묶었다. 또한, 각각의 개념마다 숙고할 가치가 높은 논점을 대화상황에 반영한 도입부 장면을 제시하였으며, (대부분의) 장면마다 이에 관한 애니메이션 동영상(QR코드)을 연결하여 가급적 흥미롭게 논점을 소개하고자 했다. 독자는 도입부 장면으로부터 떠올린 해당 개념의 논점을 염두에 두고 이후에 기술한 내용을 여러 시선으로 짚어볼 수 있을 것이다.

이 책의 8개 파트에서 고찰할 내용을 요약하여 소개하면 다음과 같다.

첫 번째 파트에서는 그림책이 좁게는 아동문학, 넓게는 문학작품 중 하나라는 점에서 언제부터 누구에 의해 무슨 이유와 목적으로 문학교육이 부상하였는지 살펴볼 것이다. 그림책을 포함한 문학작품은 언어와 이야기 구조를 축으로 구성된다. 문학교육에서는 서사 몰입과 공감을 다루기 때문에 학습자의 심리 반응에 관심을 기울이기 마련이다. 특히 어린 학습자는 그림책의 친근한 이미지와 친절한 글을 번갈아 보면서 편안한 마음으로 언어와 개념을 자연스럽게 습득한다. 인간의 언어 습득이 이야기 본능과 밀접히 얽혀있다는 연구결과를 감안할 때, 그림책을 통해 효과적으로 언어, 이야기, 그리고 기본적인 일상의 개념을 익힌다고 말할 수 있다.

두 번째 파트에서는 아동문학의 역사와 그림책의 탄생 과정에 대해 살펴봄으로써 그림책에 깃든 교육적 가치에 대해 다각도로 점검할 것이다. 그림책의 교육적 가치는 글과 그림의 상호작용에 기초한다는 점에서, 이에 대해 논한 로크와 루소의 생각을 살펴보는 것도 의미있는 일이다. 로크는 그림을 통해 가르칠 내용을 효과적으로 전달할 수 있다며 이솝 우화와 같은 그림책 이야기의 교육적 가치를 긍정적으로 전망한다. 반면에 루소는 로크를 실명 비판하면서 이야기의 은유적 속성으로 인해 어린 학습자가 그릇된 개념만 받아들일 수 있다고 우려한다. 두 사람의 상충하는 견해는 어느 쪽이 옳고 그르다는 차원을 뛰어넘어 학습자료로서 그림책이 지니는 특성을 깊이 이해하는 단초로 볼 수 있다.

세 번째 파트에서는 영어 그림책을 깊이 분석하고 이해하는 역량을 기르기 위해 그림책을 구성하는 요소에 대해 알아볼 것이다. 그림책이 삽화라는 비언어 매체로 메시지를 전달하는 이상, 삽화를 이루는 매체와 기법의 특성을 숙지하고 있으면 전하려는 의미도 더 정확하고 자세하게 짚어낼 수 있다. 수채화나 유화와 같은 매체, 곡선과 직선처럼 윤곽을 표현하는 방식, 사실주의와 표현주의와 같은 미술 사조에 관한 이해는 그림책의 미묘한 속뜻을 포착하는 배경지식 역할을 한다. 마찬가지로, 그림책 이야기의 인물, 사건, 시공간 배경에 관한 기초 지식도 줄거리에 담긴 주제와 유형을 분석하는 기준점을 제시한다. 그림책에 담긴 내용을 의식 전면에 끄집어내어 교육활동에 반영하려면, 교육자는 보상, 승화, 동일시와 같은 정신분석 비평의 기초 개념과 동식물을 대하는 윤리적 자세를 다루는 생태환경 비평 개념 등을 이용하여 그림책을 분석할 줄 알아야 한다.

무엇보다, 영어 그림책을 제대로 이해하려면 글과 그림이 상호작용을 거쳐 의미를 산출하는 기제에 집중해야 한다. 판면 구도에서 캐릭터 배치, 표정, 시선, 움직임 등은 글이 담지 못하였거나 때때로 의도적으로 반대되는 의미를 형상화하여 독자가 종합적으로 그림책이 전하는 바를 추측하도록 한다. 이처럼 그림책의 서사 구조는 글과 그림의 관계를 짚어낼 때 그 실체가 드러난다. 글과 그림의 상호작용은 그림책의 플롯 형성에도 직접적으로 간여한다. 그림책의 플롯 전개에서 캐릭터의 감정, 사건의 전모, 시공간 변화 등의 주요 정보를 그림으로 표현하기 때문이다.

네 번째 파트에서는 영어 그림책을 학습자 수준과 다루는 내용의 성격에 따라 어떻게 갈래를 나눌 수 있는지 짚어볼 것이다. 그림으로 표현할 수 있는 정보가 무한한 만큼 그림책에서 인사와 같은 간단한 일상 표현이나 도덕적 태도와 같은 모티프만 다루는 것은 아니다. 그림책의 종류는 알파벳과 숫자를 배울 때 사용하는 초기 학습자용 도서부터 전래동화에 기초하여 만든 그림책, 미래 외계 행성이나 미지의 공간처럼 가상세계를 다루는 판타지 그림책, 사실적 정보에 집중하는 정보책까지 매우 다양하다. 그림책의 갈래에 대해 정통하면, 그림책 선정과 분석의 방향을 잡기 유리한 동시에 학습자(부모라면 자녀)의 취향에 부합하는 지도에도 도움이 된다.

다섯 번째와 여섯 번째 파트에서는 영어 그림책 역사에서 획을 그은 명작들을 골라 깊이 읽으면서 역사적으로 그림책이 어떻게 변화하였는지 짚어보고 미래의 그림책 변화 방향을 전망할 것이다. 19세기의 그림책들은 주로 창작보다 유명한 민담을 밝고 화려한 삽화에 담아 독자의 시각적 즐거움을 벼리면서 사회적 통합을 지향하는 도덕적 교훈을 전달하였다. 이 시기의 작가들은 낭만주의에 영향을 받아 아동이 순수함과 호기심을 간직하며 긍정적인 미래를 그려보도록 하는 낙천적 세계관에 집중하였다.

20세기에 들어서면서, 제국주의 붕괴와 연이은 전쟁으로 암울한 세계관이 퍼지면서 아동문학과 그림책에서 이런 분위기가 녹아들었다. 아동의 순진무구한 정신보다 엄혹한 세상에서 어떻게 살아갈지에 관한 사실적 요소들이 아동문학과 그림책에도 투영되었다. 이별이나 죽음처럼 이전에 금기시되던 소재까지 플롯에 사용되면서 아동문학과 그림책이 다루는 주제와 형식이 깊어졌다. 20세기 중반 이후에는 다문화주의가 부상하면서 인종(민족), 성별, 계급의 차별을 시정하고 세계시민으로서의 소양을 강조하는 그림책들이 연달아 간행되기도 했다. 20세기 후반부터 21세기로 넘어가면서 다문화주의가 보편적 가치로 정착하였으며, 동물권리와 기후위기처럼 생태환경 문제를 조명하는 그림책들도 소개되었다. 또한, 그림책의 정형화된 문법을 탈피한 파격적 판면 구성을 통해 권위에 도전하는 반전 동화가 포스트모던 그림책이라는 장르로 출현하기도 했다.

일곱 번째 파트에서는 영어 그림책이 교육용 교재로서 어떻게 활용될 수 있는지에 주안점을 두면서 그림책을 체계적으로 분석하고 변형하는 양상을 곱씹어 볼 것이다. 그림책 번역본은 읽는 어린 독자들의 눈높이를 배려하여 불필요하거나 어색한 직역을 피하고 부드럽게 의역하거나 정감을 주는 문체를 구사한다. 이런 번역본의 특성을 이해하면서 원본과 비교하는 과정은 그림책에 녹아있는 다양한 해석 가능성을 발굴하면서 작품 감상과 영어학습을 결합한다. 이처럼 그림책에 대한 깊은 이해와 감상은 교재로 사용하기 위한 개작에 반영되기 마련이다. 특히 디지털 기반 소통이 보편화된 시대임을 고려하여 그림책 이야기를 개작하여 디지털 매체와 결합하는 방법에 대한 고민은 선택이 아닌 필수로 여겨진다.

여덟 번째 파트에서는 영어 그림책을 교재로 다듬은 다음에 어떻게 교육적으로 유익하게 활용할지에 관한 내용을 집중적으로 서술할 것이다. 영어 그림책은 초등학교 교육과정에서 배우는 일상생활의 기초 개념을 묘사하기 때문에 영어와 다양한 교과 주제를 통합하는 소위 주제 혹은 내용중심 교수법과 잘 어울린다. 이에 덧붙여, 이야기에서 제시하는 인물의 감정 변화와 갈등 상황은 독자의 심금을 자극하는 이상, 영어 그림책은 문학치료 혹은 독서치료에서도 내담자의 심리를 점검하고 처방하는 수단으로 사용되고 있다. 정신과 의사가 병으로 치료하는 경우가 아닐지라도, 학교에서 교사가 생활지도 차원에서 문제가 되는 언행을 반복하는 학습자의 심리를 점검하고 교정하기 위해 영어 그림책을 학습자에게 읽힐 수 있다. 영어 그림책을 활용한 주제 학습이 교과에 속한다면, 문학치료는 생활지도와 상담이라는 비교과 영역에 해당할 것이다.

수업시간에 활용할 영어 그림책을 선정하는 준거와 실행 전략부터 학습자들이 작품의 의미를 파악하고 확장하는 다양한 활동은 크게 보면 문학교수법에 속한다. 어떤 교수기법과 활동이 무슨 학습목표로 누구에게 적용할지에 관한 논의는 문학교육에 해당하는 모든 수업상황에 적용될 수 있다. 영어 그림책을 활용한 문학교육에서 가장 중요한 교수기법이자 활동은 아무래도 스토리텔링일 것이다. 성공적인 스토리텔링을 위해 무엇을 준비하고 어떻게 구연할지까지 세세한 전략을 마련해야만 집중시간이 채 몇 분도 되지 않는 어린 학습자의 눈길을 사로잡을 수 있기 때문이다. 특히 대부분의 초등영어 교과서에서는 이야기를 간단하게 개작한 대화문으로 스토리텔링을 하며 언어표현을 익히기 때문에 교사는 교육적인 맥락에서 이루어지는 스토리텔링을 이해하고 적용할 줄 알아야 한다.

교과서에서 다루는 이야기는 삽화와 더불어 제시되는 까닭에 그림책의 축소판으로 보아도 무방하다. 소수의 이야기를 발췌하거나 축약하여 읽기 자료로 활용하는 중등영어 교과서와 다르게, 초등영어 교과서에서는 스토리텔링을 포함한 여러 이야기 활동을 빈번하게 다룬다. 초등영어 교과서의 이야기는 삽화를 포함한 그림책이라는 점에서, 여러 이야기 장르가 교과서에서 어떤 비중으로 누구에게 활용되는지 분석하면 그림책의 교육적 활용 실태와 가치를 파악하기 용이하다. 일례로, 초등 저학년일수록 배경지식을 활용하기 유리한 전래동화를 즐겨 사용하고 고학년으로 갈수록 이야기 활동이 줄어드는 반면에 현대 창작물의 비중은 늘어나는 현상을 떠올릴 수 있을 것이다. 게다가, 그림책 삽화가들이 교과서 삽화 제작에 참여하거나 유행하는 그림책 화풍을 참고하여 교과서에 반영하는 경우가 적지 않음을 고려할 때, 그림책은 어떤 식으로든 교과서에도 영향을 미치고 있음을 미루어 짐작할 수 있다.

전통적 의미의 그림책은 아니지만 만화로 정교하고 복잡한 플롯과 사회적 메시지를 담은 그래픽노블(graphic novel)도 글과 그림의 상호작용에 기초하여 의미를 구성한다는 점에서 크게 보아 그림책의 확장판으로 볼 수 있다. 그래픽노블은 그림책을 유치하다고 간주하여 멀리할 가능성이 큰 중등 이상 독자들의 관심을 끌기 적합하다. 청소년들은 웹툰에 익숙하여 만화 형식에 거부감이 없다. 게다가, 청소년 이상의 독자들은 웹툰을 원작으로 한 영화, 게임 콘텐츠를 즐기고 음미하는 것에 익숙하여 그래픽노블의 사회비판적 메시지 역시 받아들일 마음의 준비가 되어있다. 이에 따라, 중등 이상 학습자를 대상으로 한 영어교육에서 그래픽노블을 언어학습 교재로 활용하는 것을 고려할 필요가 있어 보인다.

이 책을 집필하면서 염두에 둔 독자는 일차적으로는 영어 그림책의 교육적 활용에 관심을 지닌 교사와 예비교사이고, 이차적으로는 영어 그림책을 통한 자녀교육에 관심이 많은 학부모와 영어 그림책의 언어교육적·문예적 함의를 심층적으로 들여다보려는 언어교육과 문학연구자 집단이다. 이런 사정으로 인해, 학술적 논의로 깊이 들어가는 지점이 일부 포함된 것 또한 사실이므로 이 책을 읽는 목적에 따라 과도하게 지엽적으로 여겨지는 항목이 있다면 적절히 이해하고 넘기는 것도 무방하리라 본다.

이 책에서 다룬 그림책들은 그림책의 다양한 속성을 설명하기 위한 기준에 따라 선정된 것들이다. 따라서 그림책 목록을 완성할 때 문예적 분석이나 교육적 고려 어느 쪽도 치우치지 않기 위해 노력하였다. 여태까지 출간된 그림책의 수는 거의 무한하지만, 지면에서 다룰 수 있는 양은 한정적이다. 이런 사정으로, 추가적으로 분석하고 싶은 수많은 그림책이 논의대상에서 제외되었다. 또한, 이 책에 수록한 삽화들 중에서 위키피디아에서 인용한 것들은 따로 출처를 명기하지 않았다. 본문에서는 학술적 논의를 위해 꼭 필요한 삽화만 선별적으로 인용하고 (온전한 컬러 인쇄가 아니라는 사실을 제외한다면) 이미지를 임의로 왜곡하지 않음으로써 지적저작권에 저촉되지 않도록 유의했다.

이 책의 가장 중요한 목적은 독자가 그림책을 보는 나름의 안목을 얻는 것에 있다. 우리는 휙휙 넘기며 금방 내용을 파악할 수 있다는 착각에 사로잡혀 그림책을 만만한 한 입 거리 간식처럼 허겁지겁 씹지도 않고 삼켜버리곤 한다. 이처럼 급하게 그림책을 '먹어치우면' 영양분을 흡수하지 못하고 배설하거나 소화불량에 걸리고 말 것이다. '나도 그림책을 어지간히 안다'고 확신하는 배후에는 어렸을 때 그림책을 곁에 두고 지낸 추억이 자리하고 있다. 이런 자신감에 우쭐해져 빠르게 찾아 읽을 수 있는 '그림책 사용설명서'만 있으면 문제없이 가르칠 수 있다는 생각이 스멀스멀 올라오기도 한다. 그런데 실제로 그림책으로 무언가 가르치려고 하면 뜻대로 풀리지 않아 당혹스러운 경험을 하게 된다. 그림책에 대해 제대로 알아볼 시간이 없거나 일상에 지쳐 더 알아보려는 의욕이 꺾이면 누군가가 소개한 그림책들만 회전문처럼 돌려쓰는 일이 벌어지기도 한다. 보편적으로 좋다고 인정받은 그림책이라 하더라도 내가 그림책에 대해 제대로 알지 못하면 교육자나 부모로서 역할을 수행할 때 어느 시점에서 한계에 부딪치고 만다. 이런 사실은 요리사가 친절하게 조리법을 알려줘도 따라 만들기 어려운 점에 빗댈 수 있다.

이 책에서 다루는 내용들은 그림책이라는 음식을 제대로 씹고 분해하여 좋은 영양분을 많이 흡수하기 위해 무엇을 어떻게 해야 하는지에 관한 것들이다. 그림책의 영양분은 우리에게 거저 주어지지 않는다. 영양분의 충분한 소화흡수는 적절한 도구와 방법을 숙지한 후 그림책을 천천히 음미하면서 마음과 정신의 저작(咀嚼) 활동을 수행해야만 얻어진다. 이미 여러 번 '맛본' 유명한 그림책이라면 상식으로 알던 내용의 이러저러한 속뜻을 새롭게 발견하고 몰랐던 '영양분'을 추가적으로 얻을 수 있다. '세상에 공짜 점심이 없다'(No free lunch)는 진리는 그림책에도 고스란히 적용된다. 이 책을 읽는 내내 그림책을 바로 알고 새로 읽는 기쁨이 독자의 머릿속에서 떠나지 않기를 소망한다. 그림책의 안팎을 꿰뚫어 보는 '절대 반지'는 오로지 그림책을 즐기는 자의 손가락에만 허락된다.

2025년 12월
저자

차례

문학교육과 영어학습

1. 문학교육의 역사와 의미
2. 언어 습득과 이야기 본능
3. 문학교육과 학습자의 위상
4. 문학교육과 영어과 교육과정

I

문학작품을 영어교육에 활용하려는 노력은 19세기에 영국이 식민지를 지배할 당시에 영어를 식민지인들에게 가르치기 위해 영문학 작품을 교재로 사용하던 것부터 시작되었다. 20세기로 들어서면 아동문학을 활용한 언어학습에 이르기까지 문학작품의 교육적 활용 방식이 다양화되는 양상을 보였다. 이처럼 시대 변화에 따라 무슨 작품을 어떻게 가르쳐왔는지 훑다보면 문학교육의 다양한 의미를 자연스럽게 살펴보기 적합하다. 한편, 문학의 핵심을 이루는 이야기 구조는 언어습득과 밀접히 관련되어 있다. 언어 학습자는 수동적으로 주어진 이야기를 수용하지 않고 능동적으로 반응하면서 모국어와 제2언어(외국어)를 습득하며, 이런 점에서 문학교육은 영어교육과 상당수 겹쳐져 있다. 그렇다면 영어과 교육과정에서는 문학교육을 어떻게 다루고 있을까? 인공지능시대의 교육이 감수성과 창의성을 북돋는 것에 방점을 찍는다면, 영어과 교육과정에서도 문학작품을 활용한 변화 방향을 모색해야 한다. 이번 파트에서는 위와 같은 논점들을 하나씩 짚어볼 것이다.

1. 문학교육의 역사와 의미

BTS Behind the Scenes

연구자 1: 요즘 학생들은 숏폼 콘텐츠에 익숙해서 그런지 소설을 읽지 않아 걱정이네요. 문학교육이 위기인 시대임을 실감합니다.

연구자 2: 그런데 학생들이 온라인 콘텐츠 사이트에 접속해서 시리즈물을 주말 내내 모아서 보기도 하잖아요? 소설이 길다고 외면하는 것도 아닌 것 같아요. 뭔가 새로운 방법을 찾아야 될 듯해요.

연구자 3: 저로서는 두 분처럼 얘기하는 것이 참 생소하게 느껴집니다. 소설이나 동영상 시청이 문학교육과 무슨 상관인지 모르겠군요. 수업시간에는 마땅히 작품을 꼼꼼히 읽어야 실력이 늘죠.

연구자 1: 현실이 그렇지 않다는 것이 문제이겠죠. 학생들이 글을 읽지 않으려고 할 뿐 아니라 기계번역이 퍼지다보니 다들 영어를 배워야 하냐고 생각하는 것 같습니다.

연구자 3: 영어 학습자료로 문학작품을 이용하면 몰입과 감상만 방해해서 이도저도 아니게 될 것 같은데요?

연구자 2: 어린 아이들인 경우에는 모국어를 그림책으로 배우는 것처럼 언어와 내용이 흥미롭게 결합되는 방식이 외국어를 배울 때 유익하지 않나요?

연구자 3: 문학교육과 영어학습을 섞을 수 있을지 의문입니다. 문학교육이란 19세기 이래로 학교에서 무슨 작품을 어떤 시각으로 가르쳤는지 살펴보는 문학연구의 한 분야에 가깝기 때문입니다. 여기에서 과연 언어학습에 도움이 되는 무언가를 발견할 수 있을까요?

연구자 1: 과거의 문학교육은 말씀하신 것과 같았을지 모르지요. 그러나 지금은 문학교육의 의미가 바뀐 시대임을 염두에 두면 좋겠습니다.

도입부 대화의 연구자들은 문학작품을 읽고 음미하는 것과 영어학습의 의미에 대해 다른 입장을 취하며 대립하고 있다. 연구자 1과 2는 소설이든 영상이든 문학으로 영어를 가르쳐서 영어교육이 시들해지는 것을 막아야 한다고 말하지만, 연구자 3은 문학이 언어학습의 도구로 사용되는 상황에 이견을 피력한다. 연구자 1과 2 사이에도 미묘한 시각 차이가 엿보인다. 한 명은 주로 현실을 개탄하는 쪽이고, 다른 한 명은 종이라는 매체의 문제이지 길어서 그런 것은 아닐 것이라면서 그림책과 같은 접근 가능성이 높은 매체를 대안으로 고민한다. 이와 같은 연구자들의 대화는 문학교육과 영어교육의 관계를 바라보는 사람들의 시선이 극과 극일 정도로 다양할 수 있음을 암시한다.

영어권 문학교육의 태동과 문학의 사회적 기능

영어권의 문학교육 태동과 발전 과정을 살펴보면 문학의 위상과 문학교육의 의미를 깊이 이해할 수 있다. 20세기 중반 이전까지 문학교육에서는 평범한 사람들의 언어, 사고, 감성 함양과 자아구현보다 특정 계급만을 위한 전유물이거나 사회가 요구하는 역량을 갖추는 도구에 초점을 맞추었다. 18-19세기의 문학작품 경험은 학교와 같은 제도권에서 이루어지기보다 대부분 개인이나 소수의 자발적 독서 형식으로 이루어졌다. 당시에 귀족과 중상층 부르주아 집단의 독서를 묘사한 풍속화들은 문학적 감수성과 교양을 쌓아 글을 읽지 못하거나 책을 구할 수 없는 하층민과 선을 긋는 계급적 구별에 초점을 맞추었다.

18-19세기의 독서 유행을 보여주는 그림들

문학교육의 효용성을 처음으로 공론화한 사람은 18세기 스코틀랜드 경제사상가이자 철학자로서 『국부론』(*The Wealth of Nations*)의 저자로 잘 알려진 아담 스미스(Adam Smith)다. 스미스는 평범한 사람들에게 문학을 가르치면 실용학문과 문예적 숭고함을 두루 익혀 건전한 상식을 갖춘 개인으로 성장할 것이라고 믿었다.[1] 그에게 문학은 도덕 감수성과 정서 순화를 통해 건전한 상식을 갖춘 개인이 되기 위한 훌륭한 교육자료였다. 문학적 훈련을 받은 개인들이 모였을 때 보이지 않는 손이 작동하는 자유방임 정치경제 체제가 작동한다는 것이 스미스의 기본 입장이다.

문학의 사회적 쓸모는 영국이 산업혁명에 성공하여 19세기의 패권국가가 되면서 새로운 전기

1) Adam Smith, *The Wealth of Nations* (Chicago: The U of Chicago P, 1977) 1045; Jack Russell Weinstein, *Adam Smith's Pluralism: Rationality, Education, and the Moral Sentiments* (New Haven, CT: Yale UP, 2013) 213-14.

를 맞게 된다. 당시만 하더라도 식민지를 통치하기 위해 영어와 영국적 가치의 우수함을 가르칠 교재로 셰익스피어(William Shakespeare) 희곡과 같은 명작만한 것이 없었기 때문이다. 이런 분위기에 편승하여 대학의 교육과정에도 변화가 찾아왔다. 그전까지 대학에서 이루어진 문학 공부는 동양에서 한자로 된 사서삼경을 암송하며 뜻을 새기는 것처럼 고대 그리스와 라틴어 고전을 탐독하며 주석을 덧붙이는 문헌학(philology)에 가까웠다. 그러나 대중교육 확산으로 문어체를 가르쳐야 할 교육 수요가 생겼을 뿐 아니라 식민지에서 사람들이 실제로 읽고 쓰는 영어를 가르치기 위한 교재도 필요해지면서 문학의 교육적 효용성이 주목받게 되었다.[2] 특히 동시대의 영어로 쓰인 소설과 시를 연구하는 영문학은 식민지에서 가르칠 인력 양성과 무관하지 않다. 식민지인들이 고전으로 영어를 배우면서 사대주의를 무의식중에 체득하는 효과를 노린 것이다. 영문학과 제국주의의 밀접한 관계는 스코틀랜드 출신 사상가 토마스 칼라일(Thomas Carlyle)이 『영웅론』(*On Heroes, Hero-Worship, and the Heroic in History*, 1841)에서 셰익스피어를 인도 전체의 값어치에 필적한다고 빗댄 대목에서 여실히 확인된다.[3] 위와 같이, 영어권, 좁게는 영국에서 문학교육 논의가 움텄을 때 문학작품을 순수한 즐김의 대상으로 여기기보다 문학의 사회적 기능에 초점을 맞추었다.

20세기 중반까지 문학교육은 비판적 사고를 키우고 언어를 익히는 교육적 역량 함양보다 다음과 같은 세 가지 사회적 기능과 역할에 초점을 맞추어 논의되었다. 첫 번째로, 문학을 통한 정서 순화와 인성 함양이 인간의 삶을 깊이 이해하는 통로라는 시각이다. 이런 입장은 캐나다의 문학 이론가 노스롭 프라이(Northrop Frye)의 원형비평(archetypical criticism)에서 흥미롭게 설명하고 있다. 원형비평에서는 활기찬 기운이 넘실대는 희극을 여름에 빗대고 죽음의 스산함이 감도

노스롭 프라이(Northrop Frye, 1912~1991)
영국시, 문학교육, 현대문명, 캐나다문학 등과 같은 광범위한 영역에 걸쳐 영향력 있는 성과를 산출한 석학이다. 비단 원형비평 이외에도, 프라이는 춥고 거친 캐나다의 대자연에서 생존하기 위해 협력하는 공동체정신이 캐나다의 국민성을 구성하였다고 주장함으로써 미국과 구분되는 캐나다의 정체성을 지적한 것으로 잘 알려져 있다.

---

2) Terry Eagleton, *Literary Theory: An Introduction* (Minneapolis: The U of Minnesota P, 2008) 24-25.

3) Thomas Carlyle, *On Heroes, Hero-Worship, and the Heroic in History* (New York: AMS Press, 1969) 113.

는 비극을 겨울과 같다고 여기는 등 문학의 여러 장르를 자연의 순환에 대입한다.[4] 추위와 더위가 교차하는 자연 순환은 길흉화복이 반복되는 인간의 삶과 겹쳐진다. 프라이는 주제와 장르가 다양한 문학작품을 읽는 경험을 통해 무의식적 차원에서 인과응보, 새옹지마, 영고성쇠를 체득한다고 생각한다. 여러 인물의 다양한 처지를 접하면서 머릿속에 삶의 본질에 관한 프레임이 하나둘 탑재되는 과정을 거쳐 인간과 삶에 관한 깊은 이해와 공감에 도달한다고 본 것이다.

두 번째로, 문학의 기능과 역할을 의식주가 충족된 인간의 타고난 여흥 본능에서 찾기도 한다.[5] 먹고 배설하는 생리적 욕구가 충족되면, 인간은 빈 시간을 채우려는 정신의 욕구가 발동한다. 책을 읽고 그림을 그리고 음악을 연주하거나 노래를 부르고 영화를 감상하는 행위는 예술이 인간의 본능임을 짐작토록 한다. 이런 관점에서, 문학교육의 역할은 문학을 제대로 향유하는 방법을 알려주는 것에 있다. 즉, 이야기를 감상할 때 일그러진 정서에 사로잡혀 반사회적 폭력을 분출하거나 캐릭터에게 비뚤어진 방식으로 몰입하여 우울감에 휩싸이는 일을 막는 교육적 예방 조치를 취하는 것이다.

세 번째로, 사회경제적 이익과 무관하게 향유를 위해 문학을 접하면 자신도 모르게 복잡한 정보에 숨은 핵심을 직관적으로 파악하는 통찰력을 길러 오히려 사회적 성공에 도움을 주기도 한다. 좋은 대학에 입학하고 많은 돈을 벌기 위해 노력하는 사람들의 능력 차이가 크지 않더라도 약간의 운이 작용하는지 여부에 의해 시험과 면접이라는 제도의 문턱을 넘거나 걸려 넘어지고는 한다. 누가 이러한 문턱을 넘는지 면밀히 살펴보면, 행운 말고도 논리적으로 설명하기 어려운 미묘한 탁월성이 작동하였음을 알 수 있다. 이러한 탁월성은 꾸준히 다양한 경험과 사색을 통해 길러진 고도의 직관, 좁게는 문학을 통해 길러지는 시적 창의성과 연관된다.[6] 현실적으로, 문턱을 넘을 자격이 차고 넘치는 수많은 사람들 중에서 소수만 선택을 받아 안으로 들어와 커다란 이익을 독점한다. 이런 의미에서, 문학텍스트 감상은 단기적 이익을 실현하는 수단이 아니지만 장기적으로 매우 커다란 수익으로 되돌아올 가능성이 높은 투자로 이해된다.

영미문학교육의 변화: 비판적 페다고지와 언어학습

20세기 중반 이전까지의 문학교육은 제국주의에 봉사하는 신사 양성, 세계 대전을 거치며 형성된 애국주의를 고취하는 수단, 사회인으로 요구되는 감수성과 상식과 같이 개인이 사회집단에서

---

4) Northrop Frye, *Anatomy of Criticism: Four Essays* (Princeton, NJ: Princeton UP, 1971) 104-06, 113, 192.

5) 앙투안 콩파뇽, 『문학의 쓸모』, 김병욱 역 (서울: 뮤진트리, 2025) 38-47.

6) 콩파뇽, 앞의 책. 205.

요구하는 틀에 맞추는 것에 무게를 두었다. 그러나 1960년대 들어서면서 문학교육의 논점이 달라지지 시작하였다. 이 시기에 미국의 흑인민권운동과 여권신장 논의가 본격화되자 문학교육의 무게중심은 텍스트에 숨은 '사악한' 속내를 꿰뚫어 보고 정치적 올바름(political correctness)을 실천하는 개인의 깨달음을 강조하는 쪽으로 옮겨갔다. 그러자 문학작품은 더 이상 가치중립적인 것이 아니라 사회역사적 조건의 산물로 받아들여져 비판적 시선으로 분석되어야, 심하게 말하면 해체되어야 할 대상으로 여겨졌다.[7] 달리 말하면, 은유적 수사, 즉 돌려 말하기를 통해 권위에 도전하는 임무를 수행하는 이데올로기 전사로서의 역할이 문학에 주어진 셈이다. 이런 경향은 1970년에 브라질 교육학자 프레이리(Paulo Freire)의 『페다고지』(*Pedagogy of the Opressed*) 출간을 계기로 촉발된 교육 분야의 비판적 페다고지(critical pedagogy)와 궤를 같이 한다. 이에 따르면, 교육은 인본주의에 기초하여 사회적으로 억눌린 이들을 공감하고 사회의 건설적 변화에 이바지하는 역할을 수행해야 한다.[8]

1970년대 이후에 활발한 글로벌 이주로 다문화주의가 주목받으면서 문학작품에서도 차별받는 소수의 목소리가 어떻게 담겨 있는지 발굴하고 세계시민 의식을 고양하는 일이 중요하다는 생각이 강해졌다. 이 과정에서 다문화사회의 다양한 언어사용자들이 원활하게 소통하고 오해를 최소화하기 위해 언어교육에 관심을 기울여야 한다는 목소리가 커졌다. 이런 흐름에 발맞추어 문학교육에서도 문화적 다양성 이해와 언어학습이 중요한 목표로 부상하였다. 해당 문화의 가치체계가 담긴 문학작품을 읽고 쓰면서 다양한 사람들이 서로를 이해해야 한다는 흐름이 생긴 것이다. 1970년대에 문학, 교육, 언어를 연결하는 연구에서는 문체학(stylistics), 그러니까 문체를 중심으로 문학과 언어연구를 결합하는 것에 집중하였다.

문제는 독특한 문체로 구성된 문학적 표현을 잘게 쪼개서 어휘, 문형 등을 연구하는 언어학자와 문체에 담긴 속뜻을 찾아내려는 비평가의 지향점 사이에 커다란 간극이 존재한다는 사실이다. 사회언어학에 기반하여 언어교육을 연구한 헨리 위도우슨(Henry Widdowson)의 사례를 살펴보면 문학과 언어학의 조화가 쉽지 않음을 알 수 있다. "진홍색 옷을 입은 시종"이라는 의미의 "a page in crimson clad"는 시에서 각운을 맞추기 위해 형용사를 뒤로 보낸 도치구문이다. 언어학에서는 형용사를 원위치로 보내서 "a page is clad in crimson"이라고 하거나 주격 관계대명사를 사용하여 "a page who is clad in crimson"으로 구문의 문법성을 복원하여 분석할 것이다. 반면에, 문학 연구자들은 진홍색 계열이 영국에서 기사 작위를 받은 사람에게만 허락되어 있

---

7) Michael Sprinker, "The War Against Theory," *PC: Politics and Theory in the Academy*, Jeffrey Williams, ed. (London: Routledge, 1995) 164.

8) Paulo Freire, *Pedagogy of the Oppressed: 30th Anniversary Edition*, Trans. Myra Bergman Ramos (New York: Continuum, 2000).

기에 시종답지 않다고 의심하며 작품 이곳저곳의 내용에 초점을 두려 할 것이다. 품행이 하인답지 않게 진중한 것을 은유적으로 표현했거나, 혹은 귀족 자제가 시종 흉내를 내고 있다거나, 아니면 시종의 옷이 알지 못할 이유로 붉게 더럽혀진 모습을 언어적 도치와 문학적 반어로 표현했다고 해석하는 것이다.[9] 이렇게 문체를 중심으로 한 초창기 문학교육 연구는 문학과 언어학의 차이점만 확인하였을 뿐 아니라 외국어 학습 상황에서 의미 있는 시사점을 제시하지도 못하는 한계를 내비쳤다.

외국어 환경에서 문학과 언어학습의 접점을 다룬 저술들은 1980년대로 넘어가면서 잇따라 발간되었다. 영어교육의 주요 이론이 1970년대부터 1980년대 중반까지 쏟아져 나옴에 따라 문학작품을 교재로 활용한 교수법에 관한 관심이 커졌기 때문이다. 구체적으로, 문법 분석과 어휘 학습, 문장 단위 이상의 담화 구조 분석, 표피적 혹은 내포적 의미 파악, 문화 맥락 중심 학습과 학습자 수준별 접근과 같이 문학교육의 체계를 잡으려는 다양한 시도가 이루어졌다. 이 시기에는 정서 고양, 실제적 언어자료 사용, 문화 이해, 읽기능력 신장처럼 문학으로 외국어를 익히는 장점을 정리하는 것 이외에 외국어로서의 문학을 가르치고 배우는 방법에 대한 학문적 관심도 본격화되었다. 예를 들어, 교사가 학습자에게 작품에 관해 언어와 내용 해석을 비롯하여 다양한 질문과 과업을 제시하면, 학습자는 이해하고 느낀 바에 대해 언어적으로 반응하거나 비언어적 방법까지 포함된 다양한 과업으로 표현하는 상호작용기법인 "Somebody-Wanted-But-So" 도식을 생각해 볼 수 있다.[10] E. B. 화이트(E. B. White)의 『샬롯의 거미줄』(*Charlotte's Web*)에서는 돼지 윌버(Wilbur)가 죽을 위기에 처했을 때 거미 샬롯(Charlotte)이 거미줄로 "some terrific"과 같은 글자를 만들면서 사람들에게 특별한 돼지라는 인상을 줌으로써 도살 위기에서 구출하는 내용이 담겨 있다. 윌버는 샬롯의 자녀들을 돌봐줌으로써 은혜를 갚는다. 위의 줄거리를 인물, 동기, 문제, 플롯(Character, Motive, Problem, Plot)으로 구분하고 이를 각각 "somebody, wanted, but, so"의 해당 항목에 기재하는 방식으로 정리하면 [표 1-1]처럼 핵심 사건을 일목요연하게 파악할 수 있다.

9) Henry G. Widdowson, *Stylistics and the Teaching of Literature* (London: Longman, 1975) 6, 23, 117.

10) Kyleen Beers and Robert E. Probst, *Reading Nonfiction: Notice and Note, Stances, Signposts, and Strategies* (Portsmouth, NH: Heinemann, 2016) 201-08.

▮표 1-1 Somebody-Wanted-But-So 도식(『샬롯의 거미줄』 예시)11)

Somebody	Wanted	But	So
Fern	Living with Wilbur	His uncle took him.	Went to the uncle's home
Wilbur	His Life	Charlotte saved him.	He took care of her children to pay his debt.

1980년대의 문학교육 논의 중에는 알려진 문학작품만 가지고 문학교육을 시도하기보다 다양한 언어학습 자료들을 창의적으로 조합하여 문학다움으로 충만한 언어수업을 통해 문학교육의 본질에 충실해야 한다는 주장도 포함되어 있다. 로날드 카터(Ronald Carter)는 "우리가 언어학적 모델들을 사용하다보니, 문학이라는 텍스트보다 이것이 지닌 문학다움(literariness)을 더욱 공들여 보게 된다"고 말한다. "문학이라는 텍스트"는 일반적으로 떠올리는 문학작품을, "텍스트들이 지닌 문학다움"은 겉으로 보면 문학작품과 무관한 언어학습 자료이지만 자세히 살펴보면 문학적 감수성이나 서사적 특징이 그 속에 녹아 있음을 의미한다.12) 다양한 종류의 언어학습 자료 곳곳에 녹아 있는 문학적 특성을 잘 활용하면 까다로운 문학작품보다 문학다움을 배우기 더 수월할 수도 있다. 문학의 본질이 공감과 향유라면, 영어 교과서의 대화문을 학습하고 나서 학습자들이 협력 과업으로 심미적 감성이 배가 되게끔 변형하는 활동은 난해한 작품을 분석하는 것보다 문학다움을 제대로 구현하는 것처럼 보이기도 한다. 원작을 훼손할 수 없다는 암묵적 규약은 문예적 관점에서나 타당할지 모른다. 다시 말해, 교육적 맥락에서 저자의 의도를 살리면서 언어학습 목적에 충실하다면 어느 정도의 변형이 허용될 수도 있는 것이다.

1980년대에 간행된 문학교육 연구서들은 아동문학이나 그래픽노블(graphic novel)을 언어학습에 포함하여 논하였다.13) 그림책들에서 다문화와 인권처럼 사회문화 주제들을 노골적으로 드러내는 사례가 보편화되었기 때문이다. 이런 그림책들은 언어 장벽을 낮추면서도 나이에 어울리

---

11) "Somebody-Wanted-But-So" 도식은 다음 문헌에서 제안한 것이다. Rick Wormeli, *Summarization in Any Subject: 50 Techniques to Improve Student Learning* (Alexandria, VA: Association for Supervision and Curriculum Development, 2005) 146-48.

12) Ronald Carter, "Linguistic Models, Language, and Literariness: Such Studies in the Teaching of Literature to Foreign Students," *Literature and Language Teaching*, Christopher Brumfit and Ronald Carter, eds. (Oxford: Oxford UP, 1986) 110.

13) 대표적 연구로 다음을 들 수 있다. Joanne Collie and Stephen Slater, *Literature in the Language Classroom: A Resource Book of Ideas and Activities* (New York: Cambridge UP, 1987); Gillian Lazar, *Literature and Language Teaching: A Guide for Teachers and Trainers* (Cambridge, UK: Cambridge UP, 1993); Guy Cook, "Making the Subtle Difference: Literature and non-literature in the Classroom," *Language, Literature, and the Learner: Creative Classroom Practice*, Ronald Carter and John McRae, eds. (London: Longman, 1996) 151-65.

는 사회적 관심사를 다루기 때문에 인지적으로 성숙했으나 영어능력이 부족한 초등 고학년 이상의 학습자들에게 특히 유익하다.

영미문학교육과 매체 기술 발달

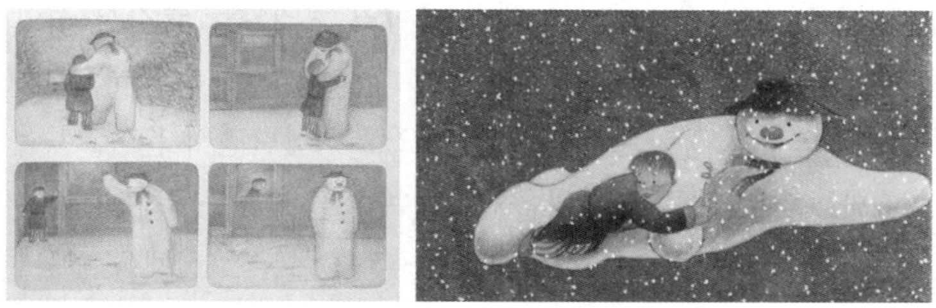

『눈사람 아저씨』 삽화 예시

1990년대에는 더불어 냉전의 와해로 세계화가 가속화되고 녹음기, 비디오, 컴퓨터, 인터넷과 같은 기술 발달에 따라 문학교육에서 영상매체 버전까지 활용하려는 시도가 이루어졌다. 크리스 반 앨스버그(Chris Van Allsburg)의 그림책 『쥬만지』(*Jumanji*)의 영화 버전을 활용하여 언어표현과 주제를 익히는 수업을 대표적 사례로 볼 수 있다. 문학교육에서 활자만 다루지 않고 다양한 매체를 언어학습 자료와 결합하려는 움직임은 동영상이 1990년대에 발명되어서가 아니라 기술 발달로 교육에서도 매체 다양성이 중요하다는 인식이 확산되면서 나타난 현상이다. 일례로, 레이몬드 브리그즈(Raymond Briggs)의 『눈사람 아저씨』(*The Snowman*)는 글없는 그림책(wordless picturebook)이지만 1982년에 "Walking in the Air"라는 유명한 OST를 수록한 무성 애니메이션으로 제작된 바 있다. 1990년대 후반부터 학습자들은 그림책이나 아동청소년 소설을 원작으로 만들어진 다양한 매체를 언어학습에 이용하기 수월해졌다.

2000년대에 들어서면 다독(extensive reading)이 문학교육의 화두로 부상한다. 다독은 1930년대에 문학교육자 루이스 로젠블랏(Louise Rosenblatt)이 주장한 학습자 중심의 심미적 텍스트 경험 이론과 1970년대에 나온 독자반응 비평(reader-response criticism)을 이론적 기초로 삼아 언어교육자 스티븐 크라셴(Stephen Krashen)이 효과적인 언어학습 방법이라고 설파하면서 대중에게도 널리 퍼졌다. 다독 이론에 의하면, 학습자가 문학작품이라는 실제적 언어자료에 최대한 많이 접하면서 언어적 정확성보다 유창성에 중점을 두고 내용에 몰입하면서 즐기는 것이야말로 최적화된 언어습득에 이른다.[14] 크라셴은 현재 수준에서 감당할 수 있어서 도전 의식을 고취

14) Louis M. Rosenblatt, "The Literary Transaction: Evocation and Response," *Journal of Aesthetic Education* 20.4 (1986) 123-24.

시키는 언어 자극을 일컫는 자신의 이해가능한 입력(comprehensible input) 논의를 다독과 연결하였다.[15] 다독의 본질은 적정 수준과 분량의 문학작품을 즐겁게 읽으며 자기만의 생각을 정리하는 일을 꾸준히 이어가는 것에 있다. 따라서 다독 중심 언어교육이라고 해서 학습자가 무턱대고 많이 읽는 것은 아니다. 학습자가 소화할 인지적 정서적 준비가 되어 있지 않은 상태에서 맹목적으로 그림책이나 두꺼운 영어 소설을 많이 읽으라고 윽박지르거나 충분히 이해가 되지 않은 채 분량과 속도만 강조하면 읽기의 즐거움을 느끼지 못하여 영어학습 동기가 저하되고 새로운 언어 표현을 장기기억에 저장할 수 없다.

2000년대에 영어교육 연구가 양과 질에서 비약적으로 성장하면서 문학교육을 영어학습과 연결하는 연구도 진일보했다. 영어교수법에 기반을 두고 수업 설계나 구체적인 교수기법을 시도해보는 현장 실행 연구도 이 시기에 본격화 되었다. "교과서 주제 연동 그림책을 활용한 초등학교 5학년 영어 말하기 수업의 효과"처럼 특정 학습조건에서 교재와 교수법을 다루었을 때 얼마나 통계적으로 유의미하게 영어능력 향상이 이루어지는지 측정하면서 학습자가 산출한 각종 결과물을 같이 분석하여 교육적 함의를 추출하는 것이 일반적인 연구 방식이라 할 수 있다. 안타깝게도, 영어교육에서 문학작품을 활용하는 경우에 영어 의사소통능력을 키우는 것에 초점을 맞추다보니 문학적 감상과 몰입보다 특정한 언어표현을 추출하여 학습자료를 만든 후 구문이나 어휘를 익히는 방식이 대다수였다. 이런 접근 방식은 내용 지식, 심미적 감성, 창의성과 상상력, 비판적 사고력 신장을 소홀히 하기 때문에 문학작품을 언어학습의 도구로 전용했다는 비판에 직면할 수밖에 없다.[16]

영미문학교육과 21세기 한국적 맥락

2010년대 후반부터 한국의 일상에도 영어가 보편화되고 인공지능을 중심으로 교육환경이 급변하면서 영어교육의 근본적 방향 재설정이 요구되고 있다. 영어교육의 목표는 외국어로 의사소통하는 능력을 키우는 것에 국한되지 않고 영어와 알파벳이 일상에 파고든 현실에서 문해력(literacy)을 키우는 것으로 확장되고 있다. 영어 문해력 향상이 영어과의 궁극적 목표 중 하나라면, 영어과의 성격은 어휘, 문법, 언어 4기능 숙달에만 있지 않고 영어로 표현되었거나 영어권 사회문화 배경지식을 담은 다양한 문해력들(multiple literacies)을 익히는 통합 교과로 변모할 수밖에 없다.

---

15) Beniko Mason and Stephen Krashen, "Extensive Reading in English as a Foreign Language," *System* 25.1 (1997) 101.

16) 한광택, 「영미문학교육의 새 모델: 문학적 내러티브 중심 수업의 성취기준과 평가를 중심으로」, 『영미문학교육』 27.3 (2023) 102-03.

영어 문해력이 대두된 사회적 배경으로는 각종 영상매체와 거리에서 쉽게 눈에 띄는 영어의 제2언어화 현상을 빼놓을 수 없다. 영어를 모를 때 일상생활에서 불편함과 불이익을 피할 수 없는 것이다. 이런 점은 조선시대에 한자를 모르던 평민들이 까막눈 취급을 당했던 점과 비슷하다. 한국인이 번역기를 돌려 한국어로 소통하지 않듯, 문해력 결핍은 일일이 번역기를 돌린다고 해소될 성질의 문제가 아니다.[17] 온라인과 다매체로 소통하는 미래 사회의 문해력은 철자를 소리내어 읽는 해독(decoding) 차원을 뛰어 넘어 비판적 문해력, 감정 문해력, 문화 문해력처럼 확장된 지적 역량을 필요로 한다. 빠르게 원하는 이미지와 '멋있는' 수사적 표현을 검색해서 본인 계정이 올리는 방식으로 자신을 드러내는 소통방식은 속뜻을 제대로 파악하는 해석 역량을 필요로 한다. 문학적 이해와 해석능력은 이 과정에서 진가를 발휘한다.

위와 같은 교육환경 변화는 영어교육에서 문학, 특히 아동문학의 가치를 재조명한다. 영어과에서 문해력 신장 학습자료의 대다수는 그림책 기반 도서들이다. 이런 도서들은 상상력과 창의력을 기반으로 구성되었기 때문에 어린학습자들이 흥미를 느끼면서 문해력을 익히기 적합하다. 문해력 신장 도서들은 발달 단계에 따라 알파벳을 배우는 알파벳북(alphabet book), 음가를 익히는 파닉스북(phonics book), 일정한 문형과 내용이 반복되는 서사 구조를 지닌 그림책(picture book), 그리고 분량이 늘어나고 서사 구조가 그림책보다 복잡한 삽화책(illustrated book)으로 구분된다. 아동문학은 평범한 언어로 일상에서 누구나 한 번은 겪을 법한 상황을 삽화와 더불어 제시하므로 학습자들이 비유적 표현을 쉽게 이해할 수 있다.

지금까지 기술한 바와 같이, 영어권에서 문학교육의 목표는 지난 300년 동안 집단이 원하는 능력을 갖추고 특권적 교양을 기르는 것으로부터 개인의 자아실현을 위한 언어와 문화적 다양성을 익히는 방향으로 변해왔다. 이런 문학교육의 흐름을 고려할 때, 미래의 영어과의 문학교육은 다음과 같은 방향으로 변해야 할 것이다. 첫 번째, 학습자 스스로 수업자료와 관련 활동에서 이야기를 충분히 경험하였다는 인상을 받아야 한다. 두 번째, 학습자가 작품 읽기나 수업활동을 통해 모종의 정서적 울림과 내면의 깨달음을 얻어야 한다. 세 번째, 작품의 영어표현만 분절적으로 다루지 않고 문학적 감상을 촉진하기 위한 원칙에 따라 수업에서 영어표현을 적시에 짚어주는 부분이 있어야 한다. 이러한 기준들은 영어과의 문학교육이 학습자의 언어능력, 문해력 신장, 그리고 궁극적으로 인격적 성숙을 위한 방향으로 이루어져야 함을 시사한다. 학습자들은 문학적 향유를 통해 자연스럽게 영어표현을 배우고 서사와 연관된 문화 상식과 같은 내용을 익히게 된다. 이처럼 문학교육은 플롯 몰입과 교감을 중심으로 다양한 문해력을 아우른다는 점에서 영어과를 통합적 교과로 재구성하는 촉매제라 할 수 있다.

---

17) 이동환, 「기계번역 이후의 영미문학교육: 번역연구의 성과와 영미문학교육의 미래」, 『영미문학교육』 21.2 (2017) 222.

인공지능시대의 문학교육은 종이책 읽기만 뜻한다기보다 교육현장에서 동일한 서사를 다양한 매체로 접하고 깨닫고 표현하면서, 이를 주변인들과 공유하며 정서적 증폭을 지향하는 것으로 범위가 넓어진 상태다. 교육적으로 볼 때, 문학작품은 학습자가 융통성을 발휘하여 나름의 일관된 관점(이유)에 따라 변형하여 활용하는 언어자료다. 그렇다면 원전 그대로가 아닐지라도 학습자 간의 협력 과업과 공연 등을 거쳐 정서적 울림이나 깨달음을 담았다면 이 또한 성공적인 문학교육에 속할 것이다. 즉, 영어과의 문학교육은 영어를 다양한 문해력과 엮어주는 장, 일종의 마당 구실을 하는 격이다.[18)]

18) 이동환, 「문학과 문학교육의 의미: 영미권의 문학교육 연구와 외국어로서의 영어교육(EFL)」, 『영미문학교육』 16.1 (2012) 123-25.

2. 언어 습득과 이야기 본능

Behind the Scenes

아빠: 아들아, 여기 그림 좀 보렴. 이 사람이 누구인지 알겠니?

아들: (그림을 보고) 심청이에요.

아빠: 그래. 심청이가 왜 배를 타고 있을까?

아들: 어디로 놀러가요?

아빠: 그랬으면 좋겠지만, 심청이는 아버지의 눈을 뜨게 할 재물을 받는 대가로 바닷물 속으로 들어가는 거란다.

아들: 그런데 심청이 치마는 왜 파란색이에요?

아빠: (뜸들이며) 어, 그러게 말이다.

아들: 차가워서 그런가? 바닷물 색깔과 똑같네. 거기 들어가면 차갑겠다.

아빠: (뜸들이며) 어, 그러게 말이다.

도입부 장면에서 아빠와 아들이 나누는 대화는 기대하지 않는 방향으로 흘러가고 있다. 심청전의 플롯을 알고 있는 아빠는 아들에게 심청이가 바닷물에 빠지는 내용을 당연하다는 듯 말하지만, 어린 아들은 심청전 이야기를 모르기 때문에 심청의 행동을 이해하지 못한다. 정작 아들이 주목한 것은 심청이의 치마와 바닷물 색깔이나 바닷물 온도와 같은 감각적이고 지엽적인 정보들이다. 그림책의 주요 흐름에 주목하는 아빠와 순간적으로 재미있어 보이는 소소한 것들에 관심을 보이는 아들의 차이를 어떻게 이해해야 할까?

이야기의 의미

이야기는 사회문화적 배경지식 습득 이외에도 언어습득과 관련성이 높은 기초 개념을 곳곳에 담고 있다. 여러 층위의 개념과 언어로 이루어진 이야기 프레임은 모르는 정보를 추론하거나 새로운 정보를 자기만의 방식으로 처리하여 인지능력을 계발하는 핵심적 역할을 수행한다. 이야기 프레임을 활용하여 다양한 정보를 머릿속에 체계적으로 탑재하는 과정은 언어를 습득하는 것과 무관하지 않을 것이다. 이런 이유로, 언어습득과 이야기의 상관성을 논하려면 가장 먼저 이야기의

의미를 짚어보아야 한다. 이야기는 다음과 같이 다섯 가지로 정의될 수 있다.[19]

첫째, 민담(folklore)이나 소설과 같이 문학작품(fictional narrative in literature)은 이야기의 가장 대표적인 정의일 것이다. 둘째, 핵심 메시지와 의도(gist, core message)를 뜻한다. 직장 상사가 부하직원의 보고서가 마음에 들지 않아 "여기에 담긴 얘깃거리가 뭔데?"라고 내뱉는다면 창작 이야기가 아니라 핵심이나 논점이라는 의미다. 셋째, 인상적 기억(impressive memory)을 뜻한다. 상담사가 내담자에게 "지난달에 벌어진 당신의 고통스러운 이야기를 내게 말해줄 수 있나요?"에서 이야기의 의미는 실제로 경험한 사건 내지는 기억이다. 넷째, 변명 혹은 해명(excuse, explanation)을 뜻하기도 한다. 약속을 지키지 못한 이성친구가 주절주절 변명을 늘어놓을 때 "나한테 어떤 얘기도 늘어놓지마!"라며 쏘아붙이면 이야기를 변명이라는 뜻으로 사용한 것이다. 다섯째, 비밀(secret)을 뜻하기도 한다. 직장에서 관리자가 사무실에 들어오자 다른 직원들이 눈치를 보면서 자기들끼리 킥킥거릴 때 관리자가 "대체 무슨 얘깃거리지?"라고 말하면 너희들만 아는 비밀이라는 의미일 것이다.

이처럼 이야기의 의미 범주가 넓다 보니 이야기에 대해 오해하는 일이 생기기도 한다. 대표적인 세 가지 예를 떠올리면 다음과 같을 것이다. 첫째, 세상만사를 이불처럼 덮어놓고 이야기라고 전제하고 접근하는 경우(the blanket myth)를 들 수 있다. 오로지 이야기를 통해서 학습하고 업무도 이야기처럼 지시한다면 핵심을 에둘러 말하는 바람에 학습과 업무 효율성이 떨어질 수밖에 없다. 둘째, 이야기가 모두 허풍이자 거짓말이라서 사실과 다르다고 이분법적으로 단정하는 경우(the binary association myth)를 생각해 볼 수 있다. 문학작품이 전체적으로 보면 허구이지만, 역사소설처럼 사실을 담을 수도 있다. 사실로만 이야기를 구성할 수도 있는 것이다. 셋째, 이야기를 아이들만 읽는 유치한 것으로 낙인찍는 사례(the childhood myth)도 있다. 이야기가 아동의 공상에 불과하여 실용적이지 않을 가능성이 높지만, 사정에 따라 호소력 있는 일화로 상대방을 감화시켜 원하는 방향으로 행동하게 할 수 있다.

이야기의 의미는 서사(narrative)와 비교할 때 더욱 뚜렷해진다. 서사는 사건들을 모종의 논리로 배열하여 통일된 의미를 지니도록 작성한 모든 종류의 글을 지칭한다. 꾸며내었거나 사실에 근거한 이야기들, 사건들을 조직하여 언론보도, 일기, 심지어 통계자료를 서사적 문체로 풀어서 해석한 보고서까지 사건이나 정보들을 집대성하여 통일된 총체적 의미를 보여주는 모든 글이 서사에 포함된다. 한편, 이야기는 인물들이 다양한 사건을 겪으면서 여러 가지 위기와 갈등을 헤쳐나가는 모습을 통해 큰 주제를 전달하고 정서적 여운을 전하는 문예적인 글을 지칭한다. 이렇게 이야기는 서사의 한 종류다. 이야기가 여타 서사와 구분되는 결정적 차이점은 캐릭터가 특정 상

19) Hendall Haven, *Story Proof: The Science Behind the Startling Power of Story* (Westport, CT: Libraries Unlimited, 2007) 11-17.

황에 휘말려 갈등과 해결을 경험하는 일련의 절차를 거친다는 사실에 있다. 다시 말해, 이야기는 독특한 종류의 서사라 할 수 있다.[20] 특정한 일화를 담은 신문기사를 이야기로 가공하는 사례처럼, 서사에 속하는 글들은 다른 형식 혹은 장르로 변환될 수 있다.

여기에서, 직업을 재미있게 소개하는 것과 같은 정보책(information book) 장르도 그림책 중 하나인 이상 이야기에 속하느냐는 질문을 던질 수 있다. 얼핏 보면, 가상 상황에서 인물들이 부딪치고 갈등을 해결하는 플롯이 없기에 이야기의 구성요건을 갖추지 못한 듯 보인다. 그러나 내용들을 이어가며 발단-전개-절정-결말로 이어지는 갈등과 해결 서사구조를 사용하는 정보책도 존재한다. 예를 들어, 데이비드 M. 슈워츠(David M. Schwartz)의 『백만은 얼마나 클까요?』(*How Much Is a Million?*)처럼 아이가 감을 잡기 힘든 개념을 설명하는 정보책은 특정 물건을 백만 개 연결하거나 모을 때 벌어지는 흥미로운 상황을 연달아 제시하면서 강도가 높고 놀라운 상황을 뒤쪽에 배치하여 독자의 긴장감을 유발한다.[21] 이럴 때, 결말에서 반전을 통해 앞의 다양한 상황이나 내용들을 기발한 방식으로 종합하면, 완성형 이야기가 아니더라도 적어도 이야기의 구성요건을 부분적으로 충족한다고 볼 수 있다.

이야기의 본질

인지심리학을 끌어오면, 이야기의 본질은 감정을 자극하는 꾸며낸 흥미로운 글을 뛰어넘는 깊이로 다가온다. 로저 섕크(Roger Schank)는 인간의 사고 패턴 자체가 이야기적인 속성을 지녔다면서 "이야기는 시간이 흐르며 분리되어 버릴 사건들의 연결성을 보존하는 하나의 방식"이라고 본다.[22] 같은 메시지이더라도 이야기로 들었을 때 더 잘 기억하는 경험을 떠올려 보면, 무슨 줄거리와 교훈을 담느냐라는 내용이 아니라 이야기라는 형식에 내용을 담았을 때 다른 인지 도구보다 기억과 전달에 효과적임을 단박에 알 수 있다. 탄소(C)와 수소(H)를 어떤 분자 구조로 배열하느냐에 따라 탄수화물과 지방으로 구분되는 것처럼, 같은 구성 요소라도 어떤 형식에 무슨 논리로 배열되느냐에 따라 지니는 의미가 다를 수 있다. 이런 연장선상에서, 이야기의 본질은 여기에 담긴 내용이 아니라 내용을 기억하고 전달하는 이야기라는 형식적 틀 자체에 있다고 말할 수 있다.

그렇다면 할 말이 있을 때 콕 집어 간명하게 정보를 주고받으면 되는데 어째서 굳이 이야기로 돌려서 소통하고 정보를 처리하는 방식으로 인간의 두뇌가 진화한 것일까? 이런 의문에 대해 진화심리학자들은 인간의 생존에 경제적 의사소통 말고도 어디에 무엇이 있는지와 같은 필수적인

---

20) Hendall Haven, ibid. 9.

21) David M. Schwartz, *How Much Is a Million?* (New York: HarperCollins, 1985).

22) Roger C. Schank, *Dynamic Memory Revisited* (Cambridge, UK: Cambridge UP, 1999) 89.

정보들을 많이 오랫동안 기억해야 사회생활에 유리하여 생존 동력을 확보할 수 있다고 주장한다. 이들은 이야기 형식이 많은 정보를 담기 위한 기억의 용기(vessel)로 적합하여 인간이 이런 능력을 키워왔을 것으로 추측한다.[23] 문자가 없던 시절에 어디에 먹거리가 많고 누가 무엇을 언제 어떻게 하는지와 같이 복잡하고 많은 내용을 기억하여 상대방과 공유하기 위해 흥미롭게 전달하려면 이야기가 효과적인 도구였을 것이다. 민담이나 구전동화를 전하는 사람마다 약간씩 다르게 말해도 핵심 내용은 이야기를 통해 효과적으로 전달된다. 효과적 전달이 가능한 이유는 인간의 기본적인 생리현상이나 계절처럼 누구나 아는 우주만물의 보편적 변화와 연관된 은유적 언어에 핵심 내용을 담기 때문이다.[24] 기억하기 힘든 며칠 몇 시라는 지엽적 정보보다 보름달이 떴을 때 변신하였다고 표현하면 '보름달=변신'이라는 이미지가 머릿속에 저장되므로 들은 이야기를 누군가에게 전달할 때 이미지만 끄집어내면 된다.

비유적 언어가 담고 있는 강렬한 이미지 이외에, 인간이 계발한 이야기 형식은 다음과 같은 보편적 특징을 지닌 관계로 인해 복잡하고도 많은 정보를 효과적으로 기억하고 전달할 수 있다.[25]

첫 번째로, 인간은 특정 담화를 이야기로 인식하면 앞뒤의 사건과 상황이 정확하게 들어맞지 않더라도 믿고 몰입하는 경향을 보인다. 사건들이 이야기 프레임에 들어가면 시공간적으로 분리되었을지라도 우리의 머릿속에서 연관성을 지닌 것으로 받아들여지기 쉽다. 지구가 평평하다는 이야기를 누군가 흥미진진하게 전달하면 논리의 허점이 눈에 들어오지 않고 진실이라고 믿을 가능성이 높다. 똑같은 내용을 접하더라도 이야기라는 암시를 주면 그렇지 않은 경우보다 더 깊게 세부 내용을 따지고 독창적인 틀로 묶으려 한다. 이런 점을 인식한다면, 이야기를 비판적으로 수용하는 과정은 역설적으로 창의적 사고를 기르는 효과적 수단이라는 교육적 의의를 지닌다.

두 번째로, 이야기의 인물들이 내비치는 언행은 모종의 목적과 결과에 맞게 반응한 것이다. 뒤집어 말하면, 이야기 속의 모든 정보는 나름의 의미를 지니고 있다. 비판적으로 바라보지 않는 이상, 이야기의 사소한 듯 보이는 언행도 계획이 있어서 행했다고 간주하여 속뜻을 이리저리 궁리하기 십상이다. 도입부 대화에서 심청이가 파란색 치마를 입은 까닭을 바닷물 색깔로 연결하여 엉뚱하게 해석한 아이만 하더라도 나름의 논리에 따라 이야기가 구성되었을 것이라고 전제하여 파란 치마를 입은 여자를 파란 바닷물이 일렁이는 이미지와 겹쳐서 생각한다. 아이는 심청전 내용을 모르더라도 머릿속의 이야기 프레임 혹은 이야기 본능으로 치마와 바닷물을 연결한 것이다.

세 번째로, 이야기를 공유하면 자신과 상대방이 동일한 세계관, 가치체계, 혹은 심성을 지녔다

---

23) Brian Boyd, *On the Origin of Stories: Evolution, Cognition, and Fiction* (Cambridge, MA: Harvard UP, 2010) 160.

24) Francisco Vaz da Silva, "Fairy-tale Symbolism," *The Cambridge Companion to Fairy Tales*, Maria Tatar, ed. (Cambridge: Cambridge UP, 2015) 113.

25) Hendall Haven, ibid. 46-48.

고 믿기 쉽다. 우리는 누군가와 함께 이야기를 읽으며 느낀 바를 말할 때 상대방과 대립하기보다 서로를 의식하면서 단일한 방향으로 의견 차이를 좁히려는 경향을 지니고 있다. 우리가 누군가와 지구가 평평하다는 황당무계한 이야기를 함께 읽었을 때, 상대방과 공통되는 무언가가 이야기에 담겨 있어서 뭔가에 홀린 듯 내용에 공감하기도 한다. 설령 공감하지 않더라도, 상대방과 내가 최소한 함께 비판적으로 이야기에 대해 논할 수도 있다.

네 번째로, 이야기 형식에서는 사건의 시공간 정보와 순서, 사건 간의 인과관계, 그리고 이와 연관된 인물들의 언행을 통해 감정을 고조시키고 이완하는 장치를 활용한다. 이런 의미에서, 소설의 3요소로 알려진 인물, 사건, 배경이나 이야기의 흐름을 "발단, 전개, 절정, 결말"로 4등분하는 관습은 인간의 보편적 인지구조에 상당 정도 부합한다.

다섯 번째로, 이야기 형식에 포함된 정보는 현실계의 가능성과 가상계의 불가능성 사이를 오가는 줄타기를 하면서 머릿속에 저장되고 누군가에게 전달된다. 사실만 저장하고 전달하면 밋밋하여 금방 잊어버리거나 사람들의 관심을 끌지 못한다. 반대로, 공상만 저장하고 전달하면 해당 정보에 실용적 가치가 없을 뿐 아니라 믿기 힘든 거짓말처럼 느껴진다. 이렇게 이질적인 정보들을 어떻게든 이야기 형식에 하나로 묶어 머릿속에 저장하면 사실을 일부 왜곡할 수 있다. "저게 정말일까? 가능할까?"라는 상대방의 호기심을 끌어내면 의사소통의 단절을 예방할 수 있다. 기억의 착오 내지는 자신이 믿고 싶은 방향으로 선택적 지각(selective perception)이 자주 발생하는 까닭도 이런 차원으로 해명된다. 이를 다른 각도로 보면, 인간이 복잡한 정보를 조직하여 효과적으로 기억하고 전하려는 목적에 따라 이야기 형식을 이용하기 때문에 정보를 왜곡하는 대가를 치른다고 볼 수도 있다.

이야기는 사실과 허구, 현실과 가상, 성스러움과 속됨 사이에서 교묘하게 외줄을 타도록 구성해야 청자가 흥미와 관심을 품고 집중하여 유익하다고 판단한 정보들을 취사선택하여 기억하기 수월하다. 아이들이 이야기에 몰두하는 까닭도 이런 차원으로 해명될 수 있다. 이야기 형식을 활용하면, 인지능력이 부족한 아이들이 밋밋한 사실과 황당한 공상 중에서 어느 한 방향으로 기울지 않고 효과적으로 정보를 처리하고 저장하기 쉽다. 그렇다고 해서 거짓말이라는 이유로 이야기를 애써 피하거나 자책할 필요는 없다. 심리학자들의 연구에 의하면 인간은 하루 평균 200번 정도 거짓말을 하는 것으로 알려져 있다.[26] 농담을 전혀 하지 않는 사람조차 어떤 식으로든 거짓말을 하는 것이다. 일상을 돌이켜보면, 지인들과 담소를 나눌 때 자신은 의식하지 못할지라도 약간의 과장과 거짓을 섞으며 발화하는 경우가 적지 않다. 상대방을 대화의 장에 붙들려는 무의식적 의지는 에피소드를 흥미롭게 다듬어 표출한다. 이렇게 이야기는 당사자 자신도 속일 만큼 강력한 흡인력을 지니고 있다.

---

26) Wolfgang Heuer, "The Temptation of Lying," *Russian Sociological Review* 17.4 (2018) 25.

이야기를 대하는 이중 반응: 겉으로 배려하고 속으로 흉보기

우리는 때때로 거짓인 줄 알면서도 아닌 척 동조하면서 상대방의 이야기에 지지를 보내기도 한다. 누군가가 멀리 보이는 바위를 보면서 뒤를 돌아보지 말라는 경고를 어겨 저렇게 되었다고 말했을 때, 상대방은 아는 이야기라도 "정말이야?"라면서 처음 들은 것처럼 반응할 수 있다. 속으로는 "허풍선이네!"라고 전혀 다르게 생각할지언정, 이야기를 꺼낸 사람을 무안하게 하지 않도록 배려하면서 대화를 지속하기 위해서이다. 이야기는 이야기대로 추임새를 넣어 주되, 속으로는 이야기를 꺼낸 당사자에 대한 인물평을 통해 거짓말쟁이라고 생각한다. 이야기 속 세계와 현실을 나름대로 구분하여 인식하는 것이다. 이처럼 우리는 아무리 이야기 형식에서 정보를 가공하여 저장하고 전달하더라도 해당 정보를 있는 그대로 받아들이지 않고 저간의 상황 맥락을 고려하여 주체적으로 재처리한다.

인간이 이야기에 의지하여 상대방과 대화를 나누고 인지 처리를 시도하는 까닭은 효과적으로 정보를 인출하고 처리하면 생존에 유리하기 때문이다. 예를 들어, 사방에 수천 개의 열쇠가 걸려 있는 공간에서 중간에 놓인 금고의 열쇠를 찾아야 하는 상황이라면 어떻게 정확한 열쇠를 찾을 수 있을까? 일일이 하나씩 열어보는 것은 운에 기대는 것이라 얼마나 시간이 걸릴지 가늠조차 할 수 없다. 금고의 구멍 모양과 크기 및 기타 단서들을 십분 활용하여 가능성이 큰 열쇠들만 모아서 시도해야 효과적으로 열쇠를 찾을 수 있다. 인생의 해답을 구하는 일이 열쇠 찾기와 유사하다면, 이야기 형식을 빈번하게 접하고 활용하는 것은 원하는 열쇠에 관한 단서를 찾는 것에 빗댈 수 있다. 이야기가 삶의 정답을 가르쳐주지 못하더라도 보편적인 인지와 정서적 역량을 갖추도록 함으로써 정답의 단서를 찾도록 돕기 때문이다. 이러한 이야기의 단서들을 거짓이라고 배제하기보다 진실 혹은 사실에 이르는 길을 알려주는 생산적인 허구로 바라볼 필요가 있다.

이야기 본능과 언어습득

이야기는 연결고리가 있는 사건들로 구성된 닫힌 체계에서 벌어지는 사건을 묘사하기 때문에 열린 체계인 실재 세상이나 인생과 다를 수밖에 없다. 인간은 명확한 답이 없는 열린 체계를 헤쳐 나가기 위해 언어를 도구로 활용하여 이야기 형식이라는 보편적 인지구조를 발전시켜 왔다. 이런 이유로 아이의 언어습득은 서사를 조직하는 역량과 불가분의 관계를 이루기 마련이다.[27] 다니엘 후토(Daniel Hutto)는 인간의 인지와 언어 발달이란 이야기를 주고받는 행위에 계속 노출됨으로써 상식이 쌓여 머릿속에 이야기 구조가 형성된다며 서사 행위 가설(the narrative practice hypothesis)을 제안한다. 이에 의하면, 모든 인간은 이야기로 정보를 일정 부분 비틀어 인지적으로 처리하는 운명을 타고난 존재이다.[28] 서사 행위 가설은 언어 입력을 구조화하여 언어 규범을 습득한다는 노암 촘스키(Noam Chomsky)의 보편적 언어습득장치(Language Acquisition Device) 혹은 보편문법(Universal Grammar)이 사회적 상호작용이라는 맥락에서 작동하는 것임을 해명한다. 이렇게 머릿속에 상식이 쌓여 이야기 구조로 정리되는 것이 언어습득과 불가분의 관계라면, 이야기는 인간의 보편적 언어 형식 내지는 구조와 다르지 않을 것이다. 이에 대해 수잔 엥겔(Susan Engel)은 이야기 능력, 인지 역량, 언어습득을 단계별로 구분하여 다음과 같이 설명한다.[29]

1단계에서는 2~3세 시기에 보호자와 상호작용을 하면서 이야기를 함께 구성한다. 이 시기에는 아이의 인지가 충분히 발달하지 않아서 보호자가 이야기 생성을 주도하고 아이는 이를 접하면서 머릿속에 이야기의 형식적 요소들을 채워 나간다. 엄마가 아이에게 금속 수저를 주고 이에 불만인 아이가 노란색 수저를 달라며 투정을 부리는 상황을 가정해보자. 엄마는 '나무'라는 어휘를 몰라 노란색만 읊어대는 아이를 향해 '네가 노란색 나무수저를 이빨로 긁어서 쓰레기통에 버렸다'고 대꾸할 수 있다. 언어능력과 이야기 구조에 관한 지식이 부재한 아이는 단편적 반응을 보이는 반면, 엄마는 아이의 말을 투정부리기로 이해하여 수저를 망가뜨렸기 때문에 버렸다는 인과관계가 투영된 간단한 이야기를 내뱉는 것이다.

---

27) Michael G. W. Bamberg, *The Acquisition of Narratives: Learning to Use Language* (New York: Mouton de Gruyter, 1987) 12.

28) Daniel D. Hutto, "The Narrative Practice Hypothesis: Origins and Applications of Folk Psychology," *Narrative and Understanding Persons*, Daniel D. Hutto, ed. (cambridge, UK: Cambridge UP, 2007) 53.

29) Susan Engel, *The Stories Children Tell: Making Sense of the Narratives of Childhood* (New York: W. H. Freeman and Company, 1995) 183-204.

2단계에서는 과거와 현재 개념까지 활용하여 4~5세 가량된 아이가 엄마와 대등한 입장에서 이야기를 만든다. 가령, 엄마가 생일 선물을 주자, 아이가 지난주에는 엄마가 미웠는데, 오늘은 엄마가 최고라고 대답하는 상황을 생각해보자. 이에 대해 엄마가 입에 발린 소리라는 반응을 보이면, 아이는 진심이라며 다음 주에도 엄마가 최고였으면 좋겠다고 너스레를 떨 수 있다. 이처럼 인지발달이 이루어지면, 아이는 나름의 주도권을 갖고 엄마와 대등하게 대화를 지속할 수 있다. 아이가 선물을 사주지 않을 미래 상황을 예상하며 엄마의 환심을 사려 전략을 구사한다는 사실은 시간에 따른 사건 전개를 의식하는 것이기에 이야기의 형식적 요소들이 아이의 머릿속에 자리하고 있음을 잘 보여준다.

3단계는 6세 이상의 아이가 또래 집단과 어울리면서 어느 정도의 형식 요건을 갖춘 이야기를 함께 만들며 대화를 지속하고 상호 유대를 다지는 것과 연관된다. 대화를 이어가면서 담화를 구성하는 능력은 머릿속의 이야기 형식이 작동한 덕분이다. 아이들이 시계방향으로 돌아가며 이야기를 이어서 말하는 상황을 떠올려 보자. 아이들은 하나의 완결된 이야기를 완성하기 위해 자신의 머릿속에 탑재된 이야기 형식 요소를 끌어온다. 예를 들어, 한 아이가 꽃을 삼킨 파리를 언급하면 다음 아이가 그 파리를 거미가 삼켰다고 대꾸할 수 있다. 다음 순번 아이는 무언가를 삼킨다는 사건의 흐름을 간파하여 악어가 거미를 삼켰다고 말할 수 있을 것이다. 이런 식으로 대화가 흘러가다가 마지막 아이가 많은 동식물을 삼킨 아줌마가 배가 터진다는 식의 창의적 결말을 제안하면 이야기가 마무리된다. 일상대화에서도 상대방이 전한 정보의 일부를 이어받고 나만의 정보를 덧대어 이야기를 이어가려는 모습을 흔히 볼 수 있다.

4단계에서는 여러 종류의 이야기에 담긴 정보들을 섞어서 자기만의 새로운 이야기를 만들고, 5단계에서는 일상적 담화에 인과관계와 같은 여러 논리 구조를 담아 이야기의 형식적 요건을 자유자재로 활용한다. 아이들은 자신이 몸소 경험하지 못한 내용이 담긴 이야기를 읽으며 세상과 자신에 대해 알아간다. 다시 말해, 일어났을 법하거나, 일어날 수 없는 가상이거나, 일어나기를 희망하거나, 아니면 절대로 멀어지면 안 될 것들로 이루어진 이야기들을 발명하면서 능동적으로 인지, 정서, 언어능력을 계발하는 것이다.

아이들은 이야기 형식에 기대어 정보를 예리하게 다듬기까지 다음과 같은 위계를 거친다. 이를 순서대로 기술하면, 이야기에서 반복되는 문형 구조와 사물의 이름과 같은 명시적 정보를 식별하는 꼬리표 달기(labeling), 개념이 유사한 사물이나 사건들로 분류하는 열거하기(listing), 이야기 전체의 큰 주제와 개별적 사건이나 정보가 어떻게 연결되는지 파악하는 연관짓기(connecting), 사건들을 이리저리 연결하며 인과관계와 같은 사건들의 논리적 연결고리를 발견하는 배열하기(sequencing), 그리고 큰 주제와 사건들의 인과관계를 종합하여 이야기 전체를 자기만의 관점에 따라 일관된 논리로 정리하는 서사짓기(narrating)에 이른다.[30] 서사짓기에 가까워질수록 이야기 형식에 익숙해진 상태라 할 수 있다.

도입부 대화에서, 아빠는 심청이 아버지의 눈을 뜨게 할 재물을 받는 대가로 바닷물에 뛰어드는 인과관계를 전제하며 아들에게 말을 걸다. 그렇기 때문에 아빠의 태도는 연관짓기, 배열하기, 혹은 서사짓기를 염두에 두었다고 볼 수 있다. 이와 달리, 아들은 바닷물과 치마 색깔처럼 푸르고 차가운 명시적 정보를 식별하고 짝짓는 꼬리표 달기와 열거하기에 국한된 반응을 보인다. 이렇게 아빠의 기대치와 아들의 인지수준이 다르다보니 대화가 끊기고 마는 것이다. 아들의 반응이 유치해 보일지언정, 그림책 이야기 읽기는 언어와 인지발달과 직결된 중요한 교육적 실천이라 할 수 있다. 이야기 경험이 현실을 있는 그대로 받아들이지 않고 관련짓기를 통해 새로운 개념을 형성하는 창의적 역량을 키우는 계기를 제공하기 때문이다.

이야기 형식은 아이들이 공상에 물들어 현실을 왜곡하여 인식하기보다 오히려 이를 거울로 삼아 명철하게 인식하게 이끈다. 아이는 이야기를 통해 현실과 가상을 오가며 생각의 그릇을 키우게 된다. 앞서 살펴본 "이야기를 대하는 이중 반응" 그림에서도 이런 점이 엿보인다. "뒤돌아보지 말라는 경고를 무시한 여인이 저 앞의 흔들바위가 되었다"는 말을 듣고 "정말? 무서운 결말이군!" 이라며 맞장구를 쳐주면서 속으로 허풍쟁이라고 여기는 상황은 우리가 무의식 차원에서 가상(흔들바위 이야기)과 현실(거짓말)을 구분하고 있음을 시사한다.

이야기와 관점 다양성 획득

이야기를 통해 현실과 가상을 오가는 경험은 살아가면서 이해하기 힘든 상황들과 맞닥뜨리는 것에 대한 마음의 준비, 일종의 심리적 백신(psychological vaccination) 맞기에 빗댈 수 있다. 이야기 속 정보들을 현실과 연결하는 사고 훈련은 자연스럽게 세상을 바라보는 주체적 관점 형성과 어려운 상황에 대한 머릿속 시뮬레이션을 통한 대처능력 함양에 기여한다. 이야기 형식이 머릿속에 자리를 잡으면 다양한 인물들의 입장에 공감하거나 현실 논리를 끌어와 이야기 세계를 판단하는 복합적이고 중층적인 시점 전환 역량을 갖추게 된다. 설령 "나는 이야기가 딱 질색이고 읽기 귀찮다"고 생각하는 사람조차 이야기를 접하고 최소한 냉소적인 반응이라도 보이기 때문에 어떻게든 이야기를 통해 이런저런 생각을 할 수밖에 없다. 이렇게 이야기는 호불호와 무관하게 세상의 다양성을 간접적으로 체험하는 통로 역할을 한다.

이야기를 접하면서 관점의 다양성을 획득하는 사례는 연극 관객들의 각양각색 반응을 통해 추측해 볼 수 있다. 이야기를 연극으로 공연한 무대에서 어느 여자 배우가 옆 남자 배우의 급소를

30) Marie A. Stadler and Gay Cuming Ward, "Supporting the Narrative Development of Young Children," *Early Childhood Education* 33.2 (2006) 80.

차는 모습을 본 관객들이 보일 반응을 상상해보자. 누군가는 남자가 뭔가 잘못했다고 여겨 여성에게 공감할 것이고, 또 다른 누군가는 남성 맞아서 아프겠다고 동정을 표할 것이다. 단순히 그 상황이 재미있어서 남성과 여성 누구에게도 공감하지 않은 채 깔깔대며 웃기만 한다거나 무대에서 벌어지는 상황이 불쾌하다고 여겨 손사래를 치는 관객도 있기 마련이다. "인생은 가까이서 보면 비극이지만 멀리서 보면 코미디"라는 찰리 채플린(Charlie Chaplin)의 말처럼 같은 이야기라도 누가 어떻게 보느냐에 따라 달리 받아들여진다. 같은 이야기를 접한 후 어떻게 다르게 느꼈나 공유하는 과정을 지속하면 타인에게 공감함으로써 내면의 성장을 도모할 수 있다.

어린 학습자가 세상의 온갖 위험을 무릅쓰며 거의 모든 지식을 직접 경험으로 습득하는 것은 시간과 노력이 많이 소모될 뿐만 아니라 현실적으로 가능하지도 않다. 이와는 다르게 이야기는 다양한 세상사를 효과적으로 간접 경험하는 안전한 놀이터다. 그림책의 일종으로 페이지를 펼치면 건물과 사람이 입체적으로 솟아오르는 팝업북(pop-up book)에서 뾰족한 물건이 튀어나와 아이에게 놀라움과 재미를 주는 상황을 생각해보자. 아이는 치과의사를 소개하는 팝업북에서 의사의 손에 들린 뾰족한 치과 도구가 책 바깥으로 튀어나왔을 때 "아, 깜짝이야"라며 순간적으로 놀라더라도 재미있다고 여길 것이다. 자기가 치과에 가서 스케일링을 받을 때 공포에 떨었던 경험이 떠오르기도 하지만 그림 속의 가짜 치과의사이기 때문에 웃고 넘길 가능성이 높다. 진짜 치과의사가 아니기 때문이다.

이야기가 세상의 물리적 위험을 제거한 안전지대라는 말은 이야기에 담긴 내용이 건전하다는 뜻은 아니다. 아이가 접하는 이야기에서도 이따금 현실에서 다루기 곤란한 폭력적 일상을 묘사한다. 이야기에 온전히 몰입하는 아이는 모방범죄처럼 나쁜 점을 배우지 않고 어떻게 살아야 할지에 관한 자기만의 관점을 정립한다. 이런 깨달음에 이르지 못했다면 온전한 이야기 몰입과 감상에 이르지 못한 채 이야기의 일부를 따서 전용한 것으로 보아야 할 것이다. 이렇게 아이는 다양한 방식으로 이야기를 경험하며 전인격체로 성장하며 이를 통해 언어능력도 키우게 된다. 그림책 이야기의 가치는 아이들이나 좋아하는 유치한 내용으로 이루어진 놀이도구이거나 영어를 배우는 보충자료에 머물지 않는다. 그림책 이야기는 다양한 이야기를 접하면서 앞에서 이야기 형식 구조로 통칭한 보편적인 인지, 정서, 사고, 언어적 역량을 함양하는 양질의 학습자료인 것이다.

이야기를 읽고 곱씹으면 세상과의 연결과 단절을 오가면서 생각의 폭이 넓어진다. 이야기에 몰입하며 공감이입을 시도하다가 이내 거리를 두며 여러 인물의 입장에서 관점 전환을 시도함으로써 상상력, 창의력, 비판적 사고를 키우게 된다. 여기에서 이야기 경험의 역설, 다시 말해 이야기의 가상세계를 통해 현실을 명철하게 인식하는 역량이 길러진다. 독자는 이야기의 안팎을 오가면서 가상세계가 현실이 돌아가는 원리를 보여주지만 사실 자체를 판박이처럼 모방하지 않음을 인식한다. 그 결과, 독자의 관심은 이야기를 사실 그 자체로 여기거나 사실적 정보가 맞는지 시시콜

콜 따지기보다 이야기 세계와 거리를 두고 플롯에 담긴 진실이라는 본질적 요소로 향한다. 이런 이야기의 진실을 깨달은 독자가 현실의 삶을 재조정한다는 점에서 "이야기는 삶의 경험을 재구성하고 새로운 경험 형식을 발명할 수 있다"고 말할 수 있다.[31)]

31) Jeffrey J. Strange, "How Fictional Tales Wag Real-World Beliefs: Models and Mechanisms of Narrative Influence," *Narrative Impact: Social and Cognitive Foundations*, Melanie C. Green, Jeffrey J. Strange, and Timothy C. Brock, eds. (Mahwah, NJ: Lawrence Erbaum, 2002) 282.

3. 문학교육과 학습자의 위상

Behind the Scenes

교사: 우리가 읽을 전래동화에서 소년은 자기가 태양신의 아들임을 증명하기 위해 시련의 방 네 곳을 통과해야 해요. 소년이 어떻게 되었는지 살펴보도록 하죠.

교사: (흑백이다가 방에서 나올 때 무지개 색깔을 하고 나온 주인공을 가리키면서) 소년이 어떻게 되었죠?

학생: 컬러 옷을 입었네요.

교사: 네, 맞아요. 태양신과 비슷하죠? 아들과 아버지가 닮았다는 것을 증명한 셈이죠. 이 이야기는 아버지라는 상징적 존재를 찾는 과정을 통해서 신으로부터 자기가 속한 부족이 유래했음을 다룹니다. 우리 부족이 신의 자손이라 위대하다고 자긍심을 불어 넣는 내용이지요.

학생: 선생님, 마지막에 어떻게 갑자기 변신한 거에요?

교사: 검은 단색에서 다양한 색깔을 갖게 된 것은 다양한 시련을 경험했다는 뜻이지요.

학생: 선생님, 옷을 안 입고 있다가 수고했다고 아빠가 좋은 옷을 준 거 아닌가요?

교사: 아니에요. 아빠가 옷을 준 근거가 없잖아요. 시련의 방에서 나올 때 변신하잖아요.

학생: 선생님, 소년이 아빠 옷을 입고 기분이 좋아서 손을 위로 올리고 있는 거 같은데요?

교사: 아니에요. 위로 향한 손은 시련을 극복했음을 시각적으로 보여준 것이에요. 방에 들어갈 때 "제가 이러한 시련을 견뎌낼 겁니다"라고 말하잖아요? 작품의 배경이 되는 푸에블로 인디언이 태양을 숭배하는 것까지 염두에 둔다면, 무지개와 같은 여러 빛깔이 합쳐져서 하얀 햇빛이 되는 사실까지 잘 담은 것이지요. 작품을 감상할 때 사실적 정보를 꼼꼼히 살피면서 속뜻을 깊게 생각해보면 좋겠습니다.

학생: (침울한 목소리로) 네, 알겠습니다.

미국 서부 푸에블로 인디언(Pueblo Indian) 탄생 설화를 다룬 제럴드 맥더모트(Gerald McDermott)의 그림책 『태양으로 간 화살』(*Arrow to the Sun*)을 활용한 도입부 수업은 교사가 학생을 원하는 방향으로 몰아가는 상황을 묘사한다.[32] 수업 장면에서는 작품에 담긴 도덕적 교훈

32) Gerald McDermott, *Arrow to the Sun* (New York: Viking, 1974).

과 내용과 연관된 주제 개념의 확장을 시도하는 교사와 자기만의 방식대로 그림책을 이해하려는 학생의 생각이 부딪치고 있다. 교사는 푸에블로 인디언에 관한 상식에 시련을 견디겠다는 텍스트의 근거를 내세워 학생이 자신의 의도를 수용하도록 밀어붙인다. 이런 수업 풍경은 아동문학을 배우고 가르칠 때 교사와 학생의 관계를 어떻게 설정할지에 관한 중요한 논점을 담고 있다.

문학교육과 심미적 읽기

"영어 그림책과 같은 아동문학을 이용해서 교사와 학생의 상호작용을 이상적인 방향으로 끌고 가려면 뭘 어떻게 해야 할까?"라는 질문에 대한 답은 초창기 문학교육의 가장 중요한 이론인 루이스 로젠블랏의 심미적 읽기(aesthetic reading) 개념을 짚으며 찾을 수 있을 것이다.

로젠블랏은 1938년에 출간한 『탐색으로서의 문학』(*Literature as Exploration*)에서 독자가 주어진 틀에 의존하지 않고 자발적으로 주어진 글을 탐색하면서 의미를 깨우치고 인물과 사건에 몰입하여 감동을 경험하는 문학 감상을 심미적 읽기로 명명한다.[33] 이렇게 즐거움을 위한 능동적 읽기의 목적은 작품에 숨은 특정한 정답을 골라내는 것이 아니다. 정해진 해석에 몰두하거나 작품의 세세한 정보들에 매몰되지 않는다는 점에서, 심미적 읽기는 아동이 책과 가까워지도록 하기 위한 가장 이상적인 독서법이라 할 수 있다. 로젠블랏이 심미적 읽기와 반대 개념으로 함께 언급한 것은 정보추출 읽기(efferent reading)다. 이런 독법은 작품 속에서 숨은 사회문화적 배경지식을 식별하여 숙지하고 인물들에 관한 사실적 정보를 암기하면서 작품의 유기적 구조를 꼼꼼하게 발견하는 인지적 학습을 일컫는다.[34] 도입부 수업의 교사는 텍스트를 촘촘하게 따지고 분석하면서 학생의 인지 능력이나 비판적 사고를 신장시키려 하므로 정보추출 읽기에 초점을 맞추고 있다. 시의 상징에 밑줄을 긋고 유력한 몇 가지 해석을 적고 암기하는 문학 수업도 정보추출 읽기를 부정적으로 활용한 사례로 볼 수 있다.

문학 활용 수업에서 성공적인 심미적 읽기는 작품의 언어, 작품의 내용, 독자의 정서라는 3가지 요소의 균형에 달려 있다. 우선, 어휘와 문법과 같은 영어표현 말고도 작품의 문체나 삽화의 특징을 모르면 내용을 이해할 수 없다. 또한, 작품의 사회문화적 배경지식에 무지해도 작품의 속뜻을 짚어내지 못할 것이다. 문학교육에서 교사와 학생 중 특정한 방향으로 무게중심이 쏠려도 학습목표에 이를 수 없다. 교사가 꼼꼼하게 작품을 구석구석 짚어주더라도 학생이 흥미를 느끼거나 감동을 받지 못하는 수업은 심미적 읽기와 거리가 있다.

---

33) Louise M. Rosenblatt, *Literature as Exploration* (New York: The Modern Language Association of America, 1995) 63, 292.

34) Rosenblatt, ibid. 32.

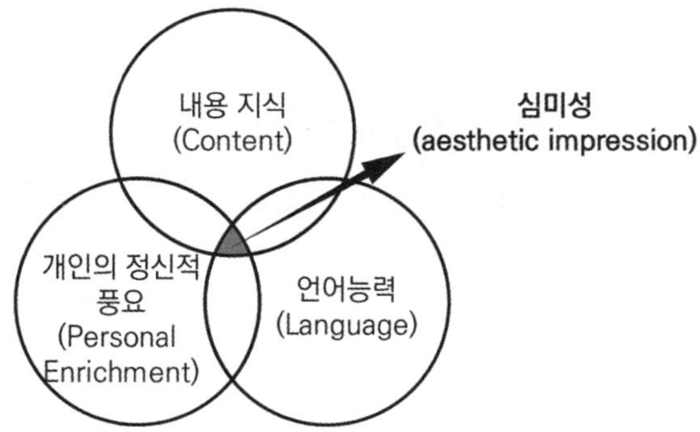

성공적인 심미적 읽기의 조건

문학교육의 수업 방식 중에서 언어, 내용, 정서를 두루 고려하는 순환 모델(the cycle model)은 다양한 문학작품을 어떻게 가르칠 것이냐는 질문에 대한 하나의 답변으로 생각해 볼 수 있을 것이다.[35] 순환 모델은 작품의 언어와 줄거리에 초점을 두는 탐구 단계(Exploration), 작품의 배경지식을 추가로 익히고 전반적인 주제와 의미에 대해 묵상하며 반응하는 강화 단계(Enrichment), 인상적이거나 되짚어 보고 싶은 스토리 장면으로 돌아가 깊이 음미하며 새로운 의미를 발견하는 재활용 단계(Recycle), 다양한 교과 영역 주제와 주제, 줄거리, 배경지식, 언어 표현과 같은 작품의 모든 요소를 연관짓는 확장 단계(Extension), 그리고 스토리 전체를 다시 살펴보면서 요약하고 관점을 바꿔 다시쓰며 지금 시점에서 인물의 언행을 재평가하거나 종합적으로

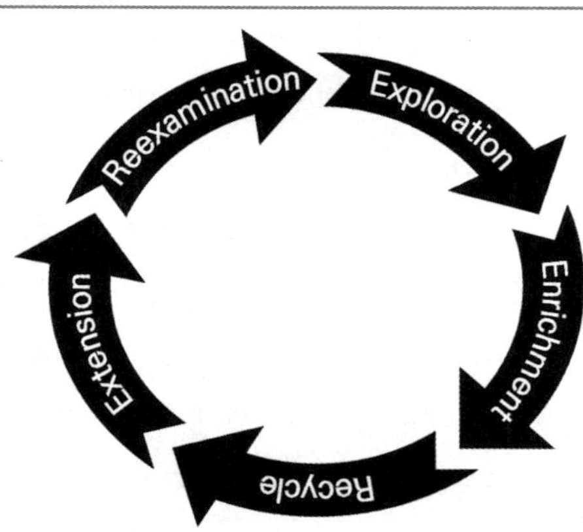

문학교육의 순환 모델

35) Marilou Sorensen, "Developing a Teaching Guide for Literary Teaching," *Teaching with Children's Books: Paths to Literature-Based Instruction*, Marilou Sorensen and Barbara Lehman, eds. (Urbana, IL: National Council of Teachers of English, 1995) 95.

작품의 가치를 정리하기를 시도하는 재점검 단계(Reexamination)로 이루어진다. 이들 다섯 단계 중에서 무엇이 더 중요하고 어디부터 작품 해석과 감상을 시도할 것인지 정해져 있지는 않지만, 일반적으로 볼 때 탐구나 강화 단계에서 논의를 시작할 수 있을 것이다.

어린 학습자를 대상으로 한 영어수업에서 그림책을 사용하면서 정서보다 인지를 앞세우면 도입부 수업처럼 학습자를 힘들게 할 수 있다. 모든 면에서 많이 알고 있는 교사가 권위로 학생을 압도하기 때문이다. 그렇다면 어떤 교수방식을 사용해야 이러한 문제를 피하고 학습자의 자기효능감을 끌어낼 수 있을까? 작품, 학습자, 교사의 위상이 균형을 이루려면 무엇을 어떻게 해야 할까?

그림책과 학습자의 능동적 상호작용

교사는 일방적으로 세세한 내용과 주제를 전달하기보다 학습자의 자발성을 끌어내는 작품을 골라 함께 읽고 교감하려 노력해야 한다. 학습자가 그림책과 능동적으로 상호작용할 수 있는 그림책으로 모 윌렘스(Mo Willems)의 『비둘기에게 버스 운전은 맡기지 마세요!』(*Don't Let the Pigeon Drive the Bus*)의 서사 구성을 대표적 사례로 검토하면 다음과 같다.[36] 이 작품은 버스 기사가 "안녕! 나는 버스기사인데, 잘 들어. 내가 잠깐 자리를 비울 텐데, 내가 돌아올 때까지 좀 지켜봐줄래? 고마워. 아, 그리고 비둘기가 버스를 운전하지 못하게 해야 하는 것을 기억해 줘."라는 독백 비슷한 대사로 시작한다. 여기에서 독자는 기사가 부탁한 주체가 혹시 자기일지 모른다는 호기심을 품은 채 페이지를 넘기게 된다. 다음 페이지에는 기사가 떠나는 것을 본 비둘기가 그림책에 나타나 버스 운전을 하게 해달라고 누군가에게 읍소한다. 비둘기는 마치 독자가 '안된다'고 말한 것에 대꾸하듯 돈을 주거나 좋은 친구가 되어 주겠다는 등의 이유를 대며 운전을 하게 해달라고 회유하려 든다. 마침내 그림책 후반부에 버스기사가 나타나 "돌아왔어! 비둘기가 운전

『비둘기에게 버스 운전은 맡기지 마세요!』의 겉표지

---

36) Mo Willems, *Don't Let the Pigeon Drive the Bus!* (New York: Hyperion, 2003).

하지 못하게 했네, 그렇지? 잘했어! 너무 고마워"라고 말한 후 차를 몰고 떠난다. 이 그림책의 뒷표지에는 "마지막으로, 네가 누군가에게 아니라고 말하는 책!"이라면서 비둘기를 가리키며 "저 녀석이 운전하게 할 거야?"라는 문구가 읍소하는 비둘기 삽화와 더불어 제시되어 있다. 즉, 이 그림책에서 버스기사와 비둘기의 대화 상대는 독자였던 것이다.

『비둘기에게 버스 운전은 맡기지 마세요!』는 버스기사와 비둘기가 독자에게 말을 거는 설정을 통해 학습자의 상호작용을 촉진한다. 이렇게 그림책을 읽다보면 자연스럽게 작품, 학습자, 교사가 작품 안팎을 오가는 맥락에서 상호작용하면서 독자가 작품에 정서적으로 관여하고 영어도 더불어 배우게 된다.[37] 이 작품이 학습자의 참여를 유발하는 또 다른 이유로 주제적 측면을 들 수 있다. 이 작품의 비둘기는 자신의 현재 혹은 어렸을 적의 철없는 모습을 비추는 거울과 같다. 비둘기의 언행을 눈여겨보면 부지불식간에 나를 포함해서 언젠가 접했을 법한 누군가를 상기시킨다. 비둘기는 부모와 교사에게 고집을 피우는 아이들과 닮은 것이다. 이런 이유로 독자는 비둘기에게 뭔가 충고하고픈 충동을 느끼면서 자연스럽게 작품에 몰입하게 된다. 독자가 그림책 바깥에 있으면서도 감언이설에 넘어가지 말아야 하는 캐릭터 역할도 담당하기 때문이다. 독자는 평소 혹은 과거에 엄마에게 떼를 썼으면서도 이제 비둘기를 설득해야 하는 반대 입장에 선 것이다. 이런 서사 구성은 억지를 부리지 말라는 주제를 효과적으로 형상화한다. 그림책을 읽는 아이는 역지사지 체험을 수행한 후 버스기사에게 고맙다는 말까지 듣는다. 평소 떼를 심하게 쓰던 아이라면 이 순간에 머쓱한 기분을 느끼며 자신의 행동을 돌이켜볼 것이다. 이 과정에서 아이는 누군가에게 특정 행위를 허락한다는 의미의 영어표현 "let + 사람 + 행위 동사" 구문이 사용되는 맥락 역시 자연스럽게 익힌다.

문제는 현실적으로 교사가 위의 그림책처럼 학습자의 능동성과 활발한 상호작용을 북돋는 작품, 즉 상호작용 기반 스토리텔링 그림책(interactive storytelling picture book)[38]을 제대로 고르는 것이 쉽지 않다는 점에 있다. 알맞은 작품을 선정하기 어렵다면, 학습자의 능동성을 북돋우기 위해 개인에게 작은 과업을 부여하여 책임감을 갖고 동료들과 협력과업을 수행하도록 이끄는 것도 고려할 수 있다. 여기에서 말하는 과업이란 구체적이거나 명시적인 책무를 학습자에게 부과한다기보다 특정한 역할을 제시하는 것에 가깝다. 이럴 때, 영어능력이나 배경지식 부족하고 능동적이지 않은 학습자들은 맡은 역할을 책임감 있게 수행하지 못할 수 있다. 이를 보완할 수 있는 한 가지 방안으로, 인공지능과 디지털 기반 도구들로 부족한 언어와 배경지식을 보완함으로써 다양한 매체

37) Anna N. N. Hui, Bonnie Wing-Yin Chow, Eva S. M. Chan, and Man-Tak Leung, "Reading Picture Books with Elements of Positive Psychology for Enhancing the Learning of English as a Second Language in Young Children," *Frontiers in Psychology* 10:2899 (2020): 1-12.

38) 이에 관한 자세한 설명과 관련 작품 목록은 242쪽을 참고한다.

로 상호작용을 해 볼 수 있다. 대면 상황이라면 자신의 무지가 탄로날까봐 염려하여 소극적으로 참여할 수도 있지만, 비대면 소통이나 비언어 매체를 통한 메시지 조직은 자신을 감출 수 있어서 불안감을 떨치며 영어수업에 임하는 장점을 지닌다. 이런 과정을 거쳐 산출한 학습 결과물을 다른 학습자들과 공유하면서 사고의 확장을 도모한다면 학습동기를 끌어올릴 수 있다.

이야기를 다양한 매체와 결합하여 수업에 적용하면 학습자가 다양한 상황맥락 속에서 주도적으로 임하기 때문에 영어수업에서 상호작용이 활발해질 가능성이 크다. 영어수업에서 문학작품을 이용해 학습자의 주도적 위상을 제고하기 위해 힘써야 하는 까닭은 심미적 감성과 디지털 활용을 강조하는 미래 교육환경에서 영어가 준공용어의 위상을 획득하고 있기 때문이다. 한국에서 살지라도 영어의 침투로부터 숨을 곳이 점점 줄어드는 이상, 주도적으로 디지털 비언어 매체들을 활용하여 영어를 정서 교감과 소통의 도구로 이용하지 않을 수 없는 것이다. 영어로 쓰인 문학작품은 학습자의 능동성을 북돋기 적합한 영어학습 교재라는 점에서 위와 같은 환경 변화에 부합한다. 이런 이유로, 교사는 그림책을 활용하여 학습자 간 상호작용을 촉진하고 수업의 주도권을 학습자에게 돌려주는 수단으로 디지털 비언어 매체들에 주목해야 한다.

디지털 비언어 매체들을 활용하는 일 이외에도, 교수자는 문학작품을 많이 읽고 분석하면서 원하는 작품을 고르는 교사의 안목을 갖추어야 한다. 인공지능에게 이러저러한 작품 목록 뽑아달라고 부탁할 수는 있어도, 목록의 작품을 직접 읽으면서 가르칠 학습자들에게 어울리는지 최종적으로 판단하는 것은 온전히 교사의 몫이다. 작품과 관련한 배경지식과 적절한 교수법은 인공지능의 도움을 받되, 작품을 대하는 안목까지 인공지능이 길러줄 수는 없다.

디지털 기반 다매체 활용이 중요한 까닭은 외국어로 그림책을 접하는 영어과의 사정과도 밀접히 관련되어 있다. 학습자들이 기계번역과 정보 검색 및 정리 기능을 학습의 보완재로 이용하면 영어라는 장벽을 뛰어넘어 더 많은 시간을 내용 감상에 쏟을 수 있다. 특히 영어능력과 배경지식이 부족한 학습자들이라면, 교사가 잘못 제공된 디지털 정보를 어느 단계에선가 걸러준다는 전제하에, 다양한 수준의 학습자들이 디지털 매체의 도움을 받으며 협력과업을 쉽게 수행할 수 있다. 그림책은 글과 삽화라는 둘 이상의 매체로 이루어져 있어서 어린 학습자가 디지털 기반 다매체 시대에 필요한 디지털 혹은 미디어 문해력 훈련의 기초 교재로 유익하다. 그림책을 통해 매체와 매체를 오가며 머릿속으로 복합적 메시지를 떠올리는 사고훈련을 해 볼 수 있다. 이렇듯 그림책으로 학습자 상호작용을 장려하는 일은 디지털 대전환 시대에 영어를 효과적으로 배우는 방법일 수 있다.

여기에서 수학에서 계산기로 문제를 풀 듯 언어 장벽을 디지털의 도움으로 넘을 수 있게 되면, 혹시 어휘와 구문을 익히는 영어학습의 본질에서 멀어지지 않느냐고 의구심을 품을 수 있다. 계산기가 있어도 연산능력을 키우기 위해 연필로 문제를 푸는 것처럼, 여전히 영어를 집중 훈련하는 것도 필요하기 때문이다. 이에 대해, 학습자가 영어 그림책과 상호작용하는 과정에서 부지불식간에 영어표현을 장기기억에 저장하게 된다고 재반론 또한 가능하다. 언어학습이 명시적 학습목표가 아니더라도 문학교육을 통해 학습자의 영어능력 향상이 수반되기 때문이다.

그림책은 복잡한 내용을 촘촘하게 구성한 것이 아니기 때문에 학습자가 그림책으로 명료하게 내용을 다루지 않은 지점에 대해 다양하게 상상하며 개입할 여지를 제공한다. 특히 이야기에 학습자 본인의 경험과 연결되는 지점이 많을수록 능동적으로 학습에 임할 수 있다. 도입부 수업 장면을 복기해보면, 교사는 태양신이 아들을 확인했다는 기쁨으로 소년에게 옷을 입혀준다는 학생의 생각을 긍정적으로 수용하지 못하여 학생의 능동성을 꺾어버린다. 이때, 교사가 여러 빛깔이 합쳐지면 백색광이 된다는 사실을 소개하면서 아버지인 태양신이 칭찬으로 백색광을 쪼개서 무지개옷을 입혀줬다고 말했더라면 어땠을까? 아마 학생은 자신의 의견을 지지한 교사를 향해 마음을 열고 이어지는 수업에 임했을 것이다.

그림책 수업의 상호작용 기법

상호작용에 유리한 작품을 고르고 적절한 상호작용 매체를 정하는 일 이외에, 학습자의 위상을 살리려면 적절한 문학 교수법에도 관심을 기울여야 한다. 가장 간단하고 확실한 방식은 이런저런 다양한 생각을 자유롭게 표출하며 읽는 것이다. 일반적인 학습 상황이라면, 처음에는 삽화 위주로 가볍게 처음부터 끝까지 훑어 읽으며 대강의 주제와 흥미로운 부분을 식별하고 내용을 예측하는 그림책 산책(picture walk)이 무난하다. 그 다음에는 찬트(chant) 느낌으로 리듬감을 살려 소리내어 읽기(reading aloud)를 시도할 수 있다. 이야기를 같이 읽다가 중간에 멈추고 삽화, 언어, 내용에서 주목할 만한 지점에 관한 의견을 나누는 소리내어 생각하기(think aloud)도 중요한 교수기법이다. 소리내어 생각하기가 동아시아 문화권에서 유효한지에 대해서는 논란거리일 것이다. 눈치를 보다가 괜찮아 보이거나 답이 분명한 질문 몇 개를 간단히 주고받은 후 긴 침묵이 이어지는 일이 벌어질 수 있기 때문이다. 이런 문제가 실제로 생긴다면 학생이 소제목, 그래프, 도식 등의 텍스트 구성 요소에 대한 생각을 활동지에 체계적으로 정리하도록 텍스트 구성 요소 산책(text feature walk)을 대안으로 생각해 볼 수 있다.[39)]

유대인의 하브루타식 교수법(Chavruta)이라 부르는 질문과 대답기법도 읽기를 통해 학습자 상호작용의 빈도와 강도를 올리기 적합한 교수기법일 수 있다(질문의 종류와 수업 적용에 관한 자

39) Michelle Kelley and Nicki Clausen-Grace, "From Picture Walk to Text Feature Walk: Guiding Students to Strategically Preview Informational Text," *Journal of Content Area Reading* 7.1 (2008): 18-19, 25.

세한 논의는 22장 참고). 일례로, 이야기를 읽으면서 서로에게 물어볼 질문의 총량을 지정하고 '바를 정'(正) 한자로 표식을 하며 짝끼리 주어진 시간 동안 읽은 범위 내에서 시시콜콜한 질문들을 해볼 수 있다. 질문을 빠르게 던지고 생각나는 대답을 짧게 말하면 질문자가 자기 생각을 덧붙이고 대답자와 질문자 역할을 교대한다. 앞선 질문에 꼬리 질문을 해도 좋고 질문이 어떻게든 내용과 연관되기만 하면 수준이 낮아도 무방하다. 질문과 대답이 조금씩 포인트를 엇나가더라도 머릿속에서 정보들이 축적되면 어느 순간 '이거다!' 싶은 깨달음(eureka)이 찾아올 것이다. 빠른 질문과 대답은 구두언어 능력 신장뿐만 아니라 의사소통능력에 필수적인 상황대처역량을 키우기에도 적합하다.

하브루타식 수업을 시도하는 교사는 왁자지껄한 분위기에서 수업이 장난으로 변질되거나 아무런 상호작용을 하지 않고 서로 눈빛만 교환하며 교사의 눈치만 보지 않을까 우려할 수 있다. 그렇다고 해서 이런 고민을 해소하고자 미리 질문목록과 범주를 매우 세세하게 통제하여 그대로 수행토록 하면 학습자들의 능동적 참여와 동기 부여에 역효과를 초래할 수 있다. 이보다 덜 통제된 방식으로는 교사가 돌아다니면서 상호작용이 원활하지 않은 학습자들에게 사전에 마련한 질문 혹은 생각의 단서 쪽지나 카드를 무심히 제시하는 유도(nudge) 전략을 들 수 있다. 때때로 인물이 무슨 색깔 외투를 몇 벌 입고 있느냐는 것처럼 유치하거나 유머러스한 질문을 상호작용의 기폭제로 활용할 수도 있다. 겉보기에 활발해 보여도 형식적 질문과 대답만 난무하는 상황도 하브루타식 수업의 부작용 중 하나이다. 질문과 대답을 주고받는 일종의 탁구 경기를 한다고 치면, 동양권에서는 체면 깎이는 것에 민감하여 상대방이 잘 받을 수 있게 공을 넘겨주고 자기에게도 상대방이 그렇게 해주기를 기대하는 '짜고 치기'로 흐를 수 있기 때문이다. 상호작용 횟수 자체는 많더라도 뻔한 내용만 묻거나 그림책에 낙서를 하고 장난을 치면서 엉뚱한 질문만 늘어놓는다면 창의적 생각을 자극하지 못한 채 시간만 허비하고 말 것이다.

표 1-2 하브루타식 문학 질의응답 기록표와 예시

	공격(질문)		수비(대답)	
	성공	실패	성공	실패
자기	正 正 正	正 正	正 正	正 正 正
상대방	正 正 正	正 正	正	正 正 正 正

하브루타식 교수법을 도입하되 편안한 분위기에서 활발한 상호작용을 장려하기 위해 질문과 대답을 탁구의 공격과 수비라고 가정하면서 표에 바를 정(正)으로 기재하는 전략을 생각해 볼 수 있다. 자기와 상대방으로 나눈 후, 각각 공격의 성공/실패, 수비의 성공/실패 칸에 기입하면서 묻고

답하면 게임을 하듯 몰입할 수 있다. 친구의 질문이 작품의 포인트에서 너무 어긋나거나 지나치게 밋밋하였으나 내가 창의적으로 잘 받아넘겼다면 친구의 공격 실패와 나의 방어 성공 칸에 표시한다. 만약 내가 시간이 부족하거나 내용과 언어를 제대로 파악하지 못하여 밋밋한 질문을 던졌으나 친구가 멋지게 대답한다면 자기의 공격 실패와 친구의 방어 성공 칸에 표시한다. 이런 식으로 질문과 대답을 마치고 나서 친구 것과 내 것을 견주어 보면서 무엇이 같고 다른지 대화를 나누고 표식의 개수가 지나치게 다른 부분은 왜 그런지 서로 얘기해 볼 수 있다. [표 1-2]의 예시를 분석해보면, 자기가 던진 질문은 약간 좋았으나 상대방의 대답이 약간 좋지 않았으며, 상대방이 나와 마찬가지로 질문을 대체로 잘했으나 대답에서 나보다도 조금 못한 것 같다고 해석된다.

탁구를 하듯 질문과 대답을 게임 상황으로 풀어내는 것이 영어능력과 배경지식이 부족한 어린 학습자들에게는 여전히 어려울 수 있다. 그림책을 훑어보았다고 해서 재빨리 머리를 굴려 이런저런 다양한 질문을 정말로 할 수 있을지 의심스럽기 때문이다. 이런 문제를 디지털과 연동해서 해소하는 손쉬운 방법 중 하나는 교사가 인공지능을 활용하여 사전에 세부 정보 묻기 질문 100개, 정보끼리 연결하여 추론하는 질문 100개, 내용에 대한 확장적 사고를 묻는 질문 100개처럼 나름의 분류체계를 잡아 질문지 묶음을 제공하는 것이다. 이런 방식에서라면 공격에 해당하는 질문 칸에는 표식을 할 필요가 없다. 이런 연후에 학습자들이 인공지능의 도움을 받아가며 동료에게 물어볼 만한 질문지를 만들어 보거나 자유 질문을 시도해 볼 수 있다.

문학작품을 이용한 질문과 대답은 학습자들이 공동의 목표를 달성하기 위해 활발하게 상호작용하면서 영어학습에 진취적으로 참여함으로써 인지적이고 정서적 역량을 키우는 것을 궁극적 목적으로 한다. 문학을 통한 학습자의 활발한 상호작용을 장려하는 쓰기 기반 활동으로는 스토리맵이나 스토리보드 제작, 인물의 특징을 반영한 그림이나 인형 제작, 악당의 억울한 시점으로 보는 것과 같은 시점 바꿔쓰기, 스토리 전후 상황 예측하기, 그림책의 삽화와 영어표현 수정하기, 작품의 공간적 배경이 되는 지역의 지도 제작, 사건들의 일직선 시간선 배열, 작품의 인상적 상황이나 장면 순위 매기기, 작가에게 칭찬하거나 항의하거나 일부 내용을 다시 바꾸라는 편지 작성, 도서 소개 기사/광고/포스터/동영상 제작, 도서의 앞/뒷면 표지 제작, 아동청소년 소설의 그림책 변환 등을 들 수 있다. 발표와 공연 기반 활동으로는 대본을 보면서 주어진 역할을 실감나는 목소리로 돌아가며 읽는 방식인 낭독극(reader's theater), 가면/인형극(puppetry), 정극 공연을 생각해 볼 수 있다. 이 모든 프로젝트들을 원활히 수행하려면 작품에 대한 충분한 이해와 창의적이고 주체적인 해석이 전제되어야 한다. 작품에 관한 질문과 대답은 이런 준비과정의 중요한 일부일 것이다.

4. 문학교육과 영어과 교육과정

Behind the Scenes

교사1: 영어과 교육과정을 보니 문화 이해, 디지털 매체 활용 기술, 심미적 역량을 중요한 목표로 설정했네요.

교사2: 네, 저도 관련 내용에 대해 주변에서 많이 얘기를 들었어요. 외국어를 배울 때 어휘나 문법과 같은 언어 요소가 당연히 중요하겠지만, 인공지능으로 교육환경이 달라져서 영어와 다른 것들이 통합되는 것 같습니다.

교사3: 언어자료에 문화 지식은 다수 포함되어 있어서 이해가 되지만, 지금의 영어교사가 과연 디지털 매체를 능수능란하게 활용하거나 학습자를 이끌 만큼 충분한 문예적 소양을 갖추었는지는 솔직히 의문입니다. 현장에서 준비도 되지 않았는데 너무 앞서가는 인상입니다.

교사1: 네, 저도 선생님처럼 너무 영어교사에게 부담을 준다는 생각은 들어요. 짐작컨대, 교육과정의 의도가 정보교과의 소프트웨어 코딩처럼 복잡한 디지털 기술이 아니라 범용성이 높은 기술을 십분 활용하여 영어수업을 풍성하게 만들라는 뜻이 아닐까요?

교사2: (교육과정 책자를 보여주며) 여기 보세요. 고교 선택교과인 "영미문학 읽기"를 보면 시의 운율, 이미지, 비유, 이야기와 희곡의 구조를 지식과 이해로 분류했네요. 과거에 국어과 문학전공교사나 다룰 법한 항목이 영어과에도 포함되어 있습니다. 영어과가 이제 언어교과가 아니라는 방향 대전환을 한 것이 아닐까 싶어요.

교사3: 저도 교육과정에서 몇 가지 의문이 들긴 했어요. 고교 선택교과인 "미디어 영어"와 "세계 문화와 영어"를 보면 공히 디지털 비언어 자료에 담긴 다양한 콘텐츠를 활용하도록 규정하고 있어서 두 교과가 뭐가 어떻게 다른지 잘 모르겠어요. 실제 운영하다보면 별로 차이가 날 것 같지도 않구요.

도입부 장면에서 대화를 나누는 교사들은 영어과의 목표가 근본적으로 달라지고 있음을 절감하면서도 영어교사로서 갖추어야 할 역량의 범주가 과연 어디까지일지에 대해 막연한 불안감을 호소하고 있다. 영어과 교육과정에서는 교육환경 변화를 반영하여 세부 교과를 구성하였으나 이런 분류가 준비가 덜된 교사들에게 상당한 부담을 주는 것이다.

교사들의 부담은 두 가지 차원에서 이해될 수 있다. 하나는 디지털 기술을 숙달하여 학습자가 흥미를 느끼도록 수업을 구성해야 한다는 압박감일 것이다. 다른 하나는 비언어까지 포함하는 다양한 매체들로 구성된 '어지러운' 메시지들을 영어수업에 효과적으로 사용하는 방법에 서툴다는 점을 들 수 있다. 전자는 나날이 등장하는 디지털 도구들이 어떤 식으로든 영어학습과 연관되는 환경적 측면을, 후자는 언어자료를 산출하고 해석하는 수업 응용적 측면에 해당된다. 이번 절에서는 전자보다 후자에 초점을 맞추어 논의를 시작할 것이다. 디지털 기술 발달로 일반인이 수월하게 이용할 수 있는 여건이 조성될 것임을 예상한다면, 영어과 교육과정에서 보편적인 기술을 이용하는 매체를 어떻게 학습자료로 수업에 가져올 것인지를 논의하는 편이 생산적이기 때문이다.

음성과 문자언어를 뛰어 넘어 다양한 매체들과 언어를 결합하여 구성한 학습자료가 대세로 굳어진다면, 교수자와 학습자는 지금과 같은 자료의 특징이 무엇이며 왜 수업에 이용하는지 명료하게 설명할 수 있어야 한다. 예를 들어, 배운 표현을 이용하여 유명한 사진과 어울리는 대화를 창의적으로 구성하는 과업을 수행하려면 주어진 사진의 사회문화적 맥락을 이해하여 그 속에서 인물들이 무슨 의도로 어떤 대화를 나누었을지 근거에 따라 합리적으로 추론해야 한다. 이런 의미에서, 매체 다양성 시대의 영어과 교육과정에서는 숨은 의미를 파악하는 역량이 필수적이다. 이런 해석 역량은 자연스럽게 문학작품의 이해와 감상과 연관된다.

문학작품의 이해와 감상은 문학텍스트를 구성하는 요소들에 대해 알고 있다는 사실을 전제로 한다. 문학텍스트 구성 요소는 관점, 정보, 표현으로 구분되며, 이에 관한 자세한 내용은 [표 1-3]을 참고한다.

▮표 1-3 문학텍스트 구성 요소

구성	요소	설명
관점	텍스트 내(intra-textual)	해당 작품만 들여다보며 분석
	텍스트 간(inter-textual)	시공간 배경 및 다른 작품과 견주며 해석
정보	사실(fact)	인물, 사건, (시공간) 배경과 사회문화적 지식 등
	추론(inference)	작가의 의도, 분위기, 심정, 어조, 주제, 요지, 감상, 비평 등
표현	심상(imagery)	상징, 감각적 묘사 등
	비유(metaphor)	직유, 은유 등
	운율(rhyme)	두운, 각운, 대구 등

문학작품의 이해와 감상은 언어, 내용, 사고, 정서, 매체라는 다섯 가지 층위에서 이루어진다. 언어는 영어과 의사소통기능에 해당하는 일상적 표현과 은유와 같은 비일상적 표현으로 구분된다. 내용의 경우에는 텍스트와 관련한 사회문화적 배경에 관한 객관적 지식의 수용 및 텍스트의

모든 요소들을 종합하여 독자가 자신의 논리에 따라 정리하는 주관적 해석의 창출로 나누어진다. 사고는 사회문화적 가치를 준수하려는 규범적 사고와 더불어 이를 어느 정도 의식하면서도 관점, 맥락, 매체를 바꾸며 때때로 시적 허용(poetic license)까지 발휘하여 과감하게 상상적으로 재구성하는 비규범적 사고로 분류된다. 정서는 슬픔, 기쁨, 불안, 격정처럼 즉각적인 반응 이외에도 공감과 가치처럼 심미적 경험이 쌓여 지속적으로 음미하는 것으로 나누어진다. 매체의 경우에는 문자언어 텍스트, 동영상이나 이미지처럼 문자정보가 빠진 비(非)문자 텍스트, 그리고 문자와 비문자 텍스트가 합쳐진 혼합 텍스트로 나누어진다.

영어교사가 문학작품을 활용한 수업에서 작품과 관련된 내용으로 이루어진 다양한 매체들이나 학습자가 생성한 결과물의 의미를 제대로 파악하려면 위에서 제시한 이해와 감상의 다섯 가지 층위에 정통해야 한다. 여기에다 인물, 사건, 배경(시공간)을 통해 시대적 맥락에 관한 사실적 정보와 작품의 의도와 이를 반영한 인물의 심정, 분위기, 주제와 같은 추론적 정보를 은유와 상징처럼 심미적으로 에둘러 표현한 것도 포착할 줄 알아야 한다. 이렇듯 문학적 감상은 보이지 않는 부분이 무엇일지를 곱씹는 사고를 지속하고 몰입하는 행위이다. 오늘날과 같이 표현 매체가 다양한 시대에는 이모티콘 메시지처럼 일상에서도 문학텍스트처럼 의미를 교묘하게 숨기는 경향을 보이기도 한다. 온라인에서는 손쉽게 원하는 의도를 담은 시구와 관련 이미지를 끌어올 수 있기 때문이다.

영미문학 읽기, 미디어 영어, 세계 문화와 영어

영어과 교육과정에서 문학교육과 밀접히 연관된 고교 선택교과는 "영미문학 읽기", "미디어 영어", "세계 문화와 영어"이다.[40] 가장 명시적으로 문학교육의 목표와 방식을 제시하는 교과는 아무래도 "영미문학 읽기"일 것이다. "영미문학 읽기"는 문학을 통해 다양한 관점에서 공감하고 협력적으로 소통하는 능력을 키우는 것을 목적으로 한다. 이를 위해, 국어과의 문학 교과와 공통되는 해석과 감상 이외에 다양한 매체를 활용하여 다양한 관점으로 분석하거나 문화 간 생활양식, 사고방식, 의사소통 방식 차이와 다양성을 비교하는 내용을 성취기준에서 다룬다. 문학적 감상을 증폭시킬 수 있는 다양한 분야의 흥미로운 주제를 끌어들인 프로젝트는 사실적 이해, 감상에 관한 논리적인 표현, 창의적 재해석을 통해 영어능력의 전반적 향상으로 이어진다.

40) 여기에서 언급하는 영어과 교육과정은 다음 자료에 근거한다. 교육부, 『영어과 교육과정』(교육부 고시 제2022-33호 [별책 14]. 세종: 교육부, 2022).

▮표 1-4 "영미문학 읽기"의 성취기준 고려사항 요약

작품 선정과 활동 유형	내용
작품 선정	• 시: 은유와 상징 등의 시적 특징 • 희곡과 소설: 발단, 전개, 절정, 하강, 대단원의 구성 요소가 잘 드러나는 작품
사전 수업 활동	• 작품의 전체 내용 이해를 돕기 위해 시대 배경, 작가 생애, 비평, 표지, 삽화, 인물 등의 정보를 조사 • 개별 혹은 모둠별로 발표하고 토론하여 배경지식을 활성화
스토리텔링 활동	• 작품의 인물, 사건, 배경, 갈등, 정서, 해결 등의 주요 요소들로 이루어진 이야기 문법(story grammar)이나 플롯이나 인물관계망 등을 표현한 도식조직자(graphic organizer)를 활용한 작품 구조 분석 • 공연과 프로젝트: 다른 인물로 주인공 대체, 다른 결말 등으로 확장
형태시(pattern poetry) 활동	• 운율을 지닌 간단한 언어 패턴을 시 형태로 제시 • 창의적 쓰기 연관 프로젝트 수행

"미디어 영어"는 영어로 구성된 다양한 매체들을 효과적으로 검색, 비판, 분석, 평가하여 미디어 문해력을 키우고 이 과정에서 영어능력 신장도 수반되는 것에 방점을 둔다. 주로 디지털 매체로 구성된 내용을 해석하고 관련 콘텐츠를 산출하는 과정에서 효과적으로 원하는 메시지를 조직하는 역량을 키우다보면 접하는 콘텐츠의 특성상 세계 시민의식과 다문화 역량도 같이 신장한다. 또한, 정보의 진위를 판별하는 과정에서 겉으로 드러나지 않은 콘텐츠 제작자의 의도를 비판적으로 들여다보고 시사점을 끌어내면 자연스럽게 문학적 해석역량을 동원하기 쉽다. 매체 활용에서 문학적 이해와 감상이 필요한 까닭은 비언어적 매체를 많이 사용할수록 배경지식에 따라 다르게 해석될 수 있기 때문이다. 즉, 제작자의 의도를 상대방이 이해하지 못하거나 오해할 수 있는 것이다. 그렇다면, 인공지능의 도움을 받아 이미지, 소리, 화면구성, 하이퍼링크, 도표, 애니메이션, 이모티콘, 동영상, 음성과 영상합성 및 다양한 편집기능 등을 활용한 원하는 메시지 제작보다 중요한 일은 내가 만든 메시지를 상대방이 정확하게 이해할 수 있는지 제대로 검증하는 것이다.

디지털 활용 영어학습의 효과에 관한 연구에 의하면, 이메일처럼 문자언어만 사용하기보다 시청각 혹은 상호작용 기능이 제공되는 매체를 학습에 주로 사용하는 경향이 나타남에도 불구하고 읽기와 쓰기 능력에도 긍정적인 영향을 미친다.[41] 이런 결과는 부족한 언어표현 능력이나 배경지식을 디지털 기술의 도움으로 극복하는 과정에서 읽기와 쓰기에 노출되거나 활용하는 기회도 덩달아 늘어났기 때문일 것으로 추정된다. 디지털 비언어 매체를 빈번히 사용하더라도 언어능력이 퇴보한다기보다 오히려 소통의 양과 기회가 늘어나면서 언어사용의 양과 질에서도 유의미하게 개

41) Muneera Muftah, "Impact of social media on learning English language during the COVID-19 pandemic," *PSU Research Review* 8.1 (2024) 211-26.

선되는 효과로 이어지는 것이다.

"세계 문화와 영어"는 영어로 표현된 다양한 문화 정보를 통해 문화적 다양성과 고유성을 존중하는 한편, 디지털 매체로 구성된 문화 콘텐츠 감상과 산출 과정에서 협력적 상호작용을 거쳐 영어를 실제적 맥락에서 익히는 것을 목적으로 한다. 이 교과의 내용체계는 상황, 목적, 대상을 고려한 의사소통을 거쳐 비판적으로 주어진 정보를 비교 분석함으로써 문화에 내재된 전제, 관점, 가치관을 추론하고 궁극적으로 문화의 보편성과 특수성을 깊이 인식하도록 설계되어 있다. 이와 같은 특징은 "영미문학 읽기" 교과목에서 작품 요약, 의도나 목적 파악, 느낌이나 감상 공유, 은유적 메시지의 창의적 분석, 다양한 관점에 입각한 창의적 표현, 사회문화적 다양성에 대한 심미적 향유와 깊은 차원의 이해와 공감을 내용체계의 핵심 항목으로 기술한 점과 연관된다. 이야기로 규정되지 않는 다양한 문화 관련 자료들을 문학적 해석에 버금갈 정도로 꼼꼼히 분석하여 숨은 의미 혹은 의도를 식별하고 주체적으로 반응하기 때문이다.

지금까지의 논의를 통해 "영미문학 읽기", "미디어 영어", "세계 문화와 영어" 교과목이 학습자의 능동적 학습 참여를 장려하고 이를 통해 숨은 의미와 전제에 주목하고 있음을 확인할 수 있다. 이런 사실은 문학교육, 다매체 활용 영어교육, 그리고 문화교육의 절차가 별반 다르지 않음을 뜻한다. 실제성 높은 작품이나 문화 콘텐츠의 의사소통기능이나 어휘를 익힌 후, 다양한 매체로 구성된 작품이나 콘텐츠를 꼼꼼히 감상하면서 행간의 의미를 추론하고 문화 감수성과 문학적 감식안을 키우면 공감적 이해능력 신장도 수반되기 때문이다.

그림책을 비롯한 간명한 이야기 자료를 영어수업에 활용하면 위와 같은 여러 역량들을 두루 끌어올릴 수 있다. 그림책은 내용이나 매체 구성 방식이 과하게 복잡하지 않아서 다매체 자료를 능숙하게 다루지 못하는 어린 학습자들에게도 유용하다. 어린 학습자들이 다양한 매체와 연계하여 문화를 포함한 세상살이 지식을 영어표현과 함께 손쉽게 배우기 적합하기 때문이다. 디지털 스토리텔링으로 그림책을 경험하고 변형하면 디지털 활용능력뿐 아니라 창의성을 발휘하여 심미적 역량도 기르기 적합하다. 만약 그림책만으로 학습할 수준을 훨씬 상회하는 학습자들이라면 만화이지만 묵직한 도덕적 주제를 형상화한 그래픽노블을 대안으로 생각해 볼 수 있다(25장 참고). 그래픽노블을 활용할 때 상당한 배경지식이 요구됨에도 불구하고 교사의 개입과 도움이 쉽지 않은 문제점은 인공지능을 이용하여 극복하는 방안을 고려해야 할 것이다.

영어과에서의 문학교육은 작품을 꼼꼼하게 읽으면서 가능한 속뜻을 최대한 많이 궁리하는 것에 방점을 둔다. 다시 말해, 대구법이나 환유와 같은 문학적 개념지식 전달과 같은 문예적 훈련은 영어과 문학교육의 일부이기는 하더라도 전체를 대변할 수 없다. 몰입하기 쉬운 작품을 선정하여 매체의 도움을 받으면서 주체적으로 내용을 파악하고 새로운 차원의 정서적 경험에 이르고 이 모든 것들을 언어와 비언어 수단을 아우르며 논리적으로 표현하는 것이야말로 영어과 문학교육의 핵심 의제일 것이다. 이런 의미에서, "영미문학 읽기"는 순문학적 논의에 집중하는 교과목이 아니라 여태껏 기술한 문학교육의 큰 틀 속에서 이해되어야 한다. 작금의 교육환경 변화를 감안할 때, "미디어 영어"와 "세계 문화와 영어" 교과목도 "영미문학 읽기"와 마찬가지로 문학교육이라는 더 넓은 범주 속에 포함된다고 보아야 할 것이다.

아동문학과 외국어 교육의 역사

II

영미권에서 아동문학은 아동을 위한 교육용 읽기 자료에 대한 수요가 커짐에 따라 18세기에 독립된 분야로 부상하였다. 이런 이면에는 18세기에서 19세기로 넘어가면서 근대적 인권이 부상함에 따라 어른과 구분되는 독자적 인격체로 아동을 바라보게 되었을 뿐 아니라 도서를 구입할 정도로 경제력을 갖춘 중산층의 형성되면서 아동용 도서 시장이 번창한 현실이 자리하고 있다. 여기에다 19세기에 들어서면서 인쇄술의 비약적 발달로 매력적 삽화를 대량생산할 수 있게 되면서 그림책이 아동문학의 핵심 분야로 자리를 잡게 되었다. 20세기에 들어서서 세계대전으로 혼란한 와중에도 아동문학은 그림책과 아동청소년 소설 모두에서 꾸준히 성장하였다. 이번 파트 전반부에서는 영미권의 아동문학사에 획을 그은 작가와 작품을 훑어볼 것이다. 이어서 후반부에서는 존 로크와 장 자크 루소가 그림책의 교육적 활용과 외국어학습에 관해 논한 바를 점검하면서 아동문학, 그림책, 그리고 영어교육에 대한 이해를 심화하고자 한다.

5. 아동문학의 역사적 전개

Behind the Scenes

엄마: (책을 들고 딸의 방에 들어오면서) 얘, 온라인으로 주문한 동화책 왔다. 자, 여기있다. (엄마가 딸에게 책을 건네고 밖으로 나간다)

딸: 고마워 엄마. ("가족이 함께 읽는 샤를 페로 동화집"이라고 쓰인 책 표지를 쳐다본다) 가족이 함께 읽는 샤를 페로 동화집? 어디 보자 (책장을 넘기고 화면에 목차가 보인다) 신데렐라, 장화 신은 고양이, 빨간 망토 ... 다 아는 이야기네. ("푸른 수염 이야기"라고 쓰인 목차의 맨 항목을 검지로 가리키는 모습이 클로즈업 된다.) 푸른 수염 이야기? 이게 뭐지? (궁금증이 일어나 뒤쪽의 페이지를 편다. 그러자 화면이 아지랑이처럼 물결치면서 꿈결로 들어가는 효과음과 함께 아래의 이야기 장면이 나타난다.)

딸의 동화책 내레이션: "푸른 수염을 한 남편이 아내에게 열쇠 꾸러미를 주며 말했다. (굵은 남자 목소리를 내면서) '내가 없는 동안 절대 지하실 방은 열지 마시오.' 아내는 알았다고 약속했지만, 너무 궁금해서 지하실을 열고 말았다. 바로 그 순간, 아내는 벽에 걸린 죽은 여인들의 시신과 눈이 마주쳤다. 지하실 바닥은 피로 덮여 있었다. 열쇠에 묻은 피는 아무리 닦아도 지워지지 않았다. 집으로 돌아온 푸른 수염은 칼을 손에 쥐고 용서를 구하는 아내를 지하실에서 죽이려 했다. (여자 비명소리 환청을 들은 딸이 책을 덮는다.)

딸: (무서운 목소리로 방문 바깥을 쳐다보며) 엄마, 이 책 잘못 왔나봐. 반송해야겠어. (아무런 소리도 들리지 않는다.) 엄마? 엄마 ... 엄마?

도입부 대화 장면은 전래동화의 무서운 이야기를 읽은 딸이 몰입하다 환청에 사로잡혀 겁을 먹고 엄마를 불렀을 때 벌어지는 상황을 묘사하고 있다. 딸이 읽은 「푸른 수염」(Blue Beard) 이야기는 프랑스 작가 샤를 페로(Charles Perrault)의 『도덕적 교훈을 담은 옛 민담과 이야기: 마더 구스 이야기』(*The Tales of Mother Goose*), 흔히 『마더 구스 이야기』라 불리는 전래동화 모음집에 수록되어 있다. 이 책은 페로가 1697년에 각 고장의 민담을 채록하여 발간한 것으로, 책에서 마더 구스(Mother Goose)라는 이름의 서술자는 「신데렐라」(Cinderella), 「빨간 망토」(Little Red Riding Hood), 「푸른 수염」(Blue Beard), 「잠자는 숲속의 미녀」(The Sleeping Beauty), 「엄지공주」(Little Thumb) 등을 가상의 독자에게 하나씩 들려준다. 독자는 마더 구스가 시골 아낙네라는 인상을 주는 별칭이기에 옆집 아주머니가 정감 넘치는 이야기를 들려주리라 기대할 것이다. 그렇다면 도입부의 「푸른 수염」과 같은 무시무시한 이야기는 왜 『마더 구스 이야기』에 실렸을까? 옛 사람들은 이런 잔인한 이야기를 왜 민담 형태로 전수했던 것일까? 이를 알려면 아동문학의 역사를 살펴보아야 한다. 아동문학의 하위 장르인 그림책의 특징도 이를 통해 깊이 들여다볼 수 있다.

아동문학의 정의와 초창기 영미아동문학

아동문학의 정의는 네 가지로 나누어진다. 첫 번째로, 아동을 주인공으로 삼은 작품을 생각해 볼 수 있다. 사실상 대부분의 그림책이 1인칭 아동 주인공 이야기일 것이다. 두 번째로, 아동의 눈높이에 맞게 작품의 삽화, 언어, 내용, 주제가 구성된 아동 독자를 의식하며 집필한 작품을 생각해 볼 수 있다. 세 번째로, 상상 혹은 환상 세계를 배경으로 한 이야기를 의미한다. 네 번째로, 아동이 창작한 작품을 뜻한다. 이런 네 가지 정의 중에서 1~2번이 통상적 의미의 아동문학으로 볼 수 있다. 공상과학 문학 중에서는 복잡한 성인용 소설도 많고, 아동 창작물은 이야기의 완성도가 떨어지는 경우가 많기 때문이다.

본격적으로 아동문학의 역사적 전개로 넘어가기 전에, 아동이 창작한 작품이라는 마지막 정의가 주목받지 못한 점을 곱씹어 볼 필요가 있다. 아동이 창작하고 논하는 활동은 주로 교육적 맥락에서 이루어진다. 이를 통해, 아동문학의 역사에서 교육적 활용이 온당한 관심을 받아 학술적 논의로 승화되지 못했음을 미루어 짐작할 수 있다. 뒤집어 말하면, 어른이 아동의 교육을 위해 산출한 작품만 아동문학의 범주에서 논하였던 관계로 인해 아동의 문학적 산출물이 지닌 가치가 온당하게 평가받지 못했다고 볼 수 있다.1)

문학의 장구한 역사와 비교할 때, 아동문학 혹은 아동용 도서를 간행한 역사가 길지 않다는 사실도 아동문학을 어른의 관점으로 다루어 온 점과 무관하지 않다. 체코 신학자이자 교육자인 요한 코미니우스(John Cormenius)가 1658년에 집필한 『그림으로 본 세상』(*Orbis Pictus*)은 자연

1) Marah Gubar, "On Not Defining Children's Literature," *PMLA* 126.1 (2011) 215.

만물, 동식물, 종교, 그리고 인간의 활동을 삽화와 더불어 설명한 아동용 교육교재이자 기원이 명확한 최초의 교육용 그림책으로 알려져 있다.2) 이 책은 여러 나라 언어로 번역되면서 대표적인 그림책으로 자리매김하였다. 그 내용 중 일부를 살펴보면 다음과 같다.

① The barber in the barber shop
② cuts off the hair and the beard with a pair of scissors,
③ or shaves with a razor, which he takes out of his case.
④ And he washes one over a basin,
⑤ with suds running out of a laver,
⑥ and also with soap,
⑦ and wipes him with a towel,
⑧ combs him with a comb,
⑨ and curls him with a crisping (curling) iron,
⑩ Sometimes he cuts a vein with a pen-knife,
⑪ where the blood spurts out ...

① 이발소의 이발사는 ② 가위 한 자루로 머리카락과 수염을 자르고 ③ 상자에서 꺼낸 면도칼로 면도를 해요. ④ 그리고 대야에서 사람을 씻기는데, ⑤ 대야 밖으로 거품이 나오고 ⑥ 비누도 마찬가지이구요. ⑦ 수건으로 사람을 닦고 ⑧ 빗으로 머리카락을 빗고 ⑨ 고데기로 머리를 말아요. ⑩ 때때로 사람의 혈관을 주머니칼로 잘라서 ⑨ 거기에서 피가 솟구쳐요.

The Barbers Shop. LXXV. *Tonſtrina.*

The Barber, 1.	*Tonſor*, 1.
in the Barbers-ſhop, 2.	in *Tonſtrina*, 2.
cutteth off the Hair	tondet *Crines*
and the Beard	& *Barbam*
with a pair of Sizzars, 3.	*Forcipe*, 3.
or ſhaveth with a Razor,	vel radit *Novaculâ*,
which he taketh out of his Caſe, 4.	quam è *Theca*, 4. depromit.
And he waſheth one	Et lavat
over a Baſon, 5.	ſuper *Pelvim*, 5.
with Suds *running*	*Lixivio* defluente
out of a Laver, 6.	è *Gutturnio*, 6.
and alſo with Sope, 7.	ut & *Sapone*, 7.
and wipeth him	& tergit
with a Towel, 8.	*Linteo*, 8.
combeth him with a Comb, 9.	pectit *Pectine*, 9.
and curleth him	criſpat
with a Criſping Iron, 10.	*Calamiſtro*, 10.
Sometimes he cutteth a Vein	Interdum Venam ſecat
with a Pen-knife, 11.	*Scalpello*, 11.
where the Blood ſpirteth out, 12.	ubi Sanguis propullulat, 12.

『그림으로 본 세상』의 영역판 이미지

『그림으로 본 세상』의 삽화와 시(운문)를 함께 살펴보면 이발사가 의사와 겸업했다는 사실적 정보를 쉽게 파악할 수 있다. 이 책은 운율의 재미를 느끼고 삽화로 부족한 정보를 메꾸는 방식을 취한다는 점에서 그림책으로서의 요건을 갖추고 있다.

17세기 말에서 18세기 초 영국에서는 아동의 눈높이에 맞는 소설을 선별하여 읽는 방식으로 아동용 교육수요에 대응하였다. 천국으로 향하는 기독교인이 경험하는 고난의 여정을 통해 올바른 삶의 자세를 강조하는 존 번연(John Bunyan)의 1678년작 『천로역정』(*Pilgrim's Progress*), 무인도에 표류하였으나 끈기와 이성으로 고난을 극복하고 끝내 부자가 되는 다니엘 디포우(*Daniel Defoe*)의 1720년작 『로빈슨 크루소』(*Robinson Crusoe*), 그리고 소인국과 거인국을 통해 현명한 마음가짐을 일깨우는 조나단 스위프트(Jonathan Swift)의 1726년작 『걸리버 여행기』(*Gulliver's Travels*)는 모험을 모티프로 삼아 도덕적 교훈을 전하는 교육자료로 활용되었다. 위의 작품들은 성인을 대상으로 집필된 것이기에 원작의 분량이 많고 어휘와 구문 수준도 높다.

2) David L. Russell, *Literature for Children* (Boston, MA: Pearson, 2012) 4.

이런 이유로 아이들에게는 단순하게 축약한 버전(abridgement)을 제공하였다.

18세기 중반 이후부터는 성인용 도서를 아동용으로 변환하여 사용하지 않고 아동만을 위한 문학작품, 소위 아동문학이라는 장르가 출현하였다. 교육 수요가 늘어나면서 아동용 도서의 필요성이 커진 사회경제적 이유가 크게 작용했지만, 종교적 규율이 느슨해지고 인간의 합리적 사고와 자율성을 강조하는 사회로 이행하던 18세기의 사상적 전환도 아동문학 탄생의 사회적 배경으로 작용하였다. 17세기에 활동한 존 로크(John Locke)는 영국의 계몽과 이성을 대변하는 사상가이지만 18세기 아동문학의 태동에도 매우 중요한 역할을 담당하였다. 로크는 아이가 백지상태(blank slate)로 태어났기에 올바른 교육을 위한 학습자료가 중요하다고 역설하였다. 그의 『교육론』(*Some Thoughts Concerning Education*)에서는 『이솝우화』(*Aesop's Fables*)를 그림으로 가르치면 더 즐겁게 책을 읽고 지식도 늘어날 것이라면서 그림책 이야기를 옹호하였다.[3] 시각 이미지를 활용하면 개념을 효과적으로 전달하여 아동의 경험을 확장한다고 생각했기 때문이다. 백지상태와 같은 아이의 정신을 채우기 위해 수준에 맞는 책을 읽어야 한다고 주장했다는 점에서, 로크의 사상은 18세기에 아동문학이 탄생하는 사상적 토대를 제공하였다.

18세기 사상가 중에는 그림을 활용한 교육자료가 아동에게 오개념을 심어줄 수 있다며 목소리를 높인 프랑스의 철학자 장 자크 루소(Jean-Jacques Rousseau)에 주목할 필요가 있다. 루소는 가상의 학생 에밀이 유아기부터 청년으로 성장하기까지 어떻게 훈육할지 1761년작 『에밀』(*Emile*)에서 자세히 서술하였다. 그는 경험이 쌓이지 않아 판단력이 없는 아이가 어수룩하게 책을 암기하면 세상의 악에 물들기 쉽다며 일정한 식견이 갖추어지는 시기가 되기 전까지 자연 상태에서 감각적 경험을 중심으로 스스로 사물의 이치를 터득하고 책을 멀리하는 편이 좋다고 생각하였다. 이런 루소의 입장은 요즘으로 치면 어린 나이에 디지털 기기로 해로운 콘텐츠에 무방비로 노출되는 것을 경계하는 것과 비슷하다.

18세기에 아동을 위한 문학작품으로는 도덕적 교훈을 담은 이솝우화, 쉽게 각색한 성경 이야기, 그리고 1729년에 영어로 번역된 샤를 페로의 민담집이 널리 읽혔다. 페로의 작품이 인기를 끈 이유는 이솝우화나 성경처럼 일상과 거리가 있는 캐릭터가 아니라 아동이나 여성 주인공의 시련처럼 공감을 유도하고 긴장감을 자극하는 위기를 거쳐 신분 상승에 이르는 소망 충족의 서사를 많이 다루었기 때문이다. 아동은 무의식 속에서 자신을 어른의 보호를 받는 약한 존재로 여기기 때문에 더 나은 존재로 변신하는 이야기에 쉽게 공감한다.

페로의 민담집의 「신데렐라」와 「빨간 망토」는 이복자매의 신발을 억지로 신으려고 앞꿈치와 뒤꿈치를 자른다거나 할머니와 소녀가 늑대 인간에게 잡아먹히는 끔찍한 줄거리로 이루어져 있다. 페로가 채록 과정에서 과도하게 끔찍한 부분을 삭제하고 도덕적 교훈이 강화되는 방향으로 각색

3) John Locke, *Some Thoughts Concerning Education* (London: R. and R. Tonson, 1779) 226.

하였음에도 불구하고 여전히 아이를 버리거나 잡아먹거나 신체를 절단하는 것과 같이 잔혹한 대목이 남아 있는 것이다. 도입부의 「푸른수염」 이야기처럼 민담의 잔혹한 줄거리는 어떤 이유로 아동을 위한 이야기에 잔혹동화(dark fairy tale)라는 꼬리표를 달고 여전히 살아있는 것일까? 이런 의문은 도덕, 사회, 역사, 심리적 차원으로 나누어 해명될 수 있다.

도덕적 측면으로 살펴보면, 잔혹동화는 세상 경험이 없는 아이들에게 논리적 설명이 불가능한 이상 옳고 그름을 감각적으로 제시하여 도덕감을 머릿속에 넣어준다. 공포, 분노, 슬픔의 부정적 감정은 이야기를 통해 안전하게 미리 경험하면 성장하면서 맞닥뜨릴 부정적 정서에 대한 적응력을 가질 수 있다. 사회적 측면으로 보면, 동화 속의 잔혹함이 규칙을 어길 때 찾아온다는 점에서 법규와 관습처럼 사회적 가치를 준수해야 한다는 메시지를 전달한다. 아이는 이 과정에서 내 맘대로 행동하기보다 보호자와 사회에서 안내하는 바를 따라야 한다는 교훈을 얻는다. 역사적으로 보자면, 아이를 버리고 학대하던 나쁜 과거를 이야기 형식으로 후대에 전달함으로써 먹고살기 힘든 시절로 돌아가지 않도록 노력할 뿐 아니라 절대로 사람을 잔혹하게 대하지 말라는 반대 메시지를 잔혹한 사건 묘사를 통해 말하려 한 것으로 볼 수 있다. 마지막으로 심리적 차원으로 들여다보면, 아이가 책에서 폭력을 접한다고 자신이 위험한 것이 아님을 아는 이상, 잔혹한 장면에 매혹되어 놀이동산의 아찔한 롤러코스터를 타는 것과 비슷한 짜릿함을 만끽할 수 있다. 모든 아이가 정말로 겁에 질려 무섭다고 말하는 것은 아니다. 책에서 호랑이와 괴물이 실제로 튀어나오는 것은 아니기 때문이다. 잔혹한 장면이 어른의 검열 잣대로 보면 위험천만하지만, 아이들은 아찔한 순간을 경험함으로써 현실과 가상을 오히려 냉철하게 구분하는 지각력을 키우기도 한다.

아동문학은 강제로 행동을 교정하고 지식을 익히기보다 간접적으로나마 무서움의 실체를 마주하고 깨달으면서 스스로 세상살이 지식과 행동 방식을 터득하도록 부드럽게 유도한다. 잔혹한 장면이 가하는 정서적 충격은 순간적 공포와 흥미를 자극하여 낮은 단계의 행동 교정 효과로 이어질 수 있지만 상대방과 깊이 교감하고 복잡미묘한 삶의 지혜를 제공하지 못한다. 18세기 영국에서는 이런 문제의식에 따라 민담, 우화(fable), 성경처럼 과거의 이야기보다 아동에게 현재 필요한 인지적·정서적 역량을 함양하기 위한 창작물을 제작하고 이를 교육에 활용하려는 움직임이 생겨났다. 존 뉴베리(John Newbery)는 이런 새로운 흐름의 선구자로, 후세에 아동문학의 아버지로 불리게 되었다.

뉴베리는 1743년에 『작고 예쁜 포켓북』(*A Little Pretty Pocket Book*)이라는 아동용 도서를 간행하였다. 이 책은 사회적 존재로 살기 위한 지혜와 교훈을 주제로 삼은 (찬트와 유사한) 동시, 격언, 우화 등을 삽화와 함께 제시하였다. 야구와 크리켓 활동 방법과 이를 했을 때 얻는 이익이나 교훈을 정형시 율격으로 표현하는 것을 예로 들 수 있다. 이 작품에서는 코메니우스의 『그림으로 본 세상』과 마찬가지로 운문 형식에 정보를 담되 아이들이 즐겁게 해 볼 수 있는 놀이 활동의

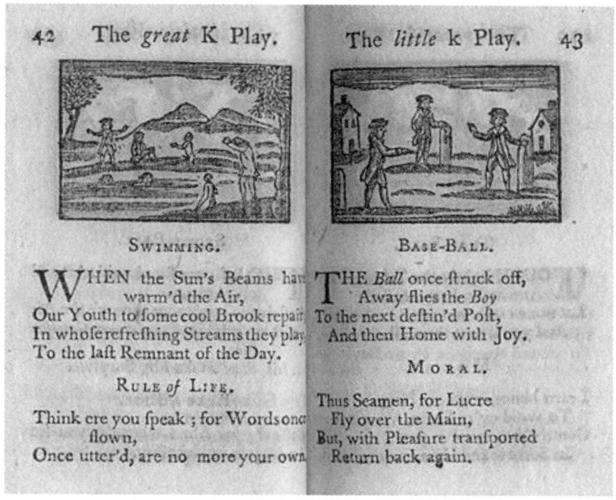

42 The *great* K Play.

SWIMMING.

WHEN the Sun's Beams have warm'd the Air,
Our Youth to ſome cool Brook repair;
In whoſe refreſhing Streams they play,
To the laſt Remnant of the Day.

RULE *of* LIFE.

Think ere you ſpeak; for Words once flown,
Once utter'd, are no more your own.

The *little* k Play. 43

BASE-BALL.

THE *Ball* once ſtruck off,
Away flies the *Boy*
To the next deſtin'd Poſt,
And then Home with Joy.

MORAL.

Thus Seamen, for Lucre
Fly over the Main,
But, with Pleaſure tranſported
Return back again.

『작고 예쁜 포켓북』의 이미지

유익함에 초점을 맞춘다. 뉴베리는 규율보다 놀이로 아동을 가르칠 수 있다고 보았다. 이렇게 즐거움을 앞에 두고 교훈을 숨기는 구성은 이야기를 즐기고 깨달음이 뒤따라오는 후대 아동문학의 큰 틀을 제시하였다는 의의를 지닌다. 이런 뉴베리의 업적은 1922년부터 당해에 출간된 아동문학 중에서 메달(medal)과 명예상(honor)을 수여하는 것으로 계승되고 있다.

아동문학은 뉴베리를 필두로 18세기 중반 이후에 아동용 창작동화가 간행됨으로써 역사의 무대에 등장하였다. 당시에 교육적 의도로 간행된 아동용 삽화책은 챕북(chapbook)으로 불렸다. 챕북은 얇고 작게 만들어져 어디에서도 간편하게 읽기 적합한 도서였지만, 대강의 상황을 묘사함으로써 글을 단순 보조하거나 친근한 이미지로 판면을 채우는 장식적 기능이 컸기 때문에 정밀한 삽화에 다양한 의미를 담은 후대 그림책과 구분된다.

18세기에 챕북으로 시작한 아동문학이 19세기를 거치며 오늘날까지 번창할 수 있었던 가장 중요한 이유는 아동을 위한 교육용 자료로 기획되었기에 교사와 부모가 기꺼이 지출을 감내했기 때문이다. 이렇게 아동문학은 이야기를 즐기며 사회문화적 배경지식과 도덕적 깨달음을 얻는 사회화 목적에 충실했다. 여기에서 아동을 성숙한 어른이 되도록 교육해야 한다는 사회적 합의를 읽을 수 있다. 아동문학 이전에 아동이 먼저 존재해야 한다면, 대체 2~300년 전 서양인들은 아동을 어떻게 이해했기에 아동문학이라는 교육자료에 주목한 것일까? 서양에서 18세기만 해도 아동에 대한 개념이 오늘날과 같지 않았다. 영아기 이후부터 미성년 사이에 속하는 사회적 보호대상자에 아동이라는 법적 지위를 부여한 것은 19세기 이후에서야 일어난 일이다.

서양의 아동 개념 탄생과 19세기 영미아동문학

프랑스의 역사가 필립 아리에스(Philip Aries)는 우리가 지금 생각하는 아동의 개념이 불과 2~300년 전에 생겼다고 주장한다. 아리에스에 의하면, 현대적 의미의 천진난만한 순수성을 지닌 아동이란 17세기 도덕론자와 교육자들 사이에서 움트기 시작하여 근대에 들어와서 공고해진 개념이다.4) 물론, 이 말은 물리적 의미의 20세 미만 미성년자가 없었다는 의미가 아니다. 아리에스는 18세기 이전까지 서양에서 아동을 순수함을 간직한 특별한 존재로 보호할 대상이 아니라 신체나 지적능력이 어른보다 열등한 존재인 작은 성인(miniature adult) 혹은 미숙한 어른으로 인식했다고 말한다. 이에 따르면, 아동은 어른의 체격과 지적 역량에 비례하는 육체 노동에 종사해야 한다.5) 이런 아동 노동 문제는 흉년이 들면 아동을 유기할 정도로 인권 개념이 없던 과거의 시대적 맥락에서 정당화되었던 것이다.

18세기 후반으로 가면서 서양에서 아동 개념이 태동한 사회적 배경은 크게 두 가지로 정리된다. 첫 번째로, 증기기관 발명으로 시작된 산업혁명과 식민지 개척은 유럽인의 물질적 풍요로 이어지면서 마음의 여유까지 불러왔다. 부모가 일을 하러 가야 했기에 자녀를 학교에 보내면서 아동 집단에 대한 교육적 관심과 이해가 필요해졌고, 집에서도 각자의 독립된 공간이 제공되면서 아이를 존중하는 마음가짐이 생겨났다는 것이다. 두 번째로, 1789년 프랑스 혁명을 기점으로 자유, 평등, 박애의 정신이 퍼지면서 세상의 악함에 물들기 이전의 순수함에 관한 대중적 관심이 커졌다. 이런 분위기에서, 예술계에서는 18세기 후반부터 인간의 순수한 본질을 찾으려는 열망이 분출하면서 낭만주의(romanticism)가 풍미했다. 낭만주의 문인들은 세상의 악에 오염되지 않은 아동의 순수함을 이상적 인간의 전형이라고 여겨 아동의 특별한 순수성을 보호해야 한다고 생각했다. 이런 낭만주의적 아동관은 교육을 통해 아동의 순수함을 유지하기 위한 아동문학이 19세기에 번창하는 사상적 토대로 작용하였다.

영국 낭만주의 시인 윌리엄 워즈워스(William Wordsworth)
워즈워스는 「내 심장이 두근거리네」(My Heart Leaps Up)라는 시를 통해 "아이는 어른의 아버지"(Child is father of the man.)라며 아이의 순수함이 인간 정신의 본질이라고 천명한다.

영국에서 아동문학이 18세기에 태동하였으나 번창했던 시기는 대영제국이 한창 힘을 발휘하던

4) 필립 아리에스, 문지영 역, 『아동의 탄생』 (서울: 새물결, 2003) 214, 235.

5) Nina Mikkelsen, *Words and Pictures: Lessons in Children's Literature and Literacies* (Boston, MA: McGraw-Hill, 2000) 11; 필립 아리에스, 같은 책, 96-98, 236-37.

19세기 중반이었다. 이 시기에는 대내적으로 산업발달로 구매력을 지닌 도시노동자들이 중산층을 형성하여 책을 살 경제적 여건이 형성되었다. 인쇄술이 발달하면서 질 좋은 삽화를 싸게 대량 보급할 수 있는 토대가 마련된 점도 무시할 수 없다. 19세기 초반 이전의 삽화는 스케치처럼 보이는 흑백 목판으로 단순하게 찍은 수준에 불과하였다. 그러나 19세기 초·중반에 번거롭게 요철로 파내고 부식시키는 동판화가 아니라 돌 위에 유성 소재로 그림을 그리고 다양한 색으로 찍어내는 석판화가 보급되어 보다 손쉽고 적은 비용으로 컬러 인쇄가 가능해졌다. 여기에다 사진판 인쇄, 정밀한 컬러 인쇄가 가능한 목판술 개선 등의 새로운 인쇄기법이 우후죽순 등장하면서 화려한 채색을 입힌 그림책이 등장하였다. 이런 인쇄술 발달은 아동문학, 좁게는 그림책 성장의 전기로 작용한다. 한국에서도 1950년대 중반 이후 동판인쇄술을 포함한 새로운 기술이 일본에서 도입되고 컬러 삽화가 포함된 세계 명작 전집이 간행되면서 그림책 산업이 성장할 수 있었다.[6)]

흥미롭게도, 정밀한 삽화 인쇄가 가능해지면서 아동문학 이외에 성인 독자를 위한 도색문학(pornography) 장르가 생겨나기도 했다. 성인들이 몰래 보던 낯 뜨거운 이야기에 시각적 자극까지 곁들여 선정성을 끌어올린 도서가 만들어진 것이다. 이렇게 기술발달 덕분에 19세기 중반부터 아동문학과 성인문학이 생겼다. 거실에 온 가족이 모여서 글을 아는 이들이 돌아가며 소리를 내어 이야기를 같이 즐기려면 화목한 가족애를 다루는 무난한 이야기여야 했다. 그러나 인쇄술 발전과 문맹률 저하로 각자 방에서 묵독하는 생활습관 변화가 찾아오면서 생각이 다른 독자의 구미에 맞는 각각의 이야기들이 만들어졌다. 이렇게 19세기 중반 이후에 찾아온 시대적 변화는 가족이 모여 무난한 플롯으로 이루어진 TV 드라마를 시청하던 시절이 끝나고 단말기를 들고 각자 좋아하는 영상물을 시청하는 21세기의 세태에 비견될 수 있다.

19세기의 아동문학 읽기 관행은 낭만주의의 영향을 받아 세상의 추악함으로부터 자유로운 아동의 순수함을 지키기 위한 이야기를 아이가 혼자 읽거나 교실에서 함께 읽는 방식을 취하였다. 그렇다 보니 작품에서는 어른들의 관심을 배제하고 아동의 눈높이에 맞는 줄거리를 다루었다. 이 시기에는 후대에 아동문학의 전형적 줄거리로 관습화된 동심을 찬양하는 아름다운 이야기가 유행하였다. 기숙학교에서 벌어지는 청소년들의 우정을 다루는 학교소설이나 판타지 세계로의 모험을 다루는 아동청소년 소설이 대거 소개되었다. 이와 더불어, 19세기 중반 아동문학사에서 특기할 점은 인쇄술 발달과 함께 경제적 여력을 지닌 중산층 가정이 늘어나면서 그림책 장르가 출현했다는 사실이다. 대표적으로, 월터 크레인(Walter Crane), 케이트 그린어웨이(Kate Greenaway), 그리고 랜돌프 칼데콧(Raldolph Caldecott)은 삽화와 이야기를 결합한 그림책 동화 장르를 확립함으로써 19세기 중·후반 영국 아동문학의 지형도를 새롭게 형성하였다.[7)]

---

6) 조성순, 『한국 그림책의 역사』 (남양주시: 청동거울, 2023) 223.

7) Mikkelsen, ibid. 18-19.

월터 크레인은 「장화 신은 고양이」(Puss in Boots)나 「신데렐라」와 같은 전래동화를 화려하면서도 섬세한 그림으로 표현함으로써 그림책을 예술로 승화시켰다. 그는 글과 삽화의 관계와 크기처럼 판면 배치를 신중하게 따져가면서 꼼꼼하게 인물의 표정과 동작을 계산하여 묘사하였고, 이야기의 배경이 되는 가구와 같은 세간살이 사물들도 자세히 그림책에 반영하여 아동이 그림책 이야기를 통해 살면서 보거나 알아야 할 정보도 놓치지 않았다. 이야기의 내용에서도 삽화의 예술성을 활용하여 밝은 세상과 행복한 결말을 주로 표현하였다.

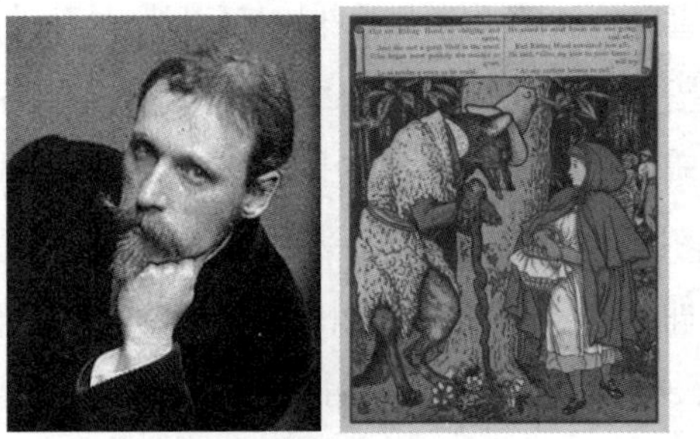

월터 크레인과 「빨간 망토」 삽화

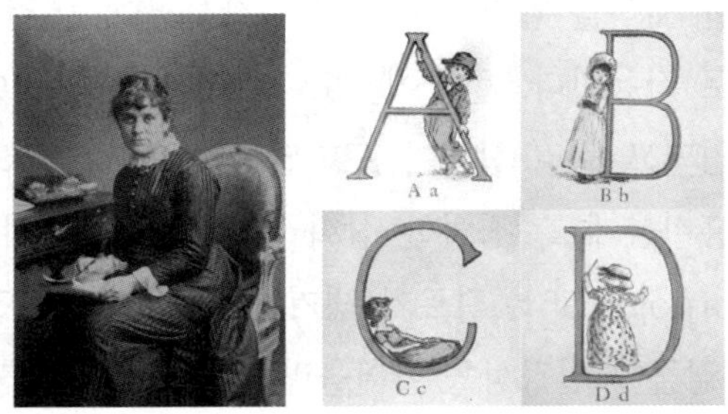

케이트 그린어웨이와 『알파벳북』 삽화

케이트 크린어웨이는 다색 목판 인쇄를 통해 밝고 따뜻한 색채를 사용하여 꽃과 나무가 아름답게 자라는 전원 풍경과 밝은 사람들을 묘사하였다. 이야기를 꾸밀 때에도 시공간 순서와 인과관계와 같은 논리성을 따지기보다 간단하면서도 아동의 흥미를 자극하는 기발한 구도를 사용하기도 했다. 그린어웨이의 작품은 감상주의적이기는 해도 이기심으로 행동하는 어른들과 다른 아이의 순수함을 부각시키는 경향을 보여주었다.

한편, 랜돌프 칼데콧은 그림책의 기능을 진부한 도덕적 교훈 전달이 아니라 창의적이고 재기발랄한 삽화와 이야기에 몰입하며 즐기며 삶의 진실을 독자 스스로 깨닫는 것을 중시하였다. 칼데콧도 크레인이나 그린어웨이와 마찬가지로 삽화와 글을 통해 명랑하고 밝은 세계를 묘사하였다. 차

랜돌프 칼데콧이 그린 『존 길핀의 여흥사』(The Diverting History of John Gilpin) 삽화

이가 있다면, 칼데콧은 선과 면 구성을 보다 역동적 꾸며서 사람들의 익살스러운 표정이나 움직임을 마치 스틸컷으로 찍은 것처럼 꾸밀 뿐 아니라 카드병정이나 움직이는 수저와 그릇처럼 상상 속 캐릭터들을 창안하여 아동의 상상력을 한껏 자극하였다. 기발한 캐릭터들의 신기한 모험 속에 잔잔한 감동을 싣는 아동문학, 좁게는 그림책 이야기의 원형은 칼데콧이 만들었다고 볼 수 있다. 미국도서관협회에서는 "그림책의 아버지"로 불리는 칼데콧의 업적을 기념하여 1938년부터 당해에 간행된 가장 우수한 그림책을 골라 메달과 명예상으로 구분하여 칼데콧상을 수여하고 있다.

19세기 후반으로 가면서, 영국에서는 『천일야화』(*One Thousand and One Nights*), 『그림형제 동화』(*Grimms' Fairy Tales*), 안데르센(Hans Christian Andersen) 동화, 카를로 콜로디(Carlo Collodi)의 『피노키오』(*Pinocchio*)처럼 외국 아동문학이 대거 소개되었다. 문물 교류가 활발해지면서 아동문학에서도 국제화가 이루어진 것이다. 제국주의 득세에 힘입어 제 3세계 탐험에 대한 대중의 관심이 커지면서 로버트 루이스 스티븐슨(Robert Louis Stevensen)의 『보물섬』(*Treasure Island*)과 같은 모험담이 인기를 끌었다. 이런 아동청소년 소설은 그림책 이야기를 복잡한 서사를 갖춘 장편소설로 탈바꿈함으로써 아동문학이 더 이상 유치한 놀이가 아님을 보여주었다. 특히 제임스 M. 배리(James M. Barrie)의 1902년작 『피터 팬』(*Peter Pan*)은 네버랜드(Neverland)에서 고아로 살면서 미물을 죽이고 하늘을 날며 영원한 소년의 모습으로 사는 주인공을 통해 성숙, 폭력, 도덕, 공감과 같은 묵직한 주제를 다룸으로써 20세기 이후의 아동청소년 소설 장르의 확립에 기여하였다.

20세기 이후의 영미아동문학

20세기 아동문학에서는 낙천적이고 밝은 아동의 마음에 천착하던 19세기 이전의 작품들과 다르게 어두운 현실을 사실적으로 묘사하는 경향이 강해졌다. 베아트릭스 포터(Beatrix Potter)의 『피터 래빗 이야기』(*The Tale of Peter Rabbit*)는 토끼 피터의 엄마가 당근을 먹으러 맥그래거(McGregor)씨 정원에 함부로 들어가지 말라며 "거기서 네 아버지한테 사고가 터졌단다. 맥그래

베아트릭스 포터와 『피터 래빗 이야기』 삽화

거 부인이 만든 파이 속에 들어갔거든"이라는 경고로 시작한다.[8] 피터는 엄마의 경고에 아랑곳하지 않고 정원에 들어갔다가 죽을 위기를 겨우 넘기고 집으로 돌아와 앓아눕는다. 이를 통해, 이 그림책의 주제가 세상이란 위험하고 잔인한 곳을 독자에게 일깨우는 것임을 알 수 있다. 이런 주제는 밝고 화사한 삽화와 경쾌한 사건 진행과 대조를 이루면서 아이들에게 겉을 보고 함부로 판단하지 말아야 한다는 암시적 교훈을 전달한다.

20세기 초·중반은 제국주의가 파국으로 치닫고 세계대전까지 거치며 인간에 대한 믿음이 사라진 시대였다. 이런 시대상은 꿈과 희망으로 가득한 동심과 다른 세계를 다루는 당시 아동문학에도 반영되어 있다. A. A. 밀른(A. A. Milne)의 『곰돌이 푸』(*Winnie-the-Pooh*) 시리즈에서 느리고 천진난만하지만 때때로 진중하게 위기에 처한 주변 캐릭터를 돕는 곰돌이 푸는 경솔한 언행으로 화를 입기보다 느리지만 신중해야만 대립과 폭력으로 점철된 시절을 버틸 수 있다는 메시지를 전한다. 밀른은 전쟁의 참화로 뒤덮인 현실로부터 아이들의 순수함을 보존하기를 바라는 마음을 믿음직한 곰돌이 푸의 고요한 숲속 생활에 담고 있다. 유사한 주제를 다루는 그림책으로는 완다 가그(Wanda Gag)의 『백만 마리 고양이』(*Millions of Cats*)와 로버트 맥클로스키(Robert McCloskey)의 『아기 오리들한테 길을 비켜 주세요』(*Make Way for Ducklings*)를 대표적 사례로 생각해 볼 수 있다. 『백만 마리 고양이』는 생존 위기에 처한 고양이들이 자기만 살겠다고 노부부의 선택을 받기 위해 악다구니를 벌일 때 싸움에서 밀려난 삐쩍 마른 고양이가 입양되는 이야기이고, 『아기 오리들한테 길을 비켜 주세요』는 동물에게 위협적인 도시환경에서 인간의 배려로 살아남은 오리가족을 묘사한다.

세계대전이 끝나고 20세기 중후반으로 넘어오면, 아동이 상상 속에서 다양한 세상을 경험함으로써 어두운 현실을 헤치고 나가는 힘을 내면에서 발견하는 공상과학소설이나 사회와 자연의 정의로움에 주목하는 작품들이 대거 발표되었다. J. R. R. 톨킨(J. R. R. Tolkien)의 『호빗』(*The Hobbit*)이나 『반지의 제왕』(*The Lord of the Rings*) 시리즈는 이기심에 물든 기성세대를 비판하면서 인간의 본성처럼 무거운 주제로 다루었다. 인간의 선함과 악함에 관한 문제의식은 정도와 깊이의 차이가 있을지언정 그림책에서도 확인된다. 에즈라 잭 키츠(Ezra Jack Keats)의 『눈 오는 날』(*The Snowy Day*)처럼 흑인 소년을 주인공으로 한 그림책은 인종, 젠더, 계급의 불평등에 눈을 떠야 한다는 사회비판적 메시지를 형상화한다. 전후 미국에서 가장 많이 팔린 그림책으로 알려진 모리스 센닥(Maurice Sendak)의 『괴물들이 사는 나라』(*Where the Wild Things Are*)에서는 엄마에게 복종하지 않고 흰 동물 옷을 입고 반려동물을 괴롭히다 방에 갇히는 소년 맥스(Max)가 상상의 나라에서 똑같은 위기에 처하는 설정을 통해 다른 존재를 윤리적으로 대하라고 역설한다.

---

8) Beatrix Potter, *The Tale of Peter Rabbit* (London: Penguin, 2002) 11.

20세기 그림책들에 아동이 경험하는 어두운 세상이나 사회비판적 주제가 포함되었다고 해서 이 시기의 모든 그림책이 이런 경향을 띤 것은 아니다. 미국 아동들에게 알파벳을 가르친다는 찬사를 받은 닥터 수스(Dr. Seuss)의 그림책들, 잠자리에서 애들에게 읽어주는 용도로 쓰인 마가렛 와이즈 브라운(Margaret Wise Brown)의 『잘 자요 달님』(*Goodnight Moon*)을 보면 여전히 경쾌하고 밝은 설정을 통해 아동의 내면을 보듬는다.

20세기 아동문학에서 또 한 가지 주목할 점은 아동청소년 소설이 영상물 제작기술의 발달에 힘입어 플롯이 탄탄한 작품들이 만화영화로 제작되었다는 사실이다. 이를 통해 아동문학의 문학성이 영상화될 수 있을 만큼 일정 수준에 올랐음을 알 수 있다.

20세기 후반에 아동문학 장르가 양적으로 팽창하고 질적으로 비약하면서 특정한 갈래로 묶이지 않는 다양한 작품이 소개되었다. 특히 아동청소년 소설은 아동 캐릭터들이 처한 어두운 현실과 마주하면서 극복하는 과정을 주로 형상화함으로써 교육자료라기보다 문학의 하위 장르화되는 경향을 보였다. 그림책도 19세기 작품에서 나타났던 밝은 시공간 배경과 행복한 결말, 세상살이에서 벌어지는 어려움을 슬기롭게 창의적으로 극복하는 인물들, 이해할 수 없는 세계를 있는 그대로 받아들이는 내면 성장 등과 같은 주제를 이어받으면서도 작가의 개성을 반영하여 폭과 깊이를 넓혀 나갔다.

20세기 후반부터 21세기 초반까지의 영미권 아동문학은 아동청소년 소설과 그림책을 막론하고 다수의 작품에서 다문화 주제를 건드리는 양상을 보인다. 예를 들어, 로버트 먼쉬(Robert Munsch)의 그림책 『종이 봉지 공주』(*The Paper Bag Princess*)는 종탑에 갇힌 왕자를 구하는 공주를 내세워 남녀 역할을 고정한 전래동화를 뒤집어 놓았다. 이 그림책은 구출 과정에서 편협한 태도로 일관한 왕자와 결별하는 공주를 통해 여성의 주체성이 강조되는 시대상을 보여주었다. 이렇게 사회적 민감도가 높은 이야기로 구성된 동화책들은 반전동화로 불린다. 신데렐라가 왕자님에게 기대지 않고 "Cindy Wear" 의류회사 경영자가 된다든지, 「아기돼지 삼형제」에서 늑대가 악당이 아니라 나쁜 돼지들의 모함에 빠져 누명을 쓴 피해자였다는 반전으로 이루어진 그림책 등이 줄지어 간행된 것이다.[9] 반전동화는 익히 알고 있는 줄거리를 비틀어 초등 고학년이나 중등 학습자가 즐겁게 몰입하는 훌륭한 교육자료라는 장점도 지니고 있다. 굳이 교사가 비판적으로 작품을 들여다보라고 요구하지 않더라도, 관습적 사고를 뒤집는 줄거리는 비판적이고 창의적인 사고를 자극한다.

잘 알려진 이야기를 재해석한 작품은 소수 약자에 대한 배려와 불평등 시정이라는 시대적 흐름에 영향을 받아 '당연한 것이 당연하지 않을 수 있다'는 의심의 해석학(hermeneutics of suspicion)을 반영한 것이다. 의심의 해석학은 프랑스 철학자 리쾨르(Paul Ricœur)가 보편적으

9) James Finn Garner, *Politically Correct Bedtime Stories* (London: Souvenir P, 2011) 9-12, 31-38.

로 인정받는 사상의 거짓 가면을 벗겨낸 프로이드(Sigmund Freud), 니체(Friedrich Nietzsche), 마르크스(Karl Marx)의 사상으로부터 착안하여 정립한 개념으로, 텍스트의 이면에 숨은 의미를 끄집어내기 위해 신비롭게 미화된 지점을 의심하고 합당한 지점을 더 깊이 이해하기 위한 방법론으로 고안된 것이다.10)

오랫동안 아동용 도서로 사용된 이야기들은 이솝우화, 성경, 그리고 민담처럼 도덕적 가치, 교리, 전통 전승 등을 목적으로 성인까지 독자층에 포함하였다는 점에서 아동을 사회화시키는 목적만 지니고 있지 않았다. 이런 이야기 중에는 자극적인 폭력과 살인으로 아동의 평정심을 뒤흔들어 심성 발달에 악영향을 줄 법한 글들도 존재하였다. 산업혁명으로 물질 토대가 갖추어지고 프랑스 혁명으로 자유와 평등 이념이 퍼지면서 생겨난 근대적 아동 개념은 아동문학의 태동으로 이어졌다. 19세기 이후에 아동을 위한 교육자료 수요가 늘어나고 이를 충족시키기 적합한 매체로 이야기가 주목받으면서 아동문학의 황금기가 펼쳐졌다. 구매력을 갖춘 중산층 부모를 대상으로 한 도서 수요가 늘어나면서 아동문학이 팽창한 것이다. 19세기까지의 작품들에서는 아동의 순수함과 용기를 북돋는 행복한 결말을 통해 사회화에 필요한 상식과 도덕성 함양에 방점을 두었다. 20세기 이후의 작품들에서는 복잡다단하고 어두운 사회 현실을 직시하고 캐릭터들이 처한 다양한 환경에 맞는 방식으로 위기를 극복하거나, 혹은 익히 알려진 이야기를 뒤틀어 관점을 바꾸어 생각하는 것과 같은 다양한 형태가 추가되었다.

10) 의심의 해석학에 관해 논한 리쾨르의 저술은 다음과 같다. Paul Ricœur, *The Conflict of Interpretation: Essays in Hermeneutics* (London: The Athlone P, 1989).

6. 로크와 루소의 교육론과 그림책 활용

Behind the Scenes

로크: 저는 읽기를 아이에게 의무로 부과하기보다 스스로 즐기며 놀이처럼 받아들여 배우고 싶게 유도해야 한다고 생각합니다.

루소: 당연히 자연스럽게 즐기며 익혀야겠죠. 그런데, 두 개의 언어를 숙달하려면 언어들의 관념을 비교할 수 있어야 하지 않나요? 놀이처럼 배워서 언제 이런 수준에 도달하나요?

로크: 꼭 관념을 알아야 외국어를 잘 배우는 것은 아닙니다. 예를 들어, 주사위 각 면에 모음 여섯 개를 붙이고 다른 세 개의 주사위에는 자음 18개를 붙여서 총 4개의 주사위를 만든 후, 주사위를 던져 가장 많은 단어가 나오는 사람이 이기는 게임을 할 수 있죠.

루소: 묘안이긴 합니다만, 꼭 그렇게까지 해서 읽게 해야 하나요? 참으로 한심스러운 일입니다.

로크: 한심스럽다니, 표현이 좀 과하신 것 같습니다.

루소: 아, 죄송합니다. 아무튼, 아이가 뜻도 모르는 외국어 기호만 그런 식으로 배우는 게 무슨 의미가 있나요? 그것이 표현하는 사물을 이해해야죠. 모국어의 의미도 모르는 외국어를 배우는 것은 아이에게 무리입니다.

로크: 물론, 외국어 규칙이나 의미를 모르는 아이에게는 친절하게 설명해야지요. 그런데 일상적으로 사용하는 표현은 복잡한 개념이 아니라 괜찮습니다.

루소: 그런데 아이는 어른이 아니잖아요? 아이는 모국어 표현을 알아도 개념을 정확히 이해하지 못할 수 있습니다. 그렇다면 외국어를 배운들 무슨 소용인가요?

로크: 그러니까 그림이 곁들여진 이솝우화처럼 재미있는 자료로 아이 수준에 맞는 주제와 내용을 가르쳐야죠. 아무튼 배워야만 선생께서 강조하는 개념이 머리에 들어가지 않겠습니까?

루소: 그렇다고 아이가 책으로 배우는 것이 올바른 방법은 아니죠. 아이가 자연 상태 그대로 보고, 듣고, 느끼며 알아서 감각적으로 터득하게 해야 합니다. 아무리 흥미로운 자료이더라도 어른이 만든 개념을 주입하면 곡해할 수밖에 없습니다.

로크: 루소 선생은 인간이 만든 것들을 나쁘게만 보시는군요. 인간의 마음은 빈 종이와 같아서 좋은 습관이 들도록 키우면 되는 데 말이죠. 참을 줄 아는 습관을 지닌 성숙한 어른들은 절대로 나쁜 생각을 만들어 애들에게 강요하지 않습니다.

도입부 상황은 로크의 1693년작 『교육론』(*Some Thoughts Concerning Education*)과 루소가 로크의 논점에 동의하고 반대하는 내용을 담아 집필한 1761년작 『에밀』을 토대로 구성한 가상 대담 장면이다. 주사위 놀이가 한심스럽다는 루소의 반박은 『에밀』에서 『교육론』을 인용하면서 비판한 구절을 그대로 인용한 것이다.[11] 로크와 루소는 여러 교육 이슈를 체계적으로 정리하여 근대 사회에 부합하는 인재 양성을 주창하였다. 이들이 주장한 정치사상인 사회계약론도 결국 이런 생각을 지지하는 사람들이 있어야 달성할 수 있는 목표이므로 교육과 떼어내어 생각할 수 없을 것이다.

로크와 루소의 교육관을 비교하여 성찰하면 외국어교육과 그림책 활용에 관한 생각의 지평을 넓힐 수 있다. 로크는 그림이나 실물자료가 흥미를 느끼면서 직관적으로 빠르게 개념을 익히도록 돕기 때문에 이러한 노리개(plaything)를 교육에 활용해야 한다고 주장한다. 그림책까지 포함한 넓은 의미의 노리개를 교보재(pedagogical plaything)로 삼을 수 있다고 본 것이다.[12] 반면에, 루소는 아이가 자연 상태의 물상들을 오감으로 파악하면서 스스로 사물의 이치를 터득한 후, 개략적으로 개념을 파악하고 나면 그때부터 책을 읽으며 비판적으로 하나씩 따져가며 개념을 정밀하게 익혀야 한다고 생각한다. 로크는 아이가 그림책을 읽으면서 세상의 이치를 깨달으면서 개념과 연관된 언어 또한 익히는 장점에 주목한다. 루소는 그림책이 어른이 넣어주려는 개념으로 충만하기에 아이를 주체적 판단력을 지닌 존재로 키우지 못하고 사물의 개념을 오해하는 해악을 불러오지 않을까 경계한다.

세상만사를 경험만으로 익힐 수 없는 현실을 고려하면, 루소보다 로크의 견해가 더 타당해 보일 수 있다. 과장과 희화화에도 불구하고, 언어와 개념을 단순하게 제시한 그림책의 교육적 장점을 부정하기는 어렵다. 오개념이 굳어져 머릿속에서 화석화될 가능성은 거의 없다고 보아야 한다. 아이가 성장하여 세상살이 지식을 갖추면 그림책의 유치해 보이는 묘사를 사실이라고 우기지 않을 것이기 때문이다. 그렇다면, 루소는 아이가 책을 읽고 외국어교육에 일찍 노출되는 것을 지나치게 심각하게 받아들이는 것일까? 이하에서는 로크와 루소의 교육론을 하나씩 검토하면서 위의 질문에 대해 살펴보고자 한다.

---

11) John Locke, *Some Thoughts Concerning Education* (London: J. and R. Tonson, 1779) 224-25.

12) Seth Lerer, *Children's Literature: A Reader's History from Aesop to Harry Potter* (Chicago: The U of Chicago P, 2008) 106.

로크의 외국어 교육론과 그림 자료 옹호

로크는 외국어학습의 본질이 어휘와 문법을 익혀 의사소통 목적으로 사용하는 것에 있다고 본다. 로크가 외국어학습을 심층적으로 들여다본 이면에는 잘못된 학습방법 때문에 7~10년에 이르는 인생의 황금기를 허비하는 세태를 비판하려는 의도가 깔려 있다. 로크는 기본적으로 조기언어교육에 찬성한다. 그는 『교육론』에서 "모든 것들이 마음에 쉽사리 깊이 각인될 수 있는 시기", "기억력이 생생하고 민첩하고 오래 지속되는 시기", "정신과 마음에 걱정도, 열망도, 욕망도 없고, 보호자가 충분한 권위를 가지고 그들을 장시간 공부에 전념하도록 붙잡아 둘 수 있는 시기", "어학의 기초를 놓는 일은 이러한 시기가 아니면 도저히 불가능하다", "어학은 유년기에 배우기 가장 적합하다"고 말한다.13) 그렇다고 로크가 늦게 외국어를 배우는 것이 부적절하다고 단정하는 것은 아니다. 그는 나이가 들었어도 외국어를 배울 필요성을 느끼면 그때야말로 적기라고 밝힌다. 외국어학습에 일반적으로 유리한 나이가 분명 존재할지라도 꼭 그 시기에만 언어를 익혀야 한다기보다 배우려는 동기가 충만할 때가 무엇보다 중요하다는 것이다. 이런 로크의 생각은 오늘날의 관련 연구 결과와 별반 다르지 않다.

로크는 문법 규칙을 생각하면서 적합한 표현을 떠올리는 방식은 제대로 언어를 구사하는 것과 거리가 있다고 본다.14) 이런 그의 생각은 언어습득이 일정 수준에 도달한 경우를 지칭하는 인지처리의 자동화(automaticity) 개념과 맞닿아 있다.15) 이런 목표에 도달하기 위한 로크의 외국어 교수법은 의사소통에 유용한 실용적 표현학습에 방점을 둔다. 어려운 외국어 표현을 암기하여 과시하는 것은 로크에게 무의미하다. 그의 관심은 모국어로 이미 알고 있어서 해당 사물이나 이미지를 외국어와 함께 제시하며 익히는 감각 기반 교수법에 있다. 아이들이 인지적으로 언어를 분석하여 받아들일 수 있는 상태가 아니기 때문이다. 이러한 이유로 로크는 그림을 이용한 언어학습 혹은 그림책의 가치에 주목하는 것이다. 이런 로크의 외국어학습법은 학습자가 뜻을 알고 있어서 이미지나 사물을 곁들여 어휘를 보여주기만 해도 되는 일견어휘(sight word) 활용을 상기시킨다.

로크는 세 가지 이유를 들어 그림을 활용한 학습을 옹호한다.

첫 번째로, 아이들의 기질상 집중시간(attention span)이 짧기 때문이다.16) 로크는 교사가 한

---

13) Locke, ibid. 291-92.

14) Locke, ibid. 282-83.

15) Beverly McLeod and Barry McLaughlin, "Restructuring or Automaticity?: Reading in a Second Language," *Language Learning: A Journal of Research in Language Studies* 36.2 (1986) 109-23.

16) Locke, ibid. 242.

가지에 꾸준하게 오래 집중하지 못하는 아이들에게 무섭거나 어렵다고 느껴지는 교육자료를 제시하기보다 최대한 재미를 느끼게끔 하라고 충고한다. 그는 태생적으로 산만한 아이들의 기질을 고려하여 새롭고 신기한 것들을 다양하게 활용하라고 제안하면서 무섭게 통제하기보다 편안하게 배우도록 하라는 말도 덧붙인다. 『교육론』에서 시종일관 강조하는 습관 형성과 훈육 옹호 원칙에 따라, 로크는 마냥 흥미를 자극하는 자료만 제시하지 말고 때때로 참고 견디는 학습도 필요하다며 고집을 부리는 아이는 원칙대로 엄하게 대하라는 말도 빼놓지 않는다.

두 번째로, 누군가가 설명한 것만 맹신하지 말고 스스로 읽고 깨우치는 것이 교육의 핵심이라고 여기기 때문이다. 로크는 규칙을 맹목적으로 외우려는 관습에서 벗어나 펜을 쥐고 그리면서 촉감을 경험하고 눈으로 이미지를 확인하는 등 감각을 총동원하고 그 의미를 곱씹어야 한다고 생각한다.17) 그는 유용한 지혜가 담긴 문구를 떠올리며 자기만의 방식으로 의미를 곱씹는 방식도 외국어학습에 유용하다고 말한다.18) 이런 학습전략은 그림책의 언어표현 중에서 인상적인 대목을 골라 반복적으로 리듬감 있게 읽으며 숙지하는 방식과 결합하였을 때 효과적이다. 실제로 로크는 라틴어 강세 법칙을 익히려면 라틴어로 쓰인 성경을 매일 강세에 유의하여 읽으며 체화하는 방식이 좋다고 권장한다. 그림책 이야기로 영어를 배우는 상황이라면 "the cat in the hat"처럼 뜻이 와닿지 않거나 모르더라도 발음이 유사하여 리듬감을 형성하는 구절을 흥얼거리며 재미있게 반복하면 시나브로 영어의 강세와 억양에 익숙해질 수 있다.

세 번째로, 아이가 교사의 도움을 받더라도 그림책의 삽화와 같은 개념 보조장치가 필요하기 때문이다. 언어는 시각적으로 명확하게 이해할 수 있거나 표현할 수 있는 대상으로 배울 때 효과적이다. 상상한 바를 비언어적으로 표현한다는 점에서, 그림은 문해력이 생기기 전에 부족한 언어능력을 대체하는 수단이다. 이런 입장에 따라, 로크는 다양한 삽화를 많이 제시함으로써 해당 사물에 대한 관념을 터득하게 된다고 본다. 그는 특히 동물 그림을 많이 제시하면 아이의 학습에 유리하다고 주장한다.19) 이처럼 로크는 그림 활용학습에 적극적이다.

로크는 읽기 자료를 고를 때 학습자가 지속적 흥미와 동기를 갖고 읽을 수 있는 수준인지 점검해야 한다고 말한다. 뜻도 모르는 아이에게 처음부터 순서대로 읽는 것을 고수하기보다 관심과 수준에 맞게 선별하여 접근해야 한다는 것이다.20) 단지 소리를 내어 문자를 해독한다(decoding)고 내용을 제대로 이해하는 것은 아니므로 배경지식이 부족한 아이에게라면 시각적 보조장치가 필요하다. 어린 학습자들이 외국어학습에서 주제와 내용을 같이 배우려면 교재에 아이의 이목을

17) Lerer, ibid. 126.
18) Locke, ibid. 263.
19) Locke, ibid. 226.
20) Locke, ibid. 225-26.

끌면서도 개념 파악에 도움을 주고 몰입을 지속시키는 무언가가 들어있어야 한다. 흥미로운 삽화로 개념을 효과적으로 전달하면서도 이야기로 학습자의 몰입을 촉진하는 그림책은 위와 같은 조건을 충족시키는 외국어학습 교재라 할 수 있다. 성경이라면 「다윗과 골리앗」 이야기처럼 이해하기 쉽고 명료한 도덕적 교훈이 담긴 이야기만 뽑아내어 그림과 곁들여 읽힐 수 있을 것이다.

로크는 그림책을 읽을 때 아이와 대화를 나누는 음성언어 중심의 읽기에서 즐거움을 느낌으로써 학습동기를 끌어올릴 수 있다고 본다. 문자언어를 깨치기 전이더라도 반복적으로 읽어주고 스스로 읽는 과정을 즐김으로써 아이의 머릿속에 어휘와 개념이 자리를 잡게 된다는 것이다.[21] 이런 전략은 음성언어 중심학습이라는 점에서 명시적 읽기의 부담을 줄이는 장점을 갖고 있다. 이처럼 학습자와 그림책을 두고 상호작용하면서 언어능력을 끌어올리는 방식은 아이가 교수자와 원활한 의미협상(negotiation of meaning)을 거쳐 수정된 언어입력(modified input)이라는 유의미한 언어입력을 제공받는다는 오늘날의 언어학습 이론과 부합한다.[22] 로크는 라틴어를 예로 삼아 외국어학습에서 교사나 원어민이 말을 걸고 목표언어로 대답하는 방식이 좋은 방법이라고 추천한다.[23] 외국어를 직접 경험을 통해 익히고 즉시 올바른 수정을 받을 수 있어서 오개념이 생길 여지가 적기 때문이다.

교수자와 학습자가 상호작용을 통해 어느 정도 일상적 표현이 익숙해지면 지리학이나 해부학과 같은 분야들의 내용을 함께 배울 수 있다. 이런 로크의 견해는 오늘날 언어교육 연구자들이 말하는 내용중심교수법(Content-based instruction)과 일맥상통한다. 그림책 이야기를 통한 언어와 내용의 통합과 관련하여, 로크는 두 단계로 구분하여 접근한다. 첫 번째 단계에서는 쉽고 일상적 상황을 다룬 이야기를 대화의 소재로 삼아 누군가와 상호작용을 하면서 기초적인 언어와 표현을 익힌다.[24] 이렇게 언어와 배경지식의 기초를 쌓은 후, 두 번째 단계에서는 학습자가 지리학부터 시작하여 언어와 내용을 한꺼번에 배운다.[25] 즉, 언어와 내용 복잡도에 따라 그림책 이야기를 구분하고 다른 교수(기)법을 적용하면서 학습을 심화하는 것이다.

이때, 그림책으로 언어와 내용을 동시에 익히는 취지는 좋지만 언어와 내용에 모두 정통한 교사가 많지 않고 그림책만으로 학습자가 언어와 내용을 충분히 짚어내지 못하여 둘 다 어설프게 건드리고 만다는 반론이 가능하다. 로크도 라틴어와 내용 전문성도 두루 갖춘 교사가 부족하다는 점을 인정하면서, 배경지식이 쌓여야 언어를 제대로 이해하고 표현할 수 있기에 억지로 내용중심

21) Locke, ibid. 265.

22) Michael H. Long, "Native Spekaer/Non-native Speaker Conversation and the Negotiation of Comprehensible Input," *Applied Linguistics* 4.2 (1983) 126-41.

23) Locke, ibid. 237.

24) Locke, ibid. 227.

25) Locke, ibid. 266.

교수법을 고집하지 말고 학습자의 인지수준에 맞는 교재와 학습에 집중하라고 말한다.[26] 무슨 내용인지 모른 채 주어진 글을 베끼는 작문이란 억지스러울 따름이기에 나이에 맞는 유용한 과업을 수행하라는 것이다. 로크는 과도하게 어려우면 외국어를 고집하기보다 모국어로 창의적 과업에 집중하라고 역설한다.[27] 이런 맥락에서, 로크가 미래 사회로 찾아와 학습자 수준에 맞지 않는 과도한 영어 선행학습을 목격하면 이를 크게 비판할 것으로 예상해본다.

로크는 적절한 교사가 없다면 쉽고 재미있는 이야기를 언어학습에 활용하라고 제안한다. 그는 이야기를 모국어로 직역하고 그에 상응하는 외국어를 병기하여 언어를 배우는 방법을 나쁘지 않다고 본다.[28] 삽화로 개념을 보조할 수 없다면 모국어가 이 역할을 대신할 수 있다고 여기는 것이다. 이렇게 읽기에 익숙해지면, 필기구를 바르게 쥐고 쓰기 단계로 넘어간다. 만약 아이가 필기구를 쥐고 쓸 준비가 되어 있지 않다면 그림을 그리며 소근육을 키운 다음에 쓰기에 임해야 한다.[29] 로크는 무의미하게 베끼기보다 동식물처럼 감각기관으로 명확히 인식할 수 있는 주제부터 쓰라고 권한다.[30]

로크는 그림을 활용한다고 해서 학습자에게 그림 단서로 충만한 자료를 주고 방치하면 곤란하다고 생각한다. 그림이란 어디까지나 언어표현의 보완재이지 대체재가 아니기 때문이다. 로크는 답이 정해져 있는 외국어 규칙을 단서만 주고 스스로 찾도록 하는 교육자를 "심술궂은 교사"라고 비판하면서 시간을 낭비하지 말고 외국어 규칙을 친절하게 설명해 주라고 말한다.[31] 이런 주장은 명시적 문법지도를 부정적으로 여기는 오늘날의 언어교수법과 결이 다르다. 가령, 형태초점교수법(Focus on Form)은 문형(문법)을 배울 때 밑줄, 굵은 글씨, 다른 색깔 표시 등의 암시적 정보에 주목함으로써 학습자가 스스로 규칙성을 발견하도록 유도하는 것을 핵심으로 한다.[32] 주목도를 높이는 장치가 없다면 인지추론 역량이 충분하지 않은 어린 외국어 학습자들이 언어요소를 식별하여 규칙성을 발견할 수 없을 것이다.

친절하게 언어규칙을 설명하라는 로크의 생각을 반드시 형태초점교수법과 대척점에 있다고 단정할 필요는 없다. 그림 등의 시각적 단서를 이용해서 충분한 주의집중이 일어나게끔 세심하게 언어 자료를 제공하고 추론의 공백이 발생한 부분은 교사가 적절한 개입을 통해 채워주는 상호보

26) Locke, ibid. 238.
27) Locke, ibid. 257.
28) Locke, ibid. 246.
29) Locke, ibid. 231-32.
30) Locke, ibid. 253.
31) Locke, ibid. 239-40.
32) Michael H. Long, "Focus of Form: A Design Feature in Language Teaching Methodology," *Foreign Language Research in Crosscultural Perspective,* Kees de Bot, Ralph B. Ginsberg, and Claire Kramsch, eds. (Amsterdam: John Benjamins, 1991). 39-52.

쉼표 사용에 따른 의미 차이를 보여주는 삽화

완적 활용이 이상적인 외국어학습법일 수 있기 때문이다. 길을 걷던 여자가 소매치기에게 가방을 빼앗겨 "Help a Thief!"(도둑이야 도와주세요!)라고 외치는 위와 같은 삽화를 예로 들어 생각해 보자. 여자는 때마침 경찰이 다가와 도둑을 잡을 수 있게 되어 만족스럽다. 그런데, 정작 경찰은 도둑이 안전하게 도망가도록 배려하는 이상한 행동을 한다. 경찰은 여자에게 "Commas, Lady!"(쉼표 써요!)라고 내뱉는다. Help에서 한 번 끊어줘야 "There is a thief. 혹은 A thief is here."라는 의미가 만들어지기 때문이다. 이런 우스운 상황은 Help 다음에 쉼표를 넣지 않으면 "도둑을 도와줘요!"로 이해되므로 언어사용에 유의해야 한다는 속뜻을 담고 있다. 삽화는 이런 속뜻을 알려주는 중요한 기능을 맡는다.

로크는 외국어학습을 습관의 형성이라고 생각하기에 반복 숙달을 통한 강화(reinforcement)에 방점을 두는 20세기 중반의 행동주의(behaviorism) 언어관과 유사한 입장을 취한다. 차이가 있다면, 반복과 암기만 내세우기보다 그림과 같은 친절한 보조수단으로 규칙을 파악한 다음에 숙지해야 한다고 본 점을 들 수 있다. 로크가 염두에 둔 언어 규칙은 문법체계에 관한 지식이 아니라 모국어와 외국어를 제대로 구사하기 위한 실용적 문법 활용능력이다. 로크는 문법의 비판적 분석이 학자들의 몫이지 학습자가 감당할 부분이 아니라면서 야단법석을 떨며 불필요한 문법지식으로 학습자를 고문할 필요가 없다고 단언한다.33)

루소의 외국어 교육론과 그림 자료 비판

로크가 시각적 보조자료에 주목하였다면, 루소는 이런 생각에 반기를 든다. 루소에 의하면, 아이는 오감을 총동원하여 얻은 경험을 기억으로 저장하여 세상살이 지식과 가치관을 형성해야 한

33) Locke, ibid. 247.

다.[34] 루소는 가식으로 점철된 문명사회가 아니라 자연 상태에서 스스로 터득해야 참된 깨달음에 도달한다며 뜻도 모르는 외국어를 앵무새처럼 읊조려봤자 힘만 들 뿐이라며 어설프게 외국어를 익혀 그릇된 관념만 머리에 박힌다고 일갈한다.[35] 자연상태에서 경험으로 터득하는 교육을 장려하는 이면에는 인지능력이 부족한 학습자가 아무리 좋은 언어자료로 배우더라도 그 속에 담긴 왜곡된 가치관에 무방비로 노출됨으로 인해 올바른 지적역량과 판단력에 도달할 수 없다는 염세주의가 깔려 있다. 한 마디로, 정신이든 물질이든 인위적 산출물을 신뢰하지 못하는 것이다.

루소는 심지어 이솝우화처럼 로크가 교훈적이라고 언급한 이야기에 대해서도 회의적이다. 그는 "우화가 교훈을 즐거운 이야기로 꾸며 오히려 진정한 교훈을 방해한다"면서 "우화가 어른에게 교훈을 주지만 아이에게는 자연 그대로의 진실을 말해야 한다"고 주장한다.[37] 그렇다면 그림책 우화에서는 꾸미지 않은 진실을 찾을 수 없는 것일까? 루소는 아이다운 소박함이 담긴 이야기가 있다면 읽을 가치가 있다고 여기지만 기본적으로 아이에게 유익한 이야기를 현실에서 찾기 어렵기 때문에 책을 주지 않는 편이 낫다고 본다. 그는 『에밀』에서 라퐁텐(Jean de la Fontaine) 우화 「여우와 까마귀」를 분석하면서 이런 자신의 주장을 피력한다.[38]

「여우와 까마귀」의 플롯은 여우가 나뭇가지에 앉아 치즈를 물고 있는 까마귀를 감언이설로 속

밀로 윈터(Milo Winter)의 「여우와 까마귀」 삽화(1919년)[36]

34) 장 자크 루소, 민희식 역, 『에밀』 (고양: 육문사, 2017) 207.
35) 루소, 앞의 책, 162-63.
36) https://fablesofaesop.com/the-fox-and-the-crow.html
37) 루소, 앞의 책, 169.
38) 이하에서 루소가 언급한 「여우와 까마귀」 우화는 다음의 문헌에 제시되어 있다. 루소, 앞의 책, 170-74.

여 치즈를 떨어뜨려 낚아채기 위해 까마귀의 환심을 사는 것이다. 첫 구절은 "까마귀 선생, 앉아 있다, 나뭇가지에"인데, 루소는 이 대목에서 까마귀와 선생의 의미를 아이가 어떻게 알고 있는지 물어야 하고, 시의 도치법이 왜 사용되었나 설명해야만 아이가 납득할 수 있다고 말한다. 여기에서 루소의 말대로 어휘의 의미를 일일이 묻고 문학용어까지 과연 아이에게 알려줄 필요가 있을지, 아이가 작품을 읽고 스스로 깨닫게 놔두면 오개념이 생길 수밖에 없는 것인지 따져 봄직하다.

두 번째 구절은 "치즈 한 조각을 입에 물고"이다. 루소는 무슨 치즈인지 궁금증이 일어나면 어떻게 해소할지 의문을 제기하면서 까마귀가 치즈를 무는 일이 자연 상태에서 가능하냐고 비판한다. 그는 사실이 아니라면 건전한 문학적 상상력과 거리가 있는 공상으로 치부한다. 이렇게 우화를 사실로 취급하다보면 드라마의 악당을 연기한 배우를 현실에서도 비난하는 것과 비슷해질 수 있다.

조금 건너뛴 여섯 번째 구절에서, 루소는 "당신은 어쩌면 그렇게도 멋지십니까! 어쩌면 그렇게도 아름다우십니까!"라는 여우의 말을 불필요한 반복이자 깔끔하지 못한 어법이라고 주장한다. 이런 평가는 반복의 묘미를 통해 까마귀의 환심을 사려는 고도의 수사법일 수 있다는 점에서 군더더기 없는 논설문의 이상적 기준을 엄격하게 들이댄 것처럼 보인다.

일곱, 여덟, 아홉 번째 구절은 "정말이지, 만약 당신의 목소리가 당신의 깃털과 어울린다면 당신은 이 숲속에 사는 주민들 중에서도 불사조일 것입니다"라는 아첨이다. 루소는 "정말이지"라는 어구 자체가 환심을 사기 위한 거짓이므로 아이가 여기에서 무엇을 배우겠냐고 한탄한다. 게다가 목소리와 깃털처럼 성질이 다른 개념을 아이가 비교하며 이해할 수 없다며 불사조라는 고대의 거짓말을 사용한다는 비판까지 부연한다. 이 대목은 한껏 잘난 목소리와 깃털로 치장한 까마귀의 세련된 외모를 상상하게 하려는 의도에 따라(거짓말이라기보다) 빈말을 늘어놓은 것이다. 그러나 루소는 이런 점에 주목하지 않는다.

루소는 열 번째 구절에서 "그 말을 듣고 까마귀는 기뻐서 어쩔 줄 몰랐다"는 표현에 대해 실제 경험이 있어야 이해할 수 있는 감정이라서 경험이 부족한 아이에게 와닿지 않는다고 평한다. 직접 경험하지 않더라도 장면을 상상하며 공감이입을 통해 간접경험으로 상황을 이해할 수 있다는 점을 인정하지 않는 것이다.

한 줄 건너뛴 열두 번째 구절은 루소가 거의 유일하게 긍정적으로 평가한 부분이다. 까마귀가 자기의 아름다운 목소리를 들려주려고 "입을 크게 벌리는 바람에 먹이가 툭 떨어졌다"는 말은 장면이 분명히 영상으로 그려지기 때문에 훌륭하다는 것이다. 이를 통해, 언어든 삽화든 물리적 질서를 중시하는 루소의 세계관을 읽을 수 있다.

열세 번째 구절에서 여우가 치즈를 낚아채서 "친절한 까마귀님"이라고 말한 대목과 관련하여, 루소는 친절하다는 말이 사실상 바보라는 속뜻을 담고 있어서 아이가 이해하지 못한다고 비판한다. 이런 그의 생각은 아이의 상상적 맥락 이해 능력을 깎아내린 듯 보인다.

우화의 이하 내용은 아첨에 속는 자가 있어서 누군가가 아첨을 계속하는 것이므로 여기에서 치즈 한 조각 정도의 가치를 지닌 교훈을 얻으라는 말로 마무리된다. 루소는 교훈의 가치를 치즈에 견주는 미묘한 논리를 아이가 이해할 수 없다고 비판한다.[39] 루소의 비판과 무관하게, 우화의 결론이 바람직한지 여부는 논란거리일 것이다. 속이는 사람의 문제점을 비판하기보다 속는 사람의 우둔함을 먼저 지적하는 주제는 인과관계를 뒤집은 것이기 때문이다. 보이스피싱에 속는 사람이 있어서 범죄자가 없어지지 않는다는 논리와 유사한 것이다.

루소는「여우와 까마귀」우화가 거짓말을 조심하라는 교훈을 전한다고는 해도 우화를 배운 아이들이 영상물의 모방범죄처럼 이기적으로 역이용할 수 있음을 간파한다.「사자와 쥐」우화에서 드러나듯이, 강한 존재로부터 잡아먹힐 위기를 기지로 극복하는 유약한 동물은 루소의 눈에 그리 긍정적으로 비추어지지 않는다. 루소는 이에 대해 "정정당당하게 대적할 수 없는 상대를 작은 바늘로 찔러 죽이는 법을 배운다"고 힐난한다.[40] 편법으로 세상을 살 수 있다는 그릇된 교훈이 머리에 들어가면 아이가 절제의 미덕을 상실한 채 제멋대로 굴 수 있다고 염려하는 것이다. 루소는 그 밖의 우화들에서도 몰인정, 부정직함, 빈정거림, 방종함을 가르친다며 아이가 이런 책을 접하지 않아야 한다고 결론짓는다.[41]

로크와 루소의 교육론과 그림책 활용: 비판적 고찰

그림과 같은 개념 보조장치를 현명하게 끌어와 아이가 단계적으로 세상살이 지식과 외국어 습득을 하도록 이끌려는 로크와 달리, 루소는 책을 포함한 교육자료에 노출되면 심각한 부작용이 수반되기 때문에 자연 상태에 아이를 풀어놓는 편이 낫다고 여긴다. 그는 시각에만 의존하여 사태를 곡해하지 않도록 촉각과 같은 다른 감각으로 파악한 정보와 오랜 시간 비교해야 한다고 당부한다.[42] 그렇다면, 오늘날에 루소가 말한 것처럼 아이의 정신에 해를 가할 가능성이 농후하다는 이유로 종이책과 온라인 콘텐츠를 없애고 아이들을 자연 상태에 풀어 놓고 훈육할 수 있을까? 현실이 그렇지 않다면 루소의 말을 곧이곧대로 받아들일 수는 없다. 진시황이 분서갱유를 했다고 지식이 없어지지 않은 것처럼, 루소가 책의 위험성을 침소봉대하고 있을지도 모를 일이다. 사물을 감각적으로 경험하고 스스로 깨닫는 것이 최선이기는 하더라도 일일이 자연 상태를 체험으로 배울 수 없다. 적어도 인지체계를 왜곡할 정도로 결정적인 문제점이 없다면, 과연 그림책을 교육적

39) 루소, 앞의 책, 174.
40) 루소, 앞의 책, 175.
41) 루소, 앞의 책, 176.
42) 루소, 앞의 책, 226-67.

으로 긍정적으로 사용할 수 없는지 루소에게 질문을 던질 수 있을 것이다.

루소의 생각을 현실을 도외시 한 주장으로 치부하기 전에 그가 살던 시대적 상황을 꼼꼼하게 들여다볼 필요가 있다. 문명의 이기가 많지 않았고 대부분 농촌에 살면서 자연환경에서 직접 경험으로 획득할 수 있는 지식이 많았던 시절에 굳이 왜곡의 위험성을 무릅쓰면서 구하기 힘든 책을 사서 글과 그림으로 지식을 얻을 필요가 있느냐고 생각했을 수 있다. 자연인으로 불리는 사람들이 오늘날에도 다양한 약초에 대해 빠삭한 사실만 염두에 두더라도 직접 경험의 가치를 간단히 무시할 수 없다.

루소의 교육관은 디지털 시대에 새롭게 곱씹어 볼 가치를 지니고 있다. 도시에 사는 사람들이 직접 경험으로 지식을 익히기 어렵지만, 디지털 공간에서는 사물들을 최대한 감각적으로 익힐 수 있기 때문이다. 루소가 살던 시대는 정밀한 삽화와 감각적 색채를 구사한 그림책 이야기가 없었고, 구할 수 있는 책들마저도 추상적이거나 일반적인 용어로 압축하여 요약한 것들이 대부분이었다. 내용의 진위를 제대로 교차검증했다는 전제하에, 실물을 최대한 왜곡하지 않고 감각적 성질을 덧입혀 재현한 그림책이나 온라인 콘텐츠는 루소가 염려한 오개념 형성 문제를 최소화한 학습자료일 가능성이 높다. 자연 상태의 감각적 경험이 화려한 종이책과 온라인 콘텐츠에 포섭되었기 때문이다.

21세기에는 자연 상태가 아니어도 스스로 느끼고 깨달으면서 자기주도성 혹은 자기조절능력을 함양하도록 돕는 새로운 매체들이 다수 출현한 상태다. 이런 교육환경 변화를 감안할 때, 자연 상태 그대로의 사물을 직접 경험하거나 책으로 간접 경험하는 것 사이에서 선택한다기보다 모든 가능성을 열어두고 취사선택하면서 익히려는 유연한 마음가짐이 무엇보다 중요하다. 이에 따라, 루소의 교육관 자체는 시대착오적일 수 있지만 새롭게 출현한 매체들로 자연만물의 진실에 다가가려는 그의 교육적 의도만큼은 21세기에서도 여전히 유효하다.

로크와 루소가 제기한 논점들은 교육을 단일한 시선으로 바라보고 함부로 재단하지 말아야 한다는 시사점을 담고 있다. 로크는 학습에 관한 장을 마무리하면서 아이마다 특성이 다르기에 자신이 말한 교육이 정답일 수 없다고 고백한다.[43] 루소도 일반적인 상황에 적용되는 교육의 원칙을 평범한 가상의 아이 에밀을 통해 제시할 따름이다. 두 사람은 아이의 인지와 언어 발달 수준을 고려해서 교육해야 한다는 명제에는 동의한다. 그렇지만 로크는 언어와 개념을 익히기 위해 삽화와 같은 학습 보조장치의 이로운 점에 주목한다. 이와는 달리, 루소는 어른의 시각에서 꾸민 자료인 이상, 아이에게 그릇된 방식으로 수용되지 않아야 한다며 도입부 대화에 나온 주사위로 문자를 배우는 것을 한심하다고 비판한다.[44] 로크가 루소보다 80년 먼저 태어났음을 고려하면, 그림

43) Locke, ibid. 295.
44) 루소, 앞의 책, 177.

책을 긍정적으로 바라본 로크가 오히려 루소보다 후대 사람인 것 같은 착각마저 든다.

루소의 지론은 자연 상태의 실물과 사건을 최대한 감각적으로 경험하고 스스로 종합하여 개념 체계를 형성하는 것으로 수렴된다. 이런 그의 교육관은 저수지의 물이 도랑을 따라 논으로 흘러가듯 기성세대가 파놓은 길만 따라가면서 주체적이고 비판적 사고를 기르지 못하는 문제점에 대한 근본적 고민의 산물이다. 그렇기 때문에 루소를 마냥 반동적 인물로 치부할 수는 없을 것이다. 루소의 입장에서, 그림을 이용한 언어와 개념 학습은 아이에게 설익은 언어능력과 지식만 주입하는 '나쁜 지름길'처럼 보였을 것이다. 문명 발달로 인해 사물과 개념에 대한 실제적 경험 기회는 줄어들었더라도 이를 대체할 다양한 매체들을 갖추고 있는 21세기 교육현실을 염두에 둔다면, 다양한 유형과 매체로 된 그림책들을 현명하게 이용함으로써 루소의 통찰과 로크의 지략을 한데 묶는 것이 무엇보다 중요하다.

영어 그림책의 구성

III

그림책은 어린 학습자들이 메시지를 이해할 수 있도록 글과 삽화를 정밀하게 결합한 자료다. 이런 이유로 그림책을 제대로 이해하려면 글과 삽화의 특성을 들여다보아야 한다. 글에 담긴 인물, 사건, 배경, 문제와 같은 이야기의 기본적인 구성 요소와 정신분석이나 역사비평과 같은 특정한 문예사조를 알고 있으면 그림책의 함축적 의미를 정확히 짚을 수 있다. 그림책에서 보편적으로 포함하는 플롯 진행 단계와 구성 요소에 관한 지식 역시 내용을 깊이 이해하고 분석하려면 제대로 알고 있어야 한다. 한편, 삽화의 경우에는 선, 공간, 모양, 색깔, 질감, 아크릴과 파스텔과 같은 매체, 그리고 사실주의와 초현실주의와 같은 특정한 화풍을 어떻게 적절히 조합하여 재현하느냐에 따라 전하는 메시지가 달라진다. 무엇보다, 그림책의 총체적 의미를 파악하려면 글과 삽화의 관계를 세밀하게 파악할 줄 알아야 한다. 이번 파트에서는 위에서 언급한 영어 그림책의 매체, 기법, 유형, 주제, 서사 구조, 그리고 플롯을 살펴보면서 그림책을 대하는 안목을 키우고자 한다.

7. 매체와 기법

Behind the Scenes

딸: (하늘의 보름달을 가리키며) 아빠, 저 위에 있는 달 좀 따다 줘.

아빠: 음, 알았어. 작아지면 따다 줄게.

(시간이 지난 후 아빠가 달을 가져와 딸에게 건넨다.)

아빠: 자, 네가 가져오라던 달, 여기 있다.

딸: 야. 신난다. 근데 점점 작아지는데 어쩌지?

도입부 대화에서 아빠는 어떻게 문제를 해결한 것일까? 가짜 달을 가져다 딸을 속이기라도 한 것일까? 이처럼 엉뚱해 보이는 대화 장면은 에릭 칼(Eric Carle)의 『아빠, 달님을 따 주세요』(*Papa, Please Get the Moon for Me*)의 일부를 제시한 것이다.[1] 그림책에서 아빠는 달을 따러 아주 긴 사다리를 세웠음에도 달이 너무 커서 딸 수 없다. 그러자 달님은 며칠 기다리면 자기가 작아질 테니 그때 찾아와 자기를 가져가라고 말한다. 아빠는 며칠이 흘러 초승달이 되어 작아진 달을 따다 딸에게 건네준다. 그러나 달의 위상 변화에 따라 다시 작아서 없어지는 상황이 펼쳐진다. 이런 이야기 전개와 문제 해결 방식은 황당무계한 허구에 불과한 것일까?

『아빠, 달님을 따 주세요』의 앞표지

1) Eric Carle, *Papa, Please Get the Moon for Me* (New York: Simon & Schuster, 1986).

『아빠, 달님을 따 주세요』는 수직으로 길게 펼쳐지는 접지를 사용해서 달을 따러 가는 상상을 시각적으로 구체화한다. 이 그림책에서 사용한 콜라주(collage) 기법은 내용을 사실적으로 따지기보다 상상적으로 받아들일 것을 주문하는 의도로 기획된 것이다. 매체와 기법이라는 비언어 수단이 줄거리 전개를 주도하면서 내용 전달에서 언어가 차지하는 비중은 상대적으로 축소된다. 기발한 매체와 기법이 달의 위상 변화나 서로를 위하는 마음과 같은 주제와 정서를 효과적으로 형상화하는 것이다. 이렇듯 그림책에 사용된 다양한 매체와 미술 기법은 언어표현 못지않게 플롯과 주제를 표현하는 역할을 한다.

그림책에서는 언어와 비언어 메시지가 긴밀히 상호작용을 함으로써 총체적 의미를 완성한다. 언어를 사용하였을 때 의미를 명료하게 표현할 수 있기는 하지만 그림책에서 중요한 모든 정보와 논리를 언어만으로 온전하게 표현할 수는 없다. 그림책의 언어는 독립적으로 의미를 담기도 하지만 비언어 매체와 결합하여 속뜻을 풍부하게 전달하기도 한다. 이와 관련하여 페리 노들만(Perry Nodelman)은 그림책의 언어가 수행하는 기능을 세 가지로 정리한다. 즉, 그림책의 언어는 시각정보에 담긴 정서와 사건 전개의 의미를 알려주고, 그림과 글에 녹아 있는 인과관계와 문법적 관계를 구체화하며, 중요하거나 그렇지 않은 것을 알려주는 기능을 수행한다.[2] 영어능력이 부족한 어린 학습자들은 꼼꼼하게 비언어 정보를 모아 정리한 후 이를 언어와 견주며 의미를 구성하려는 경향이 있다. 직관적인 시각 정보에 먼저 눈길이 가는 것이다. 이런 이유로, 그림책의 여러 매체와 기법의 특징은 그림책을 해석하는 매우 중요한 배경지식이라 할 수 있다.

그림책 삽화의 구성 요소: 선, 공간, 모양, 색깔, 질감

그림책 삽화의 가장 기본적인 구성 요소는 아무래도 선(line)일 것이다. 일반적으로, 수평선은 고요하고 정적인 인상을, 수직선은 상승과 하강으로 인해 보는 이로 하여금 권위적인 인상을, 그리고 곡선이나 원은 따뜻하고 부드러우며 안정적인 느낌을 준다. 각지고 급하게 굽은 선은 불편하고 거칠고 화난 마음상태와 연관된다. 이런 점은 만화책에서 폭탄이 터지거나 화가 났을 때 사방으로 뾰족뾰족 솟아난 말풍선이 사용되는 사례를 떠올리면 쉽게 이해된다.[3] 유념할 점은 수직선, 수평선, 곡선, 그리고 각진 선의 의미가 각각의 선들이 판면 전체에서 어떤 구도로 배열되었는지에 따라 판단되어야 한다는 것이다. 버지니아 리 버튼(Virginia Lee Burton)의 『작은 집』

---

2) Perry Nodelman, *Words About Pictures: The Narrative Art of Children's Picture Books* (Athens: The U of Georgia P, 1988) 215.

3) Russell, ibid. 123-25.; Kathleen T. Horning, *From Cover to Cover: Evaluating and Reviewing Children's Books* (New York: HarperCollins, 2010) 96.

『작은 집』의 앞표지와 삽화

(*The Little House*)은 이를 잘 보여준다.4)

표지를 보면, 좌우 대칭인 원으로 표현된 공간 안에 집이 자리함으로써 따뜻함과 안정감이 느껴진다. 원래 한 채만 있던 작은 집 주변으로 사람들이 몰려들어 다른 집들을 짓고 도로가 생기고 차들이 밀리고 매연이 하늘로 솟구치는 장면도 원과 곡선이 대부분이고 전신주들만 직선이다. 그렇지만 이 장면의 곡선은 따뜻함과 안정감을 주지 못한다. 길 자체는 곡선이지만 뾰족한 전신주를 따라서 J자 모양으로 집과 차량이 배치된 관계로 인해 수직선의 위압감과 불안함이 강조된다. 작은집을 둘러싼 원형 동산은 뾰족지붕과 울타리를 두른 새로 지은 집들에 포위되어 안정감을 잃고 폐쇄와 갑갑한 인상을 주는 것이다. 결과적으로, 소소한 수직선들과 화면을 세로로 나누는 검은 길이 작은집의 곡선과 원을 압도해 버리고 만다. 이처럼 선의 효과는 전체 구도 속에서 해석되어야 한다.

다음으로, 공간(space)과 관련해서는 통상적으로 여백이 많을수록 한적하고 고요하거나 외로운 인상을, 공간이 빡빡할수록 폐쇄와 불안함과 혼란함을 느끼게 한다. 물론, 공간의 의미는 작품마다 달라질 수 있다. 팻 허친스(Pat Hutchins)의 『자꾸 초인종이 울리네』(*The Doorbell Rang*)에서는 아이가 한 명씩 올 때마다 쿠키 12개를 1/n로 나누어 갖는 상황을 묘사한다.5) 아이들이 한 명씩 식탁에 앉을 때마다 화면은 빡빡해지고 1인당 먹을 쿠키가 줄어들어 아이들의 불안감도 커진다. 삽화에서 아이들의 얼굴을 보면 이런 점이 잘 나타난다. 그런데 아이가 12명이라 쿠키를 1개씩만 먹는 상황에 다시 초인종이 울린다.

아이들은 할머니가 엄청나게 많은 쿠키를 가지고 나타나는 바람에 쿠키를 받으러 현관으로 몰려간다. 이런 의미에서, 아이들이 빠져나간 부엌은 "할머니가 커다란 쿠키 쟁반을 들고 왔다"는

---

4) Virginia Lee Burton, *The Little House* (New York: Houghton Mifflin, 1942).
5) Pat Hutchins, *The Doorbell Rang* (New York: HarperCollins, 1986).

『자꾸 초인종이 울리네』의 삽화

언어를 통해 한적함 혹은 여유로움이 아니라 쿠키를 향해 달려간 아이들의 들뜬 기운으로 충만한 상태이다. 그리고 아이들로 북적대는 현관에서는 갑갑함이나 혼란스러움이 아니라 더 많은 쿠키를 받을 수 있다는 기대심으로 할머니를 반갑게 맞는 활기가 엿보인다. 그렇다고 아이들로 북적이는 현관이 번잡한 느낌을 주는 것도 아니다. 아이들의 시선이 일제히 쿠키 방향을 향하는데다가 전부 나누어줄 정도로 쿠키가 충분하다는 말로 인해 질서가 형성되었기 때문이다. 이렇게 공간 여백의 의미를 알려면 판면 전체로 바라보아야 할 뿐 아니라 판면과 판면, 그러니까 앞과 뒤 판면도 함께 살펴야 한다.

그림책에 묘사된 모양 혹은 형상(shape)의 경우에는 일반적으로 정사각형이 안정감과 고지식함, 직사각형이 가로세로의 비율에 따라 안정 혹은 불안정, 정삼각형이 안정감과 날카로움, 이등변삼각형이 밑변이 어떻게 배치되었느냐에 따라 안정 혹은 불안정, 그리고 역삼각형이 불안정한 느낌을 준다.6) 『작은 집』의 삽화에서 직사각형 건물에 포위된 작은 집은 딱딱한 사각형 도시 틀에 갇힌 모습을 보여준다.

그림책에서 모양을 분석할 때는 특정한 이미지들의 모양보다 판면에서 다양한 모양의 사물들이 모여서 전반적으로 어떤 모양으로 된 구도(layout)를 이루느냐가 중요하다. 전체 구도에서 원근법(perspective)상으로 소실점이 어디에 위치하느냐에 따라 독자의 눈에 판면이 불안한 역삼각형 혹은 안정적인 이등변삼각형으로 보일 수 있다. 영어로 아프리카 동부의 스와힐리어를 세는 것에 관한 그림책인 뮤리엘 필링스(Muriel Feelings)의 『모자는 1이란 뜻이에요』(*Moja Means One: Swahili Counting Book*)의 숫자 1 펼침면 삽화를 보면, 전체적으로 밑변이 긴 삼각형 구도를 이루는 가운데 먼 배경으로 보이는 킬리만자로산 봉우리가 소실점 구실을 한다.7) 이런 구도

6) Russell, ibid. 125.; Horning, ibid. 96-97.

7) Muriel Feelings, *Moja Means One: Swahili Counting Book* (New York: Puffin Books, 1971).

는 앞쪽 나무들을 짙게, 뒤편의 산을 흐리게 표현하여 원근감을 줌으로 인해 뒤편에 눈이 쌓이고 비탈진 험준한 산이 목가적 풍경의 일부가 되는 효과를 생성한다. 여기에다 왼쪽에 염소들이 한가롭게 거니는 모습까지 삽입하여 목가적 정취를 형성함으로써 포근함과 안정감이 느껴진다.

『소피가 화나면, 정말 정말 화나면』 앞표지

색깔에 대해 짚어보면, 상식과 같이 노랗고 붉은 계열이 따뜻함과 열정, 파란 계열이 차가움과 냉정을 전달한다.[8] 다만, 그림책에서는 여러 색상이 하나의 판면에 섞여서 제시되므로 주가 되는 색채와 주변 색상들을 종합적으로 살펴야 한다. 몰리 뱅(Molly Bang)의 『소피가 화나면, 정말 정말 화나면』(*When Sophie Gets Angry—Really, Really, Angry*)에서는 주인공 소피가 언니와 인형을 서로 차지하려고 싸우다 분노하는 상황이 연출된다.[9] 끝내 분을 삭이지 못한 소피는 숲으로 뛰어가 나무에 올라가 탁 트인 넓은 호수를 바라보고 마음을 다스린 후 집으로 돌아온다. 그림책 삽화에서는 화가 났을 때 붉은 계열로, 마음이 평화로울 때 파란 계열로 채색한다. 여기에서 소피가 파란 옷을 시종일관 입고 있다는 점에서, 원래 소피는 차분하고 화난 소피가 본 모습이 아님을 알 수 있다. 따라서 그림책의 메시지를 깨달은 독자는 화가 났을 때 어쩌면 자신의 본래 모습을 잃은 것은 아닐지 되짚어 보게 된다.

색깔은 나라마다 선호 색상이 다르기도 하고 특정 집단을 상징하는 문양과 결부되는 경우도 다반사이므로 문화적 상징의 주요 구성인자이기도 하다. 그러므로 색깔에 대한 배경지식을 모르는 상태라면 삽화의 의미를 엉뚱하게 해석할 수 있다. 일례로, 네덜란드 국가대표팀을 상징하는 오렌지색은 국민들이 열정적이거나 감정적인 것과 무관하다. 네덜란드 왕가가 오랑주(Orange) 가문이라 발음과 철자가 같은 오렌지색이 우연히 상징 색깔로 굳어졌기 때문이다. 이렇듯 문화적 상식을 많이 알면 그림책을 해석할 때 오독을 피할 확률이 높아진다.

---

8) Russell, ibid. 128.; Horning, ibid. 97.

9) Molly Bang, *When Sophie Gets Angry—Really, Really, Angry* (New York: Scholastic, 1999).

질감(texture)은 특정한 재료를 만졌을 때 느껴지는 감각이나 보고 듣고 냄새를 맡으며 어떤 촉감일지 상상하는 것과 연관된다.10) 주로 겉표지를 직물로 만들거나 내용과 연관된 특정한 촉감이 느껴지는 재료를 그림책 어딘가에 활용하는 방식을 들 수 있다. 가령, 비단이나 찰흙을 보면 부드러운 느낌을, 거친 돌이 깔린 삽화를 보면 불편한 느낌을 받을 수 있다. 질감을 결정하는 또 다른 변수로는 유화(oil painting)와 수채처럼 어떤 물감으로 얼마나 두껍게 덧칠했느냐에 따라 작품에서 받는 인상이 달라지는 것을 들 수 있다. 유화로 그린 유명 작가의 그림을 보면 특정한 회화적 효과를 만들기 위해 일부러 두껍게 덧칠하기도 한다. 예를 들어, 드레스의 흰 빛을 강조하여 귀부인의 우아한 풍채를 자랑할 요량이면 참외의 흰 줄무늬처럼 하얀 유화물감을 곡선 모양으로 길쭉하고 두껍게 바를 수 있을 것이다.

이처럼 그림책에서는 선, 공간, 모양, 색깔, 질감이 독립적이고 고정된 의미를 지니고 있지 않다. 일반적으로 전달하는 의미로부터 출발하여 앞뒤 판면에서 전달하는 의미, 언어표현, 그리고 둘 이상의 요소가 결합하여 종합적으로 어떤 의미를 만드는지를 따져보아야 하는 것이다. 그림책에서는 언어를 중심으로 조직된 일반적인 문학텍스트와 다르게 어떻게 판면 모양을 짜서 무슨 이미지를 어떻게 어디에 배치할지가 중요하다. 나무의 성장을 효과적으로 그림책에 묘사하려면 일반적인 그림책에서 아이들에게 안정감을 주기 위해 가로로 넓게 제작하는 것과 달리 세로로 길쭉하게 만들어야 할 수도 있다. 아이들은 비언어 메시지로부터 수많은 암시적 정보를 포착한다. 그렇다면 학습자들에게 유익한 정보를 전달하기 위해 그림책의 판면은 어떻게 구성되어야 하는 것일까? 이를 점검하는 준거는 다음과 같다.11)

첫째, “모든 삽화가 펼침면 한쪽에 몰려 있는지, 아니면 골고루 흩어져 있는가?” 살펴야 한다. 모리스 센닥의 『괴물들이 사는 나라』를 예로 들면, 일부 예외가 있기는 하지만, 1-2줄 정도의 텍스트를 제외하고 펼침면 왼쪽을 여백으로 남겨 두고 오른쪽에만 삽화를 배치하였다.12) 이런 판면 배치는 글을 먼저 읽고 삽화 정보와 일일이 맞춰보며 꼼꼼하게 해석하라는 작가의 의도를 반영한 것이다. 독자는 마치 액자나 창문과 같은 오른쪽의 풍경을 보면서 아이의 언행을 살피는 보호자, 나쁘게 말하면 감시자 노릇을 한다.

둘째, “삽화에 제시된 사물들의 크기가 같은지 혹은 다른가?” 따져보아야 한다. 일반적으로, 크게 묘사할수록 중요도가 높다고 볼 수 있겠지만 인물이 무슨 의복을 입고 어떤 표정을 지으며 어디에 언제 자리하고 있느냐에 따라 중요도를 매번 달리 판단해야 한다. 『괴물들이 사는 나라』에서 주인공 소년 맥스(Max)가 상상 속 괴물 나라의 왕이 된 후 괴물들에게 요란법석을 떨어보라고

10) Russell, ibid. 125-26.; Horning, ibid. 97.

11) Russell, ibid. 131.

12) Maurice Sendak, *Where the Wild Things Are* (New York: Harper, 1963).

명령하는 삽화는 맥스보다 덩치가 큰 괴물들이 펼침면의 대부분을 차지한다. 그럼에도 불구하고, 왕관을 쓴 꼬마 맥스가 펼침면 왼쪽 구석에서 광란의 춤을 추라고 괴물들에게 명령하는 장면은 맥스의 권력이 허장성세일 가능성을 암시한다.

셋째, "글과 그림의 어디에 배치되어 무슨 관계를 이루는가?" 꼼꼼하게 짚어보아야 한다. 예를 들어, 그림을 상단에 크게 배치하고 글을 하단에 작게 덧붙이는 구도는 그림이 플롯과 관련하여 더 많고 중요한 정보를 전달하고 글이 보완함을 뜻한다. 『괴물들이 사는 나라』에서 겉으로 보면 괴물들이 맥스의 말을 듣고 공손하게 손을 모아 수긍하는 듯 보이지만 눈을 한쪽으로 흘기면서 반항하려는 의지를 내비치기도 한다. 그러므로 독자는 맥스의 발화만으로 사태를 판단하기보다 괴물들의 표정이 담고 있는 의중에도 주목해야 한다.

넷째, "판면의 크기와 모양이 어떻게 생겼는가?"도 유익한 정보를 발견할 때 도움을 준다. 돈 프리먼(Don Freeman)의 『꼬마 곰 코듀로이의 과자 안 주면 장난칠 거예요』(*Corduroy's Trick-or-Treat*)는 10월 말 할로윈(Halloween)에서 아이들이 유령 분장을 하고 돌아다니며 과자나 사탕을 달라고 말하는 풍습에 관한 그림책이다.[13] 이 그림책은 두꺼운 보드지를 호박 속을 파내어 눈·코·입을 뚫어 만든 할로윈의 상징물 잭오랜턴(Jack-o'lantern) 모양으로 제작되어 마치 장난감처럼 보인다. 할로윈의 유령놀이가 공포 분위기라기보다 친근한 놀이처럼 여겨지는 상황을 그림책 형상에서 직관적으로 느끼게 한 것이다.

「꼬마 곰 코듀로이의 과자 안 주면 장난칠 거예요」 앞표지

「거미 아난시」 앞표지

다섯째, "판면 크기와 배치에 분명한 이유가 있는가?" 점검해야 한다. 제럴드 맥더모트의 『거미 아난시』(*Anansi the Spider: A Tale from the Ashanti*)에서는 간신히 죽을 고비를 넘겼으나 맹금류가 거미 아난시에게 돌진하여 다시 위기에 처한 상황이 제시된다.[14] 이 장면은 왼쪽에 비

13) Don Freeman, *Corduroy's Trick-or-Treat* (New York: Viking, 2002).
14) Gerald McDermott, *Anansi the Spider: A Tale from the Ashanti* (New York: Henry Holt, 1987).

스듬하게 아래로 향하는 거대한 맹금류를, 오른쪽 하단에 겁에 질려 비스듬한 자세로 위태롭게 서 있는 왜소한 아난시를 배치함으로써 독자의 시선이 자연스럽게 왼쪽에서 오른쪽으로 자연스럽게 움직이면서 위기를 실감토록 한다.

그림책 삽화의 재료와 기법

그림책에서는 여러 가지 선, 공간, 모양, 색깔, 질감을 조합하여 특정한 구도에 배치할 때 통일성을 확보하는 것이 중요하다. 이를 위해 그림책마다 나름의 미적 효과를 자아내는 재료를 사용한다. 삽화를 통해 이야기의 플롯을 구체화하기 위해 사용하는 대표적인 재료는 다음과 같다.15)

가장 대표적인 재료는 수채화(water painting)와 아크릴(acrylics)이다. 수채화와 아크릴은 밝고 경쾌한 느낌을 주는 관계로 인해 긍정적 분위기를 주로 표현하는 그림책 특성상 빈번하게 사용된다. 여기에서 지칭하는 긍정적 분위기란 그림책의 화사한 색감만을 의미하지 않고 어려움을 뚫고 희망적 미래로 나가는 해피엔딩까지 포함한다. 아놀드 애도프(Arnold Adoff)의 『검정과 갈색과 황갈색 피부는 같아요』(*black is brown is tan*)는 흑인과 백인이 결혼하여 다양한 피부색을 한 구성원들이 하나의 화목한 가정을 이루는 상황을 밝고 따뜻한 수채화로 묘사한다.16) 아크릴은 수채화와 마찬가지로 물에 희석하여 사용하지만 비교적 색감이 뚜렷하고 변색이 적은 특징을 지닌다. 이런 이유로, 유화보다 가벼운 느낌을 주면서도 윤곽선을 또렷하게 그리고 싶을 때 아크릴을 사용한다. 미국의 과거 시골풍경을 정감있게 묘사한 바바라 쿠니(Barbara Cooney)의 『달구지를 끌고』(*The Ox-Cart Man*)와 같은 작품이 대표적 사례로 볼 수 있다.17) 이 그림책에

『검정과 갈색과 황갈색 피부는 같아요』와 『달구지를 끌고』 앞표지

15) Russell, ibid. 133-34.; Horning, ibid. 104-07.

16) Arnold Adoff, *black is brown is tan* (New York: HarperCollins, 1973).

17) Barbara Cooney, *The Ox-Cart Man* (New York: Viking, 1979).

서 저자가 아크릴 물감을 사용하여 이야기의 배경을 뚜렷하게 재현한 까닭은 시골풍경이 죽은 과거가 아니라 기억 속에 뚜렷하게 남아 있다는 점을 강조하기 위함이다.

그림책에서는 유화, 파스텔, 크레용 등의 전통적인 재료 말고도 사진이나 연필 스케치를 사용하기도 한다. 사진을 사용한 사례로는 주변의 간판, 사물, 숫자 등을 초근접 촬영하여 알지 못했으나 일상에 속한 흥미로운 이미지를 보여주는 타나 호반(Tana Hoban)의 그림책이 대표적인 사례일 것이다. 일상에 숨은 이미지들을 통해 사물의 공통점과 차이점을 떠올리면 상식 확장과 사고발달에 도움이 된다. 연필 스케치의 경우에는 단색이라 재미가 없어 보이기도 하지만 빈 색상을 상상으로 채우는 장점이 있기도 하다. 크리스 반 앨스버그의 『쥬만지』에서는 부모님이 외출한 후 체스를 두던 남매 주변으로 으스스한 그림자기 비추더니 게임 속 동물들이 현실세계로 튀어나와 현실과 가상이 뒤엉키는 상황이 연출된다.[18] 작가는 의도적으로 연필 스케치를 사용하여 밝고 분명한 느낌을 없앰으로써 흐릿한 초현실세계를 창조한다.

팝업북처럼 3차원 입체를 활용하여 제작한 그림책들도 창의적으로 재료를 활용한 그림책이라 할 수 있다. 팝업북은 상자 안에 장난감을 넣고 뚜껑을 열었을 때 튀어나오게 하여 깜짝 재미를 선사하는 용수철 장난감 상자(jack in the box) 원리를 그림책에 적용한 것으로, “접고, 말고, 자르고, 표식을 달거나 돌리는 종이 메커니즘을 통해 움직이고 상호작용하는 잠재력을 지는 책”으로 정의된다.[19] 페이지를 넘길 때마다 접힌 그림책의 화려한 이미지가 독자의 눈길을 사로잡도록 구성되었다는 점에서, 이런 그림책은 평면으로 삽화를 보는 것보다 이야기의 시공간 배경을 즉시 파악하도록 이끄는 장점을 지닌다. 화려한 궁궐처럼 시각적으로 매력적인 배경은 팝업북과 잘 어울린다. 다만, 종이를 복잡하게 오려 제작해야 하므로 종류가 다양하지 않고 크게 만들어 수업시간에 활용하기가 쉽지 않아서 현실적으로 시중에 나온 유명한 작품들을 가져와 학습하는 경우가 많다. 「잠자는 숲속의 미녀」처럼 유명한 동화를 팝업북으로 제작한 로버트 사부다(Robert Sabuda)의 작품들을 대표적인 사례로 들 수 있다. 사부다의 작품은 줄거리가 긴 편이기 때문에 팝업 장면을 보여주면서 간단하게 개작한 이야기로 스토리텔링을 하는 편이 어린 학습자들의 흥미와 수준에 적합할 가능성이 높다.

재료 선택 이외에, 미술 기법 혹은 화풍 또한 삽화의 통일성과 일관된 플롯을 형상화하는 것에 일조한다. 그림책에서 특정 재료를 선택하면 이와 어울리는 화풍으로 삽화를 표현하기 마련이다.[20]

---

18) Chris Van Allsburg, *Jumanji* (New York: Houghton Mifflin, 1981).

19) Nancy Larson Bluemel and Rhonda Harris Taylor, *Pop-Up Books: A Guide for Teachers and Librarians* (Santa Barbara, CA: ABC-CLIO, 2012) 1.

20) Russell, ibid. 135-38.; Horning, ibid. 109-13.

로버트 사부다의 팝업북 예시

『헨리의 자유 상자』 앞표지

가장 대표적인 화풍으로는 있는 그대로 똑같이 묘사하는 사실주의(realism)를 꼽을 수 있다. 엘렌 레빈(Ellen Levine)과 카디르 넬슨(Kadir Nelson)의 『헨리의 자유 상자』(*Henry's Freedom Box: A True Story from the Underground Railroad*)는 19세기 미국 남부에서 흑인 노예 헨리가 상자에 들어가 화물처럼 위장하여 자유를 찾아 북부로 도망치는 실화를 묘사한다.21) 19세기 중반 미국의 현실을 있는 그대로 제시해야 하는 주제는 사실적 화풍과 잘 어울린다. 시무룩하게 어깨를 축 늘어뜨리고 앉아있는 모습은 평화로운 자연 배경과 조화를 이루지 못한 헨리의 불안한 내면을 드러낸다. 또한 상자 속에서 온몸이 짓이겨진 고통스러운 상황은 사실적인 표정과 손바닥을 통해 독자의 공감을 자아낸다.

만화(cartoon) 기법은 유머를 통해 경쾌한 분위기 내지는 환상세계를 표현하기 적합하다. 대표적인 사례로는 닥터 수스의 그림책들을 들 수 있다. 닥터 수스가 지은 『초록 달걀과 햄』(*Green Eggs and Ham*)에서는 먹기 싫어하는 초록색 햄을 먹으라며 집요하게 따라다니는 샘(Sam-I-Am)과 "먹지 않겠다"고 줄기차게 언어유희(punning)를 하며 거부하는 1인칭 화자의 대화로 구성되어 있다.22) 화자는 진지하게 거절하기보다 귀찮아서 말장난으로 얼버무리는 모습을 보인다. 하기 싫은 일을 강요받지만 딱 잘라 거절하기 어려워서 망설이며 시간을 끄는 듯 보이기도 한다. 마침내 화자가 속는 셈 치고 한 입 먹었더니 생각보다 나쁘지 않다. 이런 플롯은 새로운 상황에 위축되기보다 도전적으로 임하면 좋은 결과로 이어진다는 교훈을 담고 있다.

한편, 표현주의(expressionism)는 무엇을 묘사했는지 알 수 있을 정도의 사실성만 유지한 채

---

21) Ellen Levine and Kadir Nelson, *Henry's Freedom Box: A True Story from the Underground Railroad* (New York: Scholastic, 2007).

22) Dr. Seuss, *Green Eggs and Ham* (New York: Random House, 1960).

『어떤 고양이가 보이니?』에서 고양이를 바라보는 관점 차이를 보여주는 삽화 예시

일그러진 이미지, 다시 말해 사물이 지닌 윤곽과 색깔을 짐작하게 하는 최소한의 시각적 정보만 제공한다. 표현주의에서는 어떤 관점으로 사실을 바라보느냐에 따라 일상이 다르게 보일 수 있다는 주제를 형상화한다. 예를 들어, 관점에 따라 고양이가 전혀 다르게 받아들여지는 상황을 표현한 웬젤(Brendan Wenzel)의 『어떤 고양이가 보이니?』(*They All Saw a Cat*)는 사실적 묘사 대신 특정 상황과 어울리는 분위기와 정서가 잘 드러나는 색깔, 형상, 윤곽선 등을 창의적으로 구사한다.[23] 실제로 많은 현대 그림책 작가들은 일상의 몰랐던 이면을 들춰내기 위해 표현주의 기법을 즐겨 사용하는 경향을 보인다. 인물의 성격을 자유자재로 표현하고 작가의 개성을 살리기 유리하기 때문이다. 20세기 중-후반에 활동한 유명한 그림책 작가인 레오 리오니(Leo Lionni)나 에릭 칼의 콜라주 기법도 넓게 보면 표현주의에 속한다.

표현주의보다 사실주의에 가까운 인상주의(impressionism) 기법도 그림책 작가들이 즐겨 사용하는 화풍 중 하나이다. 표현주의에서는 말하고 싶은 메시지를 중심으로 현실 정보를 과감하게 생략하거나 뭉뚱그려 처리한다면, 인상주의에는 사실을 판박이로 보여주지는 않더라도 상대적으로 맥락이 뚜렷하고 구체적인 정보의 양도 많은 편이다. 그렇지만 표현주의와 인상주의 사이의 엄밀한 경계선이 있는 것은 아니다.

초현실주의(surrealism)는 시계가 녹아내리는 살바도어 달리(Salvador Dali)의 명작 『시간의 지속』(*The Persistence of Time*)처럼 현실의 물리적 질서가 통용되지 않는 공간을 상상하여 보여준다. 그림책 중에는 『쥬만지』가 대표적 사례일 것이다. 마지막으로, 앞에서 다룬 『거미 아난시』처럼 문화권마다 독특한 색감과 문양을 반영한 민속예술(folk art)을 그림책 줄거리와 삽화에 반영하는 사례도 존재한다.

최근 들어, 그림책에서 활용하는 매체와 기법은 인공지능을 활용하여 통합적으로 다채롭게 결합할 가능성이 커지고 있다. 그림책 작가들이 디지털 도구를 작업에 적극적으로 활용하리라 예상되기 때문이다. 디지털 도구를 활용하여 수채화로 된 그림책을 유화 느낌으로 변형하거나 초현실

23) Brendan Wenzel, *The All Saw a Cat* (San Francisco, CA: Chronicle Books, 2016).

표현주의 화풍

인상주의 화풍

주의 화풍을 사실주의나 만화풍으로 변형하는 작업을 한다고 가정하면, 이 과정에서 단지 미술 기법만 바뀌는 것이 아니라 전달하는 메시지도 바뀔 수밖에 없다.

지금까지 살펴본 바와 같이, 그림책의 의미 형성 기제를 제대로 알려고 한다면 언어 이외의 비언어 정보에 대해 정통해야 한다. 그림책을 보는 안목을 키우려면 어떤 미술 재료와 기법으로 삽화로 무슨 의미를 전달하는지 파악해야 하는 것이다. 그림책의 삽화는 언어 정보를 보완하는 역할만 수행하지 않고, 정반대로 언어가 삽화를 보완하거나, 아니면 두 가지 정보를 결합하여 새로운 의미를 표현할 수 있다. 이 과정에서 독자는 페이지를 앞뒤로 수차례 넘겨가면서 언어, 비언어, 그리고 이들 둘의 관련성을 포착해야 한다.

어른들은 그림책이 어린 아이들이나 일상의 기초 개념과 말을 배우기 위해 거치는 쉬운 읽기교재로 치부하여 삽화를 대충 보고 글자만 잘 읽으면 된다고 여기는 경향이 있다. 이렇게 그림책을 훑기만 한다면 아무리 많이 빠르게 읽어도 그림책을 보는 안목을 키울 수 없다. 그림책을 읽는 이상적인 방법은 천천히 이리저리 살피고 만져보고 글과 그림을 넘기며 떠오르거나 궁금한 생각을 많이 말하면서 스스로 혹은 주변의 도움을 받으며 정리하는 것이다. 그렇다면 교수자 역시 그림책을 깊이 읽을 줄 아는 안목을 갖추고 있어야 한다. 그래야 학습자의 각양각색 반응에 적절히 대처할 수 있을 것이다. 그림책을 구성하는 비언어적 특징, 즉 매체와 기법은 그림책을 깊이 읽는 출발점이다.

8. 유형과 주제

Behind the Scenes

강연자: 이상으로 강연을 마치겠습니다. 지금부터는 연수에 오신 선생님들과 오늘 다룬 그림책에 대해 논의하겠습니다.

교사1: 저는 기차를 타고 일탈하고 싶은 아이들의 마음이 느껴졌어요. 요즘 아이들이 어려서부터 워낙 공부에 치여서 사니까요.

교사2: 명령하며 기차를 조정하려는 모습은 인간의 타고난 이기심을 보여준 것 같았어요.

강연자: 그런데 명령한다고 예외없이 이기적이라고 볼 수 있나요?

교사1: 딱히 그런 건 아닐 듯해요. 혼자서 소리도 지르고 맘대로 시켜보기라도 해야 그나마 스트레스가 풀리지 않겠어요?

교사2: 맘대로 한다고 스트레스가 풀리는 건 아니겠죠. 혼자 사는 것도 아닌데 자리를 양보하며 함께 타야죠.

강연자: 기차에 먼저 타면 자동으로 결정 권한이 생기는 건가요?

교사1: 그나마 그게 최선 아닌가요? 전부 기관사가 되려고 하면 기차가 제대로 안 굴러가니까요.

교사2: 먼저 탔다고 맘대로 해도 되는 건 아니죠. 갈 곳이 없다고 하는데 기차에 타지 못하게 하면 어쩌라는 거죠?

강연자: 선생님은 먼저 기차에 올라 탄 주인공 아이가 상황이 나빠졌다며 자기 맘대로 뜬금없이 나중에 올라 타려는 동물에게 되돌아가라고 명령조로 말하는 것에 대해 어떻게 생각하시나요?

교사1: 그래도 되는 입장이니까 그랬겠죠.

교사2: 그런가요? 설령 그래 보여도 기다리다보면 상황이 좋아질 수도 있는데 너무 배려가 없는 것 아닌가요?

도입부 대화에서 교사들은 그림책에 묘사된 기차여행에 대해 다양한 의견을 표출하고 있다. 대화로 추정컨대, 그림책에서 기차를 타고 어디론가 향할 때 먼저 탄 누군가가 뒤에 탄 다른 누군가에게 텃세를 부리고 있다. 여기에서 논의하는 작품은 존 버닝햄(John Burningham)의 『야, 우리 기차에서 내려!』(*Hey! Get off Our Train*)이다.[24] 이 그림책은 기차놀이를 하다 일찍 일어나라는 엄마의 채근을 받은 아이가 꿈속에서 기차를 타고 이동할 때 살 곳이 사라진 동물들이 한 마리씩 기차에 올라타는 사건으로 이루어져 있다. 기차에 동물들이 잔뜩 타고 나서 눈이 내려 더 이상 앞으로 나가지 못하자, 아이는 일찍 일어나 학교에 가야 한다며 왔던 곳으로 방향을 돌려 움직인다. 방으로 들어온 엄마는 빨리 일어나서 학교에 가라면서 꿈에서 본 동물 인형들을 일일이 열거하며 너와 무슨 상관이라도 있냐고 물으며 이야기가 마무리된다. 두 교사는 반론을 제기하면서 중재하려는 강연자의 노력에 아랑곳하지 않고 팽팽한 논리를 들이대며 맞선다. 그림책 이야기가 고전문학처럼 길고 복잡하지 않아서 어느 정도 비슷한 견해를 보일 법도 하지만 같은 작품을 읽은 두 사람이 상이한 관점을 취하는 것이다.

영어 그림책을 깊이 읽으려면 비언어적 특징인 매체와 기법 말고도 그림책 서사 내용을 구성하는 유형과 주제를 파악하는 역량 또한 갖추어야 한다. 그림책의 유형과 주제는 이야기의 기본 구성 요소부터 시작하여 복잡도, 길이, 그리고 특정한 비평적 관점에 따라 분석하는 것을 아우른다. 여기에서 언급한 비평적 관점은 어떤 관점과 가치관을 기준으로 작품을 해석하는 것이 상대적으로 타당한지 판별하는 비판적 해석과 반응을 뜻한다.

그림책 이야기의 구성 요소

이야기의 기본 구성 요소로는 인물(character), 배경(background, setting), 시점(perspective), 플롯, 갈등(conflict), 주제, 문체(style)를 들 수 있다. 인물은 주인공(protagonist), 주인공과 맞서는 호적수(antagonist), 나쁜 언행으로 주인공의 선함과 영웅다움이 돋보이게 하는 악당(villain), 성격이 초지일관 동일한 평면적 인물(flat character), 시간이 흐르면서 성격이 바뀌는 입체적 인물(round character) 등으로 분류된다. 배경은 시간과 공간으로 구분되고 공간은 다시 현실과 가상공간으로 다시 나누어진다. 시점은 1인칭 주인공, 1인칭 혹은 3인칭 관찰자, 모든 것을 다 알고 있는 전지적(omnipresent) 화자 등을 포함한다. 어린 독자들이 읽는 그림책일수록 공감을 끌어내기 위해 1인칭 주인공 시점으로 이루어진 경우가 많다.

플롯은 연관성 있는 일련의 사건들을 논리적으로 연결하여 작품 전반에서 중요한 의미와 정서를 형성한다. 이야기의 이곳저곳에 흩어진 사건들을 논리적 순서에 따라 재배열하였다는 점에서 플롯은 작품 처음부터 끝까지 시간과 공간 이동 순서에 따라 사슬처럼 연결한 줄거리를 뜻하는 이야기와 구분된다. 이에 대해 영국 소설가이자 비평가 포스터(E. M. Forster)는 '왕이 죽고 나서 왕비가 죽었다'는 진술이 자연스러운 사건의 진행을 다룬 이야기인 반면, '왕이 죽고 나서 슬퍼서

24) John Burningham, *Hey! Get off Our Train* (New York: Dragonfly Books, 1989).

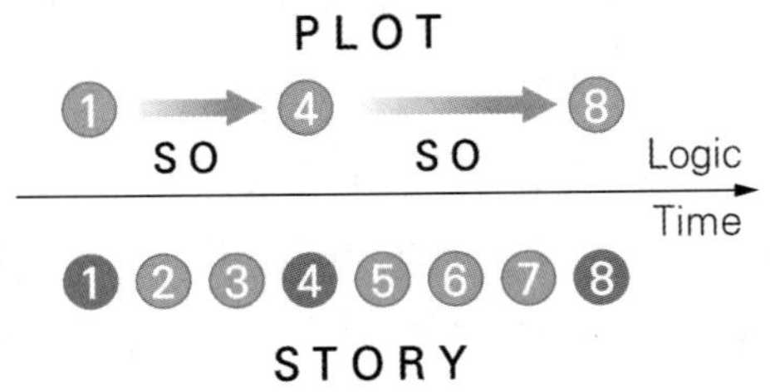

플롯과 이야기(줄거리 전개)의 차이점

왕비가 죽었다'는 말은 사건이 무슨 논리에 의해 진행되었는지 보여준다는 점에서 플롯이라고 예를 들어 설명한다.[25] 플롯의 종류로는 하나의 갈등을 중심으로 문제가 해소되는 극적(dramatic) 플롯, 작품 안에서 둘 이상의 극적 플롯이 얽히며 공통의 교훈이나 주제를 전달하는 병렬(parallel) 플롯, 동일한 교훈이나 주제를 담은 일련의 소소한 사건들이 사슬처럼 이어져 있는 에피소드(episodic) 플롯, 약간씩 달라지지만 기본적으로 비슷한 사건이 연달아 제시되다가 막판에 반전이 있는 연쇄(sequential) 플롯을 들 수 있다.[26]

갈등의 경우에는 주인공이 다른 인물과 충돌하는 상황이 일반적이지만, 괴로운 선택의 순간에 내면에서 어떻게 행동할지 상상하고 고민하는 자기와의 싸움도 주요 갈등 중 하나이다. 그 외에, 주인공을 받아주지 못하는 사회와의 대립 및 천재지변과 같은 자연 현상과 인물의 대립도 이야기에 담긴 갈등의 일종이다.

그림책에서 어떤 문체와 어조를 구사하는지 살피는 것도 작품 해석에 적지 않은 영향을 미친다. 특히, 반복되는 구문이나 어휘는 작품의 플롯, 주제, 갈등 구조 등과도 무관하지 않다. 곰을 잡으러 가는 도중에 마주치는 여러 자연장애물을 헤치고 나가는 내용을 담은 마이클 로슨(Michael Rosen)의 『곰 사냥을 떠나자』(*We're Going on a Bear Hunt*)를 예로 생각해 볼 수 있다.[27] 이 작품에서는 "We're Going on a Bear Hunt. We're gonna catch a big one. What a beautiful day! We're not scared. A-ha ..."를 반복하는 문체로 구성되어 있다. 이렇게 곰 사냥의 즐거움을 강조하는 문체는 동굴에서 곰을 보자마자 급하게 도망치는 후반부 삽화를 염두에 둘 때 무섭지 않은 척 하려는 화자의 의식적 노력을 효과적으로 보여주는 서사장치다. 그림책의 문체와 어조를 통해 작품에서 의도한 문학적 효과는 글만 분석하기보다 삽화까지 같이 살펴볼 때라야 비로소 파악 가능하다. 어린 학습자들이 설령 어휘와 구문을 안다고 하더라도 언어만으로 유머, 패러디(parody) 등을 판단하기 사실상 불가능하기 때문이다. 글을 삽화와 관련지어

25) E. M. Forster, *Aspects of the Novel* (New York: Rosetta Books, 2002) 61.
26) Ressell, ibid. 38-41.
27) Michael Rosen, *We're Going on a Bear Hunt* (London: Walker Books, 1989).

꼼꼼히 들여다보지 않으면 반어적(ironic) 문체를 구사함으로써 표면과 이면의 메시지가 미묘하게 어긋나는 대목을 특히 제대로 이해할 수 없다. 이런 점은 바바라 쿠니의 『미스 럼피우스』(*Miss Rumphius*)에 잘 나타나 있다.[28)]

『미스 럼피우스』의 마지막 삽화(왼쪽 펼침면)

『미스 럼피우스』의 마지막 삽화의 오른쪽 펼침면 상단에는 "저렇게 해서 뭘 할 수 있는지 아직 잘 모르겠다"는 한 문장이 적혀 있다. 이 작품에서 럼피우스는 세상을 아름답게 만들겠다면서 아이들에게 루핀(lupine) 꽃씨를 뿌려 온 동네를 루핀꽃이 지천인 공간으로 만들도록 한다. 이에 아이들은 해맑은 미소로 꽃을 따러 이리저리 돌아다닌다. 여기에서 그림책의 1인칭 화자는 돌아다니며 즐거워하는 다른 아이들과 달리 이런 행동이 괜찮은지 확신하지 못한다. 이처럼 자기 확신이 결여된 화자의 어조는 다른 아이들의 언행에 회의적인 태도, 심하게 말하면 의구심과 비판을 담고 있다. 화자는 위의 삽화에 제시된 다른 아이들을 바라보면서 자기 역시 저렇게 무비판적으로 행동하지 않았을지 반성한다. 주제적으로는 럼피우스의 요청에 충실하여 단일종으로 만든 풍경이 아무리 아름다울지라도 생물다양성을 포기할 정도의 값어치가 있는지 행동인지 되짚어 보라는 의미로 해석될 수 있을 것이다.

그림책 이야기의 비평적 분석 방식

그림책 이야기 플롯을 비평적으로 분석하는 방식은 어떤 관점에 따라 이야기 속 세계를 바라보고 이해하느냐와 연관된다. 문학작품의 비평적 분석에 관한 보편적인 유형 몇 가지를 소개하면 다음과 같다.

첫째, 형식주의(formalism)에서는 하나의 작품이 완벽하게 짜인 유기적 구조물이라고 전제하

28) Barbara Cooney, *Miss Rumphius* (New York: Viking, 1982).

면서 암호를 풀 듯 꼼꼼하게 읽기를 하며 어떤 형식적 요소들이 의미를 숨겨 놓았는지 밝혀내는 것에 집중한다.[29] 20세기 중반에 영미권 문학계를 풍미한 비평사조인 신비평(the New Criticism)은 완전무결한 성경을 대하는 자세로 텍스트를 이루는 요소들을 밝히려 했다는 점에서 넓게 보아 형식주의에 해당한다. 신비평에서는 직유(simile), 은유(metaphor), 상징(symbol), 대구(couplet), 반어(irony), 역설(paradox), 환유(metonymy), 제유(synecdoche) 등과 같은 문학비평 용어들을 작품의 완전무결함을 입증하는 도구로 사용한다. 작품이 완벽한 유기체라면 조금만 변형해도 원래의 의미가 바뀔 것이다. 예를 들어, "내 마음은 호수다"라는 말은 고요하고도 넉넉한 심리상태를 은유적으로 표현한 것이다. 여기에 "퐁당퐁당 돌을 던지자"라는 시구를 덧붙여 또 다른 작품이 된다면, 호수의 의미는 더 이상 고요하고 넉넉한 마음이 아니라 언제든 돌팔매질에 흔들리는 불안한 상태로 전혀 다르게 변할 것이다. 이렇게 정답을 찾는 심정으로 그림책을 대하다보면 문학을 오롯이 몰입하여 감상하는 즐거움을 잃는 문제가 발생한다. 따라서 형식주의는 수업 준비를 위해 그림책의 구성 특징을 분석하는 교수자에게 요구될 뿐 학습자의 바람직한 그림책 독서법이라 말하기 어렵다.

도입부 대화 장면의 『야, 우리 기차에서 내려!』를 형식주의에 따라 해석하면 다음과 같을 것이다. 우선, 그림책의 첫 부분과 마지막 부분을 보면 수미일관으로 꽉 짜인 닫힌 구조임을 알 수 있다. 잠자리에 들고 꿈을 꾸고 그 속에서 모든 사건이 발생하다가 다시 잠에서 깨는 플롯이 형식적 완결성을 지니고 있기 때문이다. 또한, 꿈속에서 기차에 올라탄 동물들을 향해 내리라고 기선제압을 하는 아이의 발화는 자신의 불안을 감추는 반어로 해석될 수 있다. 동물 인형을 가지고 놀고 싶지만 엄마에게 제지당한 채 잠이 든 아이는 동물 인형들을 장난감 기차에 칸칸이 정리하지 않은 상태로 잠든다. 할 일을 마치지 못한 아이의 '찜찜한' 기분은 꿈속에서 처음 보는 동물에게 다짜고짜 내리라고 명령하지만 끝내 모든 동물을 기차에 태우는 방식으로 해소된다. 아이는 "방귀 뀐 놈이 성내는 격" 비슷한 감정 상태로 고압적 태도를 취하지만 이내 동물을 장난감 기차에 정리하지 못한 채 잠든 자신을 되짚어보면서 "빨리 기차의 네 자리로 가라"고 마음을 고쳐먹는 셈이다.

둘째, 원형비평(archetypical criticism)에서는 세상만사가 자연법칙의 순환논리를 따르듯 작품도 여기에서 예외가 아니라고 간주한다. 원형비평은 주로 전래동화나 민담과 같은 옛이야기와 연관된다. 우리에게는 항상 즐겁거나 슬플 수 없는 인생사를 봄, 여름, 가을, 겨울이라는 자연의 순환에 견주는 버릇이 있다. 옛이야기의 주인공은 통상적으로 모험을 떠나 초자연적인 도움을 받아 수차례 주변의 도움을 받아 도전과 유혹이라는 고비를 넘긴다. 전래동화의 서사 구조는 실제

29) Raman Selden, *A Reader's Guide to Contemporary Literary Theory* (Brighton, Sussex: The Harvester P, 1985) 14-15, 19.

로 일어난 일이라는 인상을 주는 언어를 사용하여 주인공이 깨달음을 얻어 죽음까지 경험하는 절체절명의 위기를 벗어나고 이 과정에서 내면의 성장을 통해 새로운 존재로 거듭나는 유토피아적 완결성을 갖추고 있다.[30] 주인공은 절망의 심연에서 벗어나 갱생하면서 과거의 잘못을 뉘우치고 주변의 악을 일소하여 사람들을 보호하는 등 공동체정신을 발휘한다. 이렇게 정신과 육체 모두 성숙해진 주인공은 애초에 떠났던 장소로 되돌아와 왕이나 지도자처럼 영웅의 반열에 오른다.[31] 순환질서는 영웅적인 주인공이 모험을 떠난 후 시련을 이겨내고 깨달음을 얻어 인격의 성숙을 이루고 원래 자리로 돌아옴으로써 완성된다. 여기에서 주인공의 깨달음이란 불굴의 의지나 능력에서 솟아난 것이 아니라 일정한 고난을 통과의례처럼 겪고 나서 자연의 섭리나 법칙에 따라 주인공이 부여받은 자질을 뜻한다.

현대 그림책 중에서 원형비평으로 분석하기 적절한 사례로는 로버트 크라우스(Robert Kraus)의 『레오가 해냈어요』(*Leo the Late Bloomer*)를 생각해 볼 수 있다.[32] 이 작품에서는 읽고 쓰는 것을 포함해서 모든 행동이 어설픈 아기호랑이 레오가 통 나아질 기미가 보이지 않다가 어느 날 때가 되자 꽃망울이 순간적으로 만개하듯 그동안의 칠칠맞은 행동이 싹 사라진다. 레오가 갑자기 달라진 순간을 기점으로 그동안 못했던 것들을 하나씩 제대로 해내는 데칼코마니 구조는 피나는 의지와 노력 이외에 때가 되어야 잠재역량을 꽃피운다는 주제를 보여준다. 즉, 인간이든 동물이든 좋고 나쁠 때 혹은 부족할 때와 채워질 때가 교차한다는 자연법칙을 담은 것이다. 이렇게 원형비평으로 들여다보면 이 작품의 주제를 명료하게 인식할 수 있다.

셋째, 역사비평(historical criticism)은 이야기의 사회역사적 맥락을 통해 숨은 의미를 짚어보는 것이다. 여기에서 과연 어린 학습자들이 영어와 지식(상식)의 장벽을 뛰어 넘어 영어 그림책을 깊이 읽을 수 있을지 의문이 들기도 한다. 어린 학습자가 그림책을 역사적 관점으로 해석하는 목적은 전문 연구자들처럼 지식을 세밀하게 텍스트와 견주며 따지기보다 배경지식을 살핌으로써 공감과 이해를 키우기 위함이다. 자칫하면 학습자가 인지적으로 과한 부담을 갖게 되는 문제에도 불구하고 역사비평으로 그림책을 들여다보아야 하는 이유 중 하나는 교과를 막론하고 문화 다양성과 다문화주의가 대세가 되었기 때문이다. 이와 관련하여 앨런 세이(Allen Say)의 『할아버지의 긴 여행』(*Grandfather's Journey*)을 살펴볼 수 있다.[33]

『할아버지의 긴 여행』은 1인칭 화자의 외할아버지가 넓은 세상을 보려고 일본을 떠나 미국 각지를 돌아다니며 젊은 시절을 보내다가 일본으로 잠시 돌아와 할머니와 결혼하고 다시 미국으로

30) Jill P. May, *Children's Literature & Critical Theory* (New York: Oxford UP, 1995) 90.
31) Ann Whitford Paul, *Writing Picture Books* (Cincinnati, OH: Writer's Digest Books, 2009) 56-58.
32) Robert Kraus, *Leo the Late Bloomer* (New York: HarperCollins, 1971).
33) Allen Say, *Grandfather's Journey* (New York: Houghton Mifflin, 1993).

가서 가정을 일구며 사는 내용을 서술한다. 할아버지는 미국생활이 즐거웠음에도 불구하고 고향 일본이 그리워서 결국 딸들이 성장한 후 역이민을 온다. 그렇지만 미국 생활을 그리워하는 딸들은 다시 떠난다. 할아버지는 지인들과 즐겁게 지내면서도 마음 한구석에서 오랜 시간 살았던 캘리포니아(California)를 다시 가보고 싶지만 전쟁으로 뜻을 이루지 못하고 수십 년의 시간이 흘러 화자가 꿈을 대신 이루는 것으로 마무리된다.

『할아버지의 긴 여행』은 개인의 삶이 사회문화적 상황에 의해 뒤틀릴 수 있다는 교훈을 전달한다. 할아버지는 태평양전쟁으로 살던 마을이 파괴되어 시골로 이주한 후 더 이상 새를 키우지 않는다. 할아버지의 습관 변화는 적국이 되어버린 미국을 더 이상 방문할 수 없어서 단념한 마음을 시각적으로 보여준다. 독자가 미국과 일본이 적국으로 치열하게 교전을 벌인 역사적 맥락을 알지 못하면 왜 할아버지가 새를 키우지 않는지 속내를 짐작할 수 없을 것이다. 이처럼 어린 학습자들을 대상으로 한 그림책을 읽더라도 시대적 맥락을 알고 감상하면 몰랐을 때와 비교할 때 훨씬 큰 도덕적 깨달음과 공감에 이르게 된다.

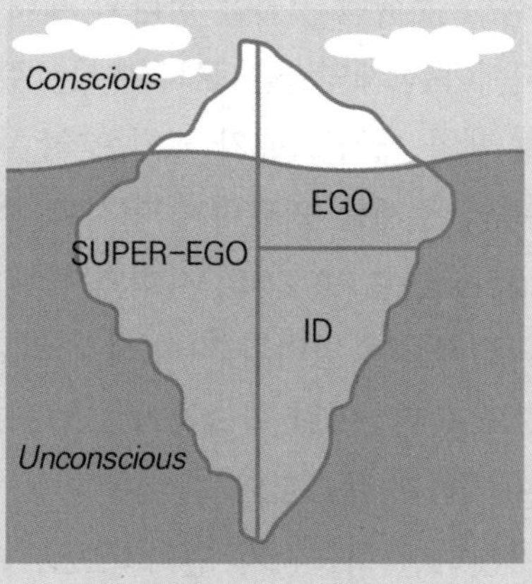

프로이드의 정신분석학 이론과 빙산의 비유[34)]

프로이드는 인간의 내면을 본능적 충동인 이드(id), 도덕적 당위를 따르려는 초자아(superego), 그리고 이드와 초자아를 중재하여 상황에 맞게 판단하는 자아(ego)로 구분한다. 이중에서 자아와 초자아의 일부는 의식적으로 통제할 수 있다.

넷째, 정신분석 비평(psychoanalytic criticism)에서는 인간이 자신의 언행을 아무리 세련되게 포장하고 통제해도 내면의 공포, 불안, 욕망과 같은 무의식적 차원의 원초적 충동이 부지불식간 튀어나온다고 이해한다. 이런 독법의 기원은 오스트리아 출신 정신분석가 지그문드 프로이드

34) 삽화 출처는 다음과 같다. https://psychology.fandom.com/wiki/Ego,_Superego_and_Id

(Sigmund Freud)의 이론이다. 프로이드는 인간의 언행을 이드와 초자아 사이에서 자아가 접점을 찾은 결과로 이해한다.[35] 예를 들어, 자아는 분노로 폭력을 구사하라는 이드의 요구와 부당한 폭력을 참으라는 초자아의 요청을 중재하여 체육관에서 격한 운동을 함으로써 분노를 해소할 수 있다. 성적 향상을 위해 온라인 수업에 집중하려는 의지와 놀고 싶은 본능이 부딪칠 때 음료를 홀짝거리며 수업 영상을 쳐다보는 현실은 자아 조절기제가 일상에서 발동하고 있음을 입증한다.

정신분석 비평에서는 자아가 어느 쪽으로 기울어 무슨 선택을 하느냐를 두고 심리적 방어기제(psychological defense mechanism)라는 범주에 넣어 분류한다. 심리적 방어기제에 속하는 대표적인 개념은 전치(displacement), 투사(projection), 동일시(identification), 보상(compensation), 승화(sublimation)일 것이다.[36] 전치는 사람이나 상황으로 경험하는 좌절이나 분노를 덜 위험하거나 약한 대상을 향해 에둘러 발산하는 행위다. 아빠에게 혼나고 만만한 동생의 물건을 망가뜨림으로써 이드로부터 솟아나는 격정을 다른 쪽으로 돌려 배출하는 것이다. 투사는 전치와 유사하다. 차이가 있다면, 전치가 엉뚱한 대상에 감정을 퍼붓는 행위에 초점을 맞춘다면, 투사의 핵심은 좌절이나 분노를 일으킨 원인을 엉뚱한 대상이라고 지목하는 것이다. 연습을 안 했거나 자신의 실수로 시험에 떨어진 후 아침에 엄마가 미역국을 주는 바람에 기분이 찜찜해서 떨어졌다고 짜증을 부리며 원인을 전가하는 상황은 투사로 볼 수 있다. 한편, 동일시는 무의식적으로 주변 인물들과 태도와 행동이 닮아가는 것을 의미한다. 내가 이길 수 없는 누군가를 꺾으려 대들기보다 그 사람의 언행을 모방해서 비슷해지는 방식으로 감정을 다스리는 것을 생각해 볼 수 있다. 보상은 자기한테 부족하거나 열등감이 있는 부분을 감추려고 자기가 잘하거나 관심을 가진 다른 언행에 몰두하는 심리와 연관된다. 신장에 대한 열등감을 감추려고 근육을 키운다거나 신장에 관심이 덜 쏠리게 하는 패션에 몰두하는 행위를 예로 들 수 있다. 보상이 자기계발로 이어지면 승화가 된다. 따라서 승화는 좌절이나 분노의 에너지를 사회적으로나 개인적으로 바람직한 방향으로 끌어올린 것을 뜻한다. 시합에서 진 후 분을 삭일 수 없어서 운동으로 감정을 추스르고 체력을 길러 다음 시합에서 이기는 것을 예로 들 수 있다.

도입부 대화에서 제시된 『야, 우리 기차에서 내려!』를 정신분석적 관점으로 해석하면 다음과 같다. 아이가 동물들이 올라탈 때마다 기차에서 내리라고 명령하는 말투는 빨리 잠자리에 들라고

35) Sigmund Freud, *The Ego and the Id*, Joan Riviere, trans., James Strachey, ed. (New York: Norton, 1960) 17-19, 32.; Hamida Bosmajian, "Reading the Unconscious: Psychoanalytical Criticism," *Understanding Children's Literature*, Peter Hunt, ed. (London: Routledge, 2005) 104-05.

36) 정신분석비평의 주요 개념에 관해서는 다음 문헌을 참고한다. Roy F. Baumeister, Karen Dale, and Kristin L. Sommer, "Freudian Defense Mechanisms and Empirical Findings in Modern Social Psychology: Reaction Formation, Projection, Displacement, Undoing, Isolation, Sublimation, and Denial," *Journal of Personality* 66.6 (1998) 1090-1107.

몰아붙인 엄마의 말투를 모방한 동일시이자 자신의 불만을 꿈속의 동물들에게 전가한 전치일 것이다. 눈이 쌓여 기차가 앞으로 가지 못하는 상황이 불만스러움에도 이런 감정을 표출하지 않고 학교에 가야 해서 어차피 되돌아가려 했다고 정당화 혹은 속내를 감추는 대목은 투사에 해당한다. 놀지 못하는 실망감을 애써 누르고 놀 수 없게 만드는 학교가 원인이라고 지목하기 때문이다. 기차에 올라탄 동물들이 정작 다른 동물이 올라탈 때 아이에게 들었던 내리라는 명령을 모방하는 부분은 동일시일 것이다. 아이가 강아지에게 소풍을 가자고 말한 다음에 기차가 움직이지 못한 채 뿌연 안개가 드리워졌을 때 이렇게 된 거 유령놀이나 하자는 대목은 보상으로 이해된다. 다만, 이 그림책에서 승화로 해석될 만한 장면은 엿보이지 않는다. 승화의 대표적 사례로는 권정생의 『강아지똥』에서 자기가 더럽기만 한 줄 알았는데 민들레가 싹을 틔우는 밑거름이 역할을 하여 좌절이 기쁨으로 승화되는 점을 생각해 볼 수 있다.

다섯째, 지구환경이 급변하는 기후위기의 시대에 생태비평(ecocriticism) 혹은 생태환경 비평(environmental criticism)이 주목받고 있다. 생태비평은 인간이 독립해서 살 수 없음을 전제로 동식물들이나 물, 공기, 흙과 같은 비생명 존재들을 배려하는 공존의 윤리를 표방한다.[37] 그림책 이야기는 동물들과 자연환경이 빈번하게 등장하므로 이런 관점으로 해석될 가능성이 크다. 작품에서 특정 동식물이나 자연환경이 부당한 방식으로 언어 혹은 비언어적으로 묘사되고 있지 않나

『코끼리 왕 바바』 영어판 앞표지

37) Cheryll Glotfelty, "Introduction: Literary Studies in an Age of Environmental Crisis," *The Ecocriticism Reader: Landmarks in Literary Ecology*, Cheryll Glotfelty and Harold Fromm, eds. (Athens: The U of Georgia P, 1996) xviii.

살펴볼 수 있는 것이다. 장 드 브루노프(Jean de Brunhoff) 『코끼리 왕 바바』(*The Story of Babar*)는 사냥꾼에게 엄마를 잃고 도시로 온 코끼리 바바의 모험을 줄거리로 한다는 점에서 인간의 동물학대와 배려라는 주제를 건드린다.38) 바바는 도시에서 근사한 옷을 차려입고 인간과 어울리면서 문명을 만끽함에도 고향 친구들과 죽은 엄마를 그리워한다. 그는 이러던 와중에 친척 코끼리들을 길에서 만나자 다시 고향으로 되돌아간다.

『코끼리 왕 바바』에서 인간은 바바의 엄마를 죽이기도 하고 그를 문명의 안락함으로 배려하는 극과 극의 양면성을 지닌 존재로 묘사된다. 바바는 가혹한 처사나 과도한 선행의 양극단이 아니라 적당한 친절을 기대한다. 그가 문명의 이기를 갖고 고향으로 돌아가는 결말은 이런 의미를 담고 있다. 이 작품을 읽는 독자는 인간이 자신의 이익을 위해 살상을 감행하는 잔인한 존재이면서도 동식물을 배려하는 따뜻한 존재라는 모순성을 깨닫게 된다. 아이들은 이런 작품을 통해 인간의 이중성, 더 나아가 자신의 이중성에 놀라는 순간과 마주함으로써 비판의식을 갖고 생태환경 보호와 실천 의지를 다지게 된다.39)

20세기 중후반으로 넘어가면서 그림책에서도 생명이 사라질 지구를 걱정하는 작품이 선보이기 시작하였다. 디즈니 애니메이션 작가로 명성을 얻은 후 1960년대부터 그림책 작가로 활약한 피트(Bill Peet)는 『웜프 세상』(*The Wump World*)을 통해 살던 곳을 파괴하고 다른 별에 새로운 식민지를 건설하려는 침입자 폴류티언들(Pollutians), 영어 원문처럼 오염자들이 지구로 쳐들어온 상황을 묘사한다.40) 이런 줄거리는 영국 소설가 웰즈(H. G. Wells)가 1898년에 발간한 공상과학소설 『우주전쟁』(*The War of the Worlds*)의 그림책 버전으로 볼 수 있다.41) 『우주전쟁』에서 면역력이 없는 화성인(Martians)은 지구의 병원균 앞에서 무너지지만, 『웜프 세상』에서 인간과 닮은 폴류시언들은 죽지 않고 지구를 맘껏 유린하고 자원이 사라지자 훌쩍 떠나버린다. 콘크리트 잔해 속에서 유일하게 살아남은 가상생명체 웜프들(Wumps)과 콘크리트를 비집고 피어나는 풀 한 포기는 환경파괴가 임계점을 넘어가 자포자기하거나 다른 행성으로 이주해야 한다는 비관론에 빠지지 말고 지금이라도 지구를 가꾸는 마음가짐이 필요하다는 교훈을 담고 있다.

21세기 그림책 작가들은 『웜프 세상』에서 보여준 생태환경적 사유를 계승하여 지구환경 파괴와 생태재앙이 일상화된 인류세 시대(the Anthropocene)를 살아가는 인간과 동식물의 공존을 담은 작품을 대거 발간하고 있다. 그림책의 생태비평적 주제는 자연보호와 환경파괴를 비판하는

---

38) Jean de Brunhoff, *The Story of Babar* (New York: Random House, 1933).

39) 그림책을 중심으로 아동문학에서 동물과 환경을 심미적으로 재현함으로써 생태적 사유를 고양하는 것에 관한 자세한 논의는 다음 논문을 참고한다. 이동환, 「심미적 거리와 추상화된 자연: 영미 아동문학 속의 생태적 자연」 『문학과환경』 10.1 (2011): 111-43.

40) Bill Peet, *The Wump World* (New York: Houghton Mifflin, 1970).

41) H. G. Wells, *The War of the Words* (New York: Harper, 1898).

것에 국한되지 않는다. 그림책에서는 자연과 연관된 플롯과 주제가 아니더라도 아름다운 자연과 생명체가 공존하는 조화로운 풍경을 그리는 경우가 더 많다. 그림책의 자연환경 묘사 자체만 쳐다보아도 아동의 정서적 안정에 도움을 준다. 이런 유형의 그림책을 빈번하게 접하면 자연과 가까워진 듯 편안함을 느끼면서 행복감을 느끼게 되기 때문이다.[42)]

다만, 일부 그림책에서는 동물들의 특정한 외모나 신체 능력을 과장하는 등 생태적 사실과 어긋나는 방식으로 묘사하는 문제점을 내비치기도 한다. 그림책의 동물들은 대체로 동물가면을 쓴 인간처럼 의인화되어 있어서 자연 상태에서 동물이 보여주는 본성과 다를 때가 많다. 이런 이유로 생태적 사실과 무관하게 여우는 교활하고 곰은 아둔하며 사자는 힘이 세다는 등의 고정관념(stereotype)이 어린 독자의 머릿속에 박히는 문제가 생기기 마련이다.[43)] 이런 비판에도 불구하고, 그림책에서 동물들을 즐겨 사용하는 까닭은 동물마다 외모가 비교적 뚜렷하게 구분되어 아이들이 도덕적 옳고 그름을 명료하게 인식할 수 있기 때문이다.

그림책을 바라보고 해석하는 관점이 다르면 같은 작품과 장면이라도 다르게 이해하게 된다. 도입부 대화는 이를 잘 보여준다. 교사1은 아이의 억눌린 심리가 가상 속에서 일탈하며 해소되는 정신비평적 관점을 취하지만, 교사2는 아이가 이기심을 버리고 살 곳이 사라진 동물들을 배려해야 한다는 생태주의적 관점을 보여준다. 이들의 논의가 평행선을 그리는 까닭은 다른 관점을 수용하지 않고 자신의 관점만 고집하기 때문이다. 따라서 그림책에 관한 생산적인 논의는 서로 무슨 관점으로 바라보는지 터놓고 인정하는 것으로부터 시작해야 할 것이다. 논리가 부딪치면 한 걸음 물러나기(step back)를 통해 그림책 전체를 바라보는 전반적인 시각이나 관점을 상대방과 공유하는 시간을 가져야 한다. 상충하는 가치관이 충돌하여 타협이 실종된 상황에서는 이러한 한 걸음 물러나기 미덕을 반드시 실천해야 할 것이다.

---

42) M. 스턴버그, 서용조 옮김 『공간이 마음을 살린다: 행복한 공간을 위한 심리학』 서울: 더퀘스트, 2013.
43) M. O. Grenby, *Children's Literature* (Edinburgh, UK: Edinburgh UP, 2008) 28.

9. 서사 구조

BTS Behind the Scenes

학생1: (왼쪽 삽화를 보고) 선생님, 그림책 왼쪽 삽화에서 눈을 감고 자전거를 타는 게 이상해요.

교사: 그렇네요. 눈을 감고 왼쪽으로 가고 있네요. 위에서 넬리가 낙하산을 타고 내려오는데 혹시 부딪치진 않을까요?

학생2: 선생님, 넬리가 자전거 타는 사람보다 작은 것을 보니 뒤에 있어서 괜찮을 것 같아요.

학생1: 그런데 오른쪽에 서있는 헨리는 자전거 옆에 서있는데도 넬리와 크기가 비슷해요.

교사: 그러면 넬리가 자전거와 가까워서 부딪칠 수 있겠네요.

학생1: 자전거가 지나가는 중이라 가까스로 피할 것 같아요. 눈을 감고 자전거를 타는 사람이 더 위험해 보여요.

학생2: 넬리는 헨리가 들고 있는 막대기를 조심해야 할 것 같아요.

교사: 그러면 어떻게 되었을지 다음 장면을 볼까요? 무슨 상황이죠?

학생1: (왼쪽 삽화를 가리키며) 어른들이 헨리보고 넬리의 콧구멍에 낀 손가락을 빼보라고 말했어요.

교사: 네, 맞아요. 넬리와 헨리가 부딪치진 않았나 봐요. 이 장면은 어떤 상황일까요?

학생2: 어른들의 머리와 눈동자만 보여요. 바깥에 헨리가 있나 봐요.

교사: 네, 그렇네요. 그러고 보니 어른들의 코도 헨리가 있는 쪽으로 튀어나왔네요.

학생1: 입을 벌리고 놀라서 쳐다보는 게 왠지 헨리가 넬리의 손가락을 빼는가 봐요.

도입부 대화에서는 토니 로스(Tony Ross)의 『그러지 마!』(*Don't Do That!*) 후반부 삽화를 보면서 교사와 학생이 나누고 있다.[44] 이 그림책에서 코가 예뻐서 상까지 받은 넬리는 무심결에 손가락을 코에 넣었다가 손가락이 빠지지 않는 변을 당한다. 교사, 엄마, 의사, 경찰관, 마술사, 농부, 소방관, 과학자가 모두 나서서 자신들이 할 수 있는 방식으로 빼보려 해도 해결하지 못하자, 어른들은 처음부터 자기가 뺄 수 있다던 헨리에게 해보라고 시킨다. 헨리는 넬리를 간지럽혀 문제를 간단히 해결한다. 즉, 외부의 충격이 아니라 넬리의 힘을 끌어내서 스스로 빼내도록 유도한 것이다. "그러지 마!"라는 제목은 아이들이 코를 파지 말라는 뜻 이외에 창의성을 잃고 관습적으로 상황에 대처하는 어른들에게 유연해지라는 충고 역시 깔고 있다. 자기만의 창의적인 방법을 구사한 헨리를 통해 어른들이 하라는 대로 무조건 따르기보다 주체적으로 고민하고 판단하라는 교훈을 전하는 것이다.

『그러지 마!』에서 아이의 자발성을 긍정하라는 메시지는 구도, 배치, 시점에 잘 녹아 있다. 작품에서는 시종일관 어른들이 아이보다 높은 곳에서 내려다보고 넬리가 가운데에 위치하고 헨리가 가장 낮은 곳에서 올려다본다. 이런 구도는 어른들, 넬리, 헨리로 이어지는 권위와 영향력 차이를 시각화한 것이다. 작품 막판으로 가면, 어른들, 넬리와 헨리, 그리고 넬리의 시선이 한 장면에 모두 나타나지 않고 분리되는 경향을 보인다. 도입부 장면의 왼쪽 삽화에서 자전거를 탄 어른이 눈을 감고 화면 왼쪽으로 이동하는 느낌을 주는 배치는 어른의 영향력이 사라지는 상황을 암시한다. 이처럼 그림책을 효과적으로 지도하려면 삽화의 선, 모양, 배치가 지니는 개별적 의미를 모아 전체적으로 어떤 의미를 구성하는지 이해하고 이를 글과 견주며 작품에 담긴 의미를 깊이 파악할 줄 알아야 한다. 이런 이유로, 그림책을 분석하는 안목을 갖추려면 구도, 배치, 시점 등의 작동 원리, 즉 서사 구조에 관한 일정 수준 이상의 이해가 필요한 것이다.

그림책의 기본 서사 구조

글과 삽화의 관계 분류에 대한 논의는 그림책 서사 구조 이해의 기초로 볼 수 있다. 그림책의 작동 원리가 문자언어와 이미지의 상호작용에 기반을 두고 있기 때문이다. 그림책에서는 시간을 삽화로 충분히 드러낼 수 없어서 글의 도움을 받아야 하고, 반면에 공간은 글로 충분히 묘사할 수 있지만 아이들이 볼 때 과하게 어렵거나 장황하다. 이런 이유로, 그림책에서 글과 삽화는 어떤 식으로든 상호적일 수밖에 없다. 그림책 작가는 이런 점을 정확히 이해하면서 메시지의 효과적인 전달을 위해 어떻게 판면 공간을 구성하고 무슨 글을 어디에 어떤 방식으로 배치할지 결정해야 한다. 일반적으로, 글과 삽화의 관계는 일치(congruency), 정교화(elaboration), 특정화(specification), 증폭(amplification), 확장(extension), 보완(complementation), 교대(alteration), 이탈(deviation), 생략(ellipsis) 개념으로 나누어 논할 수 있다.[45]

44) Tony Ross, *Don't Do That!* (London: Anderson Press, 1991).

45) 이하의 글과 삽화의 관계 해설은 다음의 서지정보를 참고하여 쉬운 언어로 구체적인 예시를 들며 재진술한

첫째, 일치는 글과 삽화가 전하는 의미가 동일한 경우를 지칭한다. 그런데 그림책 삽화를 세세히 따져보면 수학 계산처럼 완벽하게 글과 삽화가 일치한다고 말하기 곤란할 수 있다. 증명사진처럼 배경이 없거나 최소화된 채 사물이나 인물만 제시하고 객관적 설명만 기술된 경우가 아닌 이상, 글과 다른 시각 정보가 조금씩 삽화에 섞이기 때문이다.

『그러지 마!』에서 경찰이 넬리의 손가락을 코에서 빼내려 시도하는 삽화

둘째, 글과 삽화가 담은 메시지가 유사하지만 특정 대목을 더욱 자세하게 말로 기술하거나 삽화에서 세밀하게 표현하면 정교화 혹은 특정화에 해당한다. 정교화는 글이나 삽화의 특정 정보를 다른 매체에서 세밀하게 보여주는 것이고, 특정화는 전반적인 의미 파악에 영향을 미치지 않되 글에 없는 정보를 추가 제시하는 것이다. 『그러지 마!』에서 경찰들이 넬리의 손가락을 코에서 빼내지 못하자 헨리가 자기가 할 수 있다고 말하는 장면을 예로 삼아 생각해보자. 경찰차가 뒤에 서있고 경찰, 헨리, 넬리 말고 다른 사람이 담장 너머에서 이 상황을 지켜보고 있다. 경찰차는 앞의 두 남자가 경찰임을 알려주는 정교화 사례이고, 담장 뒤편에서 쳐다보는 사람은 글에 없던 정보가 새로 제시된 특정화라 할 수 있다. 다시 말해, 있던 정보가 구체화되면 정교화이고, 없던 정보가 추가되더라도 의미 맥락에 크게 영향을 주지 않으면 특정화인 것이다. 구체적인 정보를 글로 복잡하게 설명할 수 없을 때 판면의 일부를 별도의 공간으로 구획하여 그 안에 또 다른 이미지를 넣는 '삽입컷' 기법을 사용하는 사례도 특정화에 속한다. 이를 통해 어떻게 마법에 걸렸는지

것이다. 마리아 니콜라예바 외, 서정숙 역, 『그림책을 보는 눈: 그림책의 분석과 비평』 (서울: 마루벌, 2011).

글로 복잡하게 묘사하기 어려울 때 삽화로 간명하게 제시할 수 있다.

셋째, 증폭은 장면의 논조를 유지하되 독자의 지루함을 덜면서 주제의 의미를 확실히 드러내기 위한 목적으로 변주(variation)를 통해 정보가 추가되는 경우를 뜻한다. 따라서 증폭은 반복되는 패턴이 전제되어야 있어야 성립한다. 증폭에서는 정교화나 특정화보다 상대적으로 글과 그림이 어긋나는 정도가 커질 수 있다. 『그러지 마!』에서는 어른들이 갖은 방법으로 문제를 해결하려 시도하는 장면이 뒤로 갈수록 과장의 정도가 심해지는 경향을 보인다. 막판에 소방관이 사다리에 넬리를 묶어 문제를 해결하는 장면은 앞에서 다른 어른들이 시도한 방법보다 개연성이 없을 뿐 아니라 우스꽝스럽기까지 하다. 바로 다음에 과학자가 넬리의 몸을 로켓과 벤치에 묶어 하늘로 날려 보내는 장면은 소방관보다 더욱 황당하다. 독자는 이를 통해 아는 것이 많다고 현명한 것은 아니라는 교훈을 얻는다.

『그러지 마!』의 마지막 장면과 그림 속 텍스트

창의적으로 배열한 손글씨나 어딘가에서 가져온 글을 삽화 속에 끼워 넣는 방식은 작품을 새로운 시각으로 해석하는 단서를 제공한다. 특히 독자가 일상에서 자주 접하는 글과 그림이라면 친근감을 느끼며 몰입하기 수월하다.

넷째, 확장에서는 추가 정보를 제시하되 장면의 주된 흐름이 다른 방향으로 전개될 가능성을 시사한다. 확장은 플롯이 다른 방향으로 전개될 것을 시사한다. 즉, 같은 논조를 유지하면서 변주를 가하여 의미를 풍성하게 만드는 증폭과 구별되는 것이다. 『그러지 마!』의 마지막 장면에서 굳이 그림 속 텍스트(intraiconic text)로 "The end"라고 적힌 손글씨는 넬리의 고생이 정말 끝났음을 확언하는 인상을 준다. 코가 퉁퉁 부은 넬리가 눈을 동그랗게 뜨고 입을 앙다문 화난 표정으로 보건대, 그림책의 후속 이야기가 있다면 아마 자기를 힘들게 한 어른들에게 찾아가 따질 것 같기도 하다. 만약 이런 해석이 타당하다면 확장으로 볼 수 있을 것이다. 여기에서, 넬리의 얼굴이 오른쪽으로 향하며 끝나는 점은 왼쪽에서 오른쪽으로 흘러가는 일반적인 그림책 서사 전개 방향에 역행한다. 그림책에서 오른쪽에서 왼쪽으로 역행하는 것이 모험에서 안전하게 귀환하는 상징한다는 마리아 니콜라예바(Maria Nikolajeva)의 말과 같이, 『그러지 마!』의 결말은 독자가 넬리를 괴롭게 하는 일이 종료될 것이라는 무의식적 기대를 품도록 한다.[46)]

다섯째, 보완은 글과 삽화가 전달하는 정보가 서로 다르지만 하나로 합쳤을 때 새로운 통합적

46) 니콜라예바, 앞의 책, 239.

「그러지 마!」 앞표지

의미를 산출하는 경우를 지칭한다. 『그러지 마!』의 앞표지에서 넬리와 아이들이 코를 파는 모습을 본 선생님이 그러지 말라고 외칠 때, 아이들은 코를 파면서 눈동자를 오른쪽으로 돌려 눈치를 본다. 선생님은 “그러지 마!”라고 말하지만, 아이들은 “코가 불편해서 파고 싶은데 선생님의 눈치가 보여 어찌할 바를 모르겠다”고 생각한다. 독자는 글과 그림의 정보를 결합하여 ‘누군가’(넬리)가 일탈 행동을 할 가능성을 엿보게 된다.

여섯째, 교대는 삽화에서 글과 삽화, 특정 인물과 사물, 혹은 현실과 가상처럼 성격이 다른 매체나 정보를 번갈아 제시하는 경우를 의미한다. 글과 삽화를 섞지 않고 페이지 특정 공간에 제시하거나, 지난 일을 회상하다가 현재로 돌아오는 것을 반복하는 구성이라면 교대 기법을 적용했다고 볼 수 있다.

그림책에서 교대 기법은 다른 기법들과 함께 (때로는 명확하게 구분되지 않는 방식으로) 제시되는 경우가 일반적이다. 왼쪽 글을 읽고 나서 오른쪽 그림을 보았을 때 상황이 정교화되는 사례를 떠올릴 수 있다. 그림책에서 교대 기법을 구사하는 이유는 독자가 글과 삽화를 꼼꼼히 견주어 보면서 숨은 의미를 발견하도록 유도하기 위함이다. 현실을 제시하고 약간의 여백을 준 다음에 가상세계를 묘사하고 다시 현실을 묘사한 사례를 가정한다면, 여백을 중심으로 현실과 가상의 차이를 짚어냄으로써 총체적 의미를 포착하라는 작가적 의도를 담았다고 볼 수 있다. 독자는 『괴물들이 사는 나라』에서 맥스가 상상의 나라를 떠나며 손을 흔드는 삽화와 괴물들이 잡아먹겠다는 글을 종합함으로써 마음을 다잡고 위험한 가상질서에 매몰되지 않고 안전한 현실로 복귀하려는 의지를 읽어낸다.

캐릭터나 사물의 위치가 바뀌는 것도 교대 기법에 속한다. 『괴물들이 사는 나라』에서는 상상의 나라에 도착한 맥스가 괴물들보다 우월한 상태일 때 왼쪽에서 말하거나 행동한다. 그가 괴물들과 어울려서 광란의 춤을 추거나 괴물들이 잠들었을 때 집에 가고 싶어 시무룩해진 순간에는 오른쪽에 자리한다. 맥스가 동물들을 통제하지 못하면 오른쪽에 자리하는 것이다. 이렇게 글과 삽화의 위치를 교대하면 캐릭터의 위상과 힘이 시시각각 달라지는 양상을 효과적으로 보여줄 수 있다.

글이나 그림과 무관하게 현실과 가상을 교차하는 방식 또한 교대 기법으로 볼 수 있다. 앤소니 브라운(Anthony Browne)의 『고릴라』(*Gorilla*)에서 바쁜 아빠가 놀아주지 않아 실망한 채 고릴라 인형을 구석에 던지고 나서 잠든 한나(Hannah)는 꿈에서 고릴라를 만나 이곳저곳을 돌아다닌다.47) 현실에서 꿈이라는 가상으로 장면이 전환한 것이다. 다음날 아빠는 생일을 축하한다며 동물원에 가자고 제안하면서 꿈속의 고릴라처럼 행동한다. 이렇게 현실과 가상이 교대로 제시되면 한나의 꿈이 현실에서 구현되는 쪽으로 서사의 증폭이 일어난다.

일곱째, 이탈은 주어진 판면에서 글과 그림의 관계에 불일치가 발생하여 온전한 의미가 달아난 경우와 관련된다. 글로 제시된 내용을 그림이 보완하지 못하거나, 반대로 그림의 불완전한 정보를 글에서 메꿔주지 못하는 사례가 이에 속한다. 보완 관계에서는 글과 그림 정보를 결합하여 완결된 하나의 의미를 형성하지만, 이탈에서는 글과 그림을 합쳐도 의미 형성에서 빈 부분이 남아 있는 것이다. 이렇게 '달아난' 정보는 작품 어딘가에서 발견될 수도, 그렇지 않을 수도 있다. 이런 기법을 그림책에 적용하면 어린 독자의 흥미를 자극하여 그림책을 넘겨보고 싶은 마음이 들게끔 한다.

존 로코(John Rocco)의 『앗, 캄캄해』(*Blackout*)에서는 이탈 기법이 포함되어 있다. 이 그림책은 정전이 발생한 도시에서 사람들이 어떻게 행동하는지 상세히 묘사한다.48) 어느 가족이 어둠을 피해 옥상으로 올라가서 뭔가를 발견했다는 글에 관한 추가 정보는 펼침면 삽화를 아무리 살펴봐도 알 수 없다. 이처럼 달아난 혹은 이탈한 정보는 다음 펼침면에 나타난다. 이처럼 페이지를 넘겨야 정보가 명료해지는 것은 페이지 넘기기(page-turner)라 불린다.

여덟째, 생략은 글과 삽화 중 어느 하나를 의도적으로 제거하는 기법이다. 이런 기법은 글과 삽화가 서로의 약점을 보충하지도 않고 생략된 정보가 작품 어딘가에 나타나지도 않는다는 점에서 보완, 교대, 이탈과 구분된다. 시간 변화를 글로만 간략히 언급하고 삽화를 건너뛴다거나, 반대로 삽화적으로 시간 변화를 보여주되 글에서는 관련 정보를 생략하는 방식을 대표적 사례로 볼 수 있다. 생략 중에서도 중요한 듯 보이는 정보를 의도적으로 건너뜀으로써 독자의 궁금증을 유발하는 수사법을 역언법(paraleipsis)이라고 칭하기도 한다. 『괴물들이 사는 나라』는 맥스가 한 달 두 달 일 년이 흘러 상상의 나라에 도착했다가 다시 한 달 두 달 일 년이 걸려 현실로 돌아온다는 짧은 글귀로 역언법을 활용한다. 시간 정보 생략의 의미는 맥스가 상상의 나라로 여행을 다녀오기 전후로 창문 밖의 초승달이 보름달로 바뀐 삽화를 통해 추측해 볼 수 있다. 즉, 현실과 상상이 뒤섞인 찰나의 상상 여행임에도 불구하고 아이의 마음에 긴 시간 동안 벌어질 법한 중대

47) Anthony Browne, *Gorilla* (London: Walker Books, 1983).
48) John Rocco, *Blackout* (New York: Hyperion Books, 2011).

『메리가 붉은 드레스를 입었어요』 삽화 예시

한 심리적 변화가 생겼음을 암시하는 것이다.

그림책에서 글과 삽화를 판면의 특정한 위치에 고정하지 않았다면 둘 사이의 관계가 복잡할 가능성이 높다. 반대로, 글과 삽화가 특정한 위치에 고정되어 배치되었다면 판면이 바뀌어도 글과 그림의 관계가 일정할 확률이 높다고 볼 수 있다. 예를 들어, 멀 피크(Merle Peek)의 『메리가 붉은 드레스를 입었어요』(*Mary Wore Her Red Dress*)는 펼침면 왼쪽 상단과 오른쪽 하단에 글을 고정함으로써 주어진 판면에서 독자가 글과 어울리는 그림을 찾도록 은연중 요청한다.[49] 글이 등장인물에 관한 삽화 정보를 식별하라는 지시문처럼 사용된 것이다.

그림책의 복합 서사 구조: 대위법

그림책 중에서는 글과 삽화의 연관관계 말고도 둘 이상의 독립적인 서사가 모종의 관계를 맺는 작품들도 있다. 이런 구조는 글과 삽화를 창의적으로 결합하여 그림책의 재미와 깊이를 더하는 장점을 지닌다. 이렇게 두 개의 독립성을 갖춘 서사가 모종의 관련성을 지닌 채 병존하는 경우를 대위법(counterpoint)이라고 부른다. 대위법은 본래 음악에서 하나의 선율 그 자체로도 완성도가 있지만 둘 이상의 선율이 모여 완성도가 더 높아지는 작곡 기술을 뜻하는 용어이다. 그림책에서의 대위법은 글과 삽화가 각자 독립적 서사를 지니고 있지만, 둘을 합쳤을 때 작품 전체에서 더 큰 메시지를 전달하는 특징을 지닌다. 이런 의미에서, 대위법은 글과 삽화 중 어느 하나만으로 의미가 완전히 구성되지 않는 보완 기법과 구별된다.

그림책에 사용된 대위법의 대표적 사례는 팻 허친스의 『로지의 산책』(*Rosie's Walk*)을 들 수 있다.[50] 이 작품은 여우가 암탉 로지를 잡으러 쫓아가며 벌어지는 유머러스한 상황을 묘사한다.

49) Mary Peek, *Mary Wore Her Red Dress* (New York: Clarion Books, 1988).
50) Pat Hutchins, *Rosie's Walk* (New York: Little Simon, 1967).

여우는 로지를 뒤쫓으며 뭔가를 건드려서 부딪치거나 빠지면서 곤경에 처하다 끝내 벌집을 건드리는 바람에 성난 벌을 피해 멀리 도망가고 만다. 그러나 로지는 뒤에서 무슨 일이 벌어지는지 알지 못한 채 앞으로 움직이다가 마지막에 원래 있던 곳으로 돌아간다. 이 그림책의 모든 글은 로지의 입장에서 서술된 이른바 '로지의 서사'다. 그러나 삽화에서는 로지와 여우의 서사가 공존한다. 로지에게는 평화로운 일상이지만, 정작 여우에게는 박복한 날인 것이다. 만약 여우와 로지의 이야기만 분리하여 두 개의 그림책으로 제시하면 독자 입장에서 흥미롭지 않을 것이다. 삽화를 중심으로 분석한다면, 로지를 잡으려는 여우의 우스꽝스러운 모습에 주목하면서 삽화의 주인공을 여우라고 볼 수도 있다. 만약 여우의 삽화 서사에 글을 추가한다면 "로지가 들판을 가로지르고 여우도 따라가지만 으악! 로지가 연못 주위를 둘러 가고 여우도 따라가지만 풍덩! 로지가 짚단을 넘어가고 여우도 따라가지만 풀썩!"과 같이 개작해야 할 것이다. 『로지의 산책』은 대위법을 구사하여 복수의 서사를 담아 냄으로써 독자에게 운이 좋고 나쁜 날을 모두 겪는다는 삶의 진실, 눈앞의 이익에 눈이 멀어 판단력이 흐려지지 말라는 깨달음, 그리고 항상 주변을 되돌아보면서 위험을 조심하라는 교훈을 종합하도록 이끈다.

마리아 니콜라예바는 그림책에 사용된 대위법을 다섯 가지로 구분하여 논한다.[51)]

첫 번째로, 서사 대위법(counterpoint in narrative)은 소재, 모티프, 그리고 주제를 공유하되 엄연히 다른 서사가 병렬적으로 배치된 경우를 뜻한다. 예를 들어, 피비 길만(Phoebe Gilman)의 『없음에서 있음으로』(*Something from Nothing*)는 할아버지가 조셉(Joseph)이 성장함에 따라 갓난아기일 때 만든 이불을 수선하여 조셉에게 어울리는 옷이나 손수건처럼 새로운 물건으로 업사이클(upcycle)하는 상황으로 구성되어 있다.[52)] 그림책의 하단 삽화에는 조셉의 할아버지가 리폼을 시도할 때마다 조셉의 집 마룻바닥에 사는 생쥐가족이 천조각을 획득하여 옷을 포함하여 식탁보와 커튼을 새로 만들면서 생활이 윤택해지는 상황을 제시하고 있다. 비록 조셉의 가족 스토리와 생쥐 가족의 서사는 섞이지 않지만, 두 가족의 서사를 조합하면 공유와 나눔이라는 주제를 유추할 수 있다.

둘 이상의 서사가 공존하되 소재, 모티프, 주제를 거의 공유하지 않는 독특한 작품이 존재하기도 한다. 데이비드 맥키(David McKee)의 『내 테디 베어가 싫어요』(*I Hate My Teddy Bear*)에서는 두 아이가 자기들 소유의 테디 베어가 싫다고 그러면서도 자기 것이 말도 잘하고 숫자도 셀 줄 안다고 서로 자랑하며 맞서는 상황이 연출된다.[53)] 서로의 인형을 자랑하는 것에 정신이 팔린 두 아이는 눈앞에서 주변 사람들이 이상한 조각을 옮기거나 춤을 추는 등 이해하기 어려운 행동

51) 니콜라예바, 앞의 책, 51-54.

52) Phoebe Gilman, *Something from Nothing* (New York: Scholastic, 1992).

53) David McKee, *I Hate My Teddy Bear* (London: Anderson Press, 1996).

을 해도 알아채지 못한다. 아이들의 서사와 주변의 서사가 겉도는 듯 보이는 그림책 구조가 대위법을 통해 자기만의 세계관에 빠져 세상사에 무관심하면 곤란하다는 주제를 잘 형상화한 것이다.

두 번째로, 문체 대위법(counterpoint in style)은 독립적인 논리와 서사를 지닌 글과 삽화를 병치하고 이를 종합적으로 추론하는 방식을 가리킨다. 앞서 살펴본 『로지의 산책』에서 로지의 행운 서사를 기술한 글과 여우의 불운 서사를 그린 삽화가 나란히 제시됨으로써 운과 불운이 묶여 도는 삶의 진실을 곱씹어 보는 점을 대표적 사례로 생각해 볼 수 있다.

『빨간 잎 노란 잎』 앞표지

세 번째로, 장르 혹은 양식 대위법(counterpoint in genre or modality)은 겉보기에 일관된 메시지로 이루어진 글과 삽화이지만 다르게 볼 수 있는 서사가 여러 개 담겨 있는 경우와 연관된다. 이런 방식의 대위법을 접하는 독자는 그림책을 곱씹으며 반복해서 읽고 묵상하면서 어떻게 다른 서사들이 있으며 전체적으로 무슨 의미인지 파악하게 된다. 가령, 로이스 엘러트(Lois Ehlert)의 『빨간 잎 노란 잎』(*Leaf Man*)에서는 갖가지 낙엽과 도토리가 다른 잎들과 기발하게 겹쳐서 만들어진 다양한 동물 이미지들로 이루어진 사실적 삽화와 바람이 부는 대로 움직이는 낙엽이 다양한 동물 형상들과 만난다는 상상적 언어가 겹쳐져 있다.54) 바람이 불어 낙엽이 묘하게 뭉쳐서 만들어지는 기발한 동물 모양에 관한 사실적 진술과 낙엽이 동물들과 만나는 상상 이야기가 동시에 제시되는 것이다. 그렇기 때문에, 이 그림책의 글과 삽화를 분리하면 재미와 감동이 반감될 수밖에 없다. 낙엽이 겹쳐서 만들어진 형상이 동물이라고 미처 생각하지 못할 수 있기 때문이다. 독자는 이를 통해 세상을 창의적으로 바라보는 것의 중요성에 대해 인식하게 된다.

네 번째로, 시점 대위법(counterpoint in perspective)은 인물들의 목소리나 시점이 엇갈리게 제시되는 경우를 일컫는다. 어른과 아이의 생각 차이를 대조하는 『그러지 마!』를 예로 들 수

54) Lois Ehlert, *Leaf Man* (San Diego, CA: Harcourt, 2005).

있다. 어른들의 관습적 사고와 문제를 해결할 수 있다는 헨리의 유연한 생각의 대비가 하나의 판면에 동시에 나타나기 때문이다. 주로 글에서는 헨리의 생각을, 그림에서는 이를 무시하는 어른의 속내가 엿보인다.

다섯 번째로, 성격 묘사 대위법(counterpoint in characterization)에서는 글과 삽화 중 어느 한쪽에서 특정한 캐릭터의 목소리나 이미지가 등장하지 않는 전략적 모호성을 선택하여 독자의 흥미를 북돋는다. 『그러지 마!』에서는 할 수 있다는 헨리의 생각이 글로 제시된 것과 달리 어른의 말은 생략되어 있다. 이러한 전략적 모호성은 어른들이 헨리의 생각을 무시하는 상황을 잘 보여준다.

그림책에서 대위법을 구사할 때는 위와 같은 여러 가지 대위법 적용 방식 중에서 두 가지 이상을 동시에 구사하고 명확하게 차이를 구별하기 힘든 경우가 대부분이다. 확실한 점은, 대위법 적용 여부와 무관하게 그림책에서 어떤 식으로든 글과 삽화가 모종의 대응 관계(symmetrical relationship)를 이룬다는 사실이다. 이런 대응 관계가 있어야만 글과 삽화에서 비슷하면서도 다른 정보를 담아야 어린 학습자들이 찾는 재미를 느끼며 수월하게 내용을 이해할 수 있다. 찾는 재미에 복잡함을 더하여 예술성을 끌어올리면 교대, 이탈, 대위법처럼 난해한 기법을 적용하는 단계로 넘어가는 것이라 할 수 있다.

그림책의 시점, 배치, 구도

글과 삽화의 작동 원리에다 시점, 배치, 구도에 관한 이해까지 더하면 그림책의 서사 구조를 더욱 깊이 분석할 수 있다.

시점은 이야기 바깥에서 특정한 누군가의 시선으로 서술하는 외적 초점화(external focalization), 1인칭 시점처럼 특정 캐릭터의 입장에서 서술하는 내적 초점화(internal focalization), 그리고 특정한 입장에 서지 않고 전체를 굽어보면서 상황에 따라 간헐적으로 특정 시점에서 기술하다 이내 다른 시점으로 바뀌는 방식인 탈초점화(defocalization)로 나누어진다. 외적 초점화는 장면 바깥의 특정한 각도로 삽화를 그린 것이고, 내적 초점화는 특정 캐릭터의 눈에 비친 모습이며, 탈초점화는 특별히 누군가의 시점이 명확하지 않고 이런저런 이미지들을 모자이크처럼 제시하는 경우에 해당한다.

앤 제임스(Ann James)의 『잭 찾기』(*Finding Jack*)는 삽화에 등장하지 않는 서술자가 고양이 Jack이 어디에 있나 다른 동물들에게 묻는 구조이므로 외적 초점화의 사례로 볼 수 있다.[55] 또한, 크리스 반 앨스버그의 『쥬만지』에서 집으로 돌아온 어른들을 권위적으로 묘사한 삽화는 게임

55) Ann James, *Finding Jack* (Melbourne: Oxford UP, 1992).

속 동물들이 살아 움직이던 것을 아무리 설명해도 이해할 수 없음을 암시한다. 이 그림책은 화면 바깥의 서술자 혹은 작가가 아이들의 시선을 대리하여 보여주는 외적 초점화를 사용하고 있다. 한편, 모 윌렘스의 『비둘기에게 버스 운전을 맡기지 마세요!』는 비둘기가 그림책 바깥 독자에게 말을 거는 구조이므로 내적 초점화에 속한다. 내적 초점화의 경우에는 1인칭 아이 서술자의 목소리로 서술된 작품들을 생각해 볼 수 있다. 탈초점화의 예시로는 전지적 시점으로 전개되는 전래동화를 떠올릴 수 있다. 전래동화에서 불쌍한 아이의 시선이었다가 이내 아이를 잡아먹는 호랑이의 시선으로 바뀌는 등 시점이 계속해서 바뀌면서 초점 이탈이 생기기 때문이다.

둘 이상의 시점이 혼재되어 독자의 심층적 판단이 필요한 이중 서술 시점(double narrative perspective)도 존재한다. 이중 서술 시점은 독자 입장에서 전부 알고 있지만 캐릭터들은 조각 정보만 알고 있는 것으로부터 생성된다. 문학작품에 형상화된 위와 같은 정보 차이(information gap)는 극적 아이러니(dramatic irony)로 불린다. 독자나 관객은 인물들끼리 서로 모르는 정보이지만 거리를 두고 이를 온전히 파악할 때 극적 아이러니를 느낀다. 예를 들어, 파밀라 앨런(Pamela Allen)의 『메리 엘리자베스의 집안에서』(*Inside Mary Elizabeth's House*)는 메리의 집에 괴물이 살고 있는 삽화와 이를 메리가 아이들에게 말하는 상황으로 구성되어 있다.56) 메리의 말을 들은 아이들은 믿을 수 없다고 대꾸한다. 메리가 아이들에게 조금씩 구체적 정보를 덧붙여 가면서 괴물이 있다고 계속 말해도 다른 아이들은 여전히 믿지 않는다. 이처럼 이 그림책에서는 괴물 이미지를 보면서 메리의 시선에 공감하는 독자와 이를 무시하는 다른 아이들의 시선이 중첩되어 있다. 이중 서술 시점을 획득한 독자는 메리를 믿지 못하는 다른 아이들이 그럴 수 있다고 여기면서도 아이들이 그래도 우둔하다고 비판하며 메리에게 공감하는 이중적 마음가짐을 품게 된다. 마치 건물을 세로로 잘라 모든 층에서 벌어지는 일을 건물 밖 누군가가 관찰하는 것처럼, 이중 시점 덕분에 생긴 극적 아이러니를 삽화에 담는 방식을 단면 노출 기법(cross-section technique)이라고 부른다.

한편, 배치와 구도는 공간에 시각 이미지를 풀어내는 것이다. 일반적으로 보아 인물과 사물이 배치되고 인물이 시선을 처리하는 방식에 의해 구도가 완성된다. 이처럼 배치와 구도는 무슨 상황을 누가 주도하는지 알려주는 지표라 할 수 있다. 인물의 외양 묘사에서 분명하게 누가 영향력이 있는지 밝히지 않는 경우를 전제로 한다면, 독자는 통상 왼쪽에 있거나 위에서 내려다볼 때 영향력이 크다고 느낀다. 일례로, 에밀리 그라벳(Emily Gravett)의 『원숭이랑 나랑』(*Monkey and Me*)에서 소녀와 원숭이가 시종일관 붙어 있지만 상하좌우 위치가 고정되지 않았기 때문에 독자 입장에서 둘 사이의 위계가 존재하지 않는 인상을 받는다.57)

---

56) Pamela Allen, *Inside Mary Elizabeth's House* (Sydney: Penguin Australia, 2003).

57) Emily Gravett, *Monkey and Me* (New York: Simon & Schuster, 2008).

그림책의 배치와 구도를 알면 세 가지 측면에서 해석에 도움이 된다. 우선, 특정한 위치에서 가능한 표정과 동작을 통해 인물의 상황이나 성격을 암시한다. 다음으로, 사건이 벌어지는 공간 정보를 보여준다. 마지막으로, 사건이 벌어지는 시간적 변화를 공간적으로 표현한다. 이 중에서 시간 변화를 삽화 공간에 보여주려면 작가의 창의적 역량이 동원되어야 한다. 분량과 난이도 제약이 있는 그림책의 속성상 복잡한 시간 정보를 글로 자세히 기술하기 어렵기 때문이다.

「원숭이랑 나랑」 삽화 예시

「백만 마리 고양이」의 동시간대 연속 묘사 장면

시간 변화에 따른 사건 전개를 제한된 판면에 효과적으로 보여주는 대표적인 기법은 동시간대 연속 묘사(simultaneous succession)다. 여러 시간대를 동시에 순차적으로 연달아 제시하는데, 특별한 경우가 아니라면 대부분 왼쪽에서 오른쪽으로 배열한다. 동시간대 연속 묘사 기법에서는 시간의 흘러가며 상황이 어떻게 변화하는지 하나의 판면에 마치 스틸컷을 겹쳐놓은 듯 묘사한다. 동시간대 연속 묘사는 글로만 압축적으로 제시하면서 중요한 의미가 숨어있음을 암시하는 역언법과 달리 삽화에서 시각적으로 변화에 따른 외양과 분위기 변화를 보여준다. 이에 관한 대표적 사례는 완다 가그의 『백만 마리 고양이』에서 할아버지가 데려온 고양이가 잘 먹고 성장하는 모습을 보여준 장면일 것이다.[58)]

동시간대 연속 묘사는 왼쪽에서 오른쪽으로 일렬로 늘어뜨리지 않고 창의적으로 제시될 수도 있다. 데이비드 위즈너(David Wiesner)의 『시간상자』(*Flotsam*)에서는 소년이 해변에서 주운 카메라의 필름을 현상한 사진들 속에 흥미로운 장면이 펼쳐진다(107쪽 삽화 참고).[59)] 마치 양쪽 벽에 놓인 거울 사이에 들어가면 내 모습이 프레임 속에 무한히 반복되는 것처럼, 사진 속에는 누군가가 과거에 찍은 사진들이 포개져 있다. 현미경으로 보아야 할 정도 작은 사진은 그만큼 먼 과거를 뜻한다. 과거의 여러 시공간에서 있었던 사건을 사진 속의 사진이라는 기발한 발상으로 하나의 판면에 모두 보여준 것이다. 이런 시각적 재현 방식은 같은 형상의 인형이 크기 순서대로 포개

58) Wanda Gag, *Millions of Cats* (New York: Coward-McCann, 1928).
59) David Wiesner, *Flotsam* (New York: Clarion, 2006).

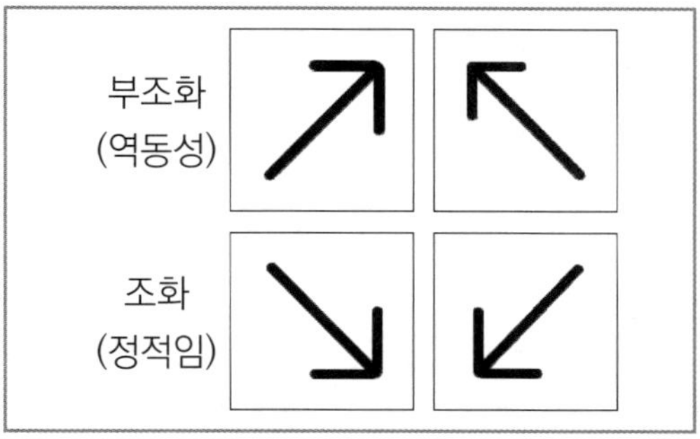

져 있는 러시아의 마트료시카(matryoshka)에 빗댈 수 있다.

인물들이 그림책 전체에서 상하좌우 중 어떤 방향으로 움직이는지 그려보면 작품에서 얼마나 넓은 시공간을 다루고 있는지 수월하게 파악할 수 있다. 인물들의 움직임이 상하좌우로 일정한 패턴에 따라 움직이면 선형적 서사, 복잡하게 움직이면 비선형적 서사일 가능성이 높다. 일반적으로, 동선 혹은 시선이 위로 이동하면 역동적인 사건 전개를 뜻하고 화면 하단으로 이동하면 조화를 뜻한다.[60] 아래에서 위로 올라갔다 내려오는 천체의 움직임처럼 자연질서와 합치되는 이동은 안정감을 선사한다.

도입부 장면의 『그러지 마!』의 첫 번째 삽화에서 눈을 감고 자전거 페달을 밟으며 맹목적으로 앞으로 이동하는 어른은 오른쪽에서 왼쪽으로 움직이고, 하늘에서 내려오는 넬리는 위에서 아래로 수직으로 이동한다. 두 사람의 엇갈린 동선은 어른의 코, 고개, 왼쪽 다리가 올라가 있는 점까지 감안할 때 조화롭지 못한 느낌을 준다. 이런 이유로 이 장면은 서사가 진행되지 않는 갑갑한 인상을 준다. 오른쪽을 쳐다보는 헨리까지 고려한다면, 그림책에서 플롯이 전개될 때 왼쪽에서 오른쪽으로, 그리고 하단에서 상단으로 독자의 시선이 자연스럽게 이동하도록 배열하는 전형성에서 벗어난 것이다. 낙하산을 타고 내려오는 넬리는 자신의 문제를 스스로 해결하려 노력해야 한다는 교훈을, 자전거를 탄 어른이 헨리의 말을 무시하는 모습은 주변 사람의 말에 귀 기울이라는 주제를 전달한다.

글과 삽화의 관계를 중심으로 다양한 그림책 작동원리와 이를 뒷받침하는 시점, 구도, 배치의 특징에 관한 이론들은 그림책의 다층적 의미를 끌어내는 생각의 도구라 할 수 있다. 위의 이론들을 적시에 활용한다면, 글을 중심으로 삽화를 보조자료로 활용하는 그림책 읽기 관성에 기대지 않고 특정 인물, 배경, 사건, 사물, 혹은 특정 판면 위치를 기준으로 다양하게 여러 번 그림책을 깊이 읽을 수 있다. 여기에서 소개한 모든 분석 방법을 모든 그림책 분석에 일률적으로 적용하기보다 그림책의 특성이나 독자의 성향에 따라 몇 가지 기법들을 취사선택하여 조합함으로써 각자만의 다양한 해석을 시도하려 노력해야 할 것이다.

---

60) 니콜라예바, 앞의 책, 242.

10. 플롯 전개

Behind the Scenes

연사: (첫 번째 삽화를 짚으며) 여러분, 지금 보시는 장면이 어떤 상황일까요?

청중1: 급한 일이 있어 빠르게 달리는 것 같아요.

청중2: 남자가 너무 급하게 말을 몰아 아이도 넘어지고 주변에서 소동이 벌어졌어요.

연사: 그렇습니다. 그럼 다음 그림들도 보여드릴께요. (2~4번째 스케치 삽화를 짚으며) 무슨 일이 벌어진 것 같나요?

청중1: 남자가 사람들에게 뭔가를 맞고 누군가가 달려와 말고삐를 잡아끌어 내렸네요.

청중2: 말을 탄 남자가 다쳐서 부축을 받는 것 같아요.

연사: 네, 그렇습니다. 이 그림책은 아내와 결혼기념일 여행을 떠났다가 빌린 말이 통제가 되지 않아 벌어진 한바탕 소동을 유머러스하게 묘사한 작품입니다. 주인공 남자는 평소에 모범적이고 점잖은 사람이었지만 가발도 벗겨지고 갖은 고생을 하여 사람들의 웃음거리로 전락합니다. 마구 날뛰는 말을 타고 위태롭게 돌진하는 것이 인생이란 것이죠. 삶이 예측하는 속도와 방향대로 가지 않다보니 나의 의지와 무관하게 주변에 폐를 끼치거나 웃음거리가 되는데, 그럴지라도 말고삐를 꽉 잡고 다치지 않게 잘 버티라는 교훈을 담고 있습니다. 유명한 그림책들을 읽을 때 혹시 오늘 본 장면 중에 본 기억나는 게 있나요?

청중1: 말에 올라탄 남자가 말씀하시는 건가요? 생각이 날 듯 말 듯 한데요.

청중2: 아, 그 그림 본 적 있어요. 주변에서 새 몇 마리가 남자를 괴롭히며 날아다니는 장면도 있잖아요.

도입부 장면에서 연사와 청중은 영국 작가 윌리엄 쿠퍼(William Cowper)의 1782년 시 「존 길핀의 여흥사」(The Diverting History of John Gilpin)를 랜돌프 칼데콧이 1878에 유머를 곁들

칼데콧상 메달의 앞뒷면과 뒷면의 원작 삽화 이미지

여 그린 삽화를 보며 대화를 나누고 있다. 칼데콧의 삽화는 통제불능인 말 위에서 주변이 아수라장이 된 상황을 통해 흥미진진하지만 예상할 수 없는 삶을 묘사한다. 청중1의 머릿속에 맴도는 정보는 1938년부터 저명한 그림책에게 1년에 한 번씩 수여하는 칼데콧상 메달의 앞면을, 청중2가 마지막에 한 말은 메달의 뒷면 삽화를 지칭한다. 칼데콧 메달의 뒷면은 칼데콧이 1880년에 「6펜스 노래를 불러보자」(Sing a Song of Sixpence)는 전래동요에 그린 삽화에서 가져온 것이다. 파이를 구울 때 찌르레기 24마리가 넣어 구웠다가 식탁에서 파이를 자를 때 밖으로 튀어나오는 진기명기로 왕이 즐거웠다는 가사와 이를 표현한 삽화는 오늘날의 관점에서 엽기적으로 느껴진다. 이런 기발한 묘기는 실제로 수백 년 전 서양에서는 왕과 귀족의 여흥 목적으로 즐겨 행해졌다.

칼데콧 수상작들은 당해에 간행된 그림책 중에서 교육적으로 가치가 있다고 보편적으로 인정받은 작품들이다. 따라서 이들 작품들을 사회적 배경, 주제, 길이 등을 기준으로 플롯을 분석하면 그림책에서 무슨 요소들이 발견되고 어떤 요소의 빈도가 높은지 일반적인 경향이 드러나므로 그림책의 보편적 플롯 전개를 일목요연하게 파악할 수 있다. 수많은 그림책들을 임의로 골라 분석하기보다 칼데콧 수상작을 집중 분석하면 그림책의 플롯 전개의 특징을 조망할 수 있는 것이다.[61)]

그림책 플롯 단계와 요소: 도입

그림책 플롯을 구성하는 요소들은 매체와 기법, 유형과 주제, 그리고 서사 구조에서 다룬 글과 삽화의 다양한 관련성을 살피고 분석할 때 그 실체가 드러난다. 이렇게 추출한 플롯 요소들을 변형하고 재배열하고 이를 이용하여 그림책의 플롯을 분석하면 무엇을 어떤 교육적 의도에 따라 가르치고 스토리의 무슨 내용을 빼고 넣고 바꿀지 객관적으로 정리할 수 있다. 이런 분석 과정을 거친 후 신중하게 그림책을 유용한 학습자료로 변환하면 교수자가 함부로 원작을 비틀어 수업에 활용한다는 비난에서 자유로울 수 있다. 뿐만 아니라, 플롯 요소로 분석하는 훈련은 그림책을 다

61) 이하 기술한 그림책 플롯 요소는 다음의 연구를 재정리한 것이다. 이동환. 「칼데콧 수상작 플롯 요소의 교육적 의미: 영미문학교육이 그림책 해석과 개작을 위한 시론」. 『영미문학교육』 27.1 (2023): 35-66.

양한 각도로 이해하는 안목을 기르는 효과적인 방법이기도 하다. 이처럼 그림책의 플롯 요소에 대한 이해와 적용은 교육자료로 사용하기 위한 개작과 변형 뿐 아니라 그림책의 깊이가 고전명작에 필적함을 인식하는 계기를 제공한다.

그림책 플롯 요소는 도입, 전개, 결말의 3단계에다 세부 준거까지 포함하여 총 14가지로 이루어져 있다. "도입(혹은 발단), 전개, 절정, 결말"의 이야기 4단계가 아니라 3단계로 구분한 까닭은 상당수 그림책에서 인물, 배경, 사건 소개가 이미 도입에서 이루어지므로 실질적으로 전개가 절정을 다루는 경우가 많기 때문이다.

도입 단계에서는 캐릭터들을 소개하기 때문에 묘사의 빈도가 높을 수밖에 없다. 이 단계에서는 주인공이 처한 시간과 공간적 배경, 즉 플롯이 펼쳐지는 환경도 제시된다. 20세기 중반 이후의 그림책이 사실적 경향을 띠기는 하지만 아동독자의 상상력을 자극할 목적으로 제작되었기 때문에 여전히 그림책에서는 가상의 시공간이 큰 비중을 차지한다. 그림책의 가상 세계는 경험이 부족하고 언어능력이 낮은 독자가 배경지식에 휘둘리지 않고 자유롭게 다양한 사고를 펼치는 공간이라는 의미를 지닌다. 그림책의 공간적 배경은 시간성 유무를 기준으로 현실과 가상, 공간의 특성을 기준으로 사회적 환경과 물리적 자연으로 구분된다. 사회적 환경과 관련하여, 1992년 미국 LA폭동을 소재로 한 이브 번팅(Eve Bunting)의 『연기 자욱한 밤』(*Smoky Night*)은 소방관이 화염 속에서 고양이를 구출하는 콜라주 삽화를 통해 격정에 휩싸인 사람들을 묘사한다.[62] 이 작품에서는 폭동이 일어나 물리적 파괴와 혼동만 남은 사회에서 갈등을 중재하여 화해에 도달할 가능성을 모색한다. 물리적 환경은 계절이나 기후현상과 같은 자연 질서나 법칙을 뜻한다. 물론, 그림책에서 의인화된 동물을 캐릭터로 빈번하게 다루는 이상 사회적 환경과 물리적 자연이 모호한 경우도 적지 않다.

▮표 3-1 그림책 플롯 단계와 요소 (도입)

단계	요소	분류		빈도	해설과 예시
도입	캐릭터	주인공		매우 높음	인물과 배경에 관한 기본정보 제시. "공간"의 사회 항목은 의인화된 공동체까지 포함
		주변인(들)		매우 높음	
	배경	시간	현실	높음	
			가상	보통	
		공간	자연	보통	
			사회	높음	

62) Eve Bunting, *Smoky Night* (New York: Harcourt Brace, 1994).

『검정과 하양』의 4분할 구도 삽화

때때로 시공간 및 현실과 가상을 뒤섞는 복잡한 방식으로 그림책 배경이 제시되기도 한다. 데이비드 모컬리(David Macaulay)의 『검정과 하양』(*Black and White*)은 펼침면 왼쪽 하단의 현실 에피소드를 축으로 삼아 나머지 3가지 이야기들을 느슨하게 연결한다.[63] 플롯은 왼쪽 상단부터 시계방향으로 "사물 보기"(Seeing things), "골칫거리 부모님"(Problem Parents), "기다리기 게임"(A Waiting Game), "소젖 대혼란"(Udder Chaos)이라는 별도의 에피소드와 삽화가 어렴풋이 연동되는 방식으로 구성되어 있다. 독자는 4분할 판면을 이리저리 넘겨가며 전체적으로 무슨 일이 벌어지는지 자기만의 방식으로 추측하며 읽게 된다. 왼쪽 하단 이야기는 아침에 출근했다 저녁에 퇴근하는 부모님을 기다리는 동안 어린 남매와 얼룩 강아지가 기차놀이를 하며 무료한 하루를 보내던 어느 날, 부모님이 신문지를 뒤집어 쓴 우스꽝스러운 복장으로 퇴근한 후 아이들과 강아지도 신문지로 같은 복장을 하면서 종이를 찢어 흩날리는 놀이판을 벌이고 치우는 상황으로 구성된다. 왼쪽 상단의 이야기는 아이가 옆 자리 도둑이 자신이 잠든 새 바위처럼 보이는 젖소 무리에 섞여 사라지자 창문을 내다보면서 역으로 향하는 내용을 다룬다. 오른쪽 상단의 이야기는 플랫폼에서 기차를 기다리던 사람들이 무료함에 지쳐 하나 둘 신문을 접어 우스꽝스러운 복장을 하고 노래까지 부르다가 종이를 찢어 흩날린 후 기차를 타고 사라지고 도둑만 플랫폼에 홀로 남은 일화를 보여준다. 오른쪽 하단의 사건에서는 검정과 하양 줄무늬 도둑이 카멜레온처럼 유사한 복장의 성가대에 섞이다가 젖소무리에 합류하여 눈에 띄지 않게 풀밭을 돌아다니던 와중에 젖소들이 철로를 막는 동안 유유히 감시망을 빠져나간다.

『검정과 하양』의 다양한 배경 정보는 어른, 반려동물, 장난감과 같은 주변 대상 모두와 모종의

63) David Macaulay, *Black and White* (Boston, MA: Houghton Mifflin, 1990).

관계를 형성하고 싶은 1인칭 화자(남아)의 소망을 반영한 것이다. 화자의 소망은 식탁 밑에 앉아 있는 얼룩강아지 머리에 우유를 들이부을 정도로 항상 바쁘고 정신이 없는 부모님이 신문지를 뒤집어쓰고 종이를 찢으며 놀아주기를 바라는 상상으로 구체화된다. 화자를 피해 요리조리 돌아다니는 얼룩강아지는 다른 에피소드들에서 상상의 시공간을 넘나들며 유유히 빠져나가는 도둑으로 변형된다. 네 가지 시공간 배경이 뒤얽히는 구성은 화자의 심란한 마음 혹은 그의 소망이 실현되기 어려운 현실을 형상화한다.

그림책 플롯 단계와 요소: 전개

플롯의 두 번째에 해당하는 전개 단계는 세 국면으로 다시 나누어진다. 첫 번째 국면은 캐릭터의 소망이나 자신의 의지와 무관하게 주어진 과업을 보여주는 "사건 제시" 현재까지 주어진 가용자원만으로 소망을 이루고 문제를 해결하려는 "실행" 그리고 실행의 예측 가능한 반복이나 변칙에 관한 "반복 실행" 요소로 이루어진다. "사건 제시"의 하위 분류 중에서 "소망"과 "문제"는 작품에 따라 하나만 제시되거나, 둘 다 제시되거나, 혹은 둘 사이의 구분이 불분명할 수 있다. 때로는 "소망"이나 "문제" 어느 하나가 변주를 거쳐 두 번 이상 제시되기도 한다. 댄 샌탯(Dan Santat)의 『비클의 모험: 상상을 뛰어넘은 여행』(*The Adventures of Beekle: The Unimaginary Friend*)을 예로 들 수 있다.[64] 이 그림책은 상상의 섬에서 태어난 이름없는 캐릭터가 현실 속 아이에게 선택받아 이름을 부여받기를 소망하다가 기다림에 지쳐 현실계로 모험을 떠나는 줄거리로 구성되어 있다. 문제 상황에 봉착한 끝에 어느 아이를 만나 비클이라는 이름을 부여받은 캐릭터는 상상을 뛰어넘는 진기한 것을 찾아 모험을 떠난다. 이를 통해 캐릭터의 "소망"과 "문제"가 모두 제시되었음을 알 수 있다.

소망 달성 의지를 피력하거나 문제에 반응을 보이는 "실행"에 이르면, 인물의 태도는 진중하게 매진하거나 지각없이 경솔한 경우로 나누어진다. 일반적으로, 권선징악을 주제로 하는 전래동화에서는 경솔한 행동을, 현대 그림책일수록 진중한 면모가 상대적으로 많다. 경박한 언행은 대체로 시련과 좌절의 단초로 작용한다. 그런데, 현대 그림책에서는 신중하다고 해서 소망 충족과 문제 해결을 보장하지는 않는다. 선한 사람이 고생을 많이 하고 악인이 처벌받지 않는 씁쓸한 현실이 일상 곳곳에서 발견되기 때문이다.

---

64) Dan Santat, *The Adventures of Beekle: The Unimaginary Friend* (New York: Little, Brown Books, 2014).

표 3-2 그림책 플롯 단계와 요소 (전개의 첫 번째 국면)

단계	요소	분류		빈도	해설과 예시
전개 (첫 번째 국면)	사건 제시	소망		많음	인물의 바람이 텍스트에 제시
		문제	대면	많음	인물의 의지와 무관하게 주어진 문제 혹은 과업
			회피	적음	
	실행	경솔		적음	성급(습관), 무비판, 무시, 약한 의지
		진중		많음	상념(묵상), 결단, 강한 의지
	반복 실행	예측		많은 편	실행의 반복을 통해 다음 내용 예측
		변칙		적은 편	반복성 이탈과 정서적 충격을 제시

『시간상자』의 사진 속 사진에 담긴 과거

사진을 현상한 후 이를 들고 찍은 사진을 자세히 보면 이렇게 찍은 후 카메라를 바다로 보내는 일이 여러 사람의 손을 거쳐 반복되었음을 알 수 있다. 사진 속의 사진으로 들어갈수록 과거로 시간여행을 하는 것이다.

"반복 실행"에서는 특정한 언행의 반복에 의도적으로 변화를 주어 독자의 일반적 예측에서 벗어나기 때문에 놀라움이나 즐거움을 제공한다. 하위 분류에 속하는 "예측"과 "변칙"은 어린 학습자가 이야기를 쉽게 이해하면서도 흥미를 느끼며 몰입하게 이끄는 상호보완적인 관계를 이룬다. 가령, 데이비드 위즈너의 『시간상자』에서는 바다 생명체들의 사진들이 연달아 나열되더니 어느 해변에서 소녀가 사진을 들고 찍은 마지막 "변칙" 사진이 제시된다. 작품의 주인공 소년은 변칙 사진을 들고 소녀처럼 셀프 촬영을 한 후 카메라를 바다로 던진다. 그러자 카메라는 열대 지방 해안가에서 누군가가 발견한다. 독자는 이 장면에서 소녀와 소년이 했던 것처럼 셀프 촬영을 할 것이라 "예측"해 볼 수 있다. 이런 그림책 플롯은 동물까지 포함하여 온 세상이 연결되어 있다는 주제를 효과적으로 형상화한다.

전개 단계의 두 번째 국면은 인물의 내면과 연관된 "시련과 좌절", "원인과 이유", 그리고 "각성"을 다룬다. "시련과 좌절"에서는 첫 국면의 "실행"에서 결과가 좋지 못하여 정신과 육체의 기능이 온전하지 못한 상태를 보여준다. 인물은 이전에 몰랐던 세상의 엄혹함과 마주하면서 심리적으로 충격을 받고 육체에 상처를 입는다. 현대 그림책에서는 대체로 육체보다 정신(심리)적 시련이 큰 비중을 차지한다. 아동 대부분이 20세기 이후에 도시에 살면서 물리적 생존보다 따돌림이나 차별과 같은 불합리한 사회적 현실에 더 민감하게 반응하기 때문이다. 그림책에서는 때때로 어린 독자의 심리적 충격을 감안하여 시련과 좌절을 암시적으로 처리하기도 한다.

▮표 3-3 그림책 플롯 단계와 요소 (전개의 두 번째 국면)

단계	요소	분류	빈도	해설과 예시
전개 (두 번째 국면)	시련과 좌절	정신	높음	낙담, 불안, 고독, 그리움, 슬픔, 공포 등
		육체	낮음	고통(부상), 완력 박탈 등
	원인과 이유	자신	보통	불만, 무능, 무지, 실수, 욕심(악함) 등
		외부	보통	강력한 절대자, 불운, 자연법칙 등
	각성	정신	약간 낮음	자신과 타인의 내면 이해
		육체	약간 높음	물리적 영향력의 정도와 한계 인지

카렌 애커먼(Karen Ackerman)의 『멋쟁이 우리 할아버지』(*Song and Dance Man*)는 은퇴한 보드빌(vaudeville) 쇼 공연자가 젊어서 사용했던 물건들을 가지고 노래를 부르고 춤을 추면서 집으로 찾아온 손주들을 즐겁게 해주는 내용을 담고 있다.[65] 1인칭 화자는 할아버지가 입술을 다물고 홀로 다락방으로 향하는 컴컴한 계단을 응시하는 모습에 주목한다. 그는 "그러나 다락방 불이 꺼지고, 할아버지가 계단을 힐끔 쳐다보자, 우리는 할아버지가 춤과 노래를 부르던 보드빌 무대가 있던 시절을 얼마나 진심으로 그리워하는지 생각해본다"며 나이가 들어 시련과 좌절 속에 지내는 할아버지의 마음을 읽어낸다.

"원인과 이유"는 주로 이미지를 통해 글로 일일이 설명하기 어려운 사건의 경위를 보여준다. 소피 블래컬(Sophie Blackall)의 『안녕, 나의 등대』(*Hello Lighthouse*)는 작은 무인도의 외로운 등대지기가 난파선 선원들을 구해주는 일화처럼 여러 문제에 봉착하여 해결하는 내용으로 구성되어 있다.[66] 이 작품은 문제가 생기면 거친 파도, 해결되면 잔잔한 바다를 배경으로 묘사함으로써 모든 사건의 근본적인 "원인과 이유"가 물리적 자연에 있음을 시사한다. "각성"은 결과의 원인이나 이유를 주인공이 스스로 되짚어 보면서 자신을 포함한 주변 캐릭터들의 가능성과 한계를 깨닫

65) Karen Ackerman, *Song and Dance Man* (New York: Knopf, 1988).
66) Sophie Blackall, *Hello Lighthouse* (New York: Little, Brown Books, 2018).

는 것을 뜻한다. 주인공은 온갖 어려움을 딛고 의지를 다지면서 새로운 방법을 찾고 내면의 힘을 끌어 모아 소망 충족과 문제 해결에 매진할 원동력을 확보한다. 그림책에서는 일반적으로 이런 점을 비장하게 묘사하기보다 긍정적인 이미지로 시각화하는 방식을 취한다. 필요에 따라, 인물의 처지와 심리를 가볍게 묘사하거나 과감하게 생략하는 경향을 보이기도 한다.

"전개 단계"의 세 번째 국면에서는 인물이 소망 구현과 문제 해결을 시도하는 과정에서 필요한 "반등"과 "단서"에 초점을 맞춘다. "반등"에서는 "전개 단계"의 두 번째 국면 마지막에서 서술한 "각성"에서 확인한 원동력의 실체를 글과 삽화에 뚜렷하게 드러낸다. 여기에서 주로 다루는 내용은 용기를 얻어 재도전하거나 자신의 정체성을 구성하는 과업 수행 명분을 깨닫거나, 육체의 상처를 치유하여 더 나은 완력을 획득하는 것이다. "전개 단계" 두 번째 국면의 "시련과 좌절"에서 정신적 시련이 육체의 시련보다 훨씬 크다는 사실과 "전개 단계" 세 번재 국면의 "반등"에서 정신이 육체보다 훨씬 크게 반등하는 것은 서로 연동되어 있다. 필립 C. 스태드(Philip C. Stead)의

▮표 3-4 그림책 플롯 단계와 요소(전개의 세 번째 국면)

<table>
<tr><th>단계</th><th>요소</th><th colspan="3">분류</th><th>빈도</th><th>해설과 예시</th></tr>
<tr><td rowspan="19">전개
(세 번째
국면)</td><td rowspan="2">반등</td><td colspan="3">정신</td><td>높음</td><td>용기, 정체성 각성, 이타심 등</td></tr>
<tr><td colspan="3">육체</td><td>낮음</td><td>치유와 회복</td></tr>
<tr><td rowspan="2">단서</td><td colspan="3">소망 구현</td><td>보통</td><td rowspan="2">마중물(성공의 열쇠) 발견 또는 획득</td></tr>
<tr><td colspan="3">문제 해결</td><td>보통</td></tr>
<tr><td rowspan="10">소망 구현·
문제 해결
시도</td><td rowspan="8">성공</td><td rowspan="2">주체</td><td>자기</td><td>약간 낮음</td><td>의지(능력), 지혜, 공감, 관찰</td></tr>
<tr><td>외부</td><td>약간 높음</td><td>주변(사람, 환경)의 도움</td></tr>
<tr><td rowspan="2">논리</td><td>필연</td><td>보통</td><td>인과, 선후, 반복, 연쇄, 대칭 등</td></tr>
<tr><td>우연</td><td>보통</td><td>초자연적 현상 등</td></tr>
<tr><td rowspan="2">시간</td><td>현실</td><td>약간 낮음</td><td rowspan="4">성공에 영향을 주는 시공간 배경 제시와 캐릭터의 적절한 활용</td></tr>
<tr><td>가상</td><td>약간 높음</td></tr>
<tr><td rowspan="2">공간</td><td>사회</td><td>높음</td></tr>
<tr><td>자연</td><td>낮음</td></tr>
<tr><td rowspan="2">실패</td><td colspan="2">재시도</td><td>낮음</td><td>이전 단계 플롯으로 회귀</td></tr>
<tr><td colspan="2">전환</td><td>낮음</td><td>다른 과업과 소망 상황으로 변주</td></tr>
<tr><td rowspan="3">파급 효과</td><td colspan="3">인물</td><td>매우 높음</td><td rowspan="3">타인과 주변 상황의 연쇄적 영향 관계 및 서사 반전 등</td></tr>
<tr><td colspan="3">사건</td><td>매우 낮음</td></tr>
<tr><td colspan="3">배경</td><td>높음</td></tr>
<tr><td rowspan="2">서사 전환</td><td colspan="3">시간</td><td>매우 낮음</td><td rowspan="2">자연(계절) 순환, 다른 세계로의 이동 등</td></tr>
<tr><td colspan="3">공간</td><td>매우 높음</td></tr>
</table>

『아모스 할아버지가 아픈 날』(*A Sick Day for Amos McGee*)에서는 “반등”을 플롯의 핵심으로 설정하고 있다. 연로한 동물원 사육사 아모스씨가 몸이 아파 출근하지 않은 날에 그의 안부를 궁금히 여긴 동물들이 버스를 타고 아모스씨 집으로 찾아가는 장면은 이타심과 용기를 표현하였다는 점에서 “반등” 모티프를 보여준다. 동물들을 반기는 아모스씨의 환한 표정은 인간과 동물 사이에 존재하는 보살핌의 윤리가 일방적이지 않음을 시사한다.

“단서”는 성공적으로 소망을 구현하거나 문제를 해결하기 위한 중요한 마중물을 획득하는 것을 의미한다. 예를 들어, 절대반지와 같은 물리적 해결수단을 획득하거나, 앞길을 가로막는 절대자의 약점을 발견하거나, 아니면 “전개 단계” 첫 번째 국면의 “실행”에서 주인공이 범한 과오로부터 해결의 실마리를 떠올리는 것 등을 떠올려 볼 수 있다. 단, 하늘에서 내려온 구원의 동아줄처럼 주인공이 좌절의 늪에 빠져있을 때 보이지 않는 구원의 손길이 주인공의 모든 문제를 일거에 해결하는 모티프는 주체적으로 문제를 해결한 것이 아니므로 “단서”로 볼 수 없다. 케빈 헹크스(Kevin Henkes)의 『달을 먹은 아기 고양이』(*Kitten's First Full Moon*)에서는 고양이가 보름달을 우유라고 착각하여 쫓아가다 웅덩이로 뛰어들어 “흠뻑 젖어 슬프고 지치고 배고픈” 상태로 실망하여 집에 돌아왔을 때 느닷없이 선물처럼 우유가 고양이에게 주어진다.[67] 여기에서 우유는 고양이를 진정시키면서 함부로 호기심이 발동하면 고난에 빠진다고 경고하는 은유라는 점에서 행복한 결말의 “단서”가 아니다.

“단서”가 소망 구현과 문제 해결의 시발점이라면, “소망 구현·문제 해결 시도”는 시련과 깨달음을 거친 인물이 단서를 이용하여 실행을 거쳐 성공과 실패에 이르는 것을 뜻한다. 그림책의 “단서”는 대체로 소망 구현과 문제 해결의 직접적 원인이나 촉매 역할을 하지만 반드시 그런 것은 아니다. 가령, 심스 타백(Simms Taback)의 『요셉의 작고 낡은 오버코트가』(*Joseph Had a Little Overcoat*)는 주인공이 체크무늬 코트를 수선하여 자켓, 조끼, 목도리, 넥타이, 손수건, 단추 순서로 재활용하는 패턴으로 전개된다.[68] 형체가 바뀌는 체크무늬 코트는 플롯 전개의 “단서”이기는 하지만, 이것 자체가 무한정 작아질 수 없기에 문제를 근본적으로 해결하지 못한다. 마지막 “단서”인 단추를 잃어버려 더 이상 기존 방식대로 활용할 수 없는 순간, 주인공은 그림책의 가상 세계를 벗어나 현실로 빠져나와 그림책 작가로 변신하여 지금까지 재활용한 사례들을 묶어 책으로 제작함으로써 문제적 상황으로부터 기발하게 벗어난다. 이렇게 자신의 힘으로 어찌할 수 없는 지경에 이르렀을 때 외부의 도움이나 상황에 기대어 문제 해결과 소망 충족이 이루어지는 플롯은 주변과 유대관계를 맺으며 세상살이의 어려움을 극복하라는 메시지를 전달한다.

“소망 구현·문제 해결 시도”에서 실패로 분류되는 사례도 “성공”에서 분류한 네 가지 이유(주

---

67) Kevin Henkes, *Kitten's First Full Moon* (New York: Greenwillow Books, 2004).

68) Simms Taback, *Joseph Had a Little Overcoat* (New York: Viking Pres, 1999).

체, 논리, 시간, 공간)로 플롯을 분석할 수 있다. 다만, 행복한 결말을 지향하는 그림책의 속성상 실패는 예외적이라고 보아야 한다. 대체로, 그림책의 실패는 새로운 시련과 도전을 거쳐 끝내 성공에 이르는 과정의 하나로 다루어진다. “전개 단계”의 첫 번째나 두 번째 국면으로 회귀하여 다시금 소망 구현이나 문제 해결을 위해 매진하면 “재시도”이고, 플롯의 앞 단계나 국면으로 회귀하되 인물과 배경이 이전과 달라진 세계에서 새로운 소망이나 문제를 부여받는다면 “전환”에 해당될 것이다. 윌리엄 스타이그(William Steig)의 『당나귀 실베스터와 요술 조약돌』(*Sylvester and the Magic Pebble*)은 “실패”의 “전환”을 잘 보여준다.[69] 이 작품에서 몸에 지닌 채 소원을 빌면 이루어지는 조약돌을 획득한 당나귀 실베스터는 사자가 다가왔을 때 바위로 변신하여 위기를 모면하지만, 조약돌이 몸에서 떨어져 나가는 바람에 음식도 먹지 못하고 가족도 만나지 못하는 문제 상황에 직면한다. 하나의 문제를 해결하고 새로운 문제 봉착한 것이다. 이 과정에서, 계절 변화라는 공간 정보로 계절의 흐름이라는 시간 변화가 제시되면서 “전환”을 위한 환경이 조성된다. 실베스터는 계절이 바뀐 새로운 환경에서 아들을 그리워하는 마음을 달래려고 근처에 들른 부모님이 조약돌을 바위에 놓는 우연한 상황이 조성되자 “다시 나 자신이 될 수 있다면, 진짜 내가 될 수 있다면”이라고 새로운 소망을 빌면서 문제를 해결한다.

소망이 구현되거나 문제가 해결되면 다른 인물이나 주변 상황이 이로부터 영향을 받는다. “파급 효과”는 특정한 소망 구현과 문제 해결에 그치지 않고 기존의 세계관을 흔들거나 물리적 질서를 뒤바꾸는 플롯을 삽입함으로써 작품의 주제가 지속적으로 독자의 뇌리에 큰 울림을 만드는 것을 의미한다. 이와 관련하여, 주인공의 희생으로 공동체의 문제가 해결되었을 때 주변 인물들이 영향을 받아 마찬가지의 선행을 실천함으로써 세상이 바뀌는 상황을 떠올려 볼 수 있다. 그림책에서는 이런 파급 효과, 즉, 주변 인물들이나 상황 변화를 배경 삽화를 통해 시각적으로 드러낸다.

“전개 단계”의 세 번째 국면의 마지막에 해당하는 “서사 전환”은 “소망 구현·문제 해결 시도” 및 “파급 효과”로 인해 다른 이야기가 펼쳐질 가능성을 암시한다. 시간보다 공간적 차원에서 서사 전환 빈도가 압도적으로 빈번한 까닭은 구체성이 높고 직관적인 이미지로 구현하기 유리하기 때문이다. 서사 전환의 중요한 역할은 소망 구현과 문제 해결이 이루어진 상태에서 이야기를 결말로 자연스럽게 연결하는 것이다. 일례로, 재클린 브리그스 마틴(Jacqueline Briggs Martin)의 『눈송이 박사 벤틀리』(*Snowflake Bentley*)에서는 계절이 바뀌는 변화를 거치며 연구에 매진하는 주인공의 고난에 이어서 그가 죽고 나서 눈송이 패턴을 연구한 업적을 기리는 명판을 아이가 쳐다보는 장면을 연이어 제시하는 “서사 전환”을 통해 후세의 기억 속에서 주인공의 성공적인 삶을 조명한다.[70]

---

69) William Steig, *Sylvester and the Magic Pebble* (London: Windmill Books, 1969).
70) Jacqueline Briggs Martin, *Snowflake Bentley* (New York: Houghton Mifflin, 1998).

그림책 플롯 단계와 요소: 결말

그림책 플롯의 마지막 단계인 "결말"에서는 인물과 주변 상황이 어떻게 이야기 시작에서와 같고 다른지에 초점을 맞춘다. 주인공들은 대부분 결말에서 정신과 육체의 성장이나 사회적 지위 상승에 이른다. 여기에서 말하는 사회적 지위 상승은 위계질서 피라미드에서 위로 올라가는 것 말고도 부당한 대우를 시정하여 공동체의 가치를 새롭게 정립하는 시도까지 포함한다. 특정한 시공간 배경도 서사가 종결될 때 처음과 다른 방향으로 바뀔 수 있다. 이러한 변화는 캐릭터의 성장과 지위 변화를 시각적으로 보여준다. 또한, 육체보다 정신의 성장이 도드라지는 이유는 현대 그림책에서 인물의 정신세계에 집중하는 경향이 반영된 것으로 추정된다. 그림책에서 인물의 지위가 상승하기보다 유지되는 사례가 많은 까닭도 마찬가지이다. 왕자님과 공주님의 결혼과 같은 이상적 세계보다 평범한 사람들이 부대끼며 살아가는 20세기 후반 이후의 현실을 묘사하기 때문이다. 물론, 인물의 지위와 배경의 변화가 아예 없는 것은 아니겠지만 주로 정신 혹은 마음의 변화에 집중하는 것이다.

▮표 3-5 그림책 플롯 단계와 요소 (결말)

단계	요소	분류		빈도	해설과 예시
결말	인물(캐릭터)	성장	정신	매우 높음	정체성(자존감), 공감, 윤리의식 등
			육체	매우 낮음	외모 성숙, 완력 증가 등
		지위	유지	매우 높음	사회적 지위의 변화없음
			변화	낮음	사회적 지위의 하락, 회복, 상승
	배경	지속		매우 높음	물리적 환경(자연 순환)이나 공동체의 가치(질서) 회복 혹은 변화
		변화		많음	

"결말" 단계의 배경 "지속"과 "변화"는 물리적 환경이나 사회적 질서의 회복이나 변화와 관련된다. 데이비드 위즈너의 『화요일』(*Tuesday*)에서는 화요일 밤에 개구리가 연잎을 타고 돌아다니면서 사람들을 놀라게 하다가 새벽에 연잎만 떨어뜨리고 사라진 의문스러운 상황을 삽화로만 묘사한다.71) 일상을 영위하는 사람들 사이를 헤집고 날아다니는 개구리들은 물리적 환경의 "지속"과 "변화"가 공존하는 기묘한 배경을 보여준다. 이런 초현실적 배경은 독자가 머릿속으로 배경, 인물, 갈등, 사건들을 종합하도록 요청한다. 돼지들이 하늘을 나는 마지막 장면은 화요일 밤의 기괴

---

71) David Wiesner, *Tuesday* (New York: Clarion Books, 1991).

한 상황이 새로운 일상(new normal)이 된 현실을 암시한다. 즉, 배경의 "지속"과 "변화"가 작품에서 복합적으로 맞물려 있는 것이다.

그림책 플롯 요소들은 교수자가 작품을 꼼꼼히 분석하여 무엇에 집중하여 가르칠지에 관한 함의를 획득하는 것에 도움을 주는 기준점 구실을 한다. 그림책의 글과 삽화에 담긴 메시지를 세밀하게 포착하려면 구체적인 플롯 요소 준거가 필요하다. 하나의 그림책에서 플롯 요소들 모두 발견할 수 있는 것은 아니다. A그림책에서는 소망이 현실 속에서 우연하게 이루어진다면, B그림책에서는 소망은 빠져있지만 당면 문제를 필연적 논리에 따라 해결할 것이다. 플롯 요소 준거는 그림책에 따라 무슨 요소가 어떻게 반영되었는지 일목요연하게 정리하므로 그림책의 특징을 객관적으로 비교 점검할 때 유용하다. 이를 통해, 그림책의 숨은 메시지와 가치를 파악하여 무엇에 중점을 두어 새롭게 재해석하고 개작할지에 대한 교육적 함의를 끄집어낼 수 있다. 비록 하나의 작품에 담긴 교육적 가치를 추출하고자 과다한 시간을 소모하면서까지 플롯 요소들 전체를 일일이 따지며 분석할 필요는 없음에도 불구하고, 관심을 가진 그림책에 플롯 요소 중 무엇이 어떻게 반영되어 있는지 꾸준히 연습하면 그림책을 보는 안목 향상으로 이어질 것이다.

영어 그림책의 분류

IV

19세기부터 영어 그림책 산업이 발달하면서 알파벳북, 숫자책, 글없는 그림책처럼 초기 학습자를 위한 그림책부터 전래동화와 사실 정보를 정교한 삽화와 서사 구성에 담은 그림책까지 수준과 주제별로 다양한 그림책이 대거 발간되었다. 초기 학습자용 영어 그림책의 종류와 특성에 정통한 교수자는 학습자의 수준을 고려하여 그림책을 고른 후 적합한 시기에 알맞은 방식으로 읽도록 지도할 수 있을 것이다. 전래동화와 판타지를 토대로 제작한 그림책이나 사실적 정보의 효과적 전달을 목적으로 한 그림책도 마찬가지다. 그림책이 어떤 특성을 지니는지 제대로 분류하는 작업은 교육적으로 유익하게 활용하는 첫걸음이라 할 수 있다. 이에 따라, 이번 파트에서는 영어 그림책의 단계와 수준에 맞게 교육적으로 활용하기 적절한 그림책의 종류를 알아볼 것이다.

11. 초기 학습자용 영어 그림책

BTS Behind the Scenes

스토리텔러: A로 시작하는 애플(apple), B로 시작하는 볼(ball), C로 시작하는 캣(cat), D로 시작하는 무스(moose)? 맞아요?

학생1: 아니에요. 무스이지 두스는 아니잖아요.

스토리텔러: 네, 그래서 알파벳 자리를 관리하는 제브라(zebra)는 무스에게 네 자리가 아니라고 그랬어요. 무스는 E로 시작하는 엘레펀트(elephant), F로 시작하는 팍스(fox), 그리고 G, H, I, J, K, L을 지나 M에 도착했어요. 그런데 누가 M자리를 먼저 차지했네요.

학생2: M으로 시작하는 마우스(mouse)!

스토리텔러: 네 맞아요. 무스는 마우스에게 내 자리라고 소리쳤어요. 뒤따라 온 제브라가 여기를 마우스의 자리로 정했다며 미안하다고 했죠. 화가 잔뜩 난 무스는 N, O, P, Q, R을 지날 때마다 펜으로 남의 이름을 지우고 자기 이름을 휘갈겨 적으면서 다 자기 자리라고 떼를 썼어요. 제브라가 말려도 소용이 없었답니다.

학생1: 그래서 다른 자리를 차지했나요?

스토리텔러: 아무리 우겨도 무스의 M을 바꿀 수는 없었죠. V로 시작하는 바이올린(violin)은 말이 되도 V로 시작하는 '부스'는 말이 되지 않았으니까요. 결국 낙담한 무스는 X 자리 한 구석에서 주저앉아 흐느끼며 자기를 뒤쫓아 온 제브라에게 말했어요. "안되겠어. 너무 늦었나봐" 자, 여러분 불쌍한 무스에게 뭘 해줘야 할까요?

학생2: 무스가 같은 M으로 시작하는 마우스와 함께 있으면 좋겠네요.

학생1: 무스 뿔을 다듬어서 디어(deer)로 변장해서 D로 갔으면 좋겠어요.

스토리텔러: 다들 훌륭한 생각이네요. 그럼 무스가 어떻게 되었는지 살펴보도록 하죠.

도입부의 상황은 켈리 빙엄(Kelly Bingham)과 폴 젤린스키(Paul Zelinsky)의 『Z는 무스 자리예요』(*Z Is for Moose*)의 스토리텔링 장면이다.[1] 이 그림책은 마지막에서 Z로 시작하는 제브라가 자기 자리를 내주면서 함께 지내도록 배려하는 행복한 결말로 마무리된다. 제브라가 다른 알

1) Kelly Bingham and Paul O. Zelinsky, *Z Is for Moose* (New York: Greenwillow Books, 2012).

파벳 자리를 돌아다니며 억지로 자기 자리를 만들려 애쓰는 무스에게 동정심을 표한 것이다. 이 작품에서는 알파벳을 모티프로 삼아 아무리 부당한 대우를 받더라도 분노하여 함부로 남에게 나쁘게 굴지 말아야 한다는 교훈을 전달한다. 때가 되면 나를 이해하는 주변의 도움을 받아 문제를 해결할 수 있다는 것이다. 이처럼 알파벳으로 이루어진 단순한 그림책이더라도 어떻게 꾸미느냐에 따라 갈등과 문제 해결이라는 이야기의 기본요소를 담을 수 있다.

초기 학습자용 영어 그림책은 알파벳북(alphabet book), 숫자책(counting book), 글없는 그림책(wordless picturebook), 그리고 각운으로 음악성을 살린 패턴북(pattern book)처럼 작품이라기보다 학습자료로 분류되는 경향이 있다. 알파벳이나 숫자만 열거하는 간단한 그림책에 특별한 플롯이 없을 것으로 여겨지기 때문이다. 그러나 이런 그림책들을 문학성이 없는 학습자료로 도매금으로 넘길 수는 없다. 초기 학습자용 그림책으로 분류되었을지라도 어떤 논리구조로 짜여 있느냐에 따라 플롯이 흥미로울 수 있기 때문이다. 이런 그림책들이 이야기라는 인상만 줄 뿐 실질적으로 이야기의 구성 요소를 제대로 갖추지 못했을지라도 언제나 예외는 존재할 수 있다.

초기 학습자용 영어 그림책: 알파벳북

초기 학습자용 영어 그림책 중에서 알파벳북부터 짚어보면 다음과 같다. 알파벳북은 A부터 Z까지 26개의 알파벳 캐릭터를 중심으로 흘러가는 그림책을 의미한다. 이미 아이들이 알파벳 노래나 주변의 알파벳 기호 및 간판 등을 보며 익힐 수 있음에도 불구하고 왜 알파벳북이 지속적으로 간행되는 것일까? 우선, 알파벳 26개의 대소문자를 제대로 익히려면 아무리 일상 노출 빈도가 높아도 체계적으로 모아놓은 학습자료로 짚는 과정을 거쳐야 한다는 교육적 이유를 들 수 있다. 일상에서 접하는 알파벳이 고딕체 정자로 쓰인 대문자가 대부분인데다 Q와 Z처럼 발음하기 힘들거

『알파벳 도시』 앞표지

『치카치카 붐붐』 삽화 예시

나 알파벳 순번이 뒤에 있으면 정확히 모를 수 있다. 다음으로, 알파벳을 흥미롭게 배열한 그림책을 읽음으로써 알파벳을 배울 때 자료만 지루하게 반복하는 부담을 피할 수 있다. 알파벳북이 창의적일수록 재기발랄한 삽화와 동영상으로 만들기 수월하다. 이렇게 알파벳북을 동영상이나 놀이 자료로 재구성하면 알파벳을 체계적으로 익힐 수 있다.

알파벳북 중에서 일상에 숨은 알파벳 이미지를 보여줌으로써 학습을 삶과 연결하는 사례로는 스티븐 T. 존슨(Stephen T. Johnson)의 『알파벳 도시』(*Alphabet City*)를 들 수 있다.[2] 이 작품에 수록된 다양한 알파벳 사진들은 "아 그렇구나, 우리 집 근처에도 있네?"와 같은 발견의 즐거움을 선사한다. 실제로 주위를 둘러보면 무심코 지나치는 알파벳과 교묘하게 주변 환경과 어우러진 숨은 알파벳을 쉽게 찾을 수 있다. 아이는 디지털 공간의 거리뷰 등을 통해 A~Z까지 알파벳을 모으는 놀이를 하면서 다양한 알파벳들에 자연스럽게 노출된다.

알파벳북 중에서 간단한 이야기 구조를 담은 그림책도 있다. 빌 마틴(Bill Martin, Jr.)과 존 아참볼트(John Archambault)의 『치카치카 붐붐』(*Chicka Chicka Boom Boom*)은 알파벳 소문자 a가 먼저 꼭대기에 올라가자며(beat to the top) 코코넛 나무를 기어오르는 상황으로 시작한다.[3] 그러자 b, c, d 등의 알파벳들이 자리가 있냐며 따라서 올라간다. x, y, z까지 모두 코코넛 나무위로 올라가자 나무 몸통이 휘어져 알파벳들이 바닥으로 떨어져 아수라장이 된다. 이를 본 어른들, 그러니까 대문자 알파벳들이 일제히 달려와 자기 아이들, 그러니까 소문자를 N이 n을 안고 가는 식으로 짝을 맞춰 데려간다. 이렇게 한바탕 소동이 지나가고 밤이 되자 슬며시 잠자리에서 나온 a가 "모험 두 번째 모험, 날 잡을 수 없지. 코코넛 나무 꼭대기에 먼저 오를 것"이라며 나무에 오르며 이야기가 마무리된다.

---

2) Stephen T. Johnson, *Alphabet City* (New York: Puffin Books, 1999).

3) Bill Martin, Jr., and John Archambault, *Chicka Chicka Boom Boom* (New York: Simon & Schuster, 1989).

『치카치카 붐붐』은 높은 곳을 차지하려는 인간의 본능적인 충동과 추락의 위험성을 경고하면서 문제가 발생했을 때 어른이 보살핀다는 주제를 다룬다. 이런 줄거리는 부모가 놀이기구의 높은 곳을 씩씩하게 겁 없이 올라가는 아이들이 다치지 않을까 유심히 지켜보는 상황을 환기시킨다. 작품을 읽는 아이는 소문자 알파벳을 보고 자신이나 친구들의 행동을 떠올리면서 친근감을 갖고 알파벳을 자연스럽게 익힐 수 있다. 이 그림책은 대소문자를 보호자와 아이로 연상작용이 일어나도록 설정하여 둘의 관계를 헷갈리지 않고 쉽게 기억하도록 한다. 알파벳이 나무에서 떨어져 바닥에 우르르 쏟아졌을 때의 모양은 뒤집어지고 기울어져 있지만, 이런 우스꽝스러운 모습은 알파벳이 어떤 모양과 구도를 취하더라도 다른 알파벳으로 바뀌지 않음을 암시적으로 아이에게 알려주는 효과를 발휘한다. 소문자 n이 거꾸로 뒤집히면 소문자 u처럼 보이지만 그렇다고 n이 u로 바뀌는 것은 아니다. 이런 점은 삽화에서 알파벳마다 색깔이 다르게 처리된 점을 통해 잘 드러난다.

주디 시에라(Judy Sierra)의 『소문자는 졸려요』(*The Sleepy Little Alphabet*)는 알파벳 마을(Alphabet Town)이라는 구체적인 배경에서 벌어지는 사건을 묘사한다.[4] 이 작품도 『치카치카 붐붐』처럼 대문자와 소문자를 부모와 자녀에 빗댄다. 대문자 부모는 이리저리 도망치는 소문자 애들을 잡아서 재우려 한다. 아이들은 집에 와서도 물구나무(handstand)를 서는 소문자 h, 침대에서 점프(jump)를 하는 소문자 j, 버릇없이(naughty) 사고를 치며 돌아다니는 소문자 n 등으로 집안이 매우 소란스럽다. 그런데 이런 소란스러움 속에서도 쿨쿨 자는(zzz) 소문자 z가 이채롭다. 마지막 알파벳인 소문자 z는 쿨쿨 자는 모습과 소리를 뜻한다는 점에서 작품 내내 소문자들이 말썽을 피우는 반복 패턴을 뒤집는다. 작품 마지막에서 부잡스럽게 움직이던 다른 소문자들도 소문자 z처럼 모두 잠자리에 드는 반전의 시작점인 것이다.

『소문자는 졸려요』는 평소 아이들이 잠들기 전에 부모에게 떼를 쓰는 모습을 거울처럼 묘사하기 때문에 아이들이 읽으며 공감하기 쉽다. 아이는 작품을 읽으며 부모의 고단함을 역지사지하면서 제 때 잠드는 착한 아이가 되라는 교훈을 얻는다. Z가 마침 대문자와 소문자 모양이 똑같아서

『소문자는 졸려요』 앞표지

4) Judy Sierra, *The Sleepy Little Alphabet* (New York: Knopf, 2014).

마치 부모와 동기화된, 더 파고들면, 부모의 의중대로 행동하는 아이라는 시각적 인상을 주기도 한다. 알파벳 학습에서도 장점을 발견할 수 있다. 마지막에 침대에 가지런히 누워 자는 소문자들은 올바른 모양을 시각적으로 인식하도록 돕는다.

초기 학습자용 영어 그림책: 숫자책

숫자책은 말 그대로 숫자를 세는 법을 알려주거나 숫자를 가지고 흥미로운 상황을 만든 그림책이다. 일상의 많은 부분에는 숫자 정보가 담겨 있다. 사람의 얼굴과 책가방의 물건 개수만 떠올려봐도 일상에 숫자가 발견됨을 쉽게 알 수 있다. 숫자책에서는 숫자로 만들 수 있는 흥미로운 상황들을 창의적으로 형상화한다. 예를 들어, 에릭 칼의 『1, 2, 3 동물원으로』(*1, 2, 3 to the Zoo*)은 one, two, three, four, five를 특정 장면에 담은 후 마지막에 약간의 반전을 보여준다.[5] 이 그림책에서는 첫 번째 칸에 덩치가 가장 큰 코끼리 1마리, 두 번째 칸에는 그 다음으로 큰 하마, 세 번째 칸에는 기린 3마리 등이 타고 있다. 그림책 후반부에는 아홉 번째 칸에는 뱀 9마리, 마지막 열 번째 칸에는 체구가 가장 작은 새 10마리가 탑승한 채 동물원으로 이동한다. 마릿수가 해당 동물의 상대적 크기를 효과적으로 알려주는 개념 장치인 셈이다. 마지막 장면에서는 파노라마처럼 화려한 동물원 그림이 펼쳐지면서 기차에서 내린 동물들이 각자의 장소에 자리한 모습이 제시된다.

『1, 2, 3 동물원으로』는 기차 칸마다 동물들의 특징을 담은 색상과 형상을 마릿수와 효과적으로 결합하고 있다. 이 작품에서는 기차 칸의 순서를 보여주므로 자연스럽게 기수와 서수를 모두 배울 수 있다. 또한, 사실 정보를 제거한 콜라주 기법을 통해 입을 벌린 하마와 긴 목이 꺾인 기린처럼 동물의 생물학적 특징도 잘 잡아낸다. 따라서 아이들은 그림을 보자마다 하마와 기린이 어떤 동물인지 직관적으로 알 수 있다. 이 작품은 숫자책이면서도 동물 이름, 색상, 형상, 심지어 동물들의

『1, 2, 3 동물원으로』 삽화 예시

5) Eric Carle, *1, 2, 3, to the Zoo* (New York: Penguin, 1990).

동물원 서식 환경 등의 다양한 정보까지 아우른다. 마지막의 화려한 동물원 삽화는 아이들의 눈에 인간과 동물의 조화로운 공존이라는 주제를 암시하기도 한다. 다만, 행복한 분위기일지언정 동물들을 한 장소에 가두는 결말은 동물권리라는 시각에서 보면 비판적으로 보일 수 있다.

아일린 크리스텔로(Eileen Christelow)의 『꼬마 원숭이 다섯 마리』(*Five Little Monkeys Jumping on the Bed*)는 전래동요를 숫자책으로 변형한 이야기다.6) 이 작품은 침대에서 방방 뛰는 원숭이가 한 마리씩 까불다 바닥으로 떨어져 머리를 다치자 의사가 더 이상 뛰지 말라고 경고하는 패턴이 반복되는 방식으로 진행된다. 마지막 한 마리까지 바닥으로 떨어져 다치자 결국 의사가 "저 원숭이들을 곧장 침대에 눕히시오"(Put those monkeys right to bed)라고 화를 내며 이야기가 마무리된다. 의사는 왜 화가 났고 누구한테 화가 난 것일까? 말을 안 듣는 원숭이 다섯 마리 때문에 그런 것일까, 아니면 애들을 제대로 관리하지 못하는 엄마를 에둘러 책망하는 것일까? 표면상으로는 말을 듣지 않는 원숭이들을 책망하는 의도로 읽힐 수 있다. 그러나 뛰지 말라는 의사의 경고를 4번이나 듣고도 말썽꾸러기 원숭이들이 계속 사고를 치도록 방치한 엄마가 제대로 아이들을 관리해야 한다는 해석도 가능하다. 이 글을 접한 독자 중에서는 엄마의 말을 듣지 않아 엄마가 곤란에 처할 수 있다는 생각을 할 수도 있다. 한국적 상황에서라면 원숭이, 엄마, 그리고 의사는 층간소음을 일으키는 아이, 이를 만류하는 엄마, 그리고 시끄러워 따지러 올라온 아랫집 이웃에 대입하여 이해될 수 있다.

매 장면마다 숫자를 활용한 흥미로운 상황에서 답을 찾는 재미를 느끼도록 구성한 폴 지갠티(Paul Giganti, Jr.)의 『달팽이가 몇 마리일까?』(*How Many Snails?*)는 숫자 세기보다는 숫자를 대하는 학습자의 호기심을 자극하는 것에 주안점을 둔다.7) 서술자는 삽화를 보고 점점 흥미롭고

『달팽이가 몇 마리일까?』 앞표지

6) Eileen Christelow, *Five Little Monkeys Jumping on the Bed* (New York: Houghton Mifflin, 1989).
7) Paul Giganti, Jr., *How Many Snails?* (New York: Greenwillow Books, 1988).

복잡한 상황을 제시하면서 특정한 색깔이나 문양을 지닌 달팽이의 개수를 묻는다. 상황이 복잡해지다가 급기야 밤하늘의 수많은 별을 보면서 별 전체, 밝은 별, 별똥별의 개수처럼 세는 것이 불가능한 질문까지 던진다. 이렇게 서술자와 독자의 머릿속에서 숫자세기의 한계점에 다다랐을 때 아무런 삽화도 없는 펼침면에 "내 침실로 걸어가면서 잠자리에서 얼마나 많은 입맞춤을 받을지 궁금하지 않았다. 나는 알고 있었으니까!"라면서 숫자로 어지러운 상황이 정리되면서 이야기가 끝난다. 하늘의 별을 쳐다보며 떠올린 무한한 숫자와 그만큼 입맞춤을 받는다는 연상을 통해 가족의 커다란 사랑을 짐작할 수 있다. 이 장면에서 삽화의 부재는 가족으로부터 받을 사랑이 시각적으로 표현하기 어려울 정도로 크다는 점을 뜻한다. 진정한 배움은 숫자 세기와 같은 인지적 차원이 아니라 가까운 이들과의 사랑과 심리적 지지인 것이다.

숫자 세기를 교훈적 이야기와 연결한 사례로는 엘렌 스톨 월시(Ellen Stoll Walsh)의 『생쥐 세기』(*Mouse Count*)를 생각해 볼 수 있다.[8] 이 작품에서는 뱀이 숲에서 나뒹굴다 잠든 쥐들을 한 마리씩 잡아다 병 안에 집어넣는다. 10마리가 들어갔어도 채워지지 않은 공간을 본 뱀은 욕심이 나서 더 잡으러 떠나고, 그 사이에 쥐들은 힘을 합쳐 이리저리 병을 흔들어 넘어뜨린 뒤에 탈출한다. 이렇게 이야기에서는 욕심이 화를 부르고 힘을 합쳐 위기를 극복하는 주제를 전달한다. 독자는 유리병에 쌓여가는 쥐들을 보면서 숫자가 커지면 부피도 늘어남을 자연스럽게 파악한다. 숫자의 의미가 관점에 따라 다를 수 있다는 사실도 흥미로운 점이다. 뱀은 1부터 10까지 숫자를 세며 병에 쥐들을 넣었지만, 쥐들은 10부터 1까지 숫자를 거꾸로 세면서 빠져나온다. 뱀의 욕심을 채우려면 숫자가 커져야 하고, 반대로 쥐들은 숫자가 적어짐으로써 해방의 순간에 다가간다. 이를 통해 독자는 숫자를 이해하고 사용한다는 것은 상황에 따라 전혀 다른 의미를 지닌다는 암시적 지식을 얻는다. 이처럼 숫자책은 초기 학습자들을 위한 단순한 줄거리로 구성되었음에도 불구하고 다층적 의미들까지 함께 전달하기도 한다.

초기 학습자용 영어 그림책: 지각 개념책

초기 학습자를 위한 그림책 중에서는 알파벳북과 숫자책처럼 그림책 장르로 정착했다고 보기 어려울 수도 있지만 모양(shape), 크기(size), 색깔(color), 반대개념(opposites), 심지어 소리(sounds)를 중심으로 구성된 사례들도 적지 않다. 이런 그림책들은 지각 개념책(perceptual concept book)으로 불린다. 일례로, 모양과 색깔 관련 그림책 중에서는 『생쥐 세기』(*Mouse Count*)와 시리즈처럼 간행된 『생쥐 모양』(*Mouse Shape*)이나 『생쥐 물감』(*Mouse Paint*)을 지

8) Ellen Stoll Walsh, *Mouse Count* (New York: Clarion Books, 1991).

각 개념책 범주로 묶을 수 있다.

『생쥐 모양』은 고양이에게 쫓기는 쥐들이 다양한 크기와 모양의 세모, 네모, 계란형, 동그라미 더미 속에 숨어서 집, 수레, 책 등을 만들며 모양의 구성 원리를 연습한 후 위기가 닥쳤을 때 이를 활용하여 극복하는 줄거리로 구성되어 있다. 그림책의 줄거리는 모양 익히기와 실전 응용의 두 단계를 거쳐 진행된다. 쥐들은 고양이가 좋아하는 생선 모양을 만들고 나서 덜컥 겁이 나서 여러 도형으로 크고 무서운 고양이 형상을 만들어 막아보려 하지만 고양이에게 통하지 않는다. 간신히 도망친 쥐들은 마침내 여러 도형을 창의적으로 결합하여 무서운 쥐 형상을 만드는 기지를 발휘하여 고양이를 물리치는 데 성공한다. 모양 배우기의 진정한 의미는 각각의 모양이 어떻게 생겼는지 단편적 지식을 아는 것에 그치지 않고 색깔이나 크기 등도 같이 고려하면서 창의적 역량을 통해 쓸모 있게 결합하는 것에 있다. 이렇듯 모양 그림책이라 하더라도 모양에 관한 감각적 경험과 기초적 지식을 획득하는 수준에 국한되지 않는다.

『생쥐 모양』 앞표지

『생쥐 물감』은 흰 쥐 세 마리가 빨강, 노랑, 파랑 물감통에 들어갔다 나와서 빨간 쥐, 노란 쥐, 파란 쥐가 되더니 빨강에 노랑을 섞어 오렌지를 만들고, 노랑에 파랑을 섞어 녹색을 만들고, 빨강에 파랑을 섞어 보라색을 만들며 색깔놀이를 다룬다. 이 작품을 읽다보면 쥐들이 물감통을 들락거리는 상황에 몰입하면서 자신이 물감놀이를 하는 것 같은 몰입감을 느낄 수 있다. 놀이를 마친 쥐들은 다시 목욕을 하여 흰색으로 돌아온 후 도화지에 몸으로 터득한 색깔들을 알록달록 칠하며 두 번째 놀이를 즐긴다. 이때, 쥐들은 도화지 일부분을 하얗게 남겨두고 고양이가 다가올 때 그 속에 들어가 보호색으로 몸을 숨겨 위기를 모면한다. 직접 체험을 통해 색깔의 혼합을 익히고 고양이가 찾아올 것을 예상하여 여백을 남겨 둔 덕분이다. 독자는 작품을 읽으면서 색깔의 혼합, 보호색 개념, 그리고 위험을 미리 살펴 슬기롭게 대비해야 한다는 교훈을 얻는다.

에릭 칼의 『반대말』(*Opposites*)은 지각 개념책 중에서 반대 개념을 다룬다.9) 이 작품에서는 위로 펼쳐지는 접지를 이용하여 day/night, up/down, young/old와 같은 대립 개념을 제시한다. 독자는 두 가지 삽화를 번갈아보면 개념 차이를 금방 파악한다. 눅눅하고 건조한 날씨나 동일한 물건의 다양한 상태는 현실에서 감각적으로 확인하기 어려울 수 있다. 따라서 접지를 들추어 반대 개념을 확인하는 방식은 반대 개념들이 같은 시공간에 동시에 출현하는 사례를 현실에서 찾기 힘든 문제를 보완하는 교육적 기능을 수행한다. 독자는 이 그림책을 통해 자신이 여기저기에서 경험한 기억의 조각들을 긁어모아 무엇이 반대되는 짝을 이루는지 맞춰보면서 지적 역량을 키운다. 접지를 열듯 마음에 저장된 기억들을 들추며 대립 개념의 짝을 찾고 영어를 익히는 것이다. 이렇게 단순해 보이는 그림책도 결코 단순하지 않은 교육적 가치를 지닐 수 있다.

소리에 관한 지각 개념책으로는 진 마조로(Jean Marzollo)의 『도시의 소리』(*City Sounds*)를 들 수 있다.10) 이 작품에서 할아버지는 손녀에게 가장 좋아하는 도시의 소리를 묻는다. 이에 손녀는 소방차, 오토바이, 비둘기, 발자국 등의 다양한 소리를 열거하면서 해당되는 의성어도 같이 그림책 하단에 제시한다. 그러자 할아버지는 자기가 연주하는 하모니카 소리를 답할 줄 알았다고 말하고, 이에 손녀는 그건 소리가 아니라 세상 최고의 음악이라고 대답한다. 이 작품의 표면적 주제는 도시의 온갖 소리를 소음으로 여기기보다 삶을 풍요롭게 만드는 긍정적인 자극으로 인식하라는 것이다. 작품의 이면에서는 주변에서 들리는 소리와 귀를 기울여 심미적 감상에 이르는 음악을 구분하라는 개념 차이 설명을 은연중 전달한다.

초기 학습자용 영어 그림책: 글없는 그림책과 읽기독본

삽화만으로 이야기를 전개하는 글없는 그림책도 초기학습자를 위한 유용한 학습자료다. 글없는 그림책은 삽화가 정밀하고 삽화 간 연결고리가 분명하여 독자가 이야기 전개에 몰입하기 쉽도록 구성되어 있다. 이때, 삽화에 불필요한 정보를 많이 넣으면 독자를 혼란스럽게 하여 읽는 재미가 반감된다. 글없는 그림책의 삽화가 정밀하다는 것은 사실적이라는 의미가 아니라 내용을 잘 이해하도록 특징을 잘 포착하였거나 미묘한 단서들을 적당한 수준으로 적재적소에 배치하였음을 의미한다. 글없는 그림책은 어떻게 구성하느냐에 따라 복잡한 서사 전개와 깊이 있는 주제를 형상화할 수 있다. 대표적인 작품으로는 데이비드 위즈너의 『화요일』과 『시간상자』를 들 수 있다. 이 그림책들은 삽화를 꼼꼼히 관찰하면서 서사 전개를 따라가도록 구성되어 있다.

삽화 구도와 길이가 비교적 짧고 간단한 크리스 라쉬카(Chris Raschka)의 『빨강 파랑 강아지 공』(*A Ball for Daisy*)은 글없는 그림책이더라도 유려하고 분명한 서사 전개와 도덕적 주제를 잘

---

9) Eric Carle, *Eric Carle's Opposites* (New York: Penguin, 2007).

10) Jean Marzollo, *City Sounds* (New York: Scholastic, 1994).

『빨강 파랑 강아지 공』 앞표지

담을 수 있음을 예증한다.11) 이 작품은 강아지가 애착하는 붉은 공을 가지고 놀다 울타리를 넘어가서 도움을 받아 다시 찾은 후에 이를 다른 강아지가 가로채고 공을 터뜨려 시무룩해졌으나 다른 강아지 주인이 새로 파란 공을 줘서 기분이 좋아지며 마무리된다. 이런 줄거리는 세상살이가 뜻대로 되지 않지만 결국 좋은 방향으로 귀결된다는 속뜻을 전달한다. 어린 아이들은 애착물건이 없어지면 아무리 부모가 비슷한 물건을 가져다주거나 나중에 구해준다고 달래도 막무가내로 떼를 쓰고는 한다. 특정 물건에 대한 애착이 심한 아이들은 평소 좋아하는 장난감이 내가 아무리 잘 관리해도 망가지거나 없어질 수 있다는 사실을 떠올리면서 강아지가 겪은 불운에 공감하고 막판의 행운이 자기에게도 찾아올 것으로 기대하게 된다. 시간이 흐르면 어쩌면 더 좋은 물건이 나에게 생길 수 있다면 지금 당장 뭔가가 없어지거나 망가졌더라고 부모에게 떼를 쓸 필요가 없다. 이렇게 아이는 이 작품을 읽으며 자신의 불안한 마음을 스스로 달랠 수 있다.

글없는 그림책 중에서는 역사적 배경을 알아야 제대로 이해할 수 있는 작품도 존재한다. 숀 탠(Shun Tan)의 『도착』(*The Arrival*)은 다양한 민족과 인종의 이민자들이 미국 뉴욕의 엘리스 섬(Ellis Island) 이민국에 도착하여 심사를 받은 후 이런저런 고초를 겪으면서 미국인이 되어가는 과정을 단색 스케치 삽화로 묘사한다.12) 다양한 민족의 특징적 표정과 옷차림을 한 권에 압축적으로 묘사하다보니 정형화의 위험성에 노출되어 있기는 하지만, 이 작품을 접하면 마냥 미국의 꿈만 품고 행복해 할 수 없는 이민자의 고단한 삶을 간접 경험할 수 있다. 이 그림책을 이해하려면 미국의 이민에 관한 배경지식이 필요하기 때문에 내용으로 보면 초등 고학년 이상에 적합하다. 이렇게 내용 수준이 높은 글없는 그림책은 영어교육에서 어떻게 활용해야 할지 고민스러울 수 있다. 글없는 그림책 중에서 분량과 내용에 부담이 없어도 일정 수준 이상의 배경지식을 요할

11) Chris Raschka, *A Ball for Daisy* (New York: Random House, 2011).
12) Shun Tan, *The Arrival* (London: Hodder & Stoughton, 2006).

때 영어 수업에서 어떻게 사용할지 막막하기 마련이다. 가장 손쉬운 답변은 초기학습자와 중기 이후 학습자를 분리하여 다른 용도로 활용하라는 것이다. 초기학습자는 언어보다 도덕이나 정서적 깨달음에 집중하면서 아이가 받아들일 만한 영어 어휘 약간 정도 익히고, 중기 이후 학습자는 영어수업에서 배운 표현을 덧붙여가며 '글있는' 그림책으로 변환하는 과업을 해 볼 수 있다.

그림책 중에서는 글이 포함되어 있기는 해도 작품의 일부만 보았을 때 무의미한 반복적 언어 표현만 제시되는 듯 보이는 것들도 있다. 그중에서 꼬인 발음 말하기(tongue twister)처럼 운율의 반복을 통해 영어 발음에 관한 감각을 재미있게 익히도록 하기 위한 의도로 만들어진 그림책은 읽기독본(decodable book)에 가깝다. 가령, 삽화와 더불어 "My pet is a rabbit. My pet is a rat."이라는 표현이 제시되었다면 이해와 무관하게 발음의 재미에 집중할 뿐 특별한 플롯이 존재하지 않을 수 있다. 반면에, 패턴예측책(predictable book)은 운율을 활용하되 최소한의 이

『물고기 하나 물고기 둘 빨강 물고기 파랑 물고기』 앞표지

야기 전개를 지니고 있다. 닥터 수스의 『물고기 하나 물고기 둘 빨강 물고기 파랑 물고기』(*One Fish Two Fish Red Fish Blue Fish*)에서는 반복적 패턴에 운율을 담으면서도 일정한 흐름이 존재한다.13) 이 작품은 다양한 외모와 특징을 가진 동식물들, 심지어 낙타의 혹이 7개일 정도로 절반쯤 상상의 동물들까지 등장시켜 개성을 있는 그대로 받아들이라는 메시지를 전한다. 이런 메시지는 "그중 하나라도 또 다른 것과 똑같지 않다. 나한테 왜냐고 묻지 마라. 너의 엄마한테 가서 물어라"라는 구절에 잘 나타난다. 상상과도 가까운 무언가가 내가 경험하지 못한 어딘가에 존재할 가능성을 인정하는 것은 닥터 수스의 작품에 공통적으로 담긴 주제이기도 하다. 학습자는 그림책 속 언어유희를 즐기며 현실과 가상의 경계를 스스로 성찰하고, 마침내 자신만의 현실감각을 깨닫는 역설적 깨달음에 이른다.

---

13) Dr. Seuss, *One Fish Two Fish Red Fish Blue Fish* (New York: Random House, 1960).

초기 학습자용 그림책들은 단순한 어휘와 구문으로 구성되었음에도 불구하고 최소한의 이야기 형식을 포함할 수 있다. 어린 독자들은 자신이 경험했을 법한 상황이 반영된 삽화를 보고 운율이 실린 글을 읽으며 몰입과 공감에 이른다. 이들은 이런 과정을 거쳐 영어에 대한 흥미를 갖고 도덕적 교훈도 부가적으로 획득한다. 상황 자체를 즐기면서 도덕적 메시지를 무의식중에 수용하고 지식이 쌓이다보면 언젠가 인지적 분석을 거친 문학적 감상과 비판적 식견을 갖게 된다. 문학 감상의 본질이 세상만사를 대신 경험하며 다양한 깨달음을 획득하는 것이라면, 초기 학습자용 그림책은 이를 위한 첫 단추일 것이다.

12. 영어 전래동화와 판타지 그림책

Behind the Scenes

여자1("미녀와 야수"의 미녀): (상대편 여자를 보고) 표정이 어둡네요. 안 좋은 일이라도 있었나요?

여자2(라푼젤): 만나던 남자가 있었는데, 이를 안 마녀가 저를 쫓아낸 이후로 헤어져서 만나지 못하고 있어요. 어디에서 뭘 하고 있는지 ... (흐느낌)

여자1: 저런, 기운내세요. 꼭 다시 만나게 될 거에요. (한숨) 사실 저도 맘에 드는 남자가 있긴 한데 만나지 못하고 있어요.

여자2: 왜요? 어디 멀리 떠났나요?

여자1: 그런 건 아닌데요. 가족들이 외모가 너무 별로라고 결혼을 반대하네요.

여자2: 누가 일부로 막는 것만 아니라면 만나셔야죠. 무슨 일이라도 생겨서 만나고 싶어도 못 만난다면 후회할 텐데요. (한숨) 제가 딱 그 신세랍니다.

여자1: 그럴까요? 가서 마음을 털어놓을까요?

여자2: 저라면 그렇게 할 것 같아요. (짧은 머리카락을 매만지며) 여기 잘린 머리카락 좀 보세요. 머릿결도 좋은 것 같은데 ... 부럽네요. 지금 바로 남자친구에게 가서 솔직하게 얘기하다보면 일이 잘 풀릴 거에요.

여자1: 네, 알겠어요. 고마워요. (자리를 뜨면서 주먹쥐고 파이팅 모션을 취하면서) 남자친구를 꼭 찾으실 겁니다.

도입부 장면은 유럽의 전래동화를 토대로 만든 영화 『미녀와 야수』(*The Beauty and the Beast*)의 미녀(이하 미녀)와 독일 전래동화 「라푼젤」(Rapunzel)의 라푼젤이 서로의 이성친구에 대해 속마음을 터놓는 가상 대화이다. 미녀는 상대방의 매력에 끌리지만 사회적 통념 때문에 마음을 확실히 정하지 못하였음을 고백하고, 라푼젤은 외부의 압박으로 강제로 헤어졌어도 다시 만나려는 의지를 다진다. 전래동화의 줄거리는 다를지라도 두 이야기는 진정한 사랑이란 재물, 외모 주변의 압박처럼 외적 조건에 얽매이지 않는다는 메시지를 공유한다. 전래동화에서는 이렇듯 사랑, 공포, 두려움 등과 같이 인간의 보편적인 소망이나 정서를 모티프로 삼아 이야기를 향유하는 이들로 하여금 삶의 진실과 지혜를 깨닫도록 한다. 이 과정에서 이야기의 시공간 배경을 이루는 문화적 가치와 신념이 은연중 독자나 청자의 의식에 스며들게 된다. 전래동화는 이런 방식으로 사회화를 위한 교육적 기능을 수행한다.

전래동화에서는 대부분 가상 상황이나 인물이 등장하므로 현대 판타지 동화와도 연결된다. 판타지 동화에서는 전래동화의 플롯을 변형하여 작가의 기발한 상상력을 덧입힌 사례가 많이 엿보이기도 한다. 전래동화와 판타지 동화가 그림책 형태로 제작되거나 개작된 여러 버전이 있다는 점을 염두에 둔다면, 두 가지 동화에 대한 논의는 그림책과도 무관하지 않다.

전래동화의 기원

전래동화가 특정 집단의 보편적 사고 혹은 소망을 담은 집단창작물이라는 사실은 세 가지 측면에서 해명될 수 있다.

첫 번째로, 과학이 발달하지 않은 시기에 신비로운 듯 보이는 자연현상을 합리적으로 해명하기 위한 논리가 전래동화 플롯에 반영되어 있다. 핀란드의 사미족(Sami)은 신비로운 오로라를 바라보면서 마법 세계의 여우가 눈을 헤치고 달릴 때 일어나는 여우 불꽃(fox fire)이라고 생각하고, 이누이트족(Inuit)은 죽은 자의 영혼이 저승으로 향한다고 믿는다. 태양풍이 대기권의 산소나 질소와 마찰을 일으키면서 생기는 빛이라는 사실을 몰랐던 시절에는 이야기를 통해 자연현상을 설명함으로써 오로라를 보면서도 공포와 두려움을 떨쳤을 것이다. 가장 큰 공포를 자아내는 것은 무서운 현상과 마주하는 것이 아니라 내가 이해할 수 없는 일들이 연달아 벌어져 불안감을 자극할 때이다. 전래동화는 이럴 때 공포를 잊는 심리적 방어기제로 작용함으로써 듣는 이로 하여금 어지러운 세상에 질서를 부여하는 힘을 갖게 한다.[14)]

두 번째로, 인간 삶의 보편적인 고민과 해결책에 대한 집단 지성의 결정체로 전래동화 플롯을 이해할 수 있다. 사람들은 사랑, 물질적 성공, 죽음 회피 등에 관한 보편적 해답을 얻고 싶어 하지만, 몇 사람의 얘기를 듣는다고 해서 보편적 소망에 관해 원하는 답을 완벽하게 얻을 수는 없다. 어디에도 정답이 없으니 내 방식대로 사랑을 쟁취하려고 상대방에게 위해를 가하는 등의 어긋난 행동이 난무하면 공동체의 안위가 위협받을 수 있다. 전래동화는 여러 사람의 소망이 충돌을 일으키지 않도록 올바른 공동체 윤리를 지키면서 보편적 소망을 추구하도록 유도하는 사회적 기능을 담당한다. 영웅 내지는 개성이 없는 보편적 인물들이 주인공인 스토리를 접하면서 캐릭터의 입장에서 어떻게 행동할지 생각해봄으로써 공감능력을 갖추게 된다.

세 번째로, 옛 이야기를 읽으며 캐릭터들이 신비로운 자연 현상이나 고난처럼 살면서 맞닥뜨릴

14) Bruno Bettelheim, *The Use of Enchantment: The Meaning and Importance of Fairy Tales* (New York: Vintage, 1977) 53.

결정적 순간에 어떤 반응을 보였는지 엿봄으로써 현실의 물리적 제약을 뛰어 넘는 상상의 즐거움을 만끽할 수 있다. 전래동화는 판타지 동화가 등장하기 이전에 공상과학 장르와 유사하게 인간의 최대치 상상력을 담는 그릇 역할을 담당하였다. 사람들은 이런 전래동화를 통해 현실에서 가질 수는 없더라도 진기한 상황이나 신묘한 힘을 상상하고 즐기려는 기대감을 충족한다.[15)]

전래동화 기원에 관한 두 가지 가설[16)]

- 단일기원(monogenesis): 한 곳에서 생긴 이야기가 퍼졌다는 입장(예. 유라시아 대륙의 인구 이동으로 민담이 퍼졌다는 유전자 분석 결과)
- 다중기원(polygenesis): 우연히 여러 지역에서 비슷한 이야기가 발생했다는 입장(예. 세계 곳곳에서 인간, 여우, 늑대가 널리 분포하는 우연이 이야기에 반영)

각 문화권에서는 영웅의 고난과 시련과 얽힌 초자연적 현상과 연관된 비슷한 이야기들이 분포한다. 어느 지역에서 무슨 연유로 출현한 민담이든 대체로 "Once upon a time there lived~"와 같이 인물과 시공간 정보를 짤막하게 언급하고 시작한다. 이렇게 특정한 시공간을 지목하지 않고 머나먼 옛날이라고 두루뭉술하게 넘어가면 허무맹랑하다는 의구심이 들 수도 있다. 그러나 시공간이 불분명해서 얻는 이익도 만만치 않다. 우선, 특정 시기를 콕 집어 말하면 '그 때는 맞고 지금은 틀리다'라거나 사실 확인을 해보니 거짓이라는 반박에 직면할 수 있다. 영민한 동물이나 가상의 존재들을 사실이라고 강변할 수 없기 때문이다. 성서처럼 보편적인 진리가 담긴 이야기라고 호소하는 수사적 효과도 구체적 시공간을 배제하였을 때 얻을 수 있는 또 다른 장점이다. 그렇다면 전래동화에 사실이 조금도 섞이지 않은 것일까? 꼭 그렇진 않다. 궁금해도 뒤를 돌아보지 말라는 약속을 어겼더니 저 위에 보이는 흔들바위가 되었다는 이야기만 해도 특정한 지리적 사실을 가지고 만들어진 것이다. 이런 전설은 세계 곳곳에 무수히 존재한다. 이렇게 특정 지형지물의 유래를 설명하는 전설을 특별히 유래담(pourquoi tale)이라고 부른다.

버나 아데마(Verna Aardema)의 『모기는 왜 귓가에서 앵앵거릴까?』(*Why the Mosquitoes Buzz in People's Ears?*)는 더운 날 유달리 모기소리에 귀가 예민해지는 이유 혹은 유래를 설명한다.[17)] 이 작품의 플롯은 서아프리카 민담에서 따온 것으로, 모기가 이구아나에게 황당한 허풍을 늘어놓자, 이구아나가 귀를 막고, 이를 본 구렁이가 화난 이구아나가 자기에게 해코지를 할

15) Bettelheim, ibid., 39.

16) Vladimir Propp, *Theory and History of Folklore*, Trans. Ariadna Y. Martin and Richard P. Martin (Minneapolis: U of Minnesota P, 1984) 82. 프롭은 단일기원과 다중기원이라는 용어를 사용하지 않았으나 관련 개념을 풀어서 설명함으로써 전래동화 기원을 둘로 구분하여 최초로 제안한다.

17) Verna Aardema, *Why the Mosquitoes Buzz in People's Ears?* (New York: The Dial Press, 1975).

것으로 여겨 토끼굴로 들어가고, 이런 토끼를 본 까마귀가 위험 신호라고 경고하고 다니는 등으로 작은 사건이 크게 확대되는 연쇄반응으로 구성되어 있다. 작품 후반부에서 동물들이 회의를 열어 소동의 원인으로 지목된 모기를 벌하기로 하자, 이에 모기는 사람 귀에다 대고 아직도 동물들이 화났냐고 앵앵댄다. 이것이 우리가 듣는 모기 소리의 실체라는 것이다.

『모기는 왜 귓가에서 앵앵거릴까?』에 나타나듯, 전래동화는 대체로 욕심이나 질투심이 많거나 용기가 없는 것과 같이 단편적으로 반응하는 평면적 인물(캐릭터)을 다룬다. 결정적 사건을 계기로 성격이 확 바뀌면 플롯이 복잡해져서 이야기꾼이 암송하기 힘들거나 전달 과정에서 내용이 전혀 다르게 바뀌어 한참 지나면 원래 이야기와 완전히 다른 '배달사고'가 생길 수 있기 때문이다. 평면적 인물들이 펼치는 이야기는 한 자리에서 듣고 전체를 바로 이해할 수 있는 플롯과 연관된다. 그렇다보니 전개가 빠르고 청자의 머릿속에 줄거리가 한 번에 쏙 들어올 뿐 아니라 인물들의 대화가 일정한 패턴으로 이어지기 때문에 영어학습에서도 유용하다.

전래동화의 플롯

전래동화의 플롯은 특정한 계기에 의해 바깥세상으로 나가서 고난을 겪은 후 행복한 결말에 이른다거나 자신이 한 행동에 따라 결과를 감내하는 인과응보로 마무리되는 경우가 일반적이다. 이런 전래동화의 플롯이 지닌 특징을 열거하면 아래와 같다.

첫 번째로, 세상 모든 것은 대가를 지불해야 한다. 도입부 장면에서 라푼젤이 마녀의 종탑에 갇혀 지낼 수밖에 없던 까닭은 채소를 얻고 싶던 부모가 아이를 낳으면 마녀에게 주겠다고 약속했기 때문이다. 참고로, 라푼젤이라는 말이 독일어로 상추과 채소를 뜻한다. 라푼젤은 마녀가 내린 규율을 어기고 머리를 길러 왕자가 잡고 올라오게 하여 만난 사실이 발각되어 쫓겨나 혹독한 대가를 치른다.

두 번째로, 호의와 아량이 악함과 이기심을 이긴다. 선량한 존재는 적절한 시점에 주변의 도움을 받는다. 『빨간 망토』만 해도 나쁜 늑대가 결국 사냥꾼에게 잡힌다. 이런 식으로 사회적으로 권장하는 교훈을 후세 혹은 청자에게 전달한다.

세 번째로, 기지와 인내심으로 악당을 물리친다. 별주부전의 토끼가 꾀를 내어 위기를 벗어나는 점을 관련 사례로 떠올릴 수 있다. 주인공 캐릭터는 시련에 봉착한 후 자기의 완력만 믿고 성급하게 문제에 덤비기보다 마법과 같은 주변의 도움이나 머릿속에서 번뜩이는 생각을 떠올려 문제를 해결한다. 용궁에 잡혀갔으나 간을 두고 왔다는 기지를 발휘한 토끼처럼 완력이 부족해도 지략으로 위기를 모면하는 캐릭터를 꾀돌이(trickster)라 부른다. 꾀돌이 민담은 세계 곳곳에 널리 퍼져 있다. 성공적인 삶이 물질의 축적이 아닌 지혜에 있다는 교훈을 사람들에게 전함으로써 사회적 안정을 기할 수 있기 때문이다. 현대의 경우에는 디즈니 만화에서 당근을 먹는 토끼 버니(Bugs Bunny)와 만화영화 『톰과 제리』(*Tom and Jerry*)에서 덩치가 큰 고양이 톰이 달려들 때마다 기발한 발상으로 물리치는 생쥐 제리를 예로 생각해 볼 수 있다.[18)]

브루노 베텔하임의 『옛이야기의 매력』

「아기돼지 삼형제」와 「신데렐라」와 같은 서양의 유명한 전래동화에 담긴 역사와 민중의 집단 심리를 분석한 저술이다. 이 책은 특히 정신분석학에 관한 깊은 이해를 바탕으로 아동문학을 깊이 해석하는 전범을 제시하였다.

네 번째로, 유약한 캐릭터가 독립적이고 강인한 존재로 거듭난다. 이에 대해 오스트리아 출신 심리학자 브루노 베텔하임(Bruno Bettelheim)은 『옛이야기의 매력』(*The Uses of Enchantment*)에서 「잭과 콩나무」(Jack and the Beanstalk) 이야기를 통해 성장의 의미를 설명한다. 베텔하임에 의하면, 잭이 밤새 자라는 콩나무와 이를 타고 올라가 거인의 진기한 물건을 훔쳐오고 마침내 콩나무를 잘라 거인을 제압하는 플롯은 맛있는 먹거리과 같은 유아기적 집착을 버리고 성인에 걸맞는 새로운 고차원적 욕망을 장착하고 원하는 것을 얻기 위해 분투함으로써 스스로 위기를 극복하고 성장한다는 메시지를 담고 있다. 정신분석학적으로, 아버지를 상징하는 거인을 극복하면서 외디푸스 콤플렉스에서 벗어난다는 것이다.[19)] 다만, 여성의 경우에는 민담에서 수동적 존재로 그리는 경향이 강하여 현대적 관점에서 비판적으로 받아들여진다. 가령, 「잠자는 숲속의 미녀」에서 입맞춤으로 깨어나면서 원래 공주 신분을 회복하여 왕비가 되는 설정은 독립적이고 강인한 존재를 남성의 영역으로 국한한 과거의 시대적 한계를 내비친다.[20)]

다섯 번째로, 특정 캐릭터나 사건이 아니라 콩나무, 유리구두, 독이 든 사과, 말하는 하프, 요술 조약돌처럼 인상적인 시각적 상징물들을 축으로 하여 줄거리가 전개되는 경향을 보인다. 책이나 영상매체가 없던 시절에 입말로 이야기를 주고받는 상황이라면, 청자의 머릿속에 떠올릴 수 있는

18) Lewis Hyde, *Trickster Makes This World: Mischief, Myth, and Art* (New York: Farrar, Straus and Giroux, 1998) 3.

19) Bettelheim, ibid. 183-93.

20) Bettelheim, ibid. 199-214.

이미지가 분명해야 몰입할 수 있을 것이다. 인물이나 사건은 명료한 하나의 이미지를 떠올리기 어렵기 때문이다.

여섯 번째로, 특정한 상투적 표현을 이야기의 특정 시점에 사용하여 사건 전개 상황에 대한 정보를 청자에게 제공한다. 이야기가 너무 길어지면 듣는 입장에서 자칫 지루하여 세세한 대목을 놓칠 수 있다. 이럴 때, 대부분의 민담에서 즐겨 사용하는 언어 패턴이 등장하면 전체 줄거리의 어느 지점인지 감을 잡고 다시금 이야기 흐름에 몰입할 수 있다. 드라마의 지난 줄거리 요약과 비슷한 기능을 수행하는 것이다. 전래동화에서는 주로 “Once upon a time there lived ... One day it happened ... But he or she did ... he or she was very sad ... he or she did ... so he or she was very happy. Since then, they lived happily ever after.”와 같은 전형적 문구를 사용하여 이야기 형식에 관한 배경지식을 활성화한다. 이렇게 유사하거나 동일한 언어가 반복되는 전래동화 구조는 언어학습에서 요긴하게 활용될 수도 있다. 반복성과 규칙성이 뚜렷한 특징으로 인해 읽은 내용을 기억하기도 쉽고 간단한 도식으로 내용을 정리하기에 유리하기 때문이다.

전래동화에서는 삼 형제가 2번 실패하고 3번째 성공하는 것처럼 특정 숫자가 빈번하게 사용되는 모종의 플롯 패턴을 보여준다. 3이라는 숫자는 패턴을 만드는 최소 횟수이고, 7이나 9처럼 소수(prime number)를 사용하면 데칼코마니처럼 이야기의 좌우대칭과 균형을 이루기 수월하다.[21] 여러 문화권에서 짝수가 불운을 상징한다고 알려져 있기에, 완벽한 서사 구성을 위해 전래동화에서 홀수 패턴을 즐겨 이용하는 경향을 보이는 점도 특기할 만하다. 그렇다고 숫자 규칙을 절대불변의 진리처럼 받아들일 필요는 없다. 그리스 신화에서 4라는 숫자는 계절, 방향, 4명의 주요 신들을 뜻하기 때문에 세상의 기본요소와 창조를 의미하는 반면, 동양에서는 4를 죽음과 불운으로 여긴다.

전래동화의 분류

지금까지 살펴본 전래동화를 인물, 사건, 배경에 따라 분류해보면 [표 12-1]처럼 정리될 수 있다. 전래동화는 일반적으로 “신화, 전설, 요정이야기, 우화, 허풍이야기”처럼 다섯 가지로 분류된다. 신화는 알 수 없는 시공간에서 신들이 물리적 법칙을 뛰어 넘는 행위를 통해 인간의 복잡다단한 내면을 은유적으로 드러낸다. 전설은 평범한 인물들이 특정 시공간에서 놀라운 자연현상과 마주하는 플롯을 통해 도덕적 메시지를 전한다. 요정이야기는 마법을 통해 사건이 전개되지만 인간, 동물, 가상존재들이 얽혀 갈등이 생겼을 때 인간이 선한 마음으로 문제를 주체적으로 해결함으로

21) Bettelheim, ibid. 71-72, 84-85.

써 삶을 대하는 마음가짐에 대한 교훈을 되새기도록 한다. 우화는 의인화된 동물 캐릭터가 기지를 발휘하여 문제를 해결함으로써 지혜와 현명함이 삶에서 필요하다는 교훈을 전한다. 허풍이야기는 실제 시공간을 배경으로 괴력을 지닌 존재가 과장을 통해 웃음을 유발하는 방식으로 문제를 해결하는 내용을 다룬다.

▮표 12-1 인물, 사건, 배경으로 본 전래동화의 분류

분류 \ 요소	캐릭터	문제와 해결(사건)	배경
신화(myth)	신(남/여, 어른/아이)	일상적이지 않은 사건의 발생 / 마법, 비범한 존재와 사물	불분명한 시공간
전설(legend)	평범한 인간, 동물	자연에서 벌어지는 일의 연유 / 마법	현실 속 지리적 공간과 먼 과거
요정이야기 (fairy tales)	인간, 동물, 상상 캐릭터	선악 대결 / 마법	자연, 마을(인간공동체)
우화(fable)	동물	곤란에 처한 동물 / 속임수 기법	자연, 마을
허풍이야기 (tall tales)	초인적 능력을 지닌 인간	곤란에 처한 인간 / 유머	역사 속 시공간

허풍이야기는 한 발로 3마리를 한꺼번에 사냥했다는 것처럼 너스레떨기를 특징으로 한다. 미국에서는 엄청난 사격술로 악당을 무찌르는 총잡이 내지는 초인적 행적을 보여준 영웅의 행적을 묘사하는 이야기가 큰 인기를 끌었다. 대표적으로, 파란 새끼 소(Babe the Blue Ox)를 끌고 미국 전역을 돌아다니며 개간했다는 괴력의 벌목꾼 『폴 번연』(*Paul Bunyan*) 이야기를 들 수 있다. 이런 이야기는 미국 개척시기 변경에서 억센 벌목꾼들의 사례를 기초로 하여 초인간적인 존재로 각색하여 만들어진 현대판 전래동화에 속한다. 폴 번연이 소에게 물을 먹이려고 오대호를 팠고 도끼를 긁어 미시시피강을 만들었다는 줄거리는 황당무계해 보인다. 이런 이야기는 미국의 위대한 대자연을 칭송하고 관리하자는 선전 도구로 회자되었다. 허풍이 호기심을 자극할 수 있다는 점에

미네소타(Minnesota)의 폴 번연 기념조형물

서, 과장과 유머에 관심이 많은 언어 학습자는 이런 이야기를 읽으며 영어에 흥미를 느낄 수 있을 것이다.

전래동화의 주제, 플롯, 분류를 짚어보면 현재의 관점에 맞지 않는 지점이 존재할 수밖에 없다. 과도하게 폭력적인 대목들, 그리고 여성이나 이방인처럼 소수자들을 부당하게 묘사하는 다문화적 몰이해는 과연 전래동화를 교육적으로 활용하는 것이 바람직한가에 대한 논란을 불러일으킬 수 있다. 여기에 덧붙여, 동물을 인간중심적으로 재현하고 특정 동식물을 악함을 대변하는 존재로 몰아세우는 반생태적 사유를 은연중 정당화라는 문제도 빼놓을 수 없다.[22] 소수자의 목소리를 감추거나 막고 남성과 귀족 중심의 위계질서를 유지하여 사회적 가치를 지키며 혼란을 방지하는 플롯은 체제수호를 위한 이데올로기 전파가 전래동화의 중요한 사회적 기능이었음을 잘 보여준다.

그렇다고 전래동화의 가치를 도외시할 수는 없을 것이다. 그 속에 담긴 인간의 본원적 욕망과 이를 대하는 올바른 마음가짐이 시대가 변해도 여전한 울림을 주기 때문이다. 게다가 다양한 지역의 전래동화를 비교 검토하다보면 전래동화를 통해 인간과 사회를 바라보는 시야가 넓어질 수도 있다. 또한, 여성과 소수자의 눈으로 다시 쓴 반전동화들을 읽다보면, 시대정신에 부합하는 방향으로 전래동화를 교육적으로 새롭게 들여다볼 수 있다. 이렇듯 현재의 관점에서 익숙한 전래동화를 다시 쓰는 작업은 영어학습자들의 동기 부여에 긍정적일 수 있다. 동화책 주인공의 페르소나(persona), 다시 말해 목소리를 빌려서 자신이 원하는 이상적 자아를 표현할 수 있기 때문이다.

판타지 동화: 동물 판타지

전래동화를 읽으면서 동식물의 새로운 모습을 떠올리고 가상의 존재를 상상하였다면, 현대적 의미의 판타지 동화에서는 현대 작가들의 펜을 빌려 보다 과감하게 아동의 내면을 들여다본다.[23] 전래동화가 삶에서 벌어지는 보편적 사건과 전형적 인간의 내면세계를 다루었다면, 판타지 동화는 아동의 내면에 초점을 맞추었다는 점에서 차별화된다. 이런 부류의 동화는 18세기 후반 이래로 서구사회에 퍼진 아동존중 관념이 보편화됨에 따라 19세기 중반에 들어서면서 꽃피우게 된다.[24] 『이상한 나라의 앨리스』(*Alice's Adventures in Wonderland*)와 『오즈의 마법사』(*The Wizard of Oz*)와 같은 작품이 대표적 사례이다. 유명한 판타지 동화의 상당수는 그림책 이야기

22) Anthony Nanson, *Storytelling and Ecology: Empathy, Enchantment and Emergence in the Use of Oral Narratives* (London: Bloomsbury Academic, 2021) 31-32, 109-13.

23) Astrida L. Seja and Sandra W. Russ, "Children's Fantasy Play and Emotional Understanding," *Journal of Clinical Child Psychology* 28.3 (1999) 269-77.

24) Karen Patricia Smith, *The Fabulous Realm: A Literary-Historical Approach to British Fantasy, 1780-1990* (London: The Scarecrow Press, 1993) 122.

로 간행되어 어린 학습자들에게도 널리 읽혔다.

판타지 동화는 속임수나 마법으로 사건이 전개되고, 꿈이나 마법 등을 통해 현재와 구분되는 가상의 시공간으로 이동하며, 실감나고 구체적으로 세부 상황을 묘사하는 것을 특징으로 한다. 속임수와 마법은 전래동화에서도 나타나지만, 판타지 동화의 경우에는 단순한 변신이나 엄청난 완력에 그치지 않고 마법이 아동 주인공을 변화시킨다. 피노키오의 코가 거짓말을 할 때마다 늘어나는 점이 대표적인 사례이다. 인물들이 엄청난 능력이나 마법장치를 소유하였더라도 엉뚱한 사람이 탈취하여 함부로 사용하면 대부분 역효과로 이어진다. 마법을 남발하면 더 이상 마법이 아니라 화근이 되는 것이다. 또한, 판타지 동화는 세부 묘사에 충실하다. 간단하게 묘사하면 고도의 능력을 지닌 존재가 저렇게 단순하지 않을 것이라는 통념으로 인해 사실성이 떨어지는 것처럼 느껴지기 때문이다. 공상과학 영화에서 우주선 조종실이나 외계에서 침입한 기계장치를 복잡하고 정교하게 묘사하는 장면을 유사한 사례로 떠올려 볼 수 있다.

판타지 동화의 유형으로는 세 가지로 나누어진다.

첫 번째 유형인 동물 판타지(Animal Fantasy)는 전래동화의 우화와 달리 현대적 시공간을 배경으로 하여 아이 혹은 아이와 같은 순수한 마음을 지닌 사람이 동물과 소통하면서 서로를 보듬어주는 플롯으로 이루어져 있다. 우화가 의인화를 통해 사회적 존재로 살기 위해 필요한 도덕적 교훈을 전한다면, 동물 판타지는 인간과 동물 혹은 동물과 동물 간의 소통과 교감을 통해 다른 존재를 대하는 생각의 열림을 지향한다. 휴 로프팅(Hugh Lofting)의 『닥터 두리틀』(*Dr. Dolittle*) 시리즈에서는 동물과 대화하는 능력을 지닌 수의사가 동물들의 소망 구현을 돕기 위해 아프리카

『닥터 두리틀의 여행』 앞표지

로 데려가는 모험을 다룬다.[25] E. B. 화이트의 『샬롯의 거미줄』에서는 거미줄로 글자를 직조하여 죽을 위기에 처한 돼지 윌버(Wilbur)를 사람들이 신묘한 존재라 여겨 죽이지 않는다. 이들 작품은 교감 능력을 지닌 인간과 동물이 서로를 보듬는 주제를 형상화한다. 언어교육적 관점으로 보면, 두 작품은 인간과 동물 혹은 동물과 동물 간에 원만한 소통역량을 발휘해야 함을 시사한다. 특히 『샬롯의 거미줄』은 거미가 만든 글자가 생명을 살리는 영향력을 발휘한다는 점에서 문해력의 힘에 관한 우화적 재현으로 해석된다.

그림책의 동물 판타지에서도 교감과 소통이 중요한 주제로 다루어진다. 윌리엄 스타이그의 『당나귀 실베스터의 요술 조약돌』에서는 당나귀 실베스터가 몸에 붙어 있는 채로 소원을 빌면 원하는 대로 변신하게 해주는 요술 조약돌을 획득한 후 맹수를 만나 피하는 과정에서 이야기의 가장 중요한 사건이 벌어진다. 그는 잡아먹히지 않으려고 조약돌을 쥐고 바위로 변해서 위기를 피하긴 했지만 조약돌이 바위에서 분리되는 바람에 다시 당나귀로 변신할 수 없게 된다. 실베스터의 엄마와 아빠는 이곳저곳을 돌아다니며 계절이 여러 번 바뀌도록 찾았으나 헛수고만 한다. 그러던 어느 날 마음을 달래러 실베스터가 바위로 변한 근처로 소풍을 온 엄마와 아빠가 바닥의 조약돌을 보고 실베스터가 좋아했겠다고 생각하며 바위에 얹는다. 그 순간, 실베스터는 다시 내가 되면 좋겠다고 소원을 빌자 원래 모습으로 되돌아간다.

『당나귀 실베스터의 요술 조약돌』은 요술 조약돌처럼 만능해법이 있다고 행복해지지 않는다는 깨달음을 전달한다. 삶에서 결핍에 시달리다보면 커다란 행운을 한 번쯤 기대하기 마련이다. 그러나 하나의 소원이 이루어지면 이내 또 다른 결핍이 생긴다. 이런 삶의 진리는 "세상 모든 것에 대가를 지불해야 한다"는 전래동화의 문법을 상기시킨다. 전래동화에서 욕심을 채우기 위해 중요

『당나귀 실베스터의 요술 조약돌』에서 실베스터가 다시 당나귀로 돌아가는 장면

25) 『닥터 두리틀』 시리즈는 1920년부터 1952년까지 시리즈로 15권으로 출간되었다. 아프리카로 떠나는 모험담은 1-2권의 주요 모티브로 설정되어 자세히 펼쳐진다.

한 무언가를 희생하면서 대가를 치른다면, 실베스터는 엄청난 힘이나 물질을 가지려는 욕심이 아니라 목숨을 부지하기 위해 불가피하게 마법을 부린다. 그렇기 때문에 다시 엄마 아빠의 아들이 되고 싶다는 '평범한' 소망은 대가의 지불이라기보다 원상회복 요청에 가깝다. 변하지 않는 바위는 계절이 몇 번씩 바뀌어도 원상회복을 향한 실베스터의 굳은 심지를 상징한다. 실베스터가 당나귀로 되돌아간 것에 담긴 또 하나의 교훈은 별 볼일 없어 보이는 주변의 사물도 눈여겨보며 숨은 가치를 인식하라는 것이다. 아빠는 요술 조약돌을 보면서 실베스터를 떠올렸기 때문에 내버려두지 않고 유심히 살펴보려고 바위 위에 얹어둔다. 아들을 생각하는 마음과 주변의 사물을 대하는 애정 어린 시선이 결합하여 실베스터를 본래의 자리로 되돌려놓은 셈이다. 즉, 실베스터는 원래의 나로 되돌아가려는 의지와 누군가의 도움이 합쳐짐으로써 행복한 결말에 이른 것이다.

판타지 동화: 장난감 판타지

판타지 동화의 두 번째 유형은 장난감 판타지(Toy Fantasy)다. 장난감 판타지의 시조로 볼 수 있는 작품은 소인국(Lilliput)과 거인국(Brobdingnag)을 배경으로 벌어지는 주인공 걸리버의 다양한 사건들을 묘사한 조나단 스위프트의 『걸리버 여행기』일 것이다.[26] 인물들의 상대적인 크기가 줄었다 늘어나는 상황에서 장난감처럼 취급받는 상황이 빈번하게 다루어지기 때문이다. 또한, 시체의 각 부위를 모아 새로운 생명체를 창조하는 주인공의 파멸을 묘사한 메리 셸리(Mary Shelley)의 『프랑켄슈타인』(*Frankenstein*)처럼 사물에 생기를 불어넣는 소설도 기계와 생명체의 상호관계에 집중하기 때문에 크게 보아 장난감 판타지에 속한다.[27] 19세기 말에 출간된 카를로 콜로디의 『피노키오』는 장난감 판타지 동화를 널리 알린 계기가 되었다.

장난감 판타지는 만물에 정령이 깃들면 살아 움직일 수 있다는 서양의 기계론적 유기체론을 사상적 기반으로 삼는다. 이런 이야기들은 장난감이 주인공이라고는 해도 동물이나 사람 모양을 하고 있는데다가 말하고 생각하는 존재로 묘사되므로 실질적으로 동물 판타지와 구성이나 주제가 크게 다르지 않다. 오늘날에는 장난감 판타지를 문학보다 영상매체로 경험하는 것이 일반적이다. 애니메이션 『토이스토리』(*Toy Story*)나 공상과학 영화 『앤트맨』(*Ant Man*)처럼 작지만 영민함을 갖춘 존재들이 위기를 극복하는 판타지 작품은 장난감의 시선으로 세상을 바라보거나 장난감처럼 작지만 민첩한 능력자가 되고픈 아동의 심리를 자극한다. 이런 이유로, 이런 작품들은 아동의 공감이입에 효과적이다.

---

26) 『걸리버 여행기』는 아동문학으로 쓰인 도서가 아니지만 추후 단순하게 개작하여 아동용 도서로 정착되었다.

27) 『프랑켄슈타인』은 『걸리버 여행기』와 마찬가지로 아동문학으로 쓰인 도서가 아니지만 기묘한 줄거리가 아동의 호기심을 자극하여 개작을 거쳐 아동용 도서로 널리 읽히게 되었다.

『알렉산더와 장난감 쥐』 앞표지

그림책의 경우에는 레오 리오니의 『알렉산더와 장난감 쥐』(*Alexander and the Wind-Up Mouse*)가 장난감 판타지의 대표적 사례다.[28] 사람들에게 환영받지 못하는 천덕꾸러기 알렉산더는 어느 날 장난감 쥐 윌리(Willy)를 만난다. 윌리는 소녀 애니(Annie)가 사랑하는 장난감이다. 알렉산더는 자기도 장난감 쥐로 변신하여 사랑을 받고 싶어 한다. 알렉산더는 소원을 이루고자 도마뱀을 찾아가고, 이에 도마뱀은 자주색 조약돌을 구해오도록 한다. 그런데 알렉산더는 조약돌을 찾아 헤매다 쓰레기통에 버려진 장난감 쥐 윌리를 발견한다. 애니는 새로운 장난감 생일선물을 받고 나서 낡고 오래된 장난감 윌리를 버린 것이다. 마침 그 자리에서 자주색 조약돌을 발견한 알렉산더는 도마뱀에게 찾아가서 조약돌로 윌리를 진짜 쥐로 바꿔달라고 부탁한다. 그러자 도마뱀이 순간적으로 빛을 번쩍인다. 알렉산더는 자신이 살던 쥐구멍에서 진짜 쥐로 바뀐 윌리를 만나 얼싸안고 좋아하며 이야기가 마무리된다.

『알렉산더와 장난감 쥐』는 동물 판타지와 장난감 판타지를 뒤섞은 플롯으로 이루어져 있다. 이 그림책은 알렉산더가 자신의 소원이 부질없음을 깨닫고 윌리를 위해 소원을 비는 모습을 통해 이타심을 주제로 다룬다. 그렇다고 알렉산더가 무조건적인 이타심만 발휘하는 것은 아니다. 사랑받고 싶은 소망이 장난감 쥐를 진짜 쥐로 바꾸어 (인간이 아닌 장난감 쥐와) 사랑을 주고받는 관계를 형성함으로써 이루어졌기 때문이다. 전래동화에서는 인물들이 소원을 이루기 위해 모종의 대가를 지불하지만, 현대 판타지 동화는 자기희생을 강요하지 않는다. 이런 차이는 일방적인 애착이 바람직한 관계일 수 없다는 오늘날의 보편적인 인식을 반영한다. 독자는 새 장난감을 얻었다고 있던 것을 버리는 소녀 애니를 통해 대상을 소유적으로 대하는 일방적 애정이 진정한 사랑이 아님을 되새겨보게 된다. 생명이든 사물이든 일회용품처럼 함부로 대하지 말라는 것이다. 마법으로

---

28) Leo Lionni, *Alexander and the Wind-Up Mouse* (New York: Pantheon, 1969).

진짜 쥐가 되는 판타지 모티프는 알렉산더와 윌리가 소통과 공감으로 향하는 여정을 완성하는 화룡점정 역할을 하는 서사장치로 기능한다.

판타지 동화: 여행 판타지

판타지 동화의 세 번째 유형은 여행 판타지(Travel Fantasy)를 생각해 볼 수 있다. L. 프랭크 바움(Lyman Frank Baum)의 『오즈의 마법사』나 C. S. 루이스(Clive Staples Lewis)의 『나니아 연대기』(*The Chronicles of Narnia*) 시리즈와 같은 작품이 대표적 사례다. 여행 판타지의 범주를 넓혀보면, 시간여행을 다룬 공상과학 소설도 여기에 포함될 수 있을 것이다.

여행은 일상에서 벗어나 다른 문화 속에 들어감으로써 새로운 관점과 생각을 획득하는 기회를 제공한다. 마찬가지로, 여행 판타지도 현실에서 이룰 수 없는 문제를 안고 상상의 세계로 건너가 다양한 상황을 마주하면서 문제를 해결하거나 아니면 적어도 문제를 숙명처럼 붙들고 살아야 한다는 깨달음을 얻고 현실로 복귀하는 플롯으로 구성되어 있다. 이런 이야기는 인간, 동물, 사물을 동등한 인격체로 설정하고 위기를 함께 극복하면서 소통과 교감에 이르고 자아정체성을 획득하는 주제로 이루어져 있다. 잃어버린 부모를 찾는 것처럼 주인공의 뿌리나 근원을 찾아가는 줄거리는 여행 판타지의 전형적 사례일 것이다. 이런 장르의 기원은 고대 그리스의 호메로스(Homer)의 『일리야드』(*Illiad*)나 『오딧세이』(*Odyssey*)와 같은 장편 서사시에서 형상화한 아버지 찾기(father-searching) 모티프까지 거슬러 올라간다. 여기에서는 『오즈의 마법사』를 예로 삼아 여행 판타지의 특징을 알아보고자 한다.[29]

『오즈의 마법사』는 미국 중부 캔자스(Kansas) 대평원에 사는 도로시(Dorothy Gale)가 돌풍(tornado)에 휩쓸려 강아지 토토(Toto)와 함께 오즈의 나라에 들어서며 시작된다. 도로시는 노란 벽돌길을 따라 오즈의 나라 수도인 에메랄드 시티(Emerald City)에 사는 강력한 마법사를 만나서 집으로 돌아가려 한다. 그녀는 길을 따라 가다가 허수아비(Scarecrow), 양철 나무꾼(Tin Woodman), 겁쟁이 사자(Cowardly Lion)를 차례로 만난다. 허수아비는 뇌(지혜), 양철 나무꾼은 심장(공감) 그리고 사자는 용기가 부족하다. 도로시는 이들을 설득하여 함께 위기를 극복하면서 에메랄드 시티로 향한다. 이 과정에서 마녀들의 방해로 위기 상황에 봉착했을 때 부족하다고 생각한 자질을 끄집어내어 위기를 모면한다. 마침내 도로시 일행이 마법사를 만났으나, 마법사는 네브라스카(Nebraska)의 오마하(Omaha)에서 오래전에 오즈의 나라로 건너온 평범한 사기꾼 노인임이 밝혀진다. 도로시는 마법사의 도움이 아니라 오즈의 나라에 들어올 때 북쪽의 착한 마녀

29) L. Frank Baum, *The Wonderful Wizard of Oz* (Chicago, IL: George M. Hill Company, 1900).

『오즈의 마법사』 초판본 겉표지

가 준 마법의 은구두를 두드려 집으로 돌아간다.

『오즈의 마법사』는 여타 현대 판타지 동화와 마찬가지로 외부로부터 구원의 손길을 기다리기보다 스스로 자신의 문제를 주도적으로 해결하는 마음가짐이 중요하다는 교훈을 담고 있다. 오즈의 나라로 떠난 여행은 타인을 바라보면서 결과적으로 거울처럼 자신을 되짚어 보는 계기가 된 셈이다. 특히 노란 벽돌길과 에메랄드 도시가 겉보기만 화려할 뿐 내면이 충만하지 못한 물질주의의 폐해를 경고하는 상징으로 쓰였음을 고려할 때, 이 소설은 물질과 외양에 현혹되지 말고 자신의 내면을 잘 들여다보면서 답을 찾으라는 메시지를 전한다. 이런 주제에 영감을 받아 만들어진 엘튼 존(Elton John)의 노래 「노란벽돌길이여 안녕」(Goodbye Yellow Brick Road)도 함께 동기유발 자료로 활용하면 흥미 유발에 도움이 될 것이다. 이런 여행 판타지는 어린 학습자들이 지닌 미지의 세계에 대한 동경심을 십분 활용하기 때문에 표현 욕구를 자극한다. 여행 판타지는 특히 초등 고학년 이상의 학습자들의 영어학습에 유익하다. 디지털 매체로 여행지역을 몇 개의 장면으로 나누어 흥미로운 이미지를 찾아 조합하거나 적절한 언어표현을 달아 온라인 콘텐츠를 제작하다보면 내용과 언어학습을 자연스럽게 결합할 수 있다.

비록 아동문학이기는 하더라도 여행 판타지를 통해 악을 물리치고 정의를 구현하는 전통적인 영웅담 서사를 차용하는 경우도 생각해 볼 수 있다. J. R. R. 톨킨(J. R. R. Tolkien)의 『반지의 제왕』 삼부작이나 J. K. 롤링(J. K. Rowling)의 『해리 포터』(*Harry Potter*) 시리즈는 문제 상황에 봉착한 유약한 주인공들이 상상계로 여행을 떠나 절대악과 마주하면서 시련을 통해 강인한 존재로 성장하고 이겨내는 모습을 보여준다. 아동들은 어른에게 보호받는 자신의 처지가 주인공과 유사하여 공감대를 형성하며 작품에 몰입한다. 이들은 어떤 점에서 주인공과 자신이 같고 다른지 비교 대조하면서 자신의 현재와 이상적 미래를 상상하고 표현하는 과정에서 다양한 영어표현을 익힐 수 있다.

영어로 된 전래동화와 판타지 동화를 살펴보면 인간의 보편적 심성에 관한 이해를 언어학습과도 연결해 볼 수 있다. 많은 아이들이 전래동화뿐만 아니라 유명한 판타지 동화도 어렸을 때부터 직·간접적으로 접하기 때문에 영어 수업에서 그림과 곁들여 제시하면 배경지식을 활성화하기 유리하다. 전래동화와 판타지 동화를 지금 이 순간의 실제 세상과 관련이 없는 케케묵은 옛날 일이나 얼토당토않은 망상으로 치부하기보다 현실에서 한 발 비켜난 가상세계가 해방의 공간이라는 장점에 주목한다면 영어학습자들이 이야기에 몰입하고 관련 표현을 즐겁게 익힐 수 있을 것이다.

13. 사실적 영어 그림책과 정보책

BTS Behind the Scenes

사회자: 킹 목사님, 안녕하세요?

킹 목사: 안녕하세요? 반갑습니다.

사회자: 목사님이 방금 전에 "증오로 증오를 몰아낼 수는 없습니다. 오직 사랑만이 그리 할 수 있죠"라고 말씀하셨는데요, 사랑을 실천하는 방법을 구체적으로 알려주시겠습니까?

킹 목사: 글쎄요, 특별한 방법이 있는지 모르겠습니다. 제가 말한 사랑은 사람을 대할 때 맘에 들지 않아도 참고 인내하면서 무조건 긍정하고 수용한다는 뜻이거든요.

사회자: 저는 "세상의 문제를 해결하는 열쇠가 사랑이다"라고 말씀하셔서 여쭤본 것이었습니다.

킹 목사: 말씀을 듣고 보니, 상대방이 지금 당장 내 말을 들어주지 않아도 꺾이지 않는 마음으로, 우리를 평등하게 대할 때까지, 평화롭지만 우직하게 제 목소리를 내는 것. 어쩌면 이것이야말로 사랑을 실천하는 방법이라는 생각이 드네요.

사회자: 그래서 "하느님과 함께 하기에, 내가 멈춰도 이 운동은 멈추지 않을 것임을 기억하라"고 그러셨군요.

킹 목사: 그렇습니다. 저에게는 언젠가 앨라배마에서 흑인 소년 소녀들이 백인 소년 소녀들과 형제자매처럼 손을 잡고 하나로 합치리라는 꿈이 있답니다.

사회자: 흑인과 백인이 서로 불편하지 않게 합치지 않고 따로 살면서도 비슷한 생활수준을 유지하며 서로 존중하는 것이란 정녕 불가능한가요? 적지 않은 백인들이 이렇게 생각하는 것 같은데요?

킹 목사: 그러면 질문자께서는 서로 섞이지 않는 사람들 사이에 평등한 관계가 성립할 수 있다고 생각하시나요? 불편하고 어색해도 참고 인내하고 긍정하고 수용한 사람들, 그러니까 서로 사랑하는 사람들만이 평등할 수 있습니다.

도입부 대화는 도린 래퍼포트(Doreen Rappaport)의 『마틴 루터 킹』(*Martin's Big Words*)에서 제시된 미국의 민권운동가 마틴 루터 킹 목사(Martin Luther King, Jr.)의 생전 언행을 바탕으로 한 가상 대담 장면이다.[30] 이러한 사실적 그림책은 전형적인 이야기 형식을 사용하지 않지만 주목할 가치가 있는 사실들을 어울리는 글과 그림으로 형상화함으로써 가상의 사건이 진행되다 갈등이 절정에 치달았을 때와 유사한 정서를 담기도 한다. 『마틴 루터 킹』을 읽다 보면 독자가 킹 목사가 일생에서 처한 고비의 순간에 몰입하며 감정이 고조되는 경험을 하게 된다. 이렇게 허구를 제거한 담백한 사실도 어떤 논리구조로 배열하느냐에 따라 문학적 감상에 적합할 수 있다.

문학작품은 사실이 아니더라도 개연성 있는 사건 묘사를 통해 현실의 천태만상을 효과적으로 보여줌으로써 삶의 진실을 한눈에 파악토록 한다. 인물의 고민과 해법을 이야기 구도에 맞추어 재현한 사실적 그림책이 많지 않기는 해도, 독자는 인물이 갈등을 해결하며 겪는 감정의 굴곡을 따라감으로써 의미있는 문학적 감상을 할 수 있다. 특히 인물의 미묘한 감정이 반영된 삽화를 음미하다보면 글을 통해 도달하기 어려운 공감적 이해에 이를 수 있다. 이처럼 그림책 이야기는 몰입을 통해 밋밋한 사실 전달을 뛰어넘는다.

사실적 그림책의 의미와 가족 이야기 유형

사실적 그림책은 실제 사건과 이를 경험한 이들이 남긴 객관적 증거물을 토대로 하되, 합리적 추측을 거쳐 사건을 겪은 이들이 느꼈을 법한 속내를 가미한 이야기를 뜻한다. 가령, 2차 세계대전 당시 유대인수용소의 홀로코스트를 배경으로 한 로이스 로우리(Lois Lowry)의 소설 『별을 헤아리며』(*Number the Stars*)는 사실에 바탕을 둔 이야기이면서도 가상의 인물이 덴마크 저항조직의 도움으로 죽음의 위기에서 벗어나면서 인간 존엄성의 이상을 부르짖는 작가의 메시지를 담고 있다.[31] 이 작품을 사실적 그림책으로 재구성하였다고 가정하면, 근사한 삽화에 사실만 집적하였다고 단정지을 수 없을 것이다.

사실적 그림책의 가장 중요한 미덕은 현실의 물리적 법칙이나 역사적 사건을 왜곡하여 묘사하지 않았다는 것이다. 이런 이야기에는 저마다의 약점을 지닌 사람들이 평범한 일상을 살아가며 겪는 사건들과 다른 문화와 관습에 생소함을 느끼는 인물들이 등장할지언정 하늘에서 동아줄이 내려와 구사일생하는 마법, 소위 데우스 엑스 마키나(deus ex machina)는 존재하지 않는다.

사실적 그림책으로 영어학습을 할 때, 배경지식에 압도당하여 자칫 언어학습의 본질에서 벗어나지 않을까 싶은 의구심이 들 수 있다. 실제로 외국어 학습자들이 작품의 배경에 대해 길게 서술하는 작품을 소화할 수 있을지 의심해 봄직하다. 외눈박이 초록 괴물처럼 독특한 캐릭터가 등장하면 학습자의 호기심을 단박에 끌 수 있지만, 겉으로 볼 때 특징이 없어 보이는 사람들, 그것도

30) Doreen Rappaport, *Martin's Big Words: The Life of Dr. Martin Luther King, Jr.* (New York: Little, Brown, 2001).

31) Lois Lowry, *Number the Stars* (New York: Clarion Books, 1989).

데우스 엑스 마키나

라틴어로 "기계 장치로부터 튀어나온 신"이란 뜻으로, 이야기가 꼬이고 꼬여 해결 불가능한 지경에 이르렀을 때 신적인 존재나 상황이 느닷없이 나타나 결말을 짓는 서사장치나 이런 방식으로 구성된 작품을 지칭한다.[32)]

배경지식이 거의 없는 타문화권 사람들에게 공감하기는 사실상 쉽지 않다. 게다가 사실적 그림책에 등장하는 여러 고유명사들은 외국어학습자에게 적지 않은 부담을 주기도 한다.

사실적 그림책을 읽거나 배운다고 해서 무조건 복잡한 배경지식과 주제를 전부 건드려야 한다는 전제를 고수할 필요는 없을 것이다. 사실적 그림책도 엄연히 아동 독자를 대상으로 한 교육용 교재이기 때문에 수준에 맞는 내용과 주제로 구성되어 있다. 이런 종류의 그림책에서도 우정, 가족애, 인내, 공동체정신, 죽음을 받아들이는 담담한 자세와 같이 다루는 주제가 일반적인 그림책과 비슷하다. 이야기가 특정한 역사적 시공간 배경에 토대를 두고 있다는 점만 차이가 나는 것이다.

사실적 그림책은 네 가지 유형으로 나누어진다.

첫 번째 유형으로는 사실적 정보에 기반한 가족 이야기(family story)를 들 수 있다. 마리아 트라프(Maria Augusta von Trapp)의 1949년 회고록 『트라피 가족 가수들 이야기』(*The Story of the Trapp Family Singers*)를 토대로 만든 『트라프 가족책』(*The Trapp Family Book*)을

『트라프 가족 가수들 이야기』 앞표지

32) Karl E. Beckson and Arthur F. Ganz, *A Reader's Guide to Literary Terms: A Dictionary* (New York: Noonday Press, 1961) 41.

관련 사례로 들 수 있다.[33] 마리아는 수녀원 교사로 있던 1926년에 오스트리아-헝가리 제국 해군 장교 출신 홀아비 게오르그 트라프(Georg von Trapp)의 7자녀 중 둘째를 가르치러 갔다가 그 집 아이들을 돌보게 된다. 게오르그는 아이들을 잘 보살피는 마리아에게 감동한 나머지 25살의 나이차에도 불구하고 그녀에게 청혼을 한다. 이에 놀란 마리아가 수녀원장에게 찾아가 조언을 구하자, 원장은 하느님의 뜻이지 않겠다고 긍정적으로 화답한다. 이렇게 해서 마리아는 수녀가 되려던 생각을 접고 아이들의 새엄마가 되었고, 둘 사이에서 3명의 아이도 추가로 얻게 된다. 이 이야기의 명성은 영화 『사운드 오브 뮤직』(*The Sound of Music*)으로 만들어지면서 절정에 이른다.

『한 가족』 펼침면 예시

가족 스토리 기반 그림책은 가족이 어떻게 구성되는지에 대해 다양한 사례를 흥미로운 삽화와 곁들여 제시하는 경우가 대부분이다. 조지 섀논(George Shannon)의 『한 가족』(*One Family*)이 대표적인 사례다.[34] 이 그림책은 한 마을에 사는 다양한 가족들을 돌아가며 묘사한다. 그림책에서는 "One is one. / One lamp. One clock. / One book to share."처럼 혼자 살기 때문에 물건도 하나씩만 가지고 있는 사례부터 제시한다. 그 다음에는 "One is two. / One pair of shoes. One team of horses. / One family."를 통해 2인 가족을 묘사한다. 이렇게 가족이 10명까지 늘어나는 상황을 다룬 이후에 "One is one and everyone. / One earth. One world. / One family."와 같이 가족 형태는 달라도 모두 같은 땅을 밟고 하나의 세상을 살고 있는 가족과 같다는 말로 마무리된다. 세상 모든 사람들을 한 가족이라고 생각하면서 다양한 가족 유형을 있는 그대로 인정하고 받아들이라 것이다. 독자는 가족 유형에 따라 집안이 사물들이 종류나 모양이 달라질 수 있다는 사실과 관련 표현도 배울 수 있다. 펼침면에 가족 숫자를 넣으면서 항상 One family를 끝에 넣어 3줄로 글을 제시하는 방식은 영어학습적으로도 유익하다.

---

33) Hans Wilhelm, *The Trapp Family Book* (London: Heinemann, 1983).

34) George Shannon, *One Family* (New York: Farrar, Straus and Giroux 2015).

그림책은 아니더라도 가족을 중심테마로 잡은 아동청소년 소설도 영어학습에서 유용하게 활용될 수 있다. 예를 들어, 비버리 클리어리(Beverly Cleary)의 『친애하는 헨쇼씨에게』(*Dear Mr. Henshaw*)는 12세 소년 리 보츠(Leigh Botts)가 부모의 이혼으로 엄마와 살면서 글을 쓰며 상처 입은 마음을 추스르면서 학교생활의 어려움을 극복하는 내용을 담은 서간체 소설이다.[35] 주인공 소년은 아동용 도서 작가 헨쇼씨에게 보내는 편지형식으로 부모의 이혼으로 왜 자기가 고생해야 하는지와 이런 상황을 납득하지 못하는 속내를 절절이 토로한다. 이 소설 자체는 허구이지만 1인칭 화자가 쓴 편지를 있는 그대로 보여주는 문체는 독자에게 사실적인 글로 받아들여진다. 주인공의 입장에 선 독자는 편지를 들여다보면서 함께 살 수 없어도 서로를 위하는 마음으로 소통하고 공감하면 여전히 가족이라는 깨달음을 얻는다.

사실적 그림책의 학교 이야기 유형

사실적 그림책의 두 번째 유형으로는 아이들에게 가족 다음으로 중요한 학교 이야기(school story)를 생각해 볼 수 있다. 다양한 학교 관련 그림책들은 학교에서 벌어질 법한 다양한 사건들을 실감나게 재현한 작품들도 포함한다. 아이들이 공감하는 학교 일과는 정형화된 수업 내용이나 무미건조한 일과가 아니라 특정 시간에 예상하지 못한 사건을 겪거나 자신들이 실수한 경험일 것이다. 학교생활과 개인의 경험을 쉽고 유쾌하게 엮은 그림책으로는 데이비드 섀논(David Shannon)의 『학교에 간 데이비드』(*David Goes to School*)를 떠올려 볼 수 있다.[36] 선생님은 말썽꾸러기 주인공 데이비드에게 책상의 낙서를 지우도록 한다. 이를 성실히 완수한 데이비드는 청소를 잘했다고 칭찬을 받는다. 이 부분은 선생님이 벌과 칭찬을 명확히 구분한다는 점에서 교육적으로 생각할 거리를 담고 있다. 설령 벌을 받아 청소하더라도 임무를 완수하면 칭찬받을 가치가 있다는 메시지는 아이의 타고난 품성이 아니라 구체적인 행위를 보며 정확하게 상벌을 부과해야 함을 암시한다. 이 그림책은 일관된 교육적 실천을 통해 아이가 올바른 인격체로 성장하게 도와야 한다는 작가의 생각을 담고 있다.

학교를 소재로 한 그림책은 정해진 일과로 구성되어 있어서 영어수업에서 “It's time for ...”와 같은 의사소통기능을 배울 때 유용하다. 학교 그림책에는 의인화된 동물 캐릭터가 주인공으로 등장하기도 한다. 이런 플롯은 동물을 친숙하게 여기는 아이들의 보편적 심성과 더불어 사람이 주인공일 때 혼나는 상황에서 부당한 처우를 받는 듯 비추어질 수 있는 문제를 회피할 때 효과적이다. 스텔라 블랙스톤(Stella Blackstone)과 데비 하터(Debbie Harter)의 Bear 시리즈 중 하나

35) Beverly Cleary, *Dear Mr. Henshaw* (New York: HarperCollins, 1983).
36) David Shannon, *David Goes to School* (Los Altos, CA: The Blue Sky Press, 1999).

인 『베어의 학교가는 날』(*Bear's School Day*)을 관련 사례로 살펴볼 수 있다.37) 이 작품에서 학교라고는 해도 사실상 어린이집에 가까운 보육시설에 도착한 주인공 베어는 종이 울리면 안으로 들어가서 외투와 가방을 옷걸이에 걸고 학교생활을 시작한다. 곰들은 음악과 산수를 시작으로 이름을 쓰고 게임으로 단어를 익히고 나서 강당에 모여 점심을 먹는다. 약간의 낮잠, 가벼운 운동과 놀이를 한 아이들은 종이 기린을 만들며 웃고 떠든 다음에 영웅이 등장하는 스토리텔링에 빠져든다. 수업을 마치고 곰들이 외투를 입고 가방을 챙겨 선생님과 인사를 하고 하교한다. 여기까지만 보면 특별한 갈등도 없는 밋밋한 이야기처럼 느껴진다.

『베어의 학교가는 날』은 곰들이 학교에서 단체생활을 하는 설정이라는 점에서 사실적 그림책처럼 보이지 않기도 한다. 그럼에도 불구하고 이 그림책이 사실적 그림책으로 분류될 수 있는 이유는 아이들이 경험하는 학교생활, 더 넓게는 단체생활에 관한 객관적 정보를 친절하게 담았기 때문이다. 그림책 마지막 펼침면에서는 학교 건물의 평면도를 제시한 후 "여러분은 새로 온 곰이 어디를 돌아다녔는지 알려줄 수 있나요?"라며 앞에서 곰들이 경험한 학교생활을 전체적으로 정리한다. 즉, 이 작품은 귀여운 곰을 등장시켜 친근하게 단체생활에 입문하도록 돕는 역할을 하는 것이다. 독자는 이 책을 통해 학교에서 여러 장소를 이동하며 다양한 활동을 함께 수행할 뿐 아니라 선생님과 친구들이 함께 재미있게 새로운 것을 즐기며 배운다는 사실을 알게 된다. 이처럼 학교 첫날 이야기(the first day of school story)에 해당하는 작품들은 검색하면 종류와 내용이 다양함을 확인할 수 있다. 이런 유형의 작품들은 친절하게 이런저런 학교 일과를 소개하는 영어 학습과 연계시키기 수월하다.

안나 예나스(Anna Llenas)의 『컬러 몬스터 학교에 가다』(*The Color Monster Goes to School*)는 학교를 위험하고 무서운 곳이라며 손사래를 치는 컬러 몬스터가 주인공 아이에 의해 학교로 반강제로 끌려가서 생각이 바뀌는 플롯으로 이루어져 있다.38) 컬러 몬스터는 무서워서 교

『컬러 몬스터 학교에 가다』 삽화 예시

37) Stella Blackstone and Debbie Harter, *Bear's School Day* (Concord, MA: Barefoot Books, 2014).
38) Anna Llenas, *The Color Monster Goes to School* (London: Templar Books, 2018).

실 커튼 뒤에 숨지만 이내 피리를 불고 그네를 타고 노는 등 즐거워하면서 학교생활에 적극적으로 임한다. 독자는 학교에 대한 막연한 걱정과 두려움을 품었던 기억을 떠올리며 컬러 몬스터에게 공감할 수 있다. 컬러 몬스터가 피리를 제대로 불지 못해 불협화음을 내는 바람에 옆의 아이가 귀를 막지만 정작 몬스터 본인은 즐거운 표정으로 몰입한다. 이런 묘사는 잘하지 못해도 즐기는 것이 더욱 중요하다는 교훈과 더불어 주변인을 아량으로 대해야 함을 암시한다. 소질이 없는 지점에서는 부적응하는 인상을 주기도 하지만, 컬러 몬스터는 특유의 변화무쌍한 색깔 능력으로 인해 미술 수업의 그림 모델로 적합하다. 카멜레온처럼 색깔을 바꾸면서 아이들의 그림을 다양하게 만드는 것에 일조하기 때문이다. 이렇게 학교는 다양한 경험을 통해 자아발견의 기회를 제공하는 역할을 한다. 오히려 작품 막판에 컬러 몬스터를 끌고 학교로 간 주인공이 지쳐 쓰러진 장면은 즐겁다고 너무 의욕을 부리면 에너지를 금방 소진할 수 있으므로 조심해야 한다는 시사점을 담은 듯 보이기도 한다.

『컬러 몬스터 학교에 가다』를 영어학습에 적용한다면, 컬러 몬스터가 음식으로 장난치거나 화장지를 함부로 사용할 때 사용하는 “Don't do that,” 장소 이동과 연관된 “We go to the gym/the playground,” 혹은 칭찬하는 “You're doing great!”처럼 반복 사용이 가능한 지점을 포착하여 개작할 수 있을 것이다. 사실상 영어 그림책들 대부분은 분량을 줄이고 구문을 단순화하는 노력을 거치지 않으면 원작 그대로 한국의 영어교실에서 사용하기 어렵다. 영어 그림책이 원래 모국어 학습자를 대상으로 한 언어자료이기 때문이다. 한편, 개작을 하지 않고 사용할 수 있는 작품들은 유치하여 학습자의 인지수준과 맞지 않는 또 다른 문제를 야기할 가능성이 크다.

초등 고학년 이상의 학습자라면 학교 이야기 그림책보다 아동청소년 대상 성장소설을 고려해 볼 수 있다. 토마스 휴즈(Thomas Hughes)의 『톰 브라운의 학창시절』(*Tom Brown's School-Days*)이나 프랜시스 버넷(Frances Hodgson Burnett)의 『소공녀』(*A Little Princess*) 같은 작품이 대표적 사례다. 이런 소설은 또래집단의 갈등이나 사춘기에 찾아오는 정체성 혼란 문제를 주로 묘사한다. 20세기 중반 이전의 학교 이야기는 청소년의 반항, 성정체성 혼란, 또래 혹은 어른과의 갈등과 같은 성장소설(bildungsroman, coming-of-age novel)이, 20세기 중반 이후에는 안정적 자아 성장을 돕는 사회적 유대가 붕괴되다보니 학교, 교육, 사회의 부조리를 고발하는 문제소설(problem novel)이 대세를 이룬다.[39] 고등학교를 네 군데나 옮겨 다니며 표리부동인 친구들과 빈말만 늘어놓는 교사들을 통해 위선적 교육과 사회를 신랄하게 비판한 J. D. 샐린저(J. D. Salinger)의 『호밀밭의 파수꾼』(*The Catcher in the Rye*)은 문제소설의 시발점으로 볼 수 있다.

---

39) Nancy Armstrong, “Why the Bildungsroman No Longer Works,” *Textual Practice* 34.12 (2020) 2091-2111.

20세기 후반 아동청소년 소설 중에서 학교의 문제점을 노골적으로 건드린 작품으로는 로버트 코미어(Robert Cormier)의 『초콜릿 전쟁』(*The Chocolate War*)을 들 수 있다.[40] 이 작품의 플롯은 가톨릭 계열 고등학교 교사들이 소위 '일진'으로 불리는 학교의 불량조직과 야합하여 일반 학생들의 입에 재갈을 물리고 초콜릿을 강매하는 상황을 중심으로 전개된다. 주인공 제리(Jerry)만 왕따가 되어 구타까지 당하는 내용은 학교 폭력이 비행 청소년의 일탈 차원을 뛰어넘는 사회 구조적 문제임을 고발한다.

저속한 언어와 폭력적 장면을 통해 심각한 주제를 형상화한 아동청소년 소설은 중고교일지라도 현장에서 적합한 읽기자료로 보기 어려울지 모른다. 작품의 언어 복잡도나 길이 또한 학습에 활용하기에 부담을 주는 원인 중 하나일 수 있다. 학교, 교육, 사회의 문제점 고발이라는 주제보다 말초적 정서를 자극하는 장면에 꽂혀 중요한 논점들을 놓칠 수 있다는 우려가 적지 않기 때문이다. 기성세대의 교육관이나 학교 제도의 공과를 객관적으로 분석하기보다 맹목적으로 비난하는 것으로 기울 수 있다는 걱정도 무시할 수 없을 것이다. 따라서 학교 이야기를 현장에서 활용할 요량이라면 학습자들의 언어수준이나 인지 역량을 면밀하게 따지고 교수자가 꼼꼼하게 단계별 지도 전략을 마련해야 한다.

사실적 그림책의 동물과 역사 이야기 유형

세 번째로 살펴볼 사실적 그림책의 유형은 동물 이야기(realistic animal story)다. 이런 이야기는 야생에 서식하는 특정한 여우나 토끼가 어떻게 생존을 위해 기지를 발휘하는지 꼼꼼하게 관찰하여 적자생존의 법칙에 따라 어떻게 죽고 사는지 극적으로 서술한다.[41] 일례로, 잭 런던(Jack London)의 『야생의 부름』(*The Call of the Wild*)은 캘리포니아에서 인간과 함께 안락하게 살던 벅(Buck)이 납치당해 알래스카 금광업자들의 썰매를 끄는 개로 팔려가는 것으로 시작한다.[42] 벅은 추위에 살갗이 트고 주변 개들과 경쟁하는 고난을 이겨내어 생존한 끝에 야생의 늑대 무리가 울부짖는 곳으로 사라진다. 이 작품은 1898년 알래스카의 클론다이크(Klondike) 금광 발견과 연관된 사실을 토대로 집필하였다는 점에서 사실적 동물 이야기로 불린다. 이런 이야기 장르는 인간과 동물이 대화를 나눌 수 없다는 이유로 과장과 허구로 점철되었다는 비난을 받기도 하였다.

---

40) Robert Cormier, *The Chocolate War* (New York: Pnatheon Books, 1974).

41) Thomas R. Dunlap, "The Realistic Animal Story: Ernest Thompson Seton, Charles Roberts, and Darwinism," *Forest & Conservation History* 36.2 (1992) 56. 사실적 동물 이야기가 유행한 20세기 초 캐나다의 아동문학에 대해서는 다음 논문을 참고한다. 이동환, 「캐나다의 사실적 동물이야기: 시튼의 『내가 알던 야생동물』과 캐나다인의 수세적 사고방식(garrison mentality)」, 『영미문학교육』 26.1 (2022): 125-52.

42) Jack London, *The Call of the Wild* (New York: Macmillan, 1903).

20세기 초에 생태학자와 동물 이야기 작가들 사이에서 동물 묘사의 사실성을 두고 몇 년에 걸쳐 가짜 자연 논쟁(Nature-Faker Controversy)이 벌어졌을 정도였다.[43] 동물 이야기의 사실 부합 정도와 별개로 독자의 감동과 몰입을 끌어내어 큰 인기를 누렸다는 점에서, 이런 계열의 작품들이 나름의 문학적 성과를 보여주는 것은 분명하다.

사실적 동물 이야기는 동물들 사이의 짝을 만나기 위한 경쟁이나 먹잇감을 둘러싼 경쟁 이외에도 인간과 동물의 관계맺음을 통해 삶과 죽음을 대하는 진지한 태도와 올곧은 마음가짐을 다잡는 것에 도움을 준다. 고대 그리스 비극의 주인공처럼 아무리 분투해도 천적이나 가혹한 날씨를 이겨내지 못하고 파멸에 이르는 모습은 독자 자신도 정글같은 세상 속에서 유사한 운명을 맞을지 모른다는 공포와 연민을 자극한다. 그림책 중에서도 삶과 죽음에 관한 성찰과 같은 무거운 주제를 다루는 사례를 찾아볼 수 있다. 마가렛 와이즈 브라운의 『잘 가, 작은 새』(*The Dead Bird*)는 죽음을 접한 아이들이 보이는 애도의 마음이 오롯이 드러난 작품이다. 아이들은 죽은 지 얼마 지나지 않아 온기가 여전히 남아있는 새를 발견한다.[44] 작품 속 아이들은 심장이 뛰지 않는 새를 들어 올리자 이내 몸이 굳고 몸이 오그라드는 사후경직 단계를 간접 경험한다. 아이들은 물리적 죽음과 처음 대면할 때 느끼는 심리적 충격을 달래기 위해 애도 행위를 한다. 심장이 뛰지 않고 몸이 굳어 돌처럼 굳은 새를 위해 숲에 무덤을 만들어 주며 노래를 부르는 것이다. 아이들은 자신들이 발견하여 묻어줄 수 있음에 기뻐한다. 생명이 멈추었더라도 여전히 존엄하게 다루어져야 한다는 생각이 이들의 마음속에서 우러난 것이다.

『잘 가, 작은 새』에서 아이들은 장례에 참여하여 어떻게 애도를 표하는지 어깨너머로 관찰한 바를 고스란히 실천한다. 아이들은 땅을 파서 덩굴 잎으로 죽은 새를 감싸서 묻어주고 꽃으로 주위

『잘 가, 작은 새』 앞표지

43) Sue Walsh, "Nature Faking and the Problem of the 'Real,'" *Interdisciplinary Studies in Literature and Environment* 22.2 (2015) 132.

44) Margaret Wise Brown, *The Dead Bird* (New York; HarperCollins, 2016).

를 아름답게 장식한 다음에 애도의 노래를 부른다. 그러자 심금을 울리는 노래, 아름다운 무덤, 그리고 죽은 새로 인해 모든 아이들이 자연스럽게 울음을 터뜨린다. 아이의 울음은 살았을 때 아무런 인연도 없는 모르는 대상이지만 진심으로 배려하는 무조건적인 사랑을 노래에 담아 표출한 것이다. 이런 이유로 이 장면은 독자에게 아름답게 느껴진다. 노래를 부른 후, 아이들은 돌 위에 "여기 새 한 마리가 죽어 잠들다"(Here lies a bird that is dead.)라고 기리는 문구를 적고 주위에 꽃을 심고 매일 찾아가 노래를 부르며 관리한다. 이 과정에서 슬픔이란 당사자 몇 사람이 오롯이 떠맡지 않고 직간접적으로 관련된 공동체 구성원들이 함께 참여하여 달래는 것이라는 삶의 교훈이 독자에게 전달된다. 슬픔을 나누면 반이 된다는 삶의 진실을 익히는 것이다. 여기에 덧붙여, 아이들의 매장 의식 수행은 비인간 존재에게 사랑이 확대 적용되는 생태적 사유 역시 잘 보여준다.

『잘 가, 작은 새』는 애도를 마친 후 밝은 표정으로 숲을 뛰노는 아이들을 통해 삶을 건강하게 만드는 애도의 힘을 생각해 보도록 한다. 공교육에서 죽음을 소재로 한 작품 읽기는 성장기 아이들에게 심리적으로 부정적인 영향을 줄 것을 우려하여 금기처럼 여겨졌다. 실제로 브라운이 초고를 지인들에게 선보였을 때 아동문학에서 금기시되는 죽음을 소재로 삼은 점 때문에 혐오감마저 느꼈던 것으로 알려져 있다.[45] 그러나 죽음을 사실 그대로 담담하게 다루면서 적절한 절차로 애도하는 동물 이야기는 간접적인 방식으로 죽음을 받아들이는 건강한 자세를 알려준다. 겉으로 가려져 있을 뿐 우리의 일상은 사실 무수한 죽음과 탄생으로 가득하다. 자신의 의지와 무관하게 경험하게 될 주변인의 죽음을 간접적인 방식으로 미리 경험하면 오히려 삶을 대하는 긍정적 자세를 키울 수 있다. 신경생물학에서도 죽음을 접하고 올바로 애도하는 행위를 의미있는 삶을 영위하는 효과적인 방법이라고 본다.[46] 『잘 가, 작은 새』 이래로 아이가 접하는 부정적 감정에 주목하는 그림책들이 의 감정 상태를 다루는 그림책들이 대거 간행되었다. 앞서 살펴본 『컬러 몬스터 학교에 가다』의 시리즈물 중 하나인 『컬러 몬스터: 감정의 색깔』(*The Color Monster: A Story about Emotions*), 언니와 다툰 소피가 나무에 올라 초록빛 자연을 바라보며 평정심을 되찾는 『소피가 화나면, 정말 정말 화나면』(7장 참고), 그리고 생명체로 묘사된 슬픔이 아이를 졸졸 따라다닐 때 이리저리 막고 피하기보다 친구처럼 어울리고 받아들이면 어느 새 일정한 거리를 두고 떨어진다는 에바 이랜드(Eva Eland)의 『슬픔이 찾아와도 괜찮아』(*When Sadness Comes to Call*)을 감정 관련 그림책의 예로 생각해 볼 수 있다.[47]

---

45) Anne Holmes, "The Fairy-Tale War: How Margaret Brown Wise revolutionized picture books," *The New Yorker*. February 7, 2022. 16-22.
https://www.newyorker.com/magazine/2022/02/07/the-radical-woman-behind-goodnight-moon

46) 메리-프랜시스 오코너, 『사랑과 상실의 뇌과학』, (서울: 학고재, 2023).

47) Anna Llenas, *The Color Monster: A Story about Emotions* (New York: Little, Brown, 2018).; Eva Eland, *When Sadness Comes to Call* (London: Andersen P, 2019).

『잘 가, 작은 새』를 영어교육에 활용하는 방법으로는 각 장면을 보며 떠오르는 정서를 한 문장이나 한 단어로 표현한 후 각 장면을 동료들과 논의하면서 올바른 순서대로 배열하는 활동 등을 떠올려 볼 수 있다. 묘비명에 어떤 표현을 적었을지 생각해 본다거나 자기만의 애도방법을 떠올리면서 공유문서 기능으로 협력과업을 수행해 볼 수도 있을 것이다.

네 번째로 살펴볼 사실적 그림책의 유형으로는 역사 이야기(historical story)를 들 수 있다. 이런 유형의 그림책은 사실의 정확성이 무엇보다 중요하기 때문에 어린 학습자의 영어학습에 적합하지 않을 수 있다. 초등 고학년 이상에서는 주제중심 교수법에 따라 사회과 주제 등과 연결할 수 있지만, 대부분의 영어 그림책이 영국과 미국의 역사를 다루기 때문에 학습자료로서의 유용성도 크지 않다. 그나마 도입부 장면에서 언급한 마틴 루터 킹 목사의 전기 그림책(biographical picture book) 같은 자료는 영어학습에 사용할 여지가 있어 보인다. 인물의 일대기와 연관된 사회적 배경이 독자에게 생소할지언정, 교수자의 도움을 받으면서 인물의 고난과 시련에 관한 쉬운 표현과 인류애를 강조하는 세계시민교육 주제를 통합할 수 있기 때문이다.

교육적으로 유용한 사실적 그림책을 판단하는 대표적인 준거들을 열거하면 다음과 같다. 첫째, 대화 장면 묘사가 사실을 정확히 반영해야 한다. 둘째, 독자에게 신뢰를 주는 인물의 성장이 담겨 있어야 한다. 셋째, 시공간 배경을 뒤섞어 기술하지 않고 명료하고 실제성 있게 묘사해야 한다. 넷째, 감정 과잉과 감상주의에 매몰되지 않아야 한다. 다섯째, 지나치게 세세한 사실 묘사가 주제의 초점을 흐린다거나 이야기 전개를 방해하는 일이 없어야 한다. 여섯째, 독자에게 설교하지 않고 독자가 그림책 내용을 접하면서 자연스럽게 교훈을 터득하게 유도해야 한다. 일곱째, 위인전이라면 인물의 장단점을 객관적으로 다루어야 한다. 여덟째, 역사적 배경을 다룰 때 균형적 시각에 입각하여 인종, 계급, 젠더의 평등성을 작품에 반영해야 한다.

정보책의 의미와 활용 준거

사실적 그림책에 포함된 캐릭터의 고민과 갈등 해소 과정이 문학적 속성과 연결되지만, 정보책(information book)의 경우에는 다양한 지식을 참신한 비유와 예시를 통해 전달하는 것에 초점을 맞추기 때문에 문학성이 상대적으로 도드라져 보이지 않는다. 정보책은 역사, 문화, 과학 등의 교과 주제를 독자의 눈높이에 맞는 글과 그림으로 제시하되 일상적 사례에 빗대거나 막판에 반전을 제시하는 등 최소한의 문학적 장치를 가미한 그림책을 의미한다. 이런 그림책은 사실을 제시하기 위해 묘사, 시공간 순서, 원인과 결과, 비교와 대조, 문제 해결이라는 일련의 논리를 고르고, 이를 뒷받침하는 어구 해설, 도표와 그래프 등을 부가하며, 작품 곳곳에 학습자의 읽기 동기를 자극하는 반전, 비유, 예시를 삽입한다.[48] 정보책을 읽을 때는 흥미 자극을 위해 학계에서 합의되지 않은 주장, 왜곡된 견해, 그리고 가짜 정보를 포함하지 않았는지 따져보아야 한다. 독자의 오개념 형성을 막기 위해, 정보책은 일반적으로 간단명료한 어휘와 구문을 사용하고 문학적 신선함이 다소 떨어지더라도 누가 보더라도 사실 정보가 다르게 받아들여지지 않게끔 기술 혹은 배열한다.[49]

정보책의 유형은 다루는 개념이 방대한 관계로 인해 합의된 기준이 따로 존재하지 않는다. 논자에 따라 초기 학습자용 그림책을 정보책에 포함하여 논하기도 하고, 그림책, 챕터북, 언어 수준과 길이를 통제하여 일정하게 편집한 시리즈물 중에서 정보 전달을 목적으로 제작되었거나 심지어 요리책처럼 특정 활동을 목적으로 삽화를 포함하여 제작된 도서까지 정보책으로 분류하기도 한다. 정보책에서는 이야기체, 설명문체, 혹은 이들을 혼합한 문체를 자유롭게 사용할 수 있다.[50]

정보책에서는 독자의 몰입을 위해 이야기 형식을 끌어들이기 때문에 발단-전개-절정-결말의 구도에 따른 심미적 감수성을 전면적으로 다루지 않는다. 정보책에서 노리는 문학적 효과는 반전을 통해 생각거리를 제공하거나 비유적 언어로 개념을 명료하게 이해하도록 이끌어 작품의 내용이 독자에게 지니는 의미를 곱씹도록 하는 것에 맞추어져 있다. 음식을 소재로 한 케빈 노블 맬라드(Kevin Noble Maillard)의 『튀김빵』(*Fry Bread*)에서는 튀김빵 재료와 조리법, 냄새와 맛, 먹는 시기, 음식의 역사, 먹는 지역과 부족 소개를 파편적으로 소개하지 않고 빵이 지니는 공동체 정신을 축으로 삼아 모든 정보를 집대성한다.[51] 펼침면의 모든 표현은 "Fry bread is ..."로 시작하는 문형과 이를 뒷받침하는 시구 몇 줄이 덧붙여진 형태로 이루어져 있다. 이 그림책에서 인물

『튀김빵』 삽화 예시

48) 김혜리, 『그림책을 활용한 어린이 영어교육』, (파주: 교육과학사, 2013) 242-43.

49) Christine C. Pappas, "The Information Book Genre: Its Role in Integrated Science Literacy Research and Practice," *Reading Research Quarterly* 41.2 (2006) 226.

50) 김혜리, 『아동 문학과 영어 교육』, (서울: 한국문화사, 2015) 281-89.

51) Kevin Noble Maillard, *Fry Bread: A Narrative American Family Story* (New York: Roaring Book Press, 2019).

간 갈등에 따른 사건 전개는 엿보이지 않는다. 둥글고 납작하고 크고 작은 갖가지 튀김빵은 익숙하면서도 생소하고 전통적이면서도 새롭기 때문에 상충하는 것들을 아우른다. 이런 후반부 내용에서 튀김빵의 의미는 모두를 잇는 매개체라는 점에서 평범한 먹거리가 아니라 여러 의미가 켜켜이 쌓인 문화적 공동유산으로 격상된다. 이처럼 정보책은 사실적 정보를 전달하는 것 이상의 주제를 포함한다.

환경을 다룬 정보책으로는 캐롤 린드스트롬(Carole Lindstrom)의 『워터 프로텍터』(*We Are Water Protectors*)를 생각해 볼 수 있다.[52] 이 작품은 캐나다 유전개발로 환경오염이 발생한 것에 저항하는 목소리를 담은 그림책이다. 화자인 소녀는 노코미스(Nokomis)라 불리는 할머니로부터 우리가 물에서 태어난 존재라는 이야기를 듣는다. 푸른색 바탕으로 이루어진 삽화들은 인간이 물로 구성되었다는 점을 암시한다. 소녀는 검은 뱀(black snake)이라 불리는 송유관이 땅과 물을 오염시키는 것을 막기 위해 용기를 내어 사람들을 모아 '검은 뱀'으로부터 땅과 물을 보호하는 지난한 투쟁을 벌인다. 인간을 포함한 모든 존재가 물을 공유하는 이상, 물을 오염시키는 것에 맞서는 행위는 다른 동식물들처럼 스스로 싸울 수 없는 존재들을 대신하여 목소리를 내는 생태윤리의 실천으로 볼 수 있다.

환경오염 문제를 논리적 인과관계로만 설명하면 문명 발달과 안락한 삶을 표방하며 송유관이 불가피하게 필요하다는 현실 논리를 뚫기 어렵다. 지구온난화와 탄소의 상관관계에 대해서도 이를 부정하거나 인과성이 모호하다는 회피 논리를 얼마든 들이댈 수 있다.[53] 환경오염의 여파가 장기지속적인 속성을 지니고 있어서 단기적 조사로 인과관계를 제대로 밝혀내기 어렵기 때문이다. 과학적으로 설득하는 것보다 존재의 근원을 형성하는 물을 더럽혀 생명을 앗아가는 이야기에 몰입하면, 지구의 온도 상승이라는 막연한 차원이 아니라 당장 살고 죽는 문제를 절실하게 느끼기 쉽다. 푸른 물이 세상 모든 공간을 휘감는 원초적 심상을 자극한다는 점에서 물이 존재의 근원이라는 감성적 수사는 물이 존재의 근원이라는 사실적 명제보다 큰 수사적 힘을 발휘한다. 이렇듯 정보책은 이야기의 모든 구성요건을 만족시키지 않더라도 독자의 정서를 건드리는 최소한의 문학적 장치를 활용함으로써 환경오염이 심각하다는 사실을 효과적으로 독자에게 전달한다.

교육적으로 바람직한 정보책 활용 준거를 정리하면 다음과 같다. 첫째, 목표로 하는 학습자들을 분명하게 정하고 이들의 수준과 관심에 맞게 분량이나 복잡도를 필요에 따라 바꿀 수 있어야 한다. 둘째, 개념 정리가 명확하고 삽화도 이를 드러낼 정도로 구체적이어야 한다. 셋째, 최신 정보를 반영하고 이를 논리적으로 배열하여 오개념 형성을 막아야 한다. 넷째, 핵심 내용을 대하는 다양한 관점을 담기 위해 노력하여야 한다. 다섯째, 개념을 일목요연하게 구조화한 도표, 주석,

52) Carole Lindstrom, *We Are Water Protectors* (New York: Roaring Book Press, 2020).
53) 비외른 롬보르, 『회의적 환경주의자』 (서울: 에코리브르, 2003).

정보책의 사실적 재현을 둘러싼 논란

올바른 성교육을 가르치기 위한 목적으로 그림책을 사용할 때, 정확한 정보를 명료한 삽화로 흥미롭게 표현하여 개념을 익힌다는 이유로 폭력과 성에 관한 그림책에서 노골적으로 묘사하는 것이 정당화될 수 있는 것일까?

목차를 포함해야 한다. 여섯째, 오해가 일어나지 않는 한도 내에서 독자의 심미적 감성을 자극하여 학습에 몰입하도록 이끄는 문학적 장치를 가미할 수 있다. 일곱째, 유용한 영어표현을 담았거나 배우기 적합한 표현을 삽입하기 적절한 삽화인지 점검해야 한다.

사실적 영어 그림책과 정보책이 이야기 형식의 기초 요건을 두루 충족하지 못하였을지라도, 그림책 판면으로 구성된 자료를 읽는 학습자는 머릿속에 탑재된 보편적 이야기 구조와 자신의 배경지식을 동원하여 사실적 그림책이나 정보책에서 빠진 정보를 스스로 재구성할 수 있다. 어렸을 때부터 그림책을 꾸준히 접하여 익숙하기 때문이다. 이런 의미에서, 사실적 영어 그림책과 정보책을 문학 장르로 간주하여 교육적 맥락에 적용할 수 있다. 사실적 그림책과 정보책은 유사한 소재(주제)와 영어표현을 배울 때 사실적 정보를 몰입과 공감으로 풀어낸 장점을 십분 활용하는 방식으로 보충 및 심화자료로 활용될 수 있는 것이다.

영어 그림책의 고전 읽기

V

19세기에 간행된 그림책은 미지의 가상 시공간에서 미숙한 언행으로 곤경에 처하고 이를 극복하는 캐릭터를 묘사함으로써 아동 독자가 성숙한 인격체로 성장하는 것을 강조하는 교육적 기능에 집중하였다. 초창기 그림책은 창작보다 아이의 눈높이에 맞는 민담 모티프와 기성 작가의 이야기를 끌어와 정교한 삽화로 구성하는 사례 또한 적지 않았다. 이런 분위기는 20세기에 들어서면서 달라졌다. 연이은 전쟁으로 불안을 자극하는 사회 분위기가 고착되자, 그림책에서도 아동 캐릭터가 위험한 상황에서 선택에 직면하는 진지한 플롯을 본격적으로 다루게 된 것이다. 이 과정에서 아동이 사회화되기 이전에 겪는 복잡미묘한 심리 상태를 세밀하게 포착하는 삽화와 줄거리 전개가 나타났다. 20세기 중반 이후에 그림책을 영어학습에 유익한 자료로 여겨 흥미로운 운율과 기발한 발상으로 창작한 작품들이 간행된 점도 특기할 만하다. 다문화주의가 보편화된 20세기 중반 이후의 그림책에서는 여성과 소수민족처럼 사회적 약자의 감추어진 목소리에 주목하고 비서구권의 문화적 다양성을 발굴하여 소개하는 그림책들이 간행되었다. 이번 파트에서는 19세기부터 20세기 중반까지 그림책이 구성과 주제가 어떻게 역사적으로 달라졌는지 명작 사례를 중심으로 살펴볼 것이다.

14. 20세기 초반까지의 명작

Behind the Scenes

내레이터: 모자장수가 회색, 갈색, 파란 색 모자들을 머리에 이고 걸어 다니며 장사를 하고 있었어요.

모자장수: "모자요, 모자! 모자 팔아요! 한 개에 50센트!"

내레이터: 아무도 모자를 사지 않았어요. 그러자 지친 모자장수는 나무에 기대서 쉬다가 깜박 잠이 들었어요. 그런데, 잠에서 깨고 보니 모자가 전부 사라졌어요. 그 많던 모자는 대체 어디로 갔을까요? (첫 번째 삽화 제시) 아하! 원숭이들이 가져갔군요.

모자장수: "너희 원숭이들! 내 모자 돌려줘!"

내레이터: 모자장수가 아무리 돌려달라고 외쳐도 원숭이들은 혀 차는 소리만 냈습니다. (두 번째 삽화 제시) 그러자 모자장수는 잔뜩 화가 나서 쓰고 있던 모자를 바닥에 내동댕이치고 떠나려고 했어요. (세 번째 삽화 제시) 그러자 원숭이들이 모자를 벗어 바닥으로 날려 보냈습니다. (네 번째 삽화 제시) 모자장수는 모자들을 주워 머리에 쌓고 그 자리를 떠나며 다시 모자를 팔았습니다.

모자장수: "모자요, 모자! 모자 팔아요! 한 개에 50센트!"

도입부 장면은 에스피르 슬로보드키나(Esphyr Slobodkina)의 『모자 사세요!』(*Caps for Sale*) 스토리텔링이다.[1] 모자를 사라는 요청은 구매자가 있을 때 어울리기 때문에, 도입부 대화에서는

1) Esphyr Slobodkina, *Caps for Sale* (New York: W. R. Scott, 1940).

손님이 보이지 않는 상황임을 감안하여 "모자 팔아요"라는 원문을 직역하여 제시하였다. 이 이야기를 듣거나 읽는 아이는 개연성이 부족한 상황 전개로 인하여 어리둥절할 수 있다. 모자를 머리에 세로로 층층이 쌓은 모습, 원숭이가 나타나 모자를 낚아채고 갑자기 돌려주는 상황, 분노하던 모자장수가 모자를 돌려받고 나서 곧바로 화를 삭이고 모자를 팔러 이동하는 모습만으로 이야기의 핵심이 명확하게 잡히지 않기 때문이다. 한적한 분위기 속에서 원숭이가 모자를 낚아채면서 모자장수의 감정이 엎치락뒤치락하는 일화는 대체 어떤 메시지를 전하는 것일까?

첫 번째 메시지는 원숭이의 놀라운 모방능력에 관한 지식 전달과 연관된다. 『모자 사세요!』는 어떤 사람이 모자를 바닥에 던지는 것을 본 원숭이가 위에서 쳐다보다가 훔친 모자를 똑같이 바닥에 던진 『윌밍턴 센티넬』(*The Wilmington Centinel*)의 1789년 1월 8일 기사를 보고 구성한 것이다.2) 즉, 그림책에서 원숭이의 놀라운 모방능력을 묘사한 것이다.

두 번째로는 사회적 맥락을 대입하였을 때 작품이 출간된 1940년의 세계대전을 비판한 것으로 이해될 수 있다. 전쟁은 평화로운 일상을 방해한다, 목가적 정경처럼 자연은 고요하지만 모자장수와 원숭이만 뺏고 돌려주는 불필요한 신경전을 벌이는 플롯은 평화로운 일상을 방해하는 전쟁의 하릴없는 행위임을 에둘러 비판한다.

세 번째로는 조변석개하는 인간의 심리를 보여준다. 이런 점은 분노한 모자장수가 모자를 회수하자 언제 그랬냐는 듯 감정을 추스르는 모습에서 엿보인다. 당장 쓰라리더라도 시간이 지나면 치유가 되는 인생의 진리를 담은 것이다.

네 번째 메시지는 주변에서 무슨 일이 벌어지든 평정심을 갖고 자신이 할 바에 집중하라는 것이다. 모자장수는 감정 조절에 실패했으나 이내 모자를 가지런히 머리에 얹고 움직이면서 자기 할 일을 재개한다. 이런 점은 2차대전 당시에 영국정부에서 전쟁 공습으로 피폐해진 현실 속에서도 일상에 매진하라는 구호인 "Keep calm and carry on"(묵묵히 제 할 일을 하시오)를 상기시킨다.

다섯 번째 해석가능성은 우스운 상황을 묘사하는 운율(nursery rhyme)을 반복하고 무슨 일이 벌어지는지 독자가 상상하도록 유도함으로써 주제와 무관한 재미를 전달하는 것이다. 이 그림책에서 서술자는 모자장수가 나무를 올려다보았을 때 독자를 향해 "그가 뭘 봤다고 생각하니?"라며 말을 걸기도 한다. 이때 독자는 원숭이, 모자, 심지어 자신의 화난 마음까지 다양한 답변을 생각해 보게 된다.

위와 같은 여러 해석들을 종합할 때, 『모자 사세요!』는 초기 그림책 작가들이 즐겨 사용한 동요 율격, 감정에 지배당하지 말고 중심을 잘 잡으라는 전래동화의 교훈, 현대사의 비극에 대한 은유적 비판, 그리고 독자와 대화하는 새로운 서사기법을 모두 포함하고 있다. 따라서 이 작품은 19

---

2) *The Wilmington Centinel and General Advertiser*, (Wilmington, NC). 8 January 1789.

세기 이전과 20세기 중반 이후의 그림책들의 종합하는 가교 역할을 하는 셈이다.

이하 내용에서는 그림책 장르가 형성되던 19세기부터 20세기 초반까지 간행된 영어 그림책 중에서 명작으로 널리 인정받는 6권이 주제, 글, 삽화 등에서 어떤 특징을 지니고 있는지 짚어볼 것이다. 19세기 영국 그림책을 정초한 작가 3인의 작품 중에서 가장 먼저 1874년에 나온 월터 크레인의 『개구리 왕자』(*The Frog Prince*)를 살펴보고자 한다.3)

월터 크레인의 『개구리 왕자』

『개구리 왕자』는 금으로 된 공을 가지고 놀던 아리따운 막내 공주가 샘에 공을 떨어뜨리자, 개구리가 공을 물에서 건져주는 대가로 공주와 지낼 것을 약속받는 것으로 시작한다. 공주는 공을 찾은 후 개구리가 혐오스러워 따돌리지만, 왕이 약속을 지키라고 시키자 어쩔 수 없이 따르게 된다. 개구리가 같은 침대에 들어가게 해달라는 말을 들은 공주는 마침내 쌓인 분노가 폭발하여 개구리를 벽에 집어 던진다. 그러자 개구리는 마녀가 걸어놓은 주문이 풀려 근사한 왕자로 되돌아온다. 개구리 왕자는 충직한 하인 헨리(Henry)와 함께 마차를 타고 공주를 자신의 왕국으로 데려간다. 헨리는 왕자가 개구리가 된 이후에 상심하여 심장이 터질까봐 쇠로 된 밴드로 묶어 두었으나, 왕자가 마법에서 풀려 돌아오자 밴드를 풀어 버린다. 아래 삽화에서 공주가 물가에 걸터앉아 수심에 쌓여 개구리를 내려다보는 구도는 작품 초반부에 독자가 공주에 공감하도록 유도한다. 무성한 녹음을 배경으로 황금색 드레스를 입은 공주가 예술 조각 위에 앉아 있는 화사한 삽화는 수심 가득한 공주의 표정을 부각시키는 역할을 한다. 개구리가 약속을 지키라며 공주를 찾아왔을 때도 화려한 궁중 분위기로 인해 공주의 꺼림칙한 표정과 이질적인 개구리가 대비된다.

왕이 식탁에서 단호하게 개구리와의 약속을 지키라고 요구하고 공주가 마지못해 따르는 장면은

『개구리 왕자』에서 공을 잃어버려 수심 가득한 공주

『개구리 왕자』에서 왕, 공주, 개구리의 식사 장면

3) Walter Crane, *The Frog Prince* (London: George Routledge and Sons, 1874).

『개구리 왕자』에서 개구리가 왕자로 변신하는 장면

『개구리 왕자』에서 왕자가 원래 왕국으로 돌아가는 장면

과거 상류층의 생활상을 잘 보여준다. 삽화 상단의 도자기들은 18세기 서양의 중국풍 유행으로 인해 도자기를 중국에서 수입도 하고 네덜란드와 영국 등에서도 만들던 풍속을 암시한다. 바닥에 있던 개구리가 식탁으로 올라와서 공주의 오른쪽 팔 아래에 올라올 정도로 가까워졌음에도 불구하고 복잡한 배경 덕분에 개구리의 식사 장면이 튀지 않는다. 개구리는 왕이 그의 편을 들어주어서 신분이 올라갔고 다양한 동물들 그림도 제시되었기 때문에 주변 상황과도 잘 어우러진다.

공주가 벽에 던진 개구리가 왕자로 변신한 상황에서는 개구리 왕자의 뒤편에 왕자가 어떻게 개구리의 모양으로 서서히 바뀌는지 보여주는 동시간대 연속 묘사 기법을 활용한 삽입 이미지가 제시된다. 여기에서 특기할 점은 왕자의 시선이 단 위에 올라 침대에 앉아 있는 공주보다 미세하게 위에 자리한다는 사실이다. 왕자는 이전과 달리 삽화 좌측에 배치됨으로써 공주보다 왼쪽에 자리함으로써 사건을 주도하는 위치를 점유한다. 더 이상 개구리가 공주보다 낮은 신분이 아닌 것을 시각적으로 보여준 셈이다. 개구리 왕자의 의상도 녹색 계열에 화려한 장식을 한 의복으로 인해 오히려 공주의 의상이 수수하게 느껴진다. 이렇게 삽화를 통해 플롯의 초점이 공주로부터 왕자로 옮겨졌음을 알 수 있다.

후반부 삽화에서는 왕자가 마차를 타고 이동하는 장면을 묘사한다. 왕자가 왕국으로 돌아가는 삽화에서 왼쪽 상단으로 향하는 행렬은 왼쪽에서 오른쪽으로 이동하는 자연적 시간 진행과 반대라는 점에서 마법이 풀린 왕자가 원래의 자리로 되돌아가는 것을 의미한다. 그리고 사람들이 시종 헨리의 쇠로 된 밴드를 푸는 소리를 듣고 뒤를 돌아보는 장면은 과거의 족쇄에서 해방됨을 상징한다. 평화로운 원래의 삶을 돌아가더라도 여전히 왕자의 마음 한구석에는 불행한 과거가 다시 찾아올지 모른다는 불안감이 잠재되어 있다. 이런 이유로, 왕자는 밴드를 푸는 쨍그랑 소리에도 귀를 쫑긋 세운 채 뒤돌아본다. 마법으로 다시 개구리가 될지 모른다는 왕자의 불안정한 심리는 화면 왼쪽 상단에서 펄럭이는 개구리와 올챙이 휘장에 암시되어 있다.

『개구리 왕자』의 화려하고 정교한 삽화와 변신 마법은 후대 그림책 삽화와 만화영화 플롯에 영감을 주었다. 영화 『슈렉』(*Shrek*)을 대표적 사례로 떠올려 볼 수 있다. 다만, 색감이 풍부한 인쇄물이 많지 않아 총천연색으로 구석구석 채우려 했던 19세기 그림책의 특징이 21세기적 시선에서 구식 취향일 수 있다. 특정 주제로 초점화가 되지 않아 산만할 뿐 아니라 여백이 없어 답답한 인상을 주는 삽화가 아쉽게 느껴질 수 있는 것이다.

케이트 그린어웨이의 『피리 부는 사내』

두 번째로 살펴볼 작품은 영국 시인 로버트 브라우닝(Robert Browning)이 1842년에 독일 민담을 토대로 작성한 시에 케이트 그린어웨이(Kate Greenaway)가 1888년에 삽화를 입혀 간행한 『피리 부는 사내』(*The Pied Piper of Hamelin*)이다.4) 이야기는 독일 하노버(Hanover) 인근 어느 마을에서 500년 전만 해도 쥐들이 개와 고양이 심지어 아기까지 물어 죽이는 해충이 들끓었음을 언급하며 시작된다.

엄마가 쥐로부터 아기를 보호하려고 앉고 있거나 요리사가 국자로 쥐들을 쫓는 삽화는 크레인의 화려한 삽화와 달리 표현하고 싶은 메시지에 집중하면서 불필요한 배경을 제거한 상태다. 이렇게 마을에 쥐들이 넘쳐나서 찍찍거리는 소리 때문에 대화도 되지 않고 통 위에 올라서야 할 정도로 심각한 지경에 이르자 마을 사람들이 모여 대책을 강구한다. 이 장면에서는 소실점을 두 군

『피리 부는 사내』의 도입부 삽화

---

4) Robert Browning, *The Pied Piper of Hamelin* (New York: Knopf, 1993).

데로 설정하여 공간감을 준다. 하나는 왼쪽 상단에 사람들이 타운홀로 들어가는 문이고, 다른 하나는 삽화 오른쪽 상단에서 십자가가 있는 곳 뒤로 흐려지는 마을길이다. 이렇게 입체감을 제공하면 독자가 현장감을 느끼기 쉽다.

시장과 마을 사람들은 갖은 방법을 고민하던 찰나에 피리 부는 사내가 등장하여 비밀스러운 마력으로 온갖 생명체를 끌어가서 절대 다시 보지 못하게 할 수 있다고 제안한다. 사내의 길쭉한 얼굴, 키, 손, 아래로 주름진 옷, 들고 있는 긴 피리, 심지어 배경이 되는 문까지 수직 구도로 짜여 있다. 사내의 핼쑥하면서도 날카로운 외양은 물이 아래로 흐르듯 기운이 밑으로 빠져나가는 것 같은 인상을 준다. 사내는 영어 제목 "pied"라는 말처럼 얼룩덜룩한 얼굴과 의상을 걸치고 있을 뿐 아니라 아시아에서 지난 6월에 각다귀를 쓸어내고 왔다는 말까지 내뱉으며 믿기 힘든 인물처럼 제시된다. 마을 사람들은 다급했던 나머지 마법으로 쥐들을 없애주겠다면서 1000길드의 사례금을 요구한 사내를 향해 5만 길드라도 주겠다며 제안을 기꺼이 수용한다. 이에 사내는 피리를 불어 온갖 쥐들을 밖으로 불러내 화면 왼쪽으로 끌고 간다.

사내는 피리를 불어 쥐들을 강으로 끌고 가서 빠뜨려 죽인다. 단, 강건한 한 마리가 헤엄쳐 살아남아 쥐들의 나라로 돌아가 자신이 겪은 일을 증언한다. 이에 따르면, 피리 소리가 음식 먹는 소리로 바뀌다가 산해진미를 즐기라면서 사내로 추정되는 이의 목소리가 들렸는데, 그때 이미 자기 주변으로 강물이 휘감아 버린 상태였다. 쥐들을 죽게 만든 표면적 원인은 피리 소리이지만 이면을 뜯어보면 쥐들의 식탐이 스스로를 몰락시킨 셈이다. 이렇게 피리의 효과를 확인한 사람들은 사내에게 쥐들을 다 끌고 가라고 하지만, 사내는 먼저 1000길드를 달라고 요구한다. 이에 시장은 1000은 농담이니 50길드만 받으라고 에누리를 시도한다. 그러자 사내는 다른 곳도 가야 해서 시간이 없다며 자기를 화나게 하면 피리로 또 다른 화나는 일을 생기게 할 것이라고 경고하고, 이에 시장은 협박하는 것이냐고 면박을 준 다음에 피리를 실컷 불어보라고 대꾸한다.

피리 부는 사내의 외양 묘사

『피리 부는 사내』에서 사내를 따라간 아이들과 홀로 돌아온 소년

화가 난 사내는 피리를 불어 아이들을 모으고 아이들은 즐거운 표정으로 왁자지껄 웃으며 피리 부는 사내를 따라간다. 사내는 왼쪽으로 끌고 간 쥐들과 달리 오른쪽으로 아이들을 데려간다. 쥐들이 사라진 마을이 평화를 회복하는 점은 오른쪽에서 왼쪽으로 이동하였을 때 원상태로 돌아간다는 그림책의 일반적 흐름과 일치한다. 반면, 오른쪽으로 움직이는 아이들은 마을이 더 이상 예전과 같지 않을 것임을 암시한다. 실제로 사내는 아이들을 데리고 삽화 위쪽 언덕 너머로 사라진다. 그런데 이를 지켜보던 시장과 주변 사람들은 아이들에게 무슨 일이 생길 것임을 직감하면서도 피리의 마법으로 사지가 마비되어 움직이거나 소리치지도 못한다. 이들은 마냥 신나 떠드는 아이들이 강가로 향하는 모습을 안타깝게 쳐다볼 뿐이다. 피리 소리가 아이들의 정신을, 어른들의 육체를 마비시킨 것이다. 재물을 아끼려다 아이들을 잃을 위기에 처한 어른들은 자신의 식탐 때문에 죽은 쥐들처럼 자승자박된 꼴이다.

쥐들 중 한 마리가 살아남아 무슨 일이 벌어졌는지 알려준 것처럼, 한쪽 다리가 불편해서 따라가지 못해서 살아남은 소년은 사내의 피리에서 들은 메시지를 토로한다. 즉, 소년의 친구들은 아름다운 꽃과 유실수가 자라는 즐거운 나라, 말이 매의 날개를 달고 태어나는 것 같은 새로운 곳으로 데려가겠다는 사내의 약속을 믿고 따라간 것이다. 왼쪽 위로 사라진 아이들과 홀로 다리를 절며 오른쪽 아래로 내려온 소년은 죽음과 삶의 갈림길에서 다른 경로를 택한 것으로 해석된다. 마을 사람들은 오랜 시간 이리저리 수소문해도 도저히 피리 부는 사내와 아이들의 행방을 찾지 못한다. 그저 동유럽의 트란실베니아(Transylvania) 일대에서 이국적 복장으로 사는 부족이 있다는 풍문만 전해질 따름이다. 서술자는 누군가의 원한을 사지 않아야 한다면서 약속을 꼭 지키라는 금언으로 이야기를 마무리한다.

『피리 부는 사내』에서 아이들이 시간을 거슬러 당도한 곳은 개성이 사라지고 성장이 멈춘 사후세계로 볼 수 있다. 시간 흐름을 거슬러 삽화 위쪽으로 넘어가 도착한 곳이라는 점에서, 인간으로 탄생하기 이전의 순수한 천상의 영혼 상태로 회귀했다고 볼 수도 있다. 아이들의 무표정한 얼굴은 이곳에 들어오면서 감정이 사라졌음을 뜻한다. 이를 통해 희로애락의 감정은 산 자들의 영역에 속함을 알 수 있다. 홀로 남은 아이는 사내를 따라가 아픈 다리를 고치지 못함을 애석해하는 상황은, 뒤집어 생각하면, 이승의 삶을 포기할 정도의 엄청난 대가를 치를 때라야 자신의 중요한 결함을 고칠 수 있다는 의미로 해석될 수 있다. 삶이란 거저 얻어지지 않는 것이다. 이처럼 『피리 부는 사내』는 삶에서 치러야 할 대가를 피할 때 초래될 비극을 경고하는 주제를 형상화한 작품이다. 다만, 이 작품을 교육적으로 활용하려면, 원작의 설교적 문체나 19세기 시의 도치구문을 현대 영어로 쉽게 개작해야 할 것이다.

랜돌프 칼데콧의『하트 여왕』

세 번째로 짚어볼 작품은 영국 전래동요에 삽화를 덧댄 랜돌프 칼데콧의 1879년작『하트 여왕』(*The Queen of Hearts*)이다.[5] 이 작품은 3~5개의 흑백 스케치 삽화 사이에 이따금 컬러 삽화가 곁들여진 방식으로 구성되어 있다. 제목처럼 작중 인물들의 이름은 포커 카드에서 따온 것이다. 이런 점은 삽화에도 잘 반영되어 있다. 여왕은 타르트 만드는 일을 하인들에게 시키고 왕과 왕자와 노닥거린다. 그러는 와중에 하트 잭이 나타나 타르트를 훔쳐 간다. 이를 왼쪽 바닥에서 지켜본 고양이가 하인들에게 범인을 알려준다. 그러자 유머러스하게 생긴 카드병정들이 뿔피리를 불고 범인을 잡으러 돌아다닌다. 왕족이 타르트 몇 조각 때문이 아니라 고귀한 신분 소유물건을 훔치는 행위 자체가 불경죄라고 여겨 야단법석을 떠는 것이다. 타르트가 사라져 불쾌한 혹은 슬픈 왕비는 카드병정들을 과녁처럼 세워두고 활을 쏘며 관리 책임을 묻는다, 스페이드 왕은 이런 하트 여왕을 의식하여 뒤로 물러나 있다. 결국 하트 잭이 잡혀와 하트 왕에게 두들겨 맞는다. 흥미롭게도, 왕자와 공주들이 왕의 망토를 잡아당기면서 만류함으로써 무자비한 왕을 희화화한다. 하트 잭이 왕들에게 더 이상 훔치지 않다며 용서를 빌고, 하트 여왕은 스페이드 왕과 흥겹게 춤을 추면서 이야기가 마무리된다.

칼데콧은 19세기 이전 언론에서도 애용하던 인물의 특징을 유머러스하게 포착하는 단순화 기법을 그림책에 적용함으로써 권위를 풍자한다. 이 작품의 마지막 장면에서는 하트 잭이 이야기의 순방향 진행에 따라 오른쪽으로 달아나지 못하게 하려고 왕과 병정들이 그를 둘러싸고 있다. 칼데콧은 사실적이라기보다 인물들의 심경을 표정과 동작으로 보여줌으로써 삽화에 줄거리 이상의

『하트 여왕』 삽화 예시들

5) Randolph Caldecott, *The Queen of Hearts* (London: George Routledge and Sons, 1879).

복잡미묘한 메시지를 담았다. 따뜻한 웃음과 권위에 대한 신랄한 비판이 조화롭게 섞여 있는 칼데콧의 작품은 글을 쉽게 이해하도록 보조하는 수준 이상으로 삽화를 활용했다는 점에서 후대 그림책의 전범 역할을 했다.

베아트릭스 포터의 『피터 래빗 이야기』

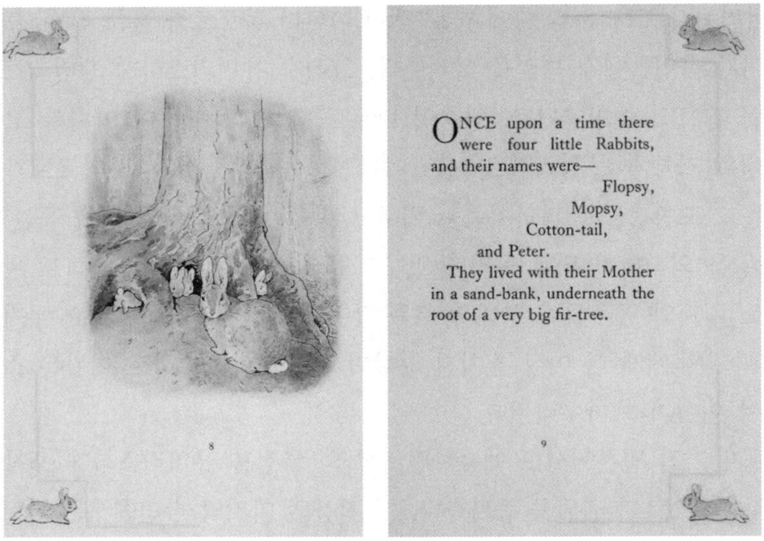

ONCE upon a time there were four little Rabbits, and their names were—
Flopsy,
Mopsy,
Cotton-tail,
and Peter.
They lived with their Mother in a sand-bank, underneath the root of a very big fir-tree.

8

9

『피터 래빗 이야기』 삽화 예시들

네 번째로 점검할 그림책은 영국 동화작가 베아트릭스 포터의 1901년작 『피터 래빗 이야기』다.[6] 이 작품은 펼침면 왼쪽과 오른쪽에 삽화와 글을 교대로 배치함으로써 독자가 이리저리 눈을 굴리며 언어와 비언어 정보들을 종합적으로 감상하도록 한다. 글을 시처럼 독특하게 배치하면서 "헐랭이, 늘쩍이, 솜털이, 그리고 피터"처럼 네 마리의 이름을 한 줄에 하나씩 나열함으로써 토끼들을 개성 넘치는 캐릭터로 형상화한 점도 인상적이다. 수채화 그림의 테두리를 흐릿하게 처리하고 주변을 여백으로 처리함으로써 비현실적이되 생기발랄한 분위기를 연출하는 삽화 구성은 친근감을 품고 프레임에 몰입하도록 이끄는 효과를 자아낸다.

피터는 맥그리거씨의 정원에 들어갔다가 아빠가 죽었다는 엄마의 경고를 무시하고 문 틈새로 들어간다. 다른 형제들과 달리 파란 상의를 입은 피터는 반항적 기질을 암시한다. 관점을 달리하면, 이런 그의 기질은 문제에 봉착했을 때 기지를 발휘하며 해결해 나가는 인간의 기발함을 시사

6) Beatrix Potter, *The Tale of Peter Rabbit* (London: Penguin, 2002).

하는 것으로 이해된다. 독자는 이처럼 의인화된 피터를 통해 주어진 본능에 따르기보다 자기 의지에 따라 행동하는 주체적 행위자가 된다는 것의 의미를 곱씹어보게 된다.

피터는 맥그리거씨를 피해 황급하게 도망치느라 신발도 잃어버린다. 서술자는 피터가 그물에 걸려 몸이 뒤집힌 모습을 제시하면서 구스베리나무 그물에 걸려들거나 파란 자켓에 새로 달린 커다란 놋쇠 버튼에 몸이 걸리는 불운한 일만 겪지 않았다면 곧바로 빠져나왔을 것이라고 말한다. 피터가 죽음의 덫에 걸려들었다는 암시는 20세기 초 서구 제국주의에 어두운 그림자가 드리우고 세계 각지에서 전운이 감돌며 삶의 불확실성이 커지던 시대상을 투영한 것으로 해석될 수 있다. 피터는 맥그리거씨에게 잡히려던 찰나에 자켓을 벗어 가까스로 그물을 빠져나와 수차례의 위기를 모면한 끝에 가까스로 집으로 돌아간다. 맥그리거씨는 피터가 버리고 간 자켓과 신발을 허수아비에 입혀 피터가 얼씬하지 말라고 겁을 준다. 이 장면은 피터가 인간의 정원에 들어가지 않고 야생에서 토끼답게 살라는 엄마의 충고를 무시하고 인간인양 옷과 신발을 착용하며 정원에 어슬렁거리면 위험할 수 있다는 교훈, 다시 말해 자기 분수와 처지에 맞게 처신하라는 주제를 반영한다. 피터는 2주 사이에 두 번이나 자켓과 신발을 잃어버렸을 정도로 습관적으로 일탈을 감행하였으나 운이 좋아 아찔한 상황을 피했을 따름이다. 이렇게 『피터 래빗 이야기』는 자신의 삶을 도박처럼 시험하지 말라는 경고를 담고 있다.

피터가 집으로 돌아와 앓아눕는 후반부는 죽지 않고 아프기만 한 것이 다행이라는 속뜻을 전달한다. 피터가 회복되어 몸과 마음에 성장이 일어난다면 더 이상 도박성 모험을 감행하지 않을 것이다. 어찌보면, 토끼답게 살도록 강요받은 피터에게 서술자가 일말의 동정심을 표했다 볼 수도 있다. 헐랭이, 늘쩍이, 솜털이도 이름이 있긴 하지만 피터만큼 개성을 발산하지는 않는다. 이런 해석은 동물도 인간처럼 개성을 지닌 존재이기를 바라거나 이럴 것이라 기대하는 서술자의 희망을 보여준다.

피터와 달리, 다른 형제들은 캐모마일차를 들이키지 않고 저녁을 먹는 것으로 이야기가 마무리된다. 병상에 앓아누운 피터는 인간처럼 행동하면 위험할 수 있지만 그렇다고 다른 형제들처럼 얌전히 토끼다운 삶을 받아들이지도 못한 낀 존재(in-between)임을 의미한다. 이후에 과연 피터는 여전히 모험을 감행할 것인가? 아니면 토끼의 전형적인 삶을 받아들일까? 확실한 사실은 이후 장성할 피터에게 삶에서 중요한 결정을 내릴 순간이 반드시 찾아온다는 것이다. 작품에서는 이것이야말로 삶의 진리라는 주제를 독자에게 전한다.

윌리엄 니콜슨의 『영리한 빌』

다섯 번째로 짚어볼 작품은 그림책의 고전 중 하나로 평가받는 윌리엄 니콜슨(William Nicholson)

의 1926년작 『영리한 빌』(*Clever Bill*)이다.[7] 이 그림책은 표지에서 나타난 것처럼 인쇄체가 없고 아이가 그린 것처럼 삽화가 독특하게 구성되어 있다. 글과 그림이 분리되지 않은 그림 속 텍스트 방식으로 제작된 것이다. 도버에 사는 숙모가 메리에게 보낸 편지의 내용이 뒤집어져 있고 거기에 장난감 병정 빌(Bill)이 서있는 구도는 "아래를 향해 선다"는 영어표현 understand의 원래 의미를 병정을 통해 시각적으로 표현하고 있다. 관점 뒤집기가 작품 해석에 중요하다는 속뜻을 담은 것이다. 편지에서 숙모는 메리에게 오라고 제안한다. 이에 메리는 답신을 보낸 후 트렁크에 구두, 주전자, 장난감 등을 밀어 넣으며 짐을 싼다. 이 과정에서 공간이 부족하여 이리저리 뒤적거리다 그만 장난감 병정을 빼놓는다. 서두르다 보니 눈에 보이는 것만 넣고 만 것이다.

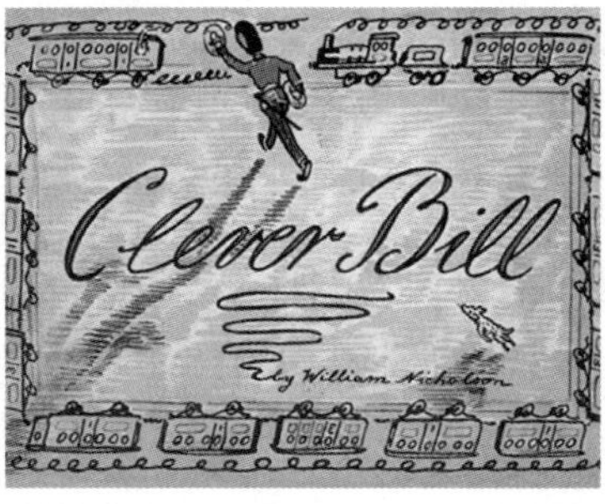

『영리한 빌』 앞표지와 거꾸로 제시된 편지 삽화

『영리한 빌』 여백 활용 예시와 마지막 삽화

이 작품은 and에 느낌표 2개를 찍고 색깔을 달리하여 여백을 크게 둔 장면을 넣는 것처럼 다음에 뭔가 급박하거나 의미심장한 일이 벌어질 것을 암시하고자 판면을 창의적으로 활용한다. 이런 기대에 부응하듯 장난감 병정 빌이 놀랍게도 살아 움직여 메리를 쫓아가려고 빠르게 뛰기 시작한다. 빌은 메리의 숙모가 사는 도버역까지 뛰어가서 메리가 오기 전에 경례를 하며 반갑게 맞이한다. 숙모가 보낸 편지 위에 서서 편지 내용을 알고 있었기 때문에 미리 도버에 도착할 수 있

7) William Nicholson, *Clever Bill* (New York: Farrar, Stras and Giroux, 1926).

었던 것이다. 이를 본 메리가 빌이 영리하다고 외치면서 작품이 마무리된다. 섬세한 관찰로 자신의 임무에 충실한 빌의 영특함은 물건을 소중히 다루지 않는 무신경한 메리와 대비된다.

『영리한 빌』에서 메리가 빌을 껴안아주기보다 트럼펫을 붙든 채 빌과 거리를 유지하는 모습을 본 독자는 메리의 마음속에 빌이 우선순위가 아니라고 의심해 볼 수도 있다. 정말 그렇다면, 이 모든 사건 전개는 장난감 병정의 짝사랑 때문에 벌어진 것일까? 마지막 장면에서 꽃다발은 누가 누구에게 준다고 봐야 할까? 메리 방향으로 꽃다발이 꺾여 있는 점을 통해 짐작컨대, 먼저 기다리던 빌이 경례 이후에 메리에게 건넨 것일까? 메리가 영리한 빌에게 주는 상일 가능성은 없는 것일까? 굵은 펜으로 윤곽선을 그리고 글을 덧붙이면서 가운데를 둥글게 액자처럼 처리한 구도는 독자가 작품의 의미를 다각도로 궁리하도록 한다. 독자는 액자 프레임 바깥에서 거리를 두고 창밖에서 관조하듯 객관적으로 바라보면서 메리나 장난감 병정 누군가의 입장에서가 아니라 다양한 시각으로 작품의 의미를 곱씹게 된다. 아이가 쓴 것처럼 보이는 손글씨가 암시하듯, 『영리한 빌』은 이전까지 주를 이루던 어른이 읽어주는 권선징악 이야기에서 벗어나 아동의 시선을 통한 일상을 그렸다는 점에서 그림책 역사에서 획을 그었다는 평가를 받고 있다.[8] 또한, 이 그림책은 좁게 보면 『토이스토리』나 무시무시한 『처키 스토리』처럼 장난감 이야기의 원조인 동시에, 전체 판면에 오직 한 단어 and만 적어 생각의 여백을 남겨두는 것과 같은 독창적 구성을 통해 현대 그림책의 창의적 구성에 큰 영감을 제공하였다.

완다 가그의 『백만 마리 고양이』

『백만 마리 고양이』의 자연 풍경 삽화

여섯 번째로 짚어볼 작품은 완다 가그의 1928년작 『백만 마리 고양이』이다.[9] 이 그림책의 줄거리는 적적하게 지내던 차에 고양이 한 마리만 키우자는 아내의 소망에 따라 남편이 고양이를

8) 신명호, 『그림책의 세계』 (파주: 김영사, 2009) 207.

9) Wanda Gag, *Millions of Cats* (New York: Coward-McCann, 1928).

『백만 마리 고양이』에서 고양이를 피해 언덕 위로 도망치는 남편과 아내

구하러 가는 것으로 시작한다. 왼쪽 하단에서 집을 떠나는 남편은 역동적으로 굽이치는 산과 들을 따라 걸어간다. 이 그림책은 글이 많은 편임에도 펼침면의 적당한 여백과 파노라마 구조 덕분에 독자에게 시원한 느낌을 선사한다. 이렇게 책의 펼침면을 원근법이 투영된 하나의 공간으로 다루며 산마루와 고개가 굽이치듯 줄거리가 자연스럽게 흘러가 필연적인 결말에 도달하는 것처럼 느껴지는 점은 가그가 정립한 독자적 스타일로 인정받고 있다.[10)]

이윽고 노인은 수백 만 마리의 고양이가 있는 장소에 도착하여 이런저런 고양이들을 보고 모두 맘에 들어서 데려가려고 욕심을 부려서 수많은 고양이를 집으로 데려온다. 고양이들이 몽글몽글 모여 노인을 둘러싼 풍경은 환공포증에 가까울 정도의 살풍경으로 그려진다. 수많은 고양이는 웅덩이의 물도 먹어 치워 버릴 지경이다. 이렇게 집에 도착한 노인을 본 아내는 작은 녀석으로 한 마리만 가져오면 되는데 내가 뭘 본 거냐고 놀라서 묻는다. 우리까지 먹어치울 것이라며 염려하는 아내가 가장 예쁜 고양이가 뭔지 고양이들이 결정하라고 제안하자, 모든 고양이는 자기가 서로 제일 예쁘다며 악다구니를 벌인다. 이를 보고 놀란 노부부가 위쪽으로 도망치는 모습은 먹이 피라미드의 밑바닥에서 벌어지는 적자생존을 시각화한다. 두 사람은 다툼이 종료되고 나서 싸움에서 밀려나 두려움에 떨고 있는 작고 마른 고양이를 발견하여 집으로 데려와 기른다. 정작 피라미드 위계 밑바닥에 눌려있던 새끼고양이가 인간의 선택을 받은 것이다. 부부가 어떻게 잡아먹히지 않았느냐고 묻자, 작은 고양이는 볼품없고 작아서 누구도 자기에게 신경을 쓰지 않았다고 대답한다. 부부의 보살핌을 받은 고양이는 무럭무럭 자라서 가장 예쁜 고양이로 거듭난다.

『백만 마리 고양이』 플롯은 욕심을 부리며 남보다 돋보이려는 마음보다 한 발짝 물러나서 상황을 살피며 현명하게 대처하라는 교훈을 전달한다. 또한, 어떤 보살핌을 받느냐에 따라 전혀 다른

10) 신명호, 앞의 책. 219.

존재로 탈바꿈할 수 있다는 사실은 어떻게 시간을 보내느냐에 따라 지금과 완전히 달라질 수 있다는 삶의 진리를 시사한다. 인간에게는 원하는 것을 즉각적으로 갈구할 뿐 정성을 기울여 뭔가를 보살피거나 만들려는 노력을 소홀히 여기는 경향이 있다. 이 작품은 이런 점을 꼬집으면서 완성형 물건이나 존재를 고르는 것에만 집착하기보다 누군가의 잠재 역량을 끌어내라는 교훈을 전한다는 점에서 교육자들이 곱씹을 내용을 형상화한 것이다.

19세기에서 20세기 초반까지 간행된 그림책 명작 6권의 화풍이나 주제는 21세기적 기준에서 고루한 것으로 비추어질 수 있다. 그럼에도 불구하고, 이들 그림책은 다양한 색감 활용, 마법에 걸린 연유를 말풍선에 동시간대 연속 묘사로 담는 세련된 삽화, 권위 풍자와 해학적 묘사, 캐릭터의 상하좌우 시선처리와 공간 이동을 통한 메시지 전달, 사물을 생명처럼 다루는 기발한 상상력, 그림 속 텍스트, 여백 활용, 글과 그림의 유연한 배치를 통한 암시적 메시지 전달 등을 통해 후대 그림책의 발전을 위한 토대를 제시하였다. 적어도 개, 토끼, 고양이처럼 반려동물로 기르거나 인간이 가까이 관찰하며 애착을 갖기 수월한 동물들을 그림책에서 인간에 필적하는 위상으로 기술한 점 역시 주목할 성과라 할 수 있다.[11] 이런 의미에서, 19~20세기 초의 그림책을 과거의 유산에 불과하다고 멀리하기보다 관련 명작들을 추가적으로 찾아 읽고 분석하면서 그림책을 보는 안목을 넓히는 계기로 삼아야 할 것이다.

11) Harriet Ritvo, "Learning from Animals: Natural History for Children in the Eighteenth and Nineteenth Centuries," *Children's Literature* 13 (1985) 77.

15. 20세기 중반의 명작

BTS Behind the Scenes

스토리텔러: 소년이 당근씨를 심었어요. 엄마가 말했어요. "싹이 올라오지 않을 것 같구나." 아빠가 말했어요. "싹이 올라오지 않을 것 같구나." 형이 말했어요. "싹이 안 올라올 거야." 소년은 매일 씨앗 주위의 잡초를 뽑고 땅에 물을 주었어요. 앞으로 무슨 일이 벌어질까요?

아이: 싹이 자랄 것 같아요.

스토리텔러: 그러나 아무 일도 일어나지 않았어요. 여전히 아무 일도 일어나지 않았어요. 모두가 아무 일도 일어나지 않을 거라고 계속 말했어요. 그러나 소년은 매일 씨앗 주위의 잡초를 뽑고 땅에 물을 주었어요. 앞으로 무슨 일이 벌어질까요?

아이: 지금은 싹이 자랄 것 같아요.

스토리텔러: 그러고 나서 어느 날 당근이 솟아났어요. 마치 소년이 이럴 줄 알고 있었던 것처럼 말이죠. 소년의 이야기, 잘 들으셨죠? 재미있었나요?

아이: (머뭇거리며) 그게 끝인가요?

도입부 대화는 루스 크라우스(Ruth Krauss)의 1945년작 『당근 씨앗』(*The Carrot Seed*)의 스토리텔링과 이를 접한 아이의 가상 반응을 보여주는 장면이다.[12] 이 그림책의 주인공 소년은 경험상 씨앗이 자랄 수 없음을 알고 있는 가족들의 부정적인 말투에도 아랑곳하지 않고 씨앗에 물을 주는 정성을 쏟아 마침내 원하는 결과를 얻는다. 이렇게 극적 사건이나 감정 굴곡이 드러나지 않는 줄거리는 꿈과 희망을 주는 그림책 공식에 익숙한 독자에게 밋밋하게 보이기 십상이다. 그럼에도 불구하고 이 작품은 무슨 이유로 20세기 중반의 고전적 그림책 반열에 올랐다는 평가를 받는 것일까? 사실, 1900년대 초반부터 이 작품이 간행된 1940년대까지의 그림책들은 평범한 아이의 소소한 일상을 묘사하지 않고 대부분 가상 세계로 떠나는 모험담이나 동물 캐릭터를 소재나 주인공으로 삼았다. 평범한 아이의 일상에만 집중하면 극적 재미가 떨어져 어린 독자의 흥미를 자극하기 어렵기 때문이다.

---

12) Ruth Krauss, *The Carrot Seed* (New York: Scholastic, 1945).

『당근 씨앗』 앞표지

20세기 중반 그림책의 특징

이전 시대와 구분되는 20세기 중반 그림책의 특징으로는 아래의 다섯 가지를 들 수 있다.

첫째, 도시의 삶이 일상화되면서 인간과 동물이 어떻게 조화롭게 공존할 것인지를 다루는 그림책이 다수 간행되었다. 독자가 그림책을 읽으면서 동물의 시선에서 도시 풍경을 바라보며 어떤 감정이 들 것인지를 역지사지하면서 바람직한 삶의 자세를 고민하는 플롯을 다룬 것이다. 다만, 이 과정에서 특정 포유류를 친근하게 대하고 파충류를 비롯한 맹금류를 혐오스러운 타자로 대함으로써 부정적 편견이 강화되는 문제가 파생되기도 했다.[13]

둘째, 아이가 극적인 사건을 겪지 않더라도 일상에서 감정 변화를 체험하는 소소한 지점들을 그림책에 담았다. 다른 인물들과 갈등을 겪고 극적인 사건에 휘말리는 정형화된 이야기에서 탈피하여 아이의 눈높이에서 공감할 수 있는 순간을 포착하려 한 것이다.

셋째, 가상 세계를 묘사할 때 진기한 외양으로 아이를 현혹시키는 수준에 그치지 않고 일상에서 아이가 호기심을 가질 법한 참신한 모티프에 관심을 보였다. 『이상한 나라의 앨리스』처럼 물리적 법칙을 거스르는 모티프를 수용하면서도 과장이나 희화화를 도덕적 교훈의 수단으로 사용하기보다 일상에 숨은 세계에 관한 궁금증이나 사물이 어떻게 돌아가는지 아이의 관점에서 상상하며 몰입하는 플롯을 선보인 것이다.

13) Michiel Jan Dirk Hooykaas, Marloes Gertrudis Holierhoek, Joris Sebastiaan Westerweld, Menno Schilthuizen, and Ionica Smeets, "Animal Biodiversity and Specificity in Children's Picture Books," *Public Understanding of Science* 31.5 (2022) 671-88.

20세기 중반의 유명한 영어 그림책 목록

- 먼로 리프(Munro Leaf), 『꽃을 좋아하는 소 페르디난드』(*The Story of Ferdinand*, 1938)
- H. A. 레이(H. A. Rey), 『호기심 많은 조지』(*Curious George*, 1938)
- 크로켓 존슨(Crockett Johnson), 『헤럴드와 보라색 크레용』(*Harold and the Purple Crayon*, 1955)
- 진 자이언(Gene Zion), 『개구쟁이 해리 목욕은 정말 싫어요』(*Harry the Dirty Dog*, 1958)
- 에즈라 잭 키츠(Ezra Jack Keats), 『눈 오는 날』(*The Snowy Day*, 1962)
- 모리스 센닥(Maurice Sendak), 『괴물들이 사는 나라』(*Where the Wild Things Are*, 1963)
- 쉘 실버스타인(Shel Silverstein), 『아낌없이 주는 나무』(*The Giving Tree*, 1964)
- 에릭 칼(Eric Carle), 『배고픈 애벌레』(*The Very Hungry Caterpillar*, 1969)
- 주디스 커(Judith Kerr), 『간식을 먹으러 온 호랑이』(*The Tiger Who Came to Tea*, 1968)
- 존 버논 로드(John Vernon Lord), 『거대한 잼 샌드위치』(*The Giant Jam Sandwich*, 1972)
- 주디 바렛(Judy Barrett), 『하늘에서 음식이 내린다면』(*Cloudy with a Chance of Meatballs*, 1978)
- 주디스 바이오스트(Judith Viorst), 『난 지구 반대편 나라로 가버릴테야!』(*Alexander and the Terrible, Horrible, No Good, Very Bad Boy*, 1972)

넷째, 흑인이나 제 3세계 문화처럼 다문화 사회의 특징을 반영한 그림책들이 다수 간행되었다. 20세기 중반의 그림책들은 소수자에 대한 평등의식을 일깨우는 정치적 올바름을 전면에 내세우는 20세기 후반 이후의 그림책들 수준까지는 아니지만, 기본적으로 흑인 주인공을 묘사하는 사례가 많아지는 등, 다문화 이해와 존중을 밑바닥에 깔면서 다른 문화의 전래동화나 흥미로운 소재를 소개하는 것에 무게를 두는 경향을 보였다.[14)]

다섯째, 그림책을 문학적 감상이나 도덕적 교훈을 제공하는 것으로만 바라보지 않고 흥미로운 언어 경험을 통해 효과적인 언어학습 자료로 인식하는 새로운 흐름이 대두되었다.[15)] 일례로, 『당근 씨앗』의 원문을 읽다 보면 "It won't come up." "Nothing came up." "The little boy pulled up the weeds around the seed and sprinkled the ground with water."가 반복 사용됨으로써 일이 벌어질 때 사용하는 come up이나 잡초를 뽑고 물을 주는 영어표현을 익힐

14) Bernice A. Pescosolido, Elizabeth Grauerholz, and Melissa A. Milkie, "Culture and Conflict: The Portrayal of Blacks in U.S. Children's Picture Books Through the Mid- and Late-Twentieth Century," *American Sociological Review* 62.3 (1997) 443.

15) 다양한 방면에서 그림책이 언어학습에 미치는 영향에 관해 연구되었다. 일례로, 어린 학습자가 그림책을 읽으며 어휘능력이 향상되는 것에 관한 실증 연구로는 다음 연구를 참고할 수 있다. Jessica L. Montag, Michael N. Jones, and Linda B. Smith, "The Words Children Hear: Picture Books and the Statistics for Language Learning," *Psychological Science* 26.9 (2015) 1489-96.

수 있다. 배경묘사를 단순화하고 영어표현의 의미가 부각되도록 구성한 삽화는 정확한 사전적 의미 파악에 기여한다.

이하 진술에서는 20세기 중반에 간행된 그림책들의 주요 특징을 염두에 두면서 7권의 명작을 분석하고자 한다.

로버트 맥클로스키의 『아기 오리들한테 길을 비켜 주세요』

첫 번째로 살펴볼 그림책은 로버트 맥클로스키의 1941년작 『아기 오리들한테 길을 비켜 주세요』(*Make Way for Ducklings*)다.[16] 이 작품은 청둥오리 부부가 창공에서 내려다보며 살기 좋은 장소를 고르는 것으로 시작한다. 청둥오리들은 미국 북동부 보스턴(Boston)의 찰스강(Charles River)에서 배를 타고 가는 사람들이 던져준 땅콩을 받아먹으며 이곳에 터를 잡으면 좋겠다고 생각한다. 독자는 3인칭 시점으로 기술되었음에도 청둥오리를 중심으로 삽화 구도가 짜인 덕분에 인간중심적 시선을 최대한 내려놓고 몰입하게 된다. 인간의 자전거가 오리에게 위압감을 주는 장면과 같이 사물을 사실적 비례가 아니라 오리의 상대적 입장에서 표현함으로써 독자가 오리의 입장에서 간접 체험하며 공감하는 것이다.[17]

『아기 오리들한테 길을 비켜 주세요』 삽화 예시

그림책의 펼침면에 적당히 여백을 두면서 연갈색으로 칠한 삽화 및 날갯짓이나 순간 동작을 포착하는 스케치는 고즈넉한 분위기를 자아내면서도 지나치게 정적으로 보일 수 있는 삽화에 활기를 불어넣는다. 청둥오리 부부는 천적인 여우와 거북이도 없고 사람들이 먹거리도 제공하는 곳을 찾아 둥지를 틀기로 결심한다. 그러나 청둥오리들은 도시에서 위험한 일상에 노출되어 있다. 오른

16) Robert McCloskey, *Make Way for Ducklings* (New York: Viking, 1941).
17) 신명호, 앞의 책. 229.

쪽에서 자전거를 타고 왼쪽으로 향하는 사람이 하마터면 오리를 칠 뻔한 장면이 팍팍한 도시생활을 시각적으로 보여준다. "조심해! 치일 뻔했어!"라는 청둥오리 부인의 발화는 인간의 도덕성으로 무장한 동물 캐릭터가 설교조로 임하는 전통적인 우화 달리 동물 자신이 처한 상황을 솔직하게 내비치기 위한 목적으로 사용된 것이다.

강 중앙의 섬에서 털갈이를 하는 바람에 당분간 날지 못하는 청둥오리 부부는 헤엄을 쳐서 매일 강가의 공원에서 땅콩을 건네는 경찰관 마이클을 찾아가 의탁하여 연명한다. 시간이 흘러 새끼 8마리가 태어나면서 청둥오리 부부에게는 자식을 돌볼 책임이 생긴다. 아빠 오리가 퍼블릭가든(Public Garden)에서 만나자며 대가족이 살 만한 장소를 살피러 떠나자, 엄마 오리와 새끼들은 강을 건너 일렬로 이동한다. 오리가족이 길을 건너려 할 때 차들이 경적을 울리며 지나가지 못하게 하자, 이를 본 경찰이 달려와 호각을 불며 오리들이 안전하게 건너도록 배려한다. 경찰이 급하게 달리는 모습을 뒤에서 클로즈업한 삽화는 그의 큰 마음씨를 암시한다. 오리가족은 경찰차의 호위를 받아 안전하게 퍼블릭가든으로 이동한 후 도와준 경찰에게 감사를 표한다. 엄마와 아기 오리들은 아빠와 재회한 후 낮에 강으로 갔다가 밤에 퍼블릭가든으로 돌아오는 삶을 이어간다. 인간과 동물의 공존은 이렇게 완성된다.

퍼블릭가든의 오리 기념 조형물

『아기 오리들한테 길을 비켜 주세요』의 선풍적 인기는 보스턴 퍼블릭가든에 오리 동상까지 설치된 사실을 통해서도 짐작 가능하다. 이를 통해 그림책의 영향력이 대단할 수 있음을 실감할 수 있다. 사람들이 때에 맞거나 특별한 메시지를 담은 옷을 오리 동상에 입힐 정도로 작품이 유명해진 이유는 1940년대 보스턴이라는 시공간 배경과 무관하지 않다. 보스턴은 미국의 정신적 수도로 평가받는 곳이다. 특히 오리가 둥지를 튼 퍼블릭가든과 길 오른쪽 맞은편에 자리한 보스턴 커먼(Boston Common)은 미국에서 가장 오래된 공원이자 미국 독립혁명과 연관된 주요 역사적 사건의 현장이다. 오리가 걸어간 비컨 힐(Beacon Hill)도 마찬가지 의미를 지니고 있다. 이런 역사를 기념하기 위해서, 퍼블릭가든에 건국의 아버지이자 초대 대통령인 조지 워싱턴(George

Washington) 동상도 세워져 있다. 이런 이유로, 미국인들에게 비컨 힐을 지나 퍼블릭가든으로 이동하는 오리 가족을 보호하는 일은 이들을 향한 동물을 대하는 측은지심을 뛰어넘어 건국의 대의를 품고 같은 장소에 모인 조상들을 기리는 상징적 의미로 받아들여진다. 마침 작품이 나온 1941년 무렵에 2차 대전으로 애국주의가 부상한 점 역시 미국인들이 오리 가족 보호와 미국적 정신을 지키는 임무를 같은 시선으로 바라보는 계기로 작용하였다.

마가렛 와이즈 브라운의 『잘 자요 달님』

객관적 상황 묘사와 졸린 토끼의 시선을 교차하는 『잘 자요, 달님』의 삽화 예시

두 번째로 분석할 작품은 마가렛 와이즈 브라운의 1947년작 『잘 자요 달님』이다.[18] 이 그림책은 화려한 총천연색과 우아한 방안 장식으로 아이의 눈길을 사로잡는 삽화를 특징으로 한다. 이런 화풍은 19세기 그림책 작가 월터 크레인의 작품에서 윤곽선을 얇게 바꾸어 세련미를 더하는 방향으로 발전시킨 것으로 추정된다. 그렇다고 작품이 전부 총천연색인 것은 아니다. 삽화 왼쪽 창문과 그 옆의 염소 그림은 다음에 펼침면에 흑백으로 처리되어 있다. 컬러와 흑백 삽화 사이에 미묘한 차이는 존재한다. 흑백 삽화에서는 달이 창문 위로 약간 올라와 있고, 염소의 경우에는 원래 그림에서 주변 부분이 잘려 나간 상태이다. 시간의 경과를 보여주는 동시에 사물의 이미지가 축소된 것이다. 방안 살림살이를 자세히 묘사한 그림이 객관적 현실이라면, 여백을 두고 묘사한 그림은 침대에 누워 잠들며 시야가 좁아지는 토끼의 눈에 비친 주관적 이미지다. 그림책에서 객관적 현실과 주관적 인식이라는 두 가지 서사를 교대기법으로 제시한 것이다. 이를 통해 독자는 머릿속에서 두 개의 서사가 보완관계를 이루어 전체적으로 무슨 일이 벌어지는지 입체적으로 파악하게 된다. 작품에서는 컬러와 흑백 펼침면이 시종일관 교차하는 동시에 마치 불이 꺼진 듯 컬러 삽화도 작품 후반으로 갈수록 어두워진다. 이렇게 색감을 미세하게 조절한 까닭은 아기 토끼가 잠들어 조용해진 상황을 독자에게 비언어적으로 알리기 위함이다. 마지막에는 "Goodnight

18) Margaret Wise Brown, *Goodnight Moon* (New York: Harper & Brothers, 1947).

noises everywhere"라는 내레이션을 통해 소리조차 잠든 극도의 고요를 알린다.

『잘 자요 달님』은 아이들이 호기심을 가질만한 사물들이 이곳저곳에 흩어져 있는 화려한 삽화에다 "Goodnight xxx"와 같은 패턴을 활용하여 방 안의 여러 사물 어휘를 사용함으로써 언어학습에도 유익하다. 삽화 감상에 방해가 되지 않도록 글을 판면의 네 귀퉁이에 배치한 점도 주목할 지점이다. 이런 구성은 글이 보조적이고 삽화가 끌고 가는 플롯임을 뜻한다. 글자도 튀지 않고 최소한의 가독성만 유지하게끔 검은 바탕에 붉은 고딕체로 제시한다. 이 그림책을 편안하게 잠들지 못하고 소음에 시달리는 아빠가 밤새 뒤척이는 줄거리로 이루어진 질 머피(Jill Murphy)의 1980년작 『마침내 평화가 왔어요』(*Peace at Last*)와 비교하며 함께 읽으면 교육적으로 생산적인 대화를 많이 나눌 수 있을 것이다.

닥터 수스의『초록 달걀과 햄』

세 번째로 짚어볼 작품은 닥터 수스의 1960년작 『초록 달걀과 햄』(*Green Eggs and Ham*)이다.[19] 이 그림책은 20세기 중반 이래로 가장 많이 팔린 영어 그림책 중 하나다. 작품이 미려한 운율과 역지사지의 주제로 인해 아이의 언어학습 흥미 진작과 도덕성 함양에 유익하기 때문이다. 줄거리는 만화 캐리커처 형식으로 표현한 화풍에 동물도 사람도 아닌 독특한 캐릭터인 샘(Sam)과 그의 대화상대자가 상호작용하는 상황을 묘사하는 것으로 이루어져 있다. 샘은 상대방이 자기를 어떻게 생각하는지와 무관하게 느닷없이 초록 달걀과 햄을 들이밀며 좋아하냐고 묻는다. 이에 대해 상대방은 샘의 질문에 무엇이든, 심지어 "Sam-I-am"이라는 사람까지 좋아하지 않는다고 부정적 태도로 일관하면서도 유머러스하게 대꾸한다. "I would not like them here or there. I would not like them anywhere. I do not like green eggs and ham. I do not like them, Sam-I-am."을 읽어보면 운이 딱딱 맞아 흥겨운 기분이 들지만, 정작 그 속에 담긴 메시지가 부정적이다보니 "이게 뭐지?" 싶은 생각이 들도록 하여 마치 의도적으로 독자의 인지부조화를 유발한 것 같은 착각마저 든다.

샘은 싫다는 상대방을 집요하게 쫓아와서 "in a house에서 먹을래, with a mouse와 먹을래?"와 같이 상대방의 의사를 무시하고 먹는 것을 전제로 대답을 강요한다. 누구 말도 듣지 않고 자신의 주장만 내뱉는 것이다. 이에 대해 상대방은 벽에다 세게 공을 던지면 세게 다시 튀듯이 운을 맞추어 넌센스 질문에 넌센스로 맞장구친다. 상대방은 샘에게 제발 자기를 놔두라면서 어디서든 싫다고 매몰차게 대한다. 그러자 샘은 표현을 살짝 바꿔서 "You do not like them. So

---

19) Dr. Seuss, *Green Eggs and Ham* (New York: Random House, 1960).

샘이 오른쪽에 위치한 『초록 달걀과 햄』 삽화

you say."라며 일단 상대방의 입장에 공감을 표한 후 그래도 "Try them! Try them! And you may. Try them and you may, I say."라며 시도해보라고 유화적 태도를 취한다. 웬일이냐는 듯 다른 캐릭터들이 눈을 동그랗게 뜨고 두 사람을 둘러싸고 상황을 주시하자, 샘과 상대방이 한결 차분해진 상태에서 비슷한 눈높이로 대화한다.

샘의 태도가 달라지자 상대방도 화답하듯 "Sam-I-am"이라는 유머러스하지만 비꼬는 뉘앙스의 말투를 버리고 "If you will let me be, I will try them. You will see."라며 나를 귀찮게 하지 않으면 한 번 먹어보겠다고 약속한다. 상대방은 시무룩한 표정으로 샘이 준 접시를 받아 들고 시식하자 생각보다 맛이 나쁘지 않다고 긍정적으로 반응한다. 샘이 왼쪽에서 권하면 상대방이 거절하지만, 수락하는 상황에서는 둘의 좌우가 바뀌어 있다. 상대방이 화면 구도에서 주도권을 쥔 왼쪽에서는 한결 너그러워진 마음으로 샘의 제안을 수용한다. 누군가가 압박당하는 처지에서 강요를 당하면 감정이 닫혀서 소통 자체를 강하게 거부하지만, 상대방의 언어나 행동이 달라지고 나에게 재량(권한)이 생기면 같은 메시지라도 다르게 대할 수 있다는 사실을 삽화로 보여준 것이다. 샘의 제안을 수락하는 장면에서 상대방의 한결 커진 외양은 그만큼 넓어진 마음을 시각적으로 형상화한다. 이렇듯 『초록 달걀과 햄』은 어떤 일이 싫거나 어려워 보여도 일단 부딪쳐보면 나쁘지 않을 수 있다는 메시지를 담고 있다. 이런 목적 달성은 누군가와 소통할 때 메시지 자체 보다 어떤 방식으로 전달하느냐에 달려 있다. 전하고 싶은 의도를 무슨 매체에 어떻게 담느냐에 따라 상대방의 반응이 달라질 수 있다는 사실은 인공지능시대의 다양한 디지털 매체 활용 소통에서 의미있는 화두를 던진다.

『초록 달걀과 햄』의 가장 큰 묘미는 구문을 반복하여 운율을 창조함으로써 의미와 무관하게 언어 그 자체를 즐기게끔 구성한 사실에 있을 것이다. 배경지식이 부족한 아이들은 의미 이전에 운율을 놀이처럼 즐기며 언어를 익힐 수밖에 없다. 닥터 수스의 다른 그림책들도 『모자 안 고양이』

(*The Cat in the Hat*)처럼 운을 맞춘 언어를 사용하였고, 이런 맥락에서 닥터 수스는 미국 아이들에게 영어를 가르친다는 찬사를 받았다.

레오 리오니의 『꿈틀꿈틀 자벌레』

위기에 처한 자벌레를 묘사한 『꿈틀꿈틀 자벌레』 삽화 예시

네 번째로 점검할 작품은 영어 그림책 역사에서 한 획을 그은 레오 리오니의 1960년작 『꿈틀꿈틀 자벌레』(*Inch by Inch*)다.[20] 이 작품은 여백을 많이 두고 핵심 정보를 큼직하게 그렸으면서도 글자를 작게 처리하여 삽화 중심으로 줄거리를 이해하게끔 구성되어 있다. 어느 날 로빈새가 자벌레를 먹으려 할 때 자기는 사물의 길이를 재는 용도로 유용한 동물이니까 자기를 먹지 말라고 말한다. 그러자 로빈새는 그렇다면 내 꼬리를 재보라고 요구한다. 이렇게 자벌레는 로빈새의 꼬리에 올라타고 4인치라고 말한다. 그러자 로빈새는 긴 꼬리를 갖고 싶었던지 내 꼬리를 5인치라고 생각해 달라고 당부하면서 다른 새들에게 데려가 부리, 다리, 등의 길이를 재도록 한다. 홍학이 목, 황새의 다리, 꿩의 꼬리처럼 로빈새가 재는 곳은 각각의 새들이 뽐내는 신체 부위다. 이런 점은 신장, 허리둘레, 몸무게처럼 특정한 기준으로 아름다움을 재단하는 외모지상주의를 비판하는 듯하다. 이때, 나이팅게일은 자기 노래를 재달라고 생떼를 쓰면서 자기 노래를 측정하지 않으면 먹어버리겠다고 으름장을 놓는다. 그러자 자벌레는 꾀를 내어 나이팅게일이 노래를 부르자 자벌레는 주변을 재면서 뒤로 물러나 시야, 그러니까 삽화에서 완전히 사라진다. 나이팅게일에게 측정해준다고 노래를 시킨 다음에 시간을 벌어 도망간 것이다. 이처럼 이 작품은 허영심에 들떠

20) Leo Lionni, *Inch By Inch* (New York: HarperCollins, 1960).

눈앞의 이익을 놓치지 말고 연약하더라도 기지를 발휘하여 위기를 벗어날 수 있다는 교훈을 담고 있다(131쪽 꾀돌이 참고). 아이들은 자벌레와 자신을 동일시함으로써 지혜를 키우고 허영심을 경계하라는 메시지를 자연스럽게 깨닫는다.

연약한 자벌레가 왼쪽에서 오른쪽으로 이동할 때 새에게 가로막힌 상황은 자연스러운 서사 전개가 막힌 것 같은 인상을 준다. 반대로, 새보다 오른쪽에 위치한 상황에서는 잽싸가 오른쪽 바깥으로 움직여 탈출한다. 자벌레를 위협하는 새들이 왼쪽에서 오른쪽으로 흘러가는 자연스러운 서사 흐름을 막는 존재로 묘사된 것이다. 이렇게 리오니의 많은 작품들에서는 미약한 존재이지만 기지를 발휘하여 살아남거나 더 나은 존재로 변신하는 내용을 묘사한다. 그의 대표작인 1963년작 『으뜸 헤엄이』(*Swimmy*)도 큰 물고기에 잡아먹힐 뻔한 상황에서 작은 물고기들이 모여 더 큰 물고기 모양을 만드는 집단 지혜를 흥미로운 삽화로 묘사한다. 1967년작 『프레데릭』(*Frederick*)도 동일한 주제를 형상화한다.

리오니가 즐겨 구사하는 화풍과 소재는 에릭 칼이 이어받아 계승 발전시켰다. 리오니와 칼은 개성있는 문양과 색깔을 조합하여 통일된 이미지를 이루는 콜라주 기법을 즐겨 사용한다. 이런 기법은 애벌레나 거미를 사실적으로 묘사하기보다 눈에 띄지 않지만 묵묵히 제 할 일을 하는 모습을 효과적으로 부각시킨다. 이런 기법을 사용했을 때, 긴 목을 뽐내는 홍학의 성품과 종잡을 수 없는 외양이라는 카멜레온의 특징을 부각시키는 과정에서 원근감이나 신체 비례는 무시되기도 한다. 홍학의 비정상적인 신체 비율 및 카멜레온을 옆에 서서 바라보는 모습과 위에서 내려다보는 시선이 하나의 편면에 모두 겹쳐진 모습을 보면 사실적 재현이 아님을 단번에 알 수 있다. 차이가 있다면, 핵심 캐릭터에 시선이 모이도록 구도를 잡는 칼과 달리, 리오니는 여백을 두면서도 자벌레와 같은 주인공의 미미한 위상을 보여주려고 오히려 작게 그림으로써 독자가 주의집중하면서 삽화를 면밀히 살펴보게끔 유도한다.

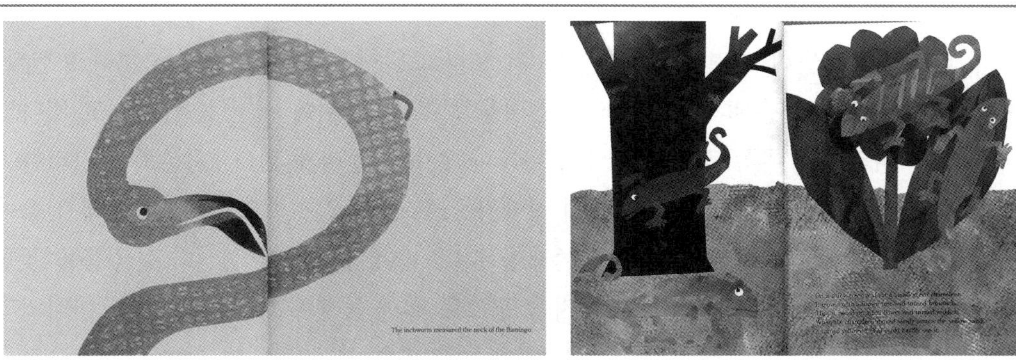

사실적 원근 묘사를 건너뛴 에릭 칼의 삽화 예시들

에즈라 잭 키츠의 『피터의 의자』

『피터의 의자』 앞표지

『피터의 의자』에서 피터가 오른쪽에 숨어있다 엄마를 놀라게 하는 장면

다섯 번째로 짚어볼 작품은 에즈라 잭 키츠의 1967년작 『피터의 의자』(*Peter's Chair*)다.[21] 피터가 어렸을 때 앉았던 의자와 자신의 어린 시절 사진을 같이 쳐다보는 삽화는 시간을 두고 자신의 과거를 객관적으로 조망할 것임을 암시한다. 영어로 akimbo라고 부르는 양팔을 허리에 올린 자세는 상황을 주도한다는 의미로 거만하다는 인상마저 준다. 이런 앞표지 삽화는 몸과 마음의 성장이라는 작품 모티프를 표현하고 있다. 불안하게 쌓여 있던 물건들이 강아지가 건드리는 바람에 일순간 와르르 무너져 내리는 장면은 오른쪽에 자리한 피터가 성장했으나 뭔가 완성되지 않은 불안한 상태임을 상징한다. 이 그림책에서는 피터의 의지대로 상황이 돌아가지 않을 때 그를 오른쪽에 배치한다. 그림책 삽화 배치의 전형, 그러니까 주인공이 왼쪽에 위치할 때 그의 입장에서 사건이 막힘없이 흘러가는 공식을 따르는 것이다. 반대로, 피터가 왼쪽에서 오른쪽의 의자를 바라보는 앞표지의 구도는 더 이상 맞지 않는 자신의 의자를 여동생 수지(Susie)에게 주려는 의지를 내비치는 입장 변화 내지는 성장을 시사한다.

엄마가 피터에게 특별히 마련한 점심을 먹으러 오라고 말하자 피터는 장난을 치려고 한다. 엄마는 상식적으로 커튼 밑에 삐져나온 피터의 신발을 보고 커튼 뒤에 서서 몸을 숨기고 있다고 착각하지만 정작 피터는 오른쪽 장식장 뒤에서 나타나 엄마를 놀라게 한다. 오른쪽에 자리한 엄마는 부모의 존재가 아이의 자연스러운 성장에 장애가 될 우려를 암시하고, 다음 삽화에서 숨어 있다가 오른쪽에서 나타나는 피터는 부모의 존재를 뛰어 넘어 원만하게 성장하고 있음을 뜻한다. 이렇게 성장한 피터는 아빠와 함께 자기 의자를 핑크로 칠해 동생에게 주려고 한다. 아빠와 피터가 의자를 핑크로 칠하며 마무리되는 장면에서는 강아지가 발자국을 내며 화면 오른쪽으로 사라

---

21) Ezra Jack Keats, *Peter's Chair* (New York: Viking, 1967).

진다. 강아지는 피터의 장난감 쌓기를 망가뜨렸다는 점에서 미성숙함을 상징한다. 독자는 강아지의 발자국을 보면서 피터에게 여전히 유아다운 모습이 남아 있어서 더 성장해야 한다는 생각을 하게 된다.

동심을 간직한 어른들(키덜트)처럼 성인의 마음 어딘가에는 강아지 발자국과도 같은 동심이 잠재되어 있다. 피터가 성장과정에서 약간의 유아기적 흔적을 마음 한 구석에 남겨두었다면, 이것이야말로 건강하게 잘 자라고 있다는 징표로 볼 수 있다. 오히려 아이다움이 전혀 남아있지 않은 어른이야말로 공감능력이 부족한 것일지 모른다. 기꺼이 자기 물건을 동생에게 양보하는 피터의 성장기는 어린 독자가 더 이상 사용하지 못할 물건을 동생에게 주기 싫어하는 스스로를 반성하는 계기로 작용한다. 이 그림책을 읽으며 동생에게 자기 물건을 물려주면 부모의 사랑을 뺏기는 기분이 들어서 괜히 떼를 쓴 스스로를 되짚어 볼 수 있을 것이다. 피터의 엄마가 '특별한 점심'을 챙겨주고 아빠가 페인트를 같이 칠해주는 모습은 동생에게 물건을 물려줘도 부모의 관심에 변화가 생기지 않음을 뜻한다. 『피터의 의자』의 전편에 해당하는 에즈라 잭 키츠의 대표작 『눈 오는 날』 역시 피터의 눈으로 바라보는 세상을 묘사한다. 동물의 입장에서 상상력을 발휘하는 20세기 전반의 그림책들과 달리, 아동의 심리발달을 모티프로 한 에즈라 잭 키츠의 작품 세계는 도입부의 『당근 씨앗』과 마찬가지로 그림책을 아동의 마음을 읽고 치유하는 수단으로 격상시킨 의의를 지닌다. 이렇게 아동의 마음을 어루만지는 모티프는 모리스 센닥의 그림책들과 동생이 태어나면서 불안정한 아이의 마음을 세상이 달라 보이는 현상으로 구체화한 앤소니 브라운의 1990년작 『달라졌어요』(*Changes*)와 같은 작품을 통해 계승된다.

모리스 센닥의 『깊은 밤 부엌에서』

여섯 번째 작품은 모리스 센닥의 1970년작 『깊은 밤 부엌에서』(*In the Night Kitchen*)다.[22] 이 그림책은 그의 대표작 『괴물들이 사는 나라』처럼 아이의 내면에 천착한 작품이다. 주인공 소년 미키(Mickey)가 벽에서 쿵쿵대는 소음에 뒤척이다가 조용히 하라고 소리를 지르자 이내 태아처럼 발가벗은 벗겨진 채 아래로 떨어져 소리의 진원지라 할 부엌에 들어간다. 이런 설정은 뒤척이다가 힘겹게 잠들었을 때 꾸는 꿈이자 현실의 문제를 가상 상황으로 전이한 것이기도 하다. 부엌의 제빵사 3인은 웃음기를 잔뜩 머금은 얼굴로 반죽에 빠진 미키를 다른 재료와 섞어 흥겹게 챈트를 부르며 케이크를 만든다. 위에서 떨어진 미키가 케이크로 들어가는 기괴한 발상은 케이크가 되어 먹히는 일종의 역지사지를 뜻한다. 미키는 오븐에 들어갔다 빵을 뚫고 반죽옷을 입은 채

22) Maurice Sendak, *In the Night Kitchen* (New York: Harper & Row, 1970).

로 "나는 우유가 아니고 우유도 내가 아니에요! 난 미키라구요!"라고 외치며 튀어나와 제빵사들을 당혹스럽게 한다.

제빵사들은 반죽옷을 입은 미키가 위로 솟아올라 다른 반죽으로 비행기를 만들어 밤하늘로 날아오르자 미키에게 아침까지 케이크를 만들려면 우유가 필요하다고 도움을 청한다. 이 순간, 미키와 제빵사의 대립은 협력으로 전환된다. 부탁을 받은 미키는 제빵사들이 준 컵을 머리에 쓴 채 도심의 밤하늘 속으로 날아가 거대한 우유병으로 다이빙한 후 "나는 우유이고 우유가 나에요!"라고 노래를 부르면서 반죽옷을 벗는다. 알몸으로 우유병 속에서 유영하는 장면은 경계하는 마음으로 외부세계를 대하는 마음의 장벽이 사라졌음을 시각적으로 표현한 것이다. 이렇게 미키는 달이 중천에서 오른쪽으로 넘어가는 시간 경과 속에서 우유를 가져다 케이크 반죽에 붓는다. 임무를 마친 미키는 새벽닭 흉내를 낸 후 미끄럼틀처럼 우유병을 타고 내려와 자기 방 침대로 돌아온 후 잠든다. 미키는 시간 내에 케이크를 만들어야 하는 제빵사들의 고민을 확인하고 기꺼이 도와주는 꿈을 꾸면서 소음이 들려도 편안한 마음으로 잠든다.

『깊은 밤 부엌에서』 삽화 예시

내가 잠든 시간에도 누군가가 나를 위해 일한다는 사실을 안다면 이해심도 커질 것이다. 미키가 반죽옷을 입고 케이크 밖으로 튀어나와 비행기를 만들고 날아가는 장면은 제멋대로 행동하고픈 심리를 내비친 것이지만, 그 순간에 제빵사들이 우유를 구해달라고 하자 대단한 파일럿이라는 자존감 때문에 너그럽게 수용한다. 상황통제권이 나한테 있다는 자기효능감을 확인한 순간, 미키는 외부를 향해 열린 자세를 취하고 제빵사들을 향한 경계심을 푼다. 우유병에서 알몸이 된 장면은 이런 그의 심리를 잘 보여준다. 내가 이해하고 도와주어야 상대방이 곤경에 처하지 않음을 알게 되면 아량을 품고 협력함으로써 결과적으로 문제가 해결된다는 것이다.

『깊은 밤 부엌에서』를 한국의 현실에 대입하면, 아파트의 층간소음 문제도 가해자의 진심이 담긴 미안함, 피해자를 향한 부탁, 그리고 피해자의 대승적 이해와 수용이 맞물려야 해결될 수 있다는 생각을 해보게 된다. 가해자는 상황주도권 혹은 결정권이 피해자에게 있음을 인정하고, 이에 호응하여 피해자도 상대방의 곤란함을 이해하고 돕는 마음가짐이 필요하다. 이처럼 이 그림책은 역지사지의 교훈을 직접적으로 형상화하지 않고 해석의 차원으로 이관함으로써 성인 독자에게도 공감을 준다.

아를렌 모젤의 『별나게 웃음 많은 아줌마』

일곱 번째로 분석할 작품은 일본의 요괴 오니(鬼(おに)) 관련 설화를 토대로 한 아를렌 모젤(Arlene Mosel)의 1972년작 『별나게 웃음 많은 아줌마』(*The Funny Little Woman*)이다.[23] 이 작품은 먼 옛날 일본에 웃음기 많은 작은 여인이 쌀로 만든 경단이 아래로 굴러가는 것을 쫓아가다 신들의 동상이 줄지어 선 곳에 도착하는 것으로 시작한다. 신들은 여인에게 악귀 오니가 있는 곳으로 경단이 굴러갔으니 가지 말라고 만류한다. 여인은 경고를 무시하고 경망스럽게 웃으며 오니를 찾아가고, 심지어 오니에게 잡혔으면서도 웃음기를 거두지 않는다. 이국적 호기심을 품고 신비로운 세계에 입문하는 느낌을 주는 매력적인 삽화는 여인이 어떤 모험을 할지 독자의 궁금증을 자아낸다. 이런 점은 왼쪽 상단에 흑백으로 일상적 세계를 묘사하고 펼침면 오른쪽 하단에 컬러로 가상 혹은 귀신들만 사는 저승을 표현함으로써 가상 시공간에 방점을 두는 그림책의 독특한 구도에 잘 드러난다.

『별나게 웃음 많은 아줌마』 삽화 예시

23) Arlene Mosel, *The Funny Little Woman* (Boston, MA: E. P. Dutton, 1973).

웃는 표정으로 인해 가늘어진 여인의 눈은 서양인이 생각하는 신비롭지만 문명화되지 못한 동양(Oriental Mystique)으로 비추어지기도 한다. 『별나게 웃음 많은 아줌마』에서 악귀들을 조심하라고 할 뿐 적극적으로 여인을 보호하지 못하는 신들은 신비롭지만 무기력하게 비추어진다. 이런 이미지는 서양 제국주의자들이 총칼에 대적할 수 없는 유약한 존재이지만 이해하기 힘든 매력이 있다고 동양을 폄하하는 오리엔탈리즘(Orientalism)을 내비친다. 이처럼 영어로 간행된 비서구권의 전래동화를 읽을 경우에는 왜곡되고 정형화된 동양 이미지가 반영되었는지를 유심히 살펴야 한다. 이에 대해 에드워드 W. 사이드(Edward W. Said)는 유럽이 자신이 어떤 존재인지 정의를 내리기 위해 발명한 동양 이미지를 오리엔탈리즘이라고 비판한 바 있다.[24)]

『별나게 웃음 많은 아줌마』는 지상의 일상보다 지하의 가상세계에 초점을 맞춘 배치와 색채 사용을 통해 저승에서 생긴 원인이 이승의 일상에 영향을 준다는 불교의 업보론(karma)을 형상화한다. 오니들의 소굴에 잡혀온 여인은 쌀 한 알을 휘저으면 2개, 4개, 8개, 16개로 불어나는 신묘한 주걱을 건네받은 후 오니들을 위해 경단을 만들어 몇 달 동안 대접한다. 고된 일을 하는 와중에도 여인은 실없다는 인상을 줄 정도로 웃음을 잃지 않는다. 그러던 어느 오후에, 그녀는 오니들이 없는 틈을 타서 신묘한 주걱을 허리에 차고 몰래 배를 타고 오니 소굴을 빠져나온다. 이를 안 오니들이 강물을 입으로 빨아들여 배가 가지 못하게 한다. 다급하고 무서운 상황이라 여인이 더 이상 웃음소리를 내지 못하자, 뜻밖에도 오니들이 진흙에 빠진 여인의 우스운 꼴을 보고 웃기 시작한다. 이렇게 오니들이 웃을 때마다 빨아들인 물을 도로 뱉어냄으로써 여인이 다시 배를 저어 도망갈 수 있게 된다. 여인은 오른쪽 아래 지하 세계로 잡혀 왔기에 도망칠 때는 왼쪽 위로 이동한다. 그림책의 전형적 구도 배치에 의하면, 왼쪽으로 향하는 것이 원래 위치로 돌아가거나 권위 혹은 주도권 회복을 의미하고 오른쪽으로의 이동은 시공간과 주인공의 자연스러운 상태 변화를 의미한다. 이 그림책에서 여인이 왼쪽으로 이동하여 이승으로 돌아가는 점은 위와 같은 그림책의 배치 관행과 부합한다.

다시 집으로 돌아온 여인은 신묘한 주걱으로 쌀을 불려 엄청난 양의 경단을 만들어 팔아 일본에서 가장 부유한 여인이 되어 큰 소리로 웃으며 이야기가 마무리된다. 여인이 산전수전을 겪은 끝에 오니들로부터 마법 주걱을 획득하여 굴러떨어진 경단 하나를 건지는 것 이상의 엄청난 보상을 받은 것이다. 『별나게 웃음 많은 아줌마』의 플롯은 웃음기가 많은 여인이 저승에서 마법 주걱을 획득하는 운을 거머쥐어 부자가 되는 내용처럼 보인다. 이런 표면적 줄거리 해석은 통상적으로 사람들이 여인이 부자가 된 이유를 설명하는 것에 초점을 맞춘다. 그러나 작품을 깊이 읽으면 여인이 저승에서 탈출하려고 진흙에서도 노를 저을 정도로 부단히 사투를 벌인 여정에 주목하게 된다. 불교적 해석에 의하면, 여인이 부단히 노를 젓는 행위는 이승에서 부지런히 솥을 젓는 노동

24) Edward W. Said, *Orientalism* (New York: Pantheon Books, 1978) 1-2.

의 업보로 이해된다. 그렇다면 여인은 신묘한 주걱 때문이 아니라 살기 위한 사투에서 연유하는 부지런한 (어쩌면 습관처럼 주걱을 휘젓는) 노동으로 부를 축적한 것이다. 이런 이면의 주제는 물질 이외에 마음의 풍요와도 연결된다. 고단한 노동 속에서도 웃음을 잃지 않는 낙천적 자세로 정진하면 업보의 굴레에서 벗어나 열반(nirvana)에 필적하는 경지에 이르게 된다. 윤택한 삶은 부의 축적 자체에 있다기보다 웃음을 잃지 않는 삶의 매 순간 혹은 과정에 있는 것이다.

20세기 중반의 그림책 명작들은 인간과 다른 존재의 조화로운 삶을 짚어보거나 아동의 심리상태에 초점을 맞추었다는 점에서 이전 세대의 작품들과 차이가 난다. 이 당시에 간행된 그림책들은 독자가 이야기에 몰입하면서 몸과 마음이 성장하는 정서적 체험을 거쳐 역지사지를 자연스럽게 체득하는 세련된 플롯을 선보였다. 아동의 불만과 해소를 심층적으로 다룬 작품들이 대거 등장한 것이다. 또한, 20세기 중반에서 후반으로 향하면서 그림책에서 흑인 아이와 동양 여성을 주인공으로 삼은 다문화 주제에 관심을 보이기도 했다. 『별나게 웃음 많은 아줌마』가 동양 민담을 소재로 삼은 점은 1960년대 이래로 문화적 다양성이 부상하는 흐름을 반영한 것이다. 이 책의 작가가 지은 『티키 티키 템포』(*Tikki Tikki Tembo*)에서도 이름이 길어야 오래 산다는 중국 민담을 살펴볼 수 있다. 다문화 그림책들에서는 유약한 존재들이 위기를 벗어나는 우화적 속성을 이어받으면서도 현대적 느낌의 삽화와 구도로 변형하여 문화적 다양성을 반영한 주제를 다루었다.

영어 그림책의 현재와 미래

VI

20세기 후반부터 현재까지 간행되는 영어 그림책들은 주류집단의 권위나 인간중심주의와 거리를 두고 다문화주의와 생태환경적 사유로의 전환을 모색하는 특징을 지니고 있다. 세계시민주의가 교육의 핵심 의제로 부상한 탈권위 시대의 그림책 플롯은 익히 알고 있는 동화의 인물, 사건, 배경을 뒤집는 반전을 거쳐 비판적 사고를 자극한다. 욕심을 경계하고 약자를 보살피는 전통적인 주제를 이어받는 동시에 현대적 감수성을 지닌 인물이 달라진 시공간 배경에서 통념을 재점검하도록 이끄는 플롯을 주로 채택하는 것이다. 이런 흐름에 따라, 미래의 그림책들은 다문화주의와 포스트모더니즘을 기본으로 삼아 작가마다 고유한 필체와 화풍으로 다양한 상황과 어울리는 방향으로 진화할 것으로 예상된다. 이번 파트에서는 다문화 주제를 다루고 전통적 권력과 권위가 도전받는 플롯으로 이루어진 그림책들을 깊이 들여다보면서 그림책의 현재와 미래에 대해 생각하는 기회를 가질 것이다.

16. 20세기 후반 이후의 그림책

BTS Behind the Scenes

〈늑대 얼굴 애니 캐릭터의 1인 인터넷 라이브 방송〉

알렉산더 울프(이하 울프): (죄수복 차림으로 휴대폰을 든 채 손을 흔들며 라이브 방송을 한다) 여러분, 알렉산더 울프입니다.

울프: (화면 밑에 찡그리는 이모티콘과 함께 "감옥인가?" 및 "갑자기 왠 라방?" 댓글이 잇달아 올라온다) 찡그린 이모티콘이 왜 이리 많지? 제가 그렇게 무섭나요? 저 그런 울프 아니에요. 이런 편견 때문에 억울하게 당해서 여기 있는 겁니다. 제 말 좀 들어보세요.

울프: ("또 돼지 잡아먹었나?" + "상습범이네" 댓글이 잇달아 올라온다) 이게 다 요즘 감기 때문에 그렇습니다. ("이제는 감기까지 핑계?" 댓글이 올라온다) 기침을 세게 하며 돌아다니다 보니 이웃들이 저를 슬슬 피하더군요. (팔뚝 근육을 화면에 보여준다) 보시면 아시겠지만 제가 힘이 세다 보니 기침을 한 번 하면 어지간한 초가집과 나무집은 그냥 부서집니다.

울프: ("풋! 보기보다 약골이네" + "그래서 돼지를 감기약으로 알고 잡아드셨나?" + 화난 아이콘 + "제발 좀 울프 얘기에 집중!!" 댓글이 올라오고, 이에 울프가 화를 낸다) 감기약이라뇨? 말씀이 심하십니다. 돼지고기를 즐겨 먹지만 그땐 잡아먹지 않았다구요! 암튼, 돼지네 집이 부서진 날, 역시 감기에 걸려 누운 할머니가 좋아하는 케이크라도 드시게 하려고 했더니 설탕이 없더군요. 그래서 첫째 돼지가 사는 돌집으로 가서 여기 빈 컵에 설탕을 좀 달라고 했습니다. 그랬더니 첫째 돼지가 어디서 거짓말이냐고, 내 동생들이 집이 부서져 여기에 숨어있는 것을 알고 흉계를 쓴다고 안에서 소리치더군요.

울프: ("귀여운 애들만 골라서 잡아먹는 폭군인건 사실 아님?" 댓글이 올라온다) 귀여운 애들만 먹는 폭군이요? 그러면 귀여운 치즈버거를 먹는 사람들은 죄다 포악한가요? 울프들이 육식동물이지만 아무 때나 막 잡아먹진 않아요. 남의 식성보고 뭐라 그러진 맙시다. (곧이어 "Sorry~" 댓글 올라온다)

울프: 어쨌든, 그 때 손에 든 빈 컵도 보여주면서 요즘 감기 때문에 통 기운도 없고 코가 간지러워서 잡아먹으라고 해도 못한다고 대답했죠. 마침 코가 간지러워 재채기를 하고 할머니가 만들어준 꽃무늬 손수건으로 콧물을 닦았죠. 첫째 돼지는 작은 문틈으로 이를 지켜보다가 재채기에도 돌로 만든 자기 집이 멀쩡한 것을 확인하더니 안전하다고 생각했

는지 그때부터 막무가내로 나가기 시작했습니다. 할머니 손수건으로 동정심에 호소하는 거냐며 너희 할머니 엉덩이에 뿔났으니까 가보라고 코웃음을 치며 비웃더군요. ("그건 돼지가 좀 심했다" + "가족은 건들지 말자" + "돼지가 돼지했네"라는 댓글이 밑에서 올라온다)

울프: 안에 있는 둘째와 셋째 웃음소리도 같이 들었습니다. 전 평소에 점잖은 사람이지만 사랑하는 할머니 욕을 듣고 나서 그만 이성을 잃고 돼지를 잡아야겠다는 생각밖에 안 들었습니다. 문을 아무리 발로 차도 열리지 않자 화난 김에 굴뚝으로 기어들어갔는데, 그때 돼지들이 경찰에 신고한 것 같습니다. 굴뚝에서 난로로 내려왔을 때 이미 경찰이 제 눈앞에 버티고 서있더군요. 이게 바로 「커다란 나쁜 늑대 소동, 경찰이 제압」 기사의 진실입니다. ("울프를 풀어줘라!" 댓글을 포함하여 여러 가지 형상의 우는 이모티콘들이 줄지어 올라오며 마무리된다)

도입부 장면은 조 셰스카(Joe Scieszka)의 1989년작 『늑대가 들려주는 아기돼지 삼형제 이야기』(*The True Story of the 3 Little Pigs*)를 늑대의 라이브방송 버전으로 각색한 것이다.[1] 이 그림책은 포식자 늑대가 돼지를 잡아먹는 원작 이야기를 불변의 진실이라고 여기는 바람에 성급한 일반화의 오류에 빠져 사실에 따라 옳고 그름을 판별하지 못할 수 있음을 경고한다. 언론보도를 통해 약자가 아니면서도 강자에게 핍박당하는 모습을 연출하여 자신은 반사이익을 얻고 오히려 멀쩡한 상대방을 억울한 피해자로 만드는 이른바 '을의 횡포'를 다룬 것이다. 이처럼 문화적 다양성 이해와 존중의 필요성이 대세로 자리잡은 20세기 후반에 통념을 버리고 관점을 바꿈으로

『늑대가 들려주는 아기돼지 삼형제 이야기』 앞표지

1) Joe Scieszka, *The True Story of the 3 Little Pigs* (New York: Viking, 1989).

써 현실을 입체적으로 조망하는 주제를 다루는 그림책들이 이전보다 비약적으로 늘어났다. 이 과정에서 독자와 활발하게 상호작용하며 의미 확장을 창의적 작품들도 소개되었다.

20세기 말 이후 그림책의 특징

20세기 말에서 21세기 초반까지 간행된 그림책들이 이전의 그림책들과 다른 점은 다섯 가지로 정리된다.

첫째, 어른이 아이를 돌보는 전형적 구성에서 탈피하여 아이가 어른의 마음을 헤아리는 플롯을 그림책에 반영함으로써 더 이상 그림책이 아이들만의 유치한 동화책이 아님을 보여주었다. 둘째, 아이의 입장에서 진정한 배움과 성장이 무엇일지 근본적으로 재점검하는 요구를 그림책에 담아냄으로써 그림책이 포함하는 주제 영역이 넓어졌다. 셋째, 약자나 소수자 편에서만 배려하는 편협한 생각이 아니라 강해 보이는 이들이 무조건 나쁘다는 통념과 같은 부당한 선입견을 시정하고 다른 문화를 열린 마음으로 수용하는 것까지 포함하는 진일보한 다문화주의를 표방하는 그림책들이 대거 선보였다. 넷째, 작품 구성과 관련해서, 익히 알려진 고전들을 적절히 융합하는 상호텍스트성(intertextuality)을 발휘하여 그림책에 생기를 불어넣었다. 다섯째, 하늘로 뻗는 나무를 표현하기 위해 책을 세로로 세워서 위로 넘기며 읽는 방식으로 구성된 롤라 M. 셰퍼(Lola M. Schaeffer)의 2002년작 『위아래에 무엇이 있을까요?』(*What's Up, What's Down?*)와 같이 창의적인 판면 구성을 사용한 사례들이 늘어났다.

이하 기술에서는 20세기 후반부터 21세기 초반까지 나온 그림책의 특징을 잘 보여주는 사례들을 선별하여 꼼꼼히 읽어보고자 한다.

에릭 칼의 『뒤죽박죽 카멜레온』

첫 번째로 살펴볼 작품은 에릭 칼의 『뒤죽박죽 카멜레온』(*The Mixed-Up Chameleon*)이다.[2] 에릭 칼은 1960년대부터 그림책 작가로 큰 명성을 얻었으나 주로 1970년에서 1990년대에 왕성하게 활동하였기에 20세기 후반으로 분류하였다. 그는 알파벳북, 숫자책 등의 다양한 그림책 장르에서 수많은 명작을 산출한 대표적인 그림책 작가다. 『뒤죽박죽 카멜레온』도 초등영어 교과서에 개작된 내용이 수록되었을 정도로 널리 알려져 있다. 색깔 변하는 재주를 지닌 카멜레온은 어느 날 동물원의 여러 화려한 색깔을 한 동물들을 보고 이런저런 동물들을 계속 모방한다. 변신에 변

2) Eric Carle, *The Mixed-Up Chameleon* (New York: HarperCollins, 1988).

『뒤죽박죽 카멜레온』의 콜라주와 입체파 기법 삽화

신을 거듭한 카멜레온은 마침내 곰도, 물고기도, 코끼리도, 여우도, 거북이도, 사슴도 아닌 뒤죽박죽 모양으로 변한다. 남들의 좋아 보이는 점만 모방하여 합치자 아름답지도 않고 평소 잘하던 파리도 잡지 못하는 등 무엇 하나 제대로 된 것이 없다. 이에 카멜레온은 결국 나다워야 한다는 깨달음을 얻는다. 남과 무의미하게 비교하지 말고 나의 장점을 살려야 멋있어진다는 교훈은 마지막 펼침면에서 카멜레온의 특기인 색깔 변신을 상징하는 무지개를 통해 시각적으로 드러난다.

『뒤죽박죽 카멜레온』에서 파리를 잡는 카멜레온은 시점에 따라 머리를 땅에 붙인 채 몸통을 허공에 번쩍 치켜든 것 같으면서도 다른 각도로 바라보면 다리를 바닥에 붙이고 고개만 90도 왼쪽으로 튼 인상을 주기도 한다. 이렇게 옆과 위에서 본 몸통이 교묘하게 합쳐진 모습은 1960년대 대표적인 그림책 작가 레오 리오니의 콜라주와 파블로 피카소(Pablo Picasso)의 입체파 기법(Cubism)을 합쳐 만들어진 에릭 칼의 독자적 화풍을 보여준다. 에릭 칼은 일관된 시점에서 보이는 모습을 사실적으로 표현하기보다 사물의 특징을 보여주는 부분들을 조합하는 독특한 입체파의 구성 원리를 끌어온다. 에릭 칼의 삽화는 카멜레온의 본질이 몸을 꺾어 혀를 내밀며 먹잇감을 낚아채는 사냥법과 꼬리를 말고 네 발로 움직이는 것임을 시각적으로 보여준다. 이런 카멜레온의 삶을 긍정하는 상징적 이미지로 삽화의 오른쪽 상단에 빛나는 햇빛이 그려져 있다. 카멜레온은 다양한 동물들의 장점을 부러워하여 좋다고 여긴 부분만 조합하면서 정체성 혼란에 빠진다. 오히려 카멜레온의 본질이나 장점은 희석되어 버리고 만다. 카멜레온의 눈동자가 어지럽게 돌아가는 모습은 이런 자기 분열을 내비친다.

달리고 멈추는 각양각색의 다리와 날개를 펄럭여 위로 향하는 모습에서는 자아 분열이 극적으로 드러난다. 카멜레온은 모든 동물의 장점을 끌어와 아무것도 아닌 상태로 치닫는다. 그는 심지어 인간의 검정 모자와 우산도 가져온다. 검정색만 동물들에게서 발견하지 못했기 때문이다. 이렇게 카멜레온은 그저 나에게 없는 모든 것을 마구잡이로 긁어모아 착용함으로써 자아를 잃어버린

『뒤죽박죽이 된 카멜레온』 삽화

다. 카멜레온의 자아 상실을 목격한 독자는 자신도 화장과 패션을 바꾸며 외양을 치장하며 중요한 것을 잃어버린 것은 아닌지 생각해보게 된다. 아름다움과 조화로움은 좋아 보이는 모든 것의 무질서한 집합이 아니라 중심을 잘 잡고 선별하여 배열할 때 비로소 가능하다. 결국, 이 작품은 외양만 모방하지 말고 나답게 살 때 아름다워진다는 교훈을 전하는 것이다.

자신의 본모습에 충실하라는 메시지는 에릭 칼이 『배고픈 애벌레』(*The Very Hungry Caterpillar*)나 『아주 바쁜 거미』(*The Very Busy Spider*) 등과 같은 여러 작품에서 빈번하게 다루는 모티브다. 『뒤죽박죽 카멜레온』은 에드 영(Ed Young)의 『일곱 마리 눈먼 생쥐』(*Seven Blind Mice*)와 비교하며 읽으면 유익하다. 무엇이 중요한지 분간하지 못하는 카멜레온과 코끼리를 더듬어 얻은 각자의 경험만으로 짚다가 모든 정보를 조합하고 나서야 코끼리임을 알게 되는 눈 먼 쥐들이 카멜레온의 방향감각 상실과 유사하기 때문이다.

앤소니 브라운의 『우리 아빠가 최고야』

두 번째로 검토할 『우리 아빠가 최고야』(*My Dad*)는 영국의 유명한 그림책 작가 앤소니 브라운의 작품이다.[3] 브라운은 고릴라 이미지를 한 아빠 캐릭터를 소재로 즐겨 삼는 것에서 나타나듯이 불안정한 처지에 있는 비인간 존재에 인격을 부여하여 인간과 동물의 경계선을 초월한 우정과 공감을 통해 오늘날에 요구되는 삶의 윤리에 집중한다.[4] 이 작품에는 영어의 as~as 구문과 eat like a horse와 같은 관용적 표현들이 유쾌한 삽화와 더불어 다수 포함되어 있어서 영어학습과

3) Anthony Browne, *My Dad* (New York: Farrar, Straus and Giroux, 2001).

4) Chengcheng You, "Representing Zoo Animals: The Other-than-Anthropocentric in Anthony Browne's Picture Books," *The Lion and the Unicorn* 43.1 (2019) 38-39.

칼데콧의 「헤이, 디들 디들」 삽화와 『우리 아빠가 최고야』의 관련 삽화

연계하기에도 유리하다.

『우리 아빠가 최고야』의 줄거리는 이런저런 일들을 잘해내는 고릴라처럼 듬직한 아빠에 대해 열거하는 방식으로 진행된다. 작품의 첫 장면에서 초점이 흐린 눈으로 모닝커피를 마시는 아빠는 뭐든 잘하는 것에 초점을 맞춘 플롯과 결이 다른 듯 보인다. 그리 괜찮아 보이지 않는데 아이로 추정되는 서술자는 "우리 아빠가 괜찮다"고 말한다. 아빠가 보이는 것처럼 둔하지 않다거나, 둔해도 아빠니까 상관없다거나, 아니면 평소에 무기력해보여도 실제로 그런 사람이 아니라는 것을 보여주기 위해서일 것이다.

브라운은 쫓겨나는 늑대를 아기돼지 삼형제와 빨간 망토가 밖에서 몰래 엿보는 모습을 매우 작게 삽입하는 등 다른 작품들과의 상호텍스트성을 활용하여 숨은그림찾기의 재미 또한 추구한다. 독자는 삽화에 담긴 '보물' 메시지를 찾는 즐거움을 통해 능동적 해석의 주체로 거듭난다. 달도 뛰어 넘고 줄타기도 잘하는 재주꾼일 정도로 바쁜 아빠의 일상도 상호텍스트적으로 구성되어 있다. 아빠의 오른발 아래에 발이 달린 수저와 그릇이 바쁘게 뛰어가는 익살스러운 이미지와 이를 묘사하는 글은 칼데콧이 그린 영국의 전래동요 「헤이, 디들 디들」(Hey, Diddle Diddle)의 글과 삽화에서 따왔다. "The cow jumped over the moon" 가사 및 접시와 수저가 달아나는 삽화를 『우리 아빠가 최고야』에 반영한 것이다. 「헤이, 디들 디들」이 넌센스 동요임을 감안한다면, 부지런히 움직이는 아빠는 넌센스에 가까울 정도로 부질없이 바쁜 것처럼 해석될 수 있다. 아빠는 아이의 눈에 구름 왕관을 쓰고 갖가지 양말이 걸린 빨랫줄을 떨어지지 않고 걸으며 가족을 보살피려고 갖은 장애를 뛰어넘는 초인적 내면을 지닌 존재인 듯 보인다. 마치 투명인간처럼 아빠의 뒤에서 따라오는 오른쪽의 양말 한 켤레는 아빠의 '인생 줄타기'를 놀이처럼 받아들여 모방하는 아이를 뜻한다. 부모를 모방하는 아이의 상상놀이와 유사한 것이다.

『우리 아빠가 최고야』는 아침에 멍한 눈을 한 채 피곤해 보이는 아빠가 모든 것을 잘 해내는 모습을 연달아 보여준 후 화자가 아빠를 사랑하는 이유를 독자에게 물으며 마무리된다. 화자는 아빠가 뭐든 잘해서가 아니라 언제고 나를 사랑해서 좋다고 답한다. 이 작품에서 화자가 아빠의 능력보다 사랑을 강조하는 이면에는 아빠를 응원하는 아이의 의도가 담겨 있다. 전통적인 아동문학 플롯에서는 나의 불완전함(아이다움)을 어루만지며 보호하는 부모의 품에 안기는, 나쁘게 말하면 어른의 권위에 복종하는 아이를 주인공으로 삼은 사회화 주제에 무게를 둔다.[5] 이와 달리, 『우리 아빠가 최고야』의 화자는 작품 내내 아빠가 뭐든 잘한다며 격려하는 메시지를 읊조린다. 한마디로, 아이와 아빠의 역할이 뒤바뀌어 있는 셈이다. "아빠가 올빼미처럼 똑똑하지만 빗자루마냥 어리석기도 하다. 그렇지만 괜찮다"는 아이의 말은 계산을 마친 아빠의 눈이 풀려있는 삽화를 고려할 때 똑똑하다는 말이 사실이라기보다 격려의 언사처럼 들린다.

『우리 아빠가 최고야』에서 묘사된 아빠는 정말로 뭐든 잘하는 사람이 아니라 웃기는 듯 비추어지는 것마저 감내하면서 나를 포함한 가족을 위해 잘하려고 노력하는 사람이다. 그렇기 때문에 작품에서 겉으로는 명랑한 분위기를 자아내지만 이면에 공감과 연민의 정서가 담겨있는 것이다. 사정이 이렇다면, 뭔가를 잘해서가 아니라 나를 사랑해서 아빠가 좋다는 마지막 발화는 아빠의 내면을 이해하는 화자의 성숙한 마음가짐을 보여준 것으로 볼 수 있다. 브라운의 『아기가 된 아빠』(*The Big Baby: A Little Joke*)에서도 평소에 젊어 보이려 외모를 치장하고 자기 관리에 혈안인 존 영(John Young)의 아빠를 통해 나이가 들면서 사회와 가정생활에서 겪는 아빠의 불안을 보여준다. 가족 부양을 위해 경쟁에서 뒤처지지 않으려는 아빠의 불안한 심리상태는 엄마가 기저귀를 갈아주고 유모차를 탄 아이로 퇴행한 우스꽝스러운 꿈에 투사되어 있다. 브라운은 『돼지 책』(*The Piggy Book*)이나 『우리 엄마』(*My Mum*)에서 묵묵히 화목한 가정을 위해 분투하는 엄마를 묘사하기도 했다.

존 버닝햄의 『지각대장 존』

세 번째로 다룰 그림책은 『야, 우리 기차에서 내려!』를 쓴 존 버닝햄의 『지각대장 존』(*John Patrick Norman McHennessy, the Boy Who Was Always Late*)이다.[6] 버닝햄은 『지각대장 존』을 통해 어른과 아이의 진정한 소통이 무엇이냐는 중요한 질문을 던진다. 존의 등굣길은 평온하지만 칙칙하고 기묘한 분위기를 풍기는 반면에, 악어가 가방을 물어서 곤경에 빠지는 장면은 밝게 빛나는 햇살과 화사한 색감으로 인해 글과 삽화가 상충하는 것 같은 인상마저 준다.

존은 기지를 발휘하여 장갑을 던져서 악어를 현혹시켜 따돌리고 학교에 지각을 한다. 선생님은

5) Perry Nodleman, *The Hidden Adult: Defining Children's Literature* (Baltimore, MD: The Johns Hopkins UP, 2008) 169.

6) John Burningham, *John Patrick Norman McHennessy the Boy Who Was Always Late* (New York: Dragonfly Books, 1999).

『지각대장 존』에서 존을 거짓말쟁이로 몰아 질책하는 선생님과 결말부에서 입장이 뒤바뀐 상황 삽화

존이 황당한 거짓말 핑계를 댄다고 질책하면서 존의 정식 성명 "John Patrick Norman McHennessy"를 권위적으로 호명하면서 반성문구를 300번이나 쓰는 가혹한 벌을 가한다. 선생님이 펄쩍 뛰며 감정을 주체하지 못하는 삽화는 위압적이고 절제력이 부족한 성품을 암시한다. 존은 사자가 나타나 바지를 잡아 당겨서 나무 위로 피했다가 급히 학교로 향하는 등 황당한 일을 계속 겪으면서도 포기하지 않고 학교로 향한다. 선생님은 존이 불가피하게 지각하는 사정을 헤아리지 않고 교사의 권위에 도전한다며 혼내려고만 한다.

그러던 어느 날, 유달리 어두운 등굣길에 아무 일도 벌어지지 않아 제 때 학교에 도착하니 고릴라가 선생님을 붙들고 지붕에 매달린 황당한 일을 겪고 있다는 점에서 존이 배우러 갈 때 겪음직한 일이 벌어지고 있다. 존은 이 모습을 보면서 당혹스러워하는 선생님을 향해 지붕에 거대한 고릴라가 없다고 너스레를 떨면서 선생님에게 들었던 방식대로 대꾸하고 화면 오른쪽으로 향한다. 그리고 아무 일도 없었던 것처럼 다시 배우기 위해 길을 나서며 이야기가 마무리된다. 그렇다면 존은 무슨 이유로 지각까지 감수하면서 줄기차게 학생의 처지를 헤아리지 못하는 교사가 있는 학교로 갔던 것일까?

『지각대장 존』의 표면상 주제는 강압적 훈육을 시정하는 것이다. 이런 주제는 아이와 어른의 엇나가는 소통과 배움의 본질에 대한 질문을 포함하고 있다. 존이 지각으로 벌을 받으면서까지 배우러 가는 이유는 선생님이나 학교에서 무언가를 명시적으로 배워서가 아니다. 존에게 진정한 배움은 배우러 가는 과정에서 일어나기 때문이다. 존은 느닷없이 악어, 사자, 파도를 만나 본인의 의사와 무관한 감각적 경험을 하면서 기지를 발휘하여 용케 상황을 벗어난다. 이렇게 문제를 해결한 다음에 선생님을 찾아가는 존의 마음은 어떤 상태인 것일까? 그에게 눈앞의 위기를 해결하고 한숨을 돌리고 난 안도감은 늦어서 벌 받는 것에 대한 두려움을 압도한다. 선생님한테 혼나는 것은 악어, 사자, 파도에 비하면 존이 충분히 감당할 수준인 것이다. 시련이 닥쳤을 때 위기를 모면한 존의 편안해진 심리는 등굣길을 밝게 묘사한 장면을 통해 짐작할 수 있다. 학교로 향할 때 아무 일도 벌어지지 않으면 오히려 삽화가 어둡고 존도 쓸쓸하게 묘사된다. 시련을 극복하는 과정에서 찾아오는 배움이 없기 때문이다. 이처럼 존에게 진정한 배움이란 학교, 선생님, 좋은 교재로부터 주어진다기보다 문제 상황을 헤쳐 나가는 경험을 거쳐 주체적으로 지혜, 용기, 마음의 안정을 얻는 것이라 할 수 있다.

『지각대장 존』에서 배움이란 선생님에게 수업을 배우는 순간만 뜻하지 않는다. 고릴라에게 붙잡힌 선생님은 직접 경험이 아닐지라도 최소한 흥미진진한 무언가를 학교에서도 접할 수 있음을 시사한다. 배움은 학교 수업에서 다루는 명시적 지식에만 있지 않고 학교로 가는 도중에 예상하지 못한 체험으로 뭔가를 깨닫거나, 학교에서 친구와 소통하며 자기와 타인의 내면을 이해하는 등 다양한 방식과 계기를 통해 일어난다. 배움의 순간은 때와 장소를 가리지 않고 우리의 마음에 치고 들어올 수 있다. 따라서 이 그림책은 성마른 교사와 인내심 많은 아이의 역지사지 줄거리를 통해 교육의 본질을 논하는 이야기인 것이다.

데이비드 위즈너의 『아기돼지 삼형제』

네 번째로 짚어볼 작품은 데이비드 위즈너(David Wiesner)의 『아기돼지 삼형제』(*The Three Pigs*)다.[7] 이 그림책은 도입부의 『늑대가 들려주는 아기돼지 삼형제 이야기』와 더불어 창의적 발상으로 관점 전환을 시도한다. 늑대가 나타나 아기돼지들을 잡아먹으려 집을 부수려 하자 벽돌집에 모인 아기돼지 삼형제는 자기들이 그림책 주인공이니까 이야기책 바깥으로 나가면 늑대의 위협에서 벗어날 수 있다는 참신한 생각을 한다. 이들은 그림책 종이로 비행기를 접은 후 그 위에 올라타고 달아난다. 그런데 종이비행기 하단에 늑대가 그려져 있어서 함께 이동한다. 이들이 도착한 곳은 영국 전래동요 「헤이, 디들 디들」 이야기 장소다. 동요 가사처럼 고양이가 바이올린을 켜고 소가 달을 점프하고 강아지가 이를 보고 웃지만 겁먹은 접시가 수저와 도망치는 모습이 펼쳐지는 것이다. 무슨 의미인지 파악하기 어려운 기괴한 광경에 어안이 벙벙한 아기돼지 삼형제는 용의 보물을 차지하려고 칼을 들고 용에게 달려드는 왕자 이야기 속으로 들어간다. 여기에서 아기돼지 삼형제는 용을 그림책 밖으로 데려와 죽을 위기에서 구출한 후 동화나라 이곳저곳을 돌아다닌다. 캐릭터들이 동화들을 넘나드는 특이한 플롯은 『뽀로로』 20주년 동화나라 시리즈에서 뽀로로와 친구들이 『미녀의 야수』에서 야수의 성에 불시착하는 설정과 흡사하다. 이렇게 상호텍스트성을 활용하여 여러 동화들을 자유롭게 넘나드는 그림책 구성은 무슨 장면을 어떻게 엮느냐에

7) David Wiesner, *The Three Pigs* (New York: Clarion, 2001).

「아기돼지 삼형제」 캐릭터들이 그림책 이야기들을 자유롭게 넘나드는 삽화 예시

따라 새롭고 독특하며 복합적인 의미를 창출한다. 지적 호기심을 자극하는 그림책은 초등 고학년이나 중등 수준의 영어교육에서도 효과적으로 사용될 수 있을 것이다.

아기돼지 삼형제는 구겨진 그림책의 벽돌집 장면을 다시 펴서 집으로 돌아가려고 하는데, 그 장면에서 늑대가 문을 열라고 외쳐서 어떻게 할까 고민스러워 한다. 이때, 용이 불쑥 머리를 내밀어 늑대를 물리치고 늑대의 행패를 알리는 텍스트 글자도 부순다. 이렇게 용과 돼지들은 행복하게 함께 지내며 이야기가 종료된다. 늑대를 피하기 위해 그림책 밖으로 탈출했다 그곳에서 용을 만난 뒤에 그림책 속으로 다시 들어가 늑대를 제압하는 플롯은 작품 안팎을 넘나든다는 점에서 텍스트를 닫힌 체계로 보는 전통적인 관념에서 벗어난다.[8] 이런 독특한 플롯과 삽화 구성은 어려운 문제에 봉착할 때 창의적 발상으로 극복하라는 주제를 효과적으로 형상화한다.

로렌 카스틸로의 『도시에 사는 우리 할머니』

마지막으로 살펴볼 그림책 두 권은 도시를 배경으로 삼은 작품이다. 과거에는 동물과 자연이 아이들의 일상에서 큰 비중을 차지하였다면, 오늘날 아이들에게는 도시생활이 바로 그런 의미를 지니고 있을 것이기 때문에 이를 반영한 그림책이 많을 수밖에 없다.

다섯 번째로 분석할 그림책은 로렌 카스틸로(Lauren Castillo)의 『도시에 사는 우리 할머니』(*Nana in the City*)다.[9] 원문의 '나나'는 할머니를 뜻하는 내니(nanny)를 아이가 어설프게 발음

---

8) Lawrence R. Sipe, "The Art of the Picture Book," *Handbook of Research on Children's and Young Adult Literature*, Shelby A. Wolf, Karen Coats, Patricia Enciso, and Christine A. Jenkins, eds. (New York: Routledge, 2011) 247.

9) Lauren Castillo, *Nana in the City* (New York: Clarion Books, 2014).

『도시에 사는 우리 할머니』의 할머니집 삽화

『도시에 사는 우리 할머니』의 도시풍경 삽화

한 것이다. 아이는 잠깐 동안 복잡한 도시에 사는 멋쟁이 할머니와 지내게 된다. 아이가 처음 접한 도시풍경은 몸을 웅크린 채 제 갈 길만 쳐다보는 사람들의 차가운 표정과 배경을 이루는 빽빽한 빌딩숲으로 채워져 있다. 할머니는 도시 풍경과 어울리지 않게 유독 밝은 복장으로 아이를 맞이한다. 아이는 붐비는 도시에서 공사로 시끄러운 도심 소음에 귀를 막고 어지러운 벽화와 길에서 구걸하는 이들을 목격하고 잔뜩 겁을 먹는다. 그럼에도 불구하고, 할머니는 붐비는 도시가 좋다고 말하여 아이를 어리둥절하게 한다. 이와 같은 아이와 할머니의 생각 차이는 할머니집 삽화에서 왼쪽 상단의 흰 고양이와 오른쪽 하단의 검은 고양이의 색깔 차이 만큼이나 뚜렷하다.

할머니는 바깥의 기차 소리에 잠을 설친 아이에게 용기를 주는 빨간 망토를 입힌다. 그러자 아이는 마치 자기가 무적 갑옷이라도 착용한 듯 바쁜 도시 풍경을 재미있는 놀이동산처럼 여기며 휘젓고 돌아다닌다. 생각을 고쳐먹자 도시의 시끄러운 음악도 흥겹게 느껴진다. 아이가 손가락으로 가리키는 그림 속 텍스트에 적힌 "도시에는 진기한 것들로 가득했다"는 말은 도시가 복잡해도 즐거운 공간임을 뜻한다. 독특하고 화려한 도시의 일상이 무질서와 혼란과 엄연히 다르다는 것이다. 할머니 머리 위에 왼쪽으로 가라는 일방통행 표시와 그 아래에 뭔가를 기다리며 줄을 서는 사람들은 도시가 질서정연한 곳임을 시사한다. 주위를 둘러보면 도시에서는 춤추고 연주하는 이들을 쳐다보며 같이 즐긴다거나, 밤에 산책을 하고 길거리 음식을 먹는 여유와 낭만을 느낄 수 있다. 사람들은 제각각으로 움직임에도 서로 부딪치지 않게 나름의 거리를 유지하면서 질서있게 행동한다. 반려견과 산책하는 사람도 한 손을 주머니에 넣은 자유분방한 모습이지만 목줄을 하고 있다.

『도시에 사는 우리 할머니』에서 눈여겨 볼 점은 아이가 도시를 떠날 때 할머니에게 용기를 불어넣어 준다며 자기가 쓰고 다녔던 망토를 씌워준다는 사실이다. 이 작품은 만사가 생각하기 나름이라는 주제 및 아이의 불안함을 어루만지는 할머니의 넉넉한 마음 씀씀이에 초점을 맞춘 듯 보인다. 그런데 빨간 장화, 빨간 안경, 그리고 빨간 챙을 두른 모자에다 노란 자켓을 입고 외출을 하는 할머니는 무채색으로 묘사된 다른 사람들 사이에서 튀는 외양을 하고 있다. 이를 통해, 할머니도 반려묘들을 키우고 화려한 복장으로 외출을 하면서 외로운 마음을 다독이며 도시생활에 적응하고 있다는 사실이 드러난다. 할머니가 집으로 돌아오면 안경 색깔도 바뀌고 복장도 수수해진다. 바깥에서 신경을 곤두세우던 심리적 방어벽을 내려놓고 마음이 편안해졌기 때문이다. 즉, 할머니의 화려한 정장은 심리적 방어벽을 상징하는 것이다. 결국, 할머니는 이심전심으로 아이의 마음을 들여다보고 빨간 망토를 입혀주었던 것이다. 그렇다면, 아이가 마지막 장면에서 망토를 할머니 목에 걸어준 장면을 통해 아이 또한 할머니의 외로움을 이해하고 받은 사랑을 돌려주고 있음을 알 수 있다. 이 작품도 『우리 아빠가 최고야』와 마찬가지로 어른을 격려하는 아이를 등장시킨 것이다.

『도시에 사는 우리 할머니』의 배경을 이루는 수많은 도시인들이 할머니가 무슨 복장을 하더라도 의식하지 않는 것처럼, 모르는 사람들은 나에게 사실 별 관심이 없다. 독자는 이 작품을 감상하면서 남들의 시선을 의식하며 복장과 행동을 스스로 자기 검열하고 있지 않은지 되짚어보게 된다. 만약 자신이 할머니라면 아이가 씌워준 망토를 그냥 쓰고 다녀야 할지, 아니면 남들이 나를 의식하지 않는다고 여겨 불편한 옷차림을 내려놓고 자유롭게 지낼지 생각해보게 되는 것이다.

더그 살라티의 『핫 도그』

여섯 번째 작품은 뉴욕(New York)으로 추정되는 어느 무더운 여름 날에 여자와 반려견의 일상을 묘사한 더그 살라티(Doug Salati)의 『핫 도그』(*Hot Dog*)다.[10] 무더운 여름에 도시의 열기와 복잡한 일상은 모두를 지치게 한다. 이때, 여자가 반려견을 나무에 묶어두고 일을 보러 우체국에 들어갔다 나오자, 지친 강아지는 여자의 말을 듣지 않고 횡단보도에 주저앉아 버린다. 그러자 여자는 붐비는 도심을 떠나 전철과 배를 연달아 타고 잠시 교외의 바닷가로 향한다. 바닷가에서

10) Doug Salati, *Hot Dog* (New York: Random House, 2022).

『핫 도그』 겉표지

목줄을 풀어주자, 반려견은 모래사장을 흥겹게 뛰어 다니고 여자도 잠시 휴식의 시간을 갖는다. 다시 도심으로 돌아오자 날이 저물고 선선해져 사람들이 저마다의 방식으로 휴식을 취하고 반려견도 한결 편안하게 몸과 마음을 추스른다. 집으로 돌아온 여자와 반려견은 식사를 마치고 선선한 바람을 맞으며 잠에 든다. 반려견의 머릿속에는 시원한 물속에서 다른 동물들과 놀고 싶은 생각이 스쳐 지난다.

『핫 도그』의 줄거리는 무더운 여름 도심을 탈출하는 일상적 에피소드에 반려견을 배려하는 내용이 가미되어 특별한 플롯을 담고 있지 않은 듯 보인다. 그렇다고 이 작품이 반려견만 배려하는 내용으로 채워진 것은 아니다. 해변에서 더위를 식히고 날이 어두워졌을 때 집으로 돌아와 편한 복장으로 저녁식사를 하는 여자도 반려견과 마찬가지로 도시의 일상에서 지친 상태이기 때문이다. 도시의 열기에서 숨이 막히던 와중에 반려견이 힘들어 해서 겸사겸사 바닷가로 향한 것이다. 마지막에 강아지가 물범과 노는 장면도 어쩌면 더위로부터 벗어나고픈 여자의 속내 또한 반영하였다고 해석될 수 있다. 어른들은 밖에 나가면 돈만 쓰고 힘만 들어서 가기 싫지만 애들이 집에서 나가자고 들볶아서 어쩔 수 없이 휴가를 간다고 말하곤 한다. 이런 의미에서, 이 그림책은 머리를 식히고 싶을 때 공연히 자녀 핑계를 대는 어른들의 민낯을 꼬집는 듯 보이기도 한다. 이렇게 작품 내내 강아지에게 초점이 맞추어져 있음에도 실제로 지친 어른이 스스로를 위로하는 이면의 메시지를 떠올려 봄직하다.

20세기 후반부터 간행된 그림책들은 다문화주의가 사회 곳곳에 퍼지면서 이를 즐겨 소재로 다루었다. 예를 들어, 각 나라의 여러 쌀로 만든 음식이 등장하는 노라 둘리(Norah Dooley)의 『모두가 쌀로 요리해요』(*Everybody Cooks Rice*)를 생각해 볼 수 있다.[11] 이 그림책은 캐리(Carrie)가 동생 안토니(Anthony)를 찾으러 옆집들을 돌아다닐 때 바베이도스, 푸에르토리코, 베트남, 중국,

---

11) Norah Dooley, *Everybody Cooks Rice* (Minneapolis, MN: Millbrook Press, 1991).

인도, 아이티 출신 이웃들의 다양한 음식들을 시식하고 집으로 돌아오는 간단한 플롯으로 이루어져 있다. 독자는 작품 부록에 소개된 다양한 조리법을 읽으며 문화적 다양성을 체감하고 몸소 해당 요리에 도전해 볼 수 있다. 이처럼 다문화 그림책은 인종이나 민족과 관련한 거창한 내용이나 역지사지의 주제만 다루기보다 일상의 구체적인 의식주 사례에 집중하는 경향을 띤다.

20세기 이후의 그림책들은 이전의 작품들과 비교할 때 언어와 주제학습에 유용한 교육자료로서의 특성이 강한 편이다. 『지각대장 존』에서도 "John Patrick Norman McHennessy set off 혹은 hurried off along the road to learn."라든가 "I must not tell lies about ... and I must not ..."이라는 문장이 반복 사용된다. 작품에서 반복되는 구문과 어휘를 자세히 들여다보면 주제와 언어학습을 자연스럽게 연결할 수 있다. 이렇게 그림책 깊이 읽기는 문학적 감상에 그치지 않고 언어와 주제를 아우르는 계기를 제공한다.

17. 다문화와 포스트모던 그림책

BTS Behind the Scenes

애니(Annie): (나무 울타리 위에 걸터앉아 아래를 내려다보며) 안녕? 나는 애니야.

클로버(Clover): (위를 올려다보며) 안녕? 난 클로버야. 거기서 뭐하는 거야?

애니: 집안에서 네가 친구들과 노는 모습이 즐거워 보여서 자세히 보려고 구경하는 중이야.

클로버: 그럼 너도 울타리 이쪽으로 넘어와.

애니: 엄마가 흑인들이 있는 곳으로 가지 말라고 해서 넘어가면 안 될 것 같아.

클로버: 그래? 그럼 내 친구들을 여기로 불러서 놀까? (멀리 떨어진 친구들을 향해) 애들아 여기에서 놀자! (애들이 다가온다)

애니: 그런데 어쩌지? 그쪽으로 내려가도 괜찮을까?

클로버: 우리도 울타리에 매달려서 놀면 되지. 위에서 놀면 경치도 좋고 재미있을 것 같아. (클로버가 친구들과 함께 울타리에 매달려 애니와 함께 가지고 놀던 줄로 줄다리기를 한다)

애니: 내려가서 줄넘기를 하면 더 재미있을 것 같아. 잠깐 내려가서 노는 것은 괜찮겠지?

클로버: 그럼. 내 손을 잡고 이쪽으로 내려와. (클로버가 손을 뻗어 애니를 바닥에 내려준다.) 얘들아 같이 줄넘기 놀이하자.

애니: (한참 줄넘기를 하며 논 다음에) 얘들아 고마워. 내일은 너희들도 반대편에서 같이 놀면 좋겠는데.

클로버: 그래도 괜찮을까? 사실 우리 엄마도 울타리 밖으로 가지 말라고 그랬거든.

애니: 울타리에 올라갔다 내려오며 노는 건 괜찮을 것 같아. 울타리 지지대 바깥으로 나가지만 않으면 너나 나나 엄마 말을 어긴 건 아니잖아.

도입부 장면은 재클린 우드슨(Jacqueline Woodson)의 『반대편』(*The Other Side*)의 핵심 줄거리를 대화로 풀어 제시한 것이다.[12] 이 그림책은 타이어 그네에 매달린 흑인 소녀가 고개를 돌려 왼쪽에서 오른쪽 상단 울타리에 있는 백인 소녀를 바라보는 표지를 통해 흑백 분리와 소통의

---

12) Jacqueline Woodson, *The Other Side* (New York: Nancy Paulsen Books, 2001).

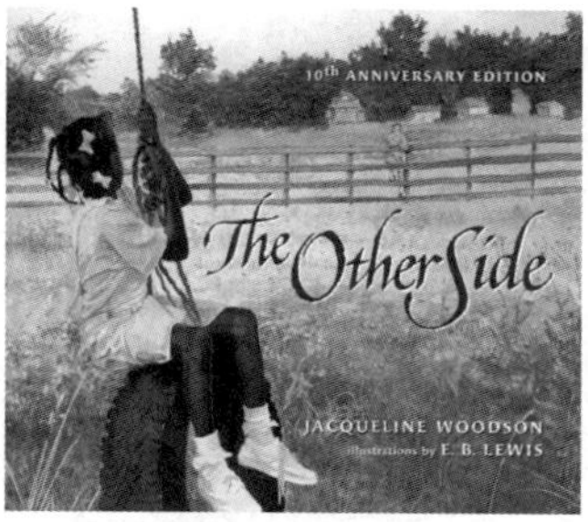

『반대편』 앞표지

문제를 다루고 있음을 암시한다. 작품에서 앞에 크게 그려진 흑인 소녀를 통해 흑인의 시선으로 백인을 바라보는 듯 여겨지지만, 흑인 소녀가 고개를 돌리고 멀리서 백인 소녀가 독자가 있는 쪽을 바라보기 때문에 독자의 입장에서 일방적으로 어느 한쪽의 입장에서 이야기가 전개되지 않을 것이라 예상하게 된다. 이렇게 역사문화적 정보에 기초한 그림책은 정밀한 삽화를 통해 세상살이 경험이 부족한 어린 학습자들이 복잡다단한 현실을 직관적으로 수용함으로써 세계시민으로서 갖추어야 할 문화적 다양성 이해와 존중의 자세를 기르도록 돕는다. 이런 그림책들은 다문화 그림책(multicultural picture book)이라 불린다. 다문화 그림책은 1960년대 중반 이전까지의 아동문학을 풍미하던 유럽계 백인중심의 인물, 사건, 그리고 배경에서 벗어나 비주류 집단의 다양한 문화적 전통과 가치관, 역사, 그리고 이해관계를 반영함으로써 궁극적으로 관점과 사고 전환을 거쳐 타인을 대하는 올바른 가치관을 확립하는 것을 목적으로 하는 작품을 일컫는다.[13]

이하 기술에서는 다문화주의를 주제로 삼은 그림책을 세계시민교육, 학습자의 내면 이해, 그리고 영어교육에 주는 시사점과 관련지어 분석하고자 한다.

재클린 우드슨의 『각각의 친절』

첫 번째 그림책은 재클린 우드슨의 『각각의 친절』(*Each Kindness*)이다.[14] 이야기는 사방에 눈이 내려 눈부시게 빛나는 어느 겨울 아침에 서술자가 등교하면서 시작된다. 선생님은 전학생 마야(Maya)를 데리고 교실로 들어오지만, 마야의 낡은 옷과 계절과 어울리지도 않는 닳고 닳은 신발을 본 아이들은 바라만 볼 뿐 살가운 모습을 보이지 않는다. 카메라를 바닥에 두고 위로 올려다보는 삽화 구도는 독자가 의기소침한 마야의 치부를 들추듯 위압적이거나 권위적인 눈초리로

13) Jean Mendoza and Debbie Reese, "Examining Multicultural Picture Books for the Early Childhood Classroom: Possibilities and Pitfalls," *Early Childhood Research & Practice* 3.2 (2001) 5-6.

14) Jacqueline Woodson, *Each Kindness* (New York: Nancy Paulsen Books, 2012).

『각각의 친절』에서 전학생 마야의 등장 삽화

밑에서 올려다보는 인상을 준다. 건물 밖에서 교실 창문 프레임에 갇힌 아이들을 묘사한 다음 장면은 마야를 바라보는 동급생들의 싸늘한 시선과 닫힌 마음을 형상화한다. 독자는 프레임에 갇힌 아이들을 외부자의 시선으로 응시하면서 타인을 대하는 올바른 태도를 곱씹게 된다.

마야에게 호의적이지 않은 이면에는 원활한 소통과 대화가 부재한 교실 분위기가 자리하고 있다. 이런 점은 심드렁한 표정으로 책상만 내려다보거나 경솔한 언행을 하는 아이들이 서로에게 무관심한 삽화를 통해 드러난다. 1인칭 화자는 말을 걸며 친해지려는 마야에게 대꾸하지 않은 다음에 새 친구가 생겼냐고 시비조 농담을 거는 앤드류(Andrew)에게 친구가 아니라며 발끈한다. 화자가 이처럼 화를 낸 까닭은 땋은 머리(cornrow)와 짙은 피부색을 통해 화자 역시 유색인이라는 점과 연관되었을 것으로 추정된다. 화자는 어쩌면 마야가 전학을 오기 전에 다른 아이들로부터 주변인으로 취급당하거나 따돌림에 시달렸을 수 있다. 자신의 입지가 취약하면 타인을 대하는 마음이 닫히는 상식이 화자의 반응에서도 확인되는 것이다.

계절이 바뀌어도 마야를 대하는 아이들의 마음은 길게 드리운 그림자가 상징하는 것처럼 어둡기만 하다. 마야가 가난해서 중고품만 사용한다며 켄드라(Kendra)가 모욕적인 별명(Never New)을 지어주었을 때 아이들이 크게 비웃자, 마야와 아이들이 가까워질 가능성은 완전히 차단되고 만다. 이제 마야는 아이들에게 놀자고 제안하지 않고 혼자 줄넘기를 한다. 마야가 홀로 줄을 넘고 또 넘어도 아이들과의 마야 사이에 놓인 '보이지 않는 줄'을 넘지는 못한다. 마야가 왼쪽에서 오른쪽으로 이동하는 모습은 더 이상 아이들과 관계를 원만하게 되돌리기보다 순리대로 살려는 의미를 담은 듯 보인다. 이런 해석은 그림책에서 주어진 상황을 억지로 바꾸기보다 순리대로 사건 진행에 순응할 때 왼쪽에서 오른쪽으로 삽화 흐름이 전개되는 것에 기초한다.

다음 날부터 마야는 학교에 나오지 않는다. 선생님은 고요한 물 위에 작은 돌을 떨어뜨려 파동을 일으킨 다음에 작은 친절이 이처럼 멀리까지 퍼진다고 은유적으로 아이들의 잘못을 지적한다. 돌이 파동을 만들 듯 무심결에 던진 농담도 누군가에게 상처가 된다는 뜻이다. 대야에 일렁이는 물결은 아이들의 내면에 일렁이는 어그러진 마음가짐을 거울처럼 비춘다. 작은 돌은 개울에 살포시 놓아두면 물고기가 알을 낳는 보금자리를 제공하는 친절의 표식이지만, 무심결에 장난으로 개구리에게 던지면 살상용 무기로 그 의미가 달라진다. 친절과 폭력은 겉으로 보이는 물건이나 행위가 아니라 무슨 의도로 누구를 향해 어떤 맥락에서 행해졌느냐에 의해 결정된다. 물에 넣은 돌이 선한 영향력을 지니려면 기계적으로 혹은 관습적으로 행하는 칭찬이나 웃음이 아니라 역지사지하며 주변 상황을 봐가며 진정성을 담아야 한다.

화자는 마야가 전학을 가버리는 바람에 친절을 베풀 기회를 상실한다. 친절은 베푸는 자가 제때에 적합한 방식으로 베풀고 받는 자가 고마워하는 두 가지가 맞아 떨어져야 의미를 지닐 수 있다. 문화적 다양성을 대하는 자세 역시 마찬가지다. 내가 어느 순간에는 친절을 주는 쪽일 수 있지만, 다른 순간에는 친절을 받아들여야 할 때도 있다. 백인이라고 무조건 베풀거나 흑인이라고 무조건 호의를 받아들여야 하는 것은 아니다. 상황에 따라 역할은 얼마든지 달라질 수 있다. 『각각의 친절』은 내가 지금 당장 불편할지라도 문화적 다양성을 경험하고 이해하려는 주도적 태도를 보이는 동시에, 상황이 달라지면 역지사지의 자세로 누군가의 호의를 감사히 수용할 줄도 알아야 한다는 메시지를 담고 있다. 작품의 마지막 장면에서 화자는 물수제비를 하면서 누군가에게 친절을 베풀면 마치 물결이 멀리 퍼지는 것과 같이 친절함이 선한 영향력을 불러일으켜 언젠가 마야에게 닿지 않을까 생각해 본다. 이 장면은 만시지탄에 이르지 않으려면 친절을 베풀 기회가 찾아올 때 망설이지 말고 실천하라는 교훈을 전달한다.

카렌 카츠의 『우리들의 피부색』

두 번째 그림책은 카렌 카츠(Karen Katz)의 『우리들의 피부색』(*The Colors of Us*)이다.[15] 이 그림책은 외모가 다양한 흑인들을 연달아 삽화로 제시하면서 흑인을 특정한 범주로 정형화하지 말고 나름의 다양성을 지닌 인격체로 바라보라는 메시지를 담고 있다. 다양한 손모양, 크기, 색깔, 손톱 매니큐어 등을 통해 인종이나 민족으로 규정할 수 없는 개인의 고유함에 주목하라는 것이다. 그림책의 서술자이자 주인공인 7살 레나(Lena)와 엄마는 피부가 계피색이라 음식이라 여

15) Karen Katz, *The Colors of Us* (New York: Square Fish, 1999).

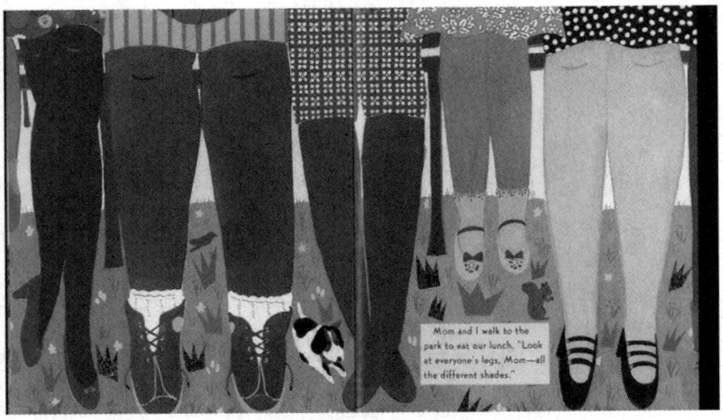

다양성을 보여주는 『우리들의 피부색』 삽화 예시

겨 먹을지 모른다고 농담을 한다. 피부색으로 장난하는 것이 조심스러운 시대임에도 모녀지간이라 이런 발화가 개연성이 있는 듯 느껴진다. 뒤집어 생각하면, 작가가 흑인 모녀관계를 통해 어려운 의제를 슬기롭게 풀어낸 것이다.

『우리들의 피부색』은 레나와 주변 환경을 사랑스럽고 밝게 묘사함으로써 독자가 인종적 정형화 논리를 따르기보다 매번 달라지는 상황마다 나름의 아름다움을 인식하도록 이끈다. 레나의 엄마는 갈색이라도 다양한 색깔이 존재한다며 빨강색, 노랑색, 갈색처럼 색깔을 규정하는 언어를 뛰어넘는 현실 속 다양성을 알려주고자 레나를 데리고 동네 사람들과 소통한다. 문화 다양성은 언어와 논리가 아니라 경험과 감각으로 체득하는 것이기 때문이다. 레냐가 만난 사람들은 나름의 개성을 지니고 있다. 소냐(Sonia)는 땅콩버터의 연갈색, 이자벨라(Isabella)는 초콜릿 브라운, 루시(Lucy)는 복숭아 구리빛, 아시아계 조진(Jo-Jin)은 벌꿀 피부인 것과 같이 사람들의 피부색과 외양이 제각각이다. 레나는 심지어 사람들의 다리 색깔과 신발조차 각양각색이라는 점을 알게 된다. 현실에서 사람들의 하반신을 빤히 쳐다보면 실례라는 점을 염두에 둔다면, 독자는 그림책에서 이런 설정을 접함으로써 세상의 다양성을 간접적으로 익힐 수 있다. 집으로 돌아온 레나는 도화지에 자기가 만난 사람들의 다양한 피부색을 그린 다음에 특정한 하나의 색깔을 고르지 않고 '우리들의 피부색'이라는 제목을 붙여 각자의 개성이 모여 조화를 이루는 삶의 가치를 되새긴다.

『우리들의 피부색』은 누군가와 소통하는 약간의 수고로움을 감내함으로써 다름을 인식하고 존중하게 된다는 교훈을 담고 있다. 어쩌면 문화 다양성 이해와 수용은 교육자료를 접하는 것만으로 충분하지 않을 수 있다. 잠깐 다문화 현장에 가서 사람들과 대화를 나눈다고 문화적 다양성을 깊이 알 수 없을지라도, 적어도 이런 노력이 있어야 상대방도 호응하여 서로의 물리적 혹은 심리적 거리가 좁혀질 수 있다.

이브티하즈 무하마드와 S. K. 알리의 『히잡을 처음 쓰는 날』

세 번째로 다룰 작품은 이브티하즈 무하마드(Ibtihaj Muhammad)와 S. K. 알리(S. K. Ali)의 『히잡을 처음 쓰는 날』(*The Proudest Blue*)이다.16) 이 그림책은 이슬람 문화권에서 히잡(hijab)을 쓰는 의미를 독자에게 알려주면서 무지에 의한 편견을 시정하라는 메시지를 담고 있다. 앞표지에서 히잡의 파란색으로 온 세상을 휘감고 그 위에서 쪽배를 타고 돌아다니는 아이는 히잡을 두르는 행위가 자신의 본모습을 감춘다기보다 정반대로 히잡을 통해 나의 정체성을 분명하게 내세움으로써 넓고도 열린 세상을 향해 나갈 수 있다는 메시지를 시각적으로 보여준다. 왼쪽에서 오른쪽으로 향하는 동작, 시선, 구도 및 희망을 상징하는 파란색은 작품의 줄거리가 순리대로 흘러 갈등이 포용을 향해 원만하게 종결될 것임을 시사한다.

이야기는 엄마가 맏딸 아시야(Asiya)에게 처음 히잡을 착용하는 날에 핑크를 권하는 것으로부터 시작된다. 아시야는 엄마의 권유에도 불구하고 바다와 하늘의 지평선을 뜻하는 푸른색을 고른다. 독자는 아시야의 히잡 결정 과정을 지켜보면서 이슬람 문화에서 여성이 히잡을 쓰는 행위가 주체적 판단과 실행을 인정받는 성인으로 거듭나는 의미라고 짐작하게 된다. 아시야는 히잡을 쓰지 않고 발랄하게 춤추는 동생 파이자(Faizah)를 바라보면서 과거의 자기도 저랬을 것이라 짐작하면서 성인의 초입에 들어선 자신의 정체성 변화를 실감한다. 삽화를 통해 하나의 공간에 과거, 현재, 미래로 이어지는 시간 흐름을 담은 셈이다.

『히잡을 처음 쓰는 날』 앞표지

『히잡을 처음 쓰는 날』에 묘사된 미세공격성 삽화 예시

파이자는 아시야의 히잡 착용이 낯설어 대놓고 거부감을 표하지는 않아도 불편함에 수군대는 이들을 노려본다. 이런 점은 히잡의 의미를 익히 알고 있는 아시야의 친구들과 대비된다. 이처럼 명시적인 인종차별을 내비치지 않더라도 집단적 차원에서 은연중 내비치는 부정적인 시선이나 분위기는 미세공격성(micro-aggression)에 해당된다.17) 미세공격성은 명시적인 인종차별 언행이

16) Ibtihaj Muhammad and S. K. Ali, *The Proudest Blue* (New York: Little, Brown, 2019).

아니지만 바람직하지 않은 사고방식에 기인한 것이기에 잠재된 인종주의로 볼 수 있다. 가령, 그림자처럼 묘사된 일부 아이들이 대놓고 아시야를 비웃는 혐오스러운 장면은 음지에서 편견을 품은 수많은 이들의 검은 속내를 시각화한다. 이를 접한 독자는 자신도 아이들과 유사한 마음가짐을 한 번쯤 품었을지 되짚어 보게 된다.

아시야는 히잡에 무지한 아이들의 편견에 노출되었으나 날선 반응을 자제한다. 독자는 아시야를 통해 문화적 편견을 지닌 이들과 대립각을 세우는 것이 현명한 처사가 아닐 가능성을 생각해 보게 된다. 표지 삽화에서 나타난 것처럼 아시야의 히잡은 하늘과 대양을 모두 품은 포용의 상징물이다. 히잡을 쓴다는 것은 누군가가 당장 이해하지 못하더라도 자신이 어떤 존재인지 중심을 잘 잡으면 언젠가 다른 사람들도 이해하게 될 것이라는 희망을 뜻한다. 파이자는 아시야를 통해 자기도 당당해지리라 다짐하면서 히잡을 보고 낄낄대는 그림자와 같은 이들과 애써 맞서지 않는다. 누군가 공격적으로 나오더라도 이를 넓은 마음으로 이해하고 대범하게 넘기는 자세는 비겁하게 피한다기보다 자신의 존엄성을 지키는 것으로 이해된다. 이 작품은 독자에게 히잡을 둘러싼 올바른 지식을 전달할 뿐 아니라 우월한 위치에서 누군가의 편견을 가르쳐 시정하기보다 스스로 당당해질 때라야 누군가의 삶도 올바로 이끌 수 있다는 메시지를 전한다.

동생 파이자의 입장으로 들여다보면, 주변의 시선에 구애받지 않는 아시야와 달리 파이자는 날선 반응을 보인다. 언젠가 자신도 언니처럼 히잡을 써야하기 때문이다. 어쩌면 몇 년 전에 아시야 역시 히잡 착용에 수군거리는 주변 상황을 의식하며 화를 냈을지 모른다. 이런 관점에서 보면, 『히잡을 처음 쓰는 날』의 묘미는 히잡을 처음 착용한 언니 아시야가 아니라 이를 바라보는 동생 파이자의 심리 변화와 내면의 성장에 있다.

양숙 최의 『내 이름이 담긴 병』

네 번째 작품은 한국계 작가 양숙 최(Yangsook Choi)의 『내 이름이 담긴 병』(*The Name Jar*)이다.[18] 주인공 은혜는 한국에서 미국으로 이민을 올 때 할머니로부터 한글 이름이 새겨진 도장을 받는다. 스쿨버스에서 미국 아이들은 은혜를 정확히 발음하지 못하는 정도에 그치지 않고 "Ooh-ney, Yoo-hey"라고 부정확하게 발음하더니 일제히 "Hey, You"라 외치는 언어유희(punning)로 은혜를 당혹스럽게 한다. 은혜의 입장에서는 이런 점이 앞서 언급한 미세공격성으로 여겨질 수 있다. 한국식 이름이 미국 아이들에게 놀림거리로 전락한 대목은 한국에서도 주류

17) Angela M. Wiseman, Nermin Vehabovic, and Jill S. Jones, "Intersections of Race and Bullying in Children's Literature: Transitions, Racism, and Counternarratives," *Early Childhood Education Journal* 47 (2019) 466.

18) Yangsook Choi, *The Name Jar* (New York: Dragonfly Books, 2003).

『내 이름이 담긴 병』 앞표지

집단 아이들이 스스로 의식하지 못하더라도 문화적 배경이 다른 친구들에게 무심결에 공격적으로 대할 수 있음을 돌이켜보게 한다.

은혜의 엄마는 미국식 이름을 갖고 싶다는 은혜에게 작명소에서 할머니와 지은 좋은 이름이고 미국 아이들과 다르다는 것이 중요하다고 설득한다. 그렇지만 엄마의 격려는 은혜에게 와닿지 않는다. 엄마는 열심히 공부하고 공손하게 행동하고 좋은 성적을 받아 훌륭한 한국인임을 주변에 보여주라고 강조한다. 이런 엄마의 발언은 성공을 위해 미국의 주류사회에 동화하려고 노력하는 아시아계 미국인들을 모범적 소수(model minority)로 칭하는 분위기에 편승한 것으로 이해된다. 벽에 한국어로 적힌 "하면 된다"라는 문구는 성공을 바라는 개인과 가족의 다짐 이상의 생각거리를 담고 있다. 백인 주류집단의 시선에서, 사회구조적 해법을 모색하기보다 일을 그르친 원인을 개인에게 전가하는 논리로 악용될 수 있기 때문이다.[19] 실제로 모범적 소수 개념은 최근 들어 백인 주류집단이 흑인과 히스패닉(Hispanic) 등의 유색인들을 향해 공부도 잘하고 사회적으로 성공하는 아시아계처럼 기성질서에 불만만 제기하지 말고 노력하라고 강요하는 암묵적 이데올로기로 비판받고 있다. 다문화주의의 성패는 백인 주류사회의 용광로에 녹아드는 동화주의(assimilationism)가 아니라 태생적인 문화적 자산(cultural baggage)을 살리고 나와 다른 이들과 조화를 이루며 공존하는 것에 달려 있다. 한국식 이름이 좋다며 경쟁하여 성공하도록 부추기는 엄마는 겉으로 미국적 가치를 거부하는 듯 보여도 목적은 주류사회로의 진입을 위한 것이라는 점에서 동화주의에 사로잡혔다고 보아야 한다. 그러나 은혜 가족은 한국마트에서 배추와 미역을 사는 모습에 나타나듯 한국적 정체성을 버릴 수 없다. 은혜의 마음속에는 한국적 정체성을 내려놓고 미국인들과 동등하게 경쟁하려는 모범적 소수 이데올로기에 기초한 동화주의와 내면의

19) Rosalind S. Chou and Joe R. Feagin, *The Myth of the Model Minority: Asian Americans Facing Racism*, 2nd ed. (Boulder, CO: Paradigm Publishers, 2015) 3.

평화를 위해 한국적 정체성을 놓기도 싫은 상반된 생각이 공존한다. 아시아계 미국인들은 이런 두 생각의 충돌로 정신분열증이나 목표상실 증후군에 시달리기 쉽다.

은혜는 집으로 돌아와 거울을 보면서 아만다(Amada), 로라(Laura), 수지(Suzie)처럼 미국식 이름으로 자기를 소개하는 연습에 열중하지만 모두 마음에 들지 않는다. 다음 날, 은혜가 학교에 도착하니 책상에 여러 미국식 이름이 적힌 쪽지가 담긴 유리병이 놓여 있다. 미국 아이들은 여동생의 별명, 이야기책에서 따온 이름처럼 각자만의 이유를 담아 쪽지에 적어 유리단지에 넣어둠으로써 은혜가 미국식 질서로 동화되기를 바란다. 은혜는 조이(Joey)가 원하는 이름을 정했는지 묻자, 종이에 할머니가 미국으로 갈 때 준 "최은혜" 도장을 찍는다. 조이는 발음과 무관하게 한글 형상이 아름답다고 여겨 도장이 찍힌 종이를 가져간다. 이런 조이를 두고 부적처럼 느껴지는 한글도장의 진기한 형상에만 관심을 보일 뿐 한국문화에 대한 진지한 관심이 아니라고 깎아내릴 필요는 없다. 조이가 은혜를 미개하거나 비밀스러운 존재로 신비화하는 오리엔탈리즘이 아니라 인간적 관심을 표하며 친해지려 하기 때문이다.

아이들이 은혜의 미국식 이름에 관심을 보이는 까닭은 누군가의 이름을 지어주는 행위가 그 사람의 가장 중요한 정체성을 구성하기 때문이다. 은혜가 미국식 이름으로 불리는 것은 미국 아이들에게 같은 집단 구성원으로 인정받는다는 의미를 지닌다. 게다가 영어 가명을 사용하면 가면으로 약점이나 치부를 가리는 심리적 안정 효과를 거둘 수도 있다. 실수를 해도 활발하게 소통하면서 교우관계를 다지고 영어실력도 키울 수 있기 때문이다. 실제로 영어수업 중에서는 실수를 두려워하지 말고 원어민의 마음가짐으로 당당하게 표현하라는 의도에서 영어 이름을 장려하기도 한다.

은혜가 한글과 영어로 본명을 칠판에 적는 구절은 삽화 속 텍스트(intraicoic text)에 Unhye라고 적었기 때문에 미국 아이들 입장에서 천천히 읽을 수밖에 없다. 아이들은 처음에 어색하여 엉성하게 천천히 발음하지만 이내 곧잘 따라한다. 세상사가 그렇듯, 처음만 어색할 뿐 반복하다보면 생소함이 사라진다. 은혜가 미국식 질서에 동화되기보다 반대로 친구들이 은혜의 이름에 익숙해지는 것이다. 다문화 사회에서는 소수의 국외자가 힘겨운 뜀박질을 하며 주류에 편입하는 것 이외에도 주류에 속한 이들이 조금씩 소수자의 언어와 문화로 다가가는 능동적 자세 또한 요망된다. 결국, 『내 이름이 담긴 병』은 문화적 다양성에 관심을 표하고 존중하는 수준에 머물기보다 주류집단에서 적극적으로 소수자의 정체성 중에서 일부라도 받아들이려는 실천이 더욱 소중하다는 교훈을 전하는 것이다.

패트리샤 폴라코의 『할머니의 조각보』

다섯 번째로 분석할 작품은 패트리샤 폴라코(Patricia Polacco)의 『할머니의 조각보』(*The*

Keeping Quilt)다.[20] 이 그림책은 러시아계 유대인인 애나(Anna)의 가족이 동유럽 여성들의 머리두건이자 스카프 바부슈카(babushka)와 애나가 입던 옷을 가지고 누비이불로 만들어 대대손손 이어받는 내용으로 이루어져 있다. 애나의 가족은 누비이불을 식탁보로 깔고 안식일 기도를 하면서 전통빵 찰라(challah)를 먹는다.

『할머니의 조각보』 앞표지와 전통빵 찰라 이미지

샤샤(Sasha)는 결혼 프로포즈의 의미로 부를 상징하는 금화, 사랑을 뜻하는 말린 꽃, 향기로운 삶을 뜻하는 소금이 담긴 손수건을 애나에게 건넨다. 누비이불은 프로포즈를 할 때 깔고 앉기도 하고 결혼식에서 행사용 천막인 후파(huppah) 역할도 겸한다는 점에서 유대인의 삶에서 빼놓을 수 없는 물건이다. 애나와 샤샤의 결혼으로 태어난 아이가 누비이불에 쌓인 모습도 세대와 세대를 잇는 누비이불의 역할을 보여준다. 애나는 임종 순간에도 누비이불을 덮은 채 주변인의 애도 속에 눈을 감는다. 사실 근대사회에서는 병원이나 요양소에서 일반인과 분리된 채 이미 사회적 정체성을 거세당한 상태에서 생물학적 죽음을 맞는다.[21] 이런 현실과 비교할 때, 애나의 죽음은 슬프지만 애도 속에 인생을 아름답게 마무리한다고 볼 수 있다.

『할머니의 조각보』의 삽화에서는 누비이불만 컬러로 초점화하는 전략을 취한다. 누비이불에서 느껴지는 아름다움은 문화적 자산을 특별하게 만든다. 그림책 삽화에서 느껴지는 아름다움은 누군가의 문화적 토양이 어떤 다른 문화보다 비루하지도 우월하지도 않고 그저 다르고 특별하여 존중받을 가치가 있음을 직관적으로 알리는 역할을 한다. 시간이 흘러 누비이불의 사용방식이나 의미가 달라질 수는 있을지라도 누비이불이 상징하는 문화적 의미는 사라지지 않는다.

다른 문화권에서 생활하는 이민자이더라도, 모국의 언어, 문화, 그리고 각종 문화적 상징물들은 심리적 안정과 사회적 인정에 지대한 역할을 한다. 우리가 타고난 문화적 정체성은 억지로 감추

20) Patricia Polacco, *The Keeping Quilt* (New York: Simon & Schuster, 1988).

21) Philippe Ariès, *Western Attitudes Toward Death from the Middle Ages to the Present*, Patricia M. Ranum, trans. (London: Marion Boyars, 1974) 85.

더라도 어떤 식으로든 드러나기 마련이다. 자신의 언행에 언어, 문화, 관습이 녹아있기 때문이다. 시간이 흘러 주류 문화에 동화되는 듯 보여도 전통문화는 자취를 감추지 않는다. 미국에서 수 세대가 흐르면서 독일 출신 이주자들이 독일인다운 특징을 대부분 상실하였을지언정 이들이 세운 맥주회사는 건재하다. 어떤 식으로든 문화의 흔적은 어딘가에 남아 있지만 의식하지 못할 뿐이다. 북유럽 이주자들이 이주한 미네소타의 특성을 반영하여 프로스포츠팀에서 사용한 바이킹이라는 이름만 해도 모국 문화의 흔적이라 할 수 있다. 주류 문화에 동화되기 위해 안간힘을 써도 조상의 문화적 자산은 사라지지 않는다. 그러므로 중요한 점은 문화의 고유한 가치를 인정하고 존중하면서 필요에 따라 조금씩 바꾸고 받아들이는 유연함일 것이다.

세파르딤 유대인(왼쪽)과 아슈케나짐 유대인(오른쪽) 랍비의 대화 장면[22)]

유대인의 두 가지 분파: 세파르딤(Sephardim)과 아슈케나짐(Ashkenazim)

- 세파르딤 혹은 세파르디 유대인: 세파르딤은 이베리아 반도 지역을 뜻한다는 점에서, 여기에 해당하는 유대인은 스페인, 이탈리아, 그리스 및 지중해 연안 지역에 거주한다. 이들은 사는 지역의 언어와 문화적 관습을 수용하면서 중세 이래로 현지인들이 종교적 이유로 꺼리던 고리대금업에 종사하는 등 상업으로 부를 축적하는 세속적 성향을 지니고 있다. 예를 들어, 셰익스피어의 『베니스의 상인』(*The Merchant of Venice*)에 등장하는 고리대금업자 샤일록(Shylock)을 떠올려 볼 수 있다.
- 아슈케나짐 혹은 아슈케나지 유대인: 헤브루어로 독일을 뜻한다는 점에서, 여기에 해당하는 유대인은 독일을 중심으로 중부와 동유럽에 거주한다. 이들은 전통 헤브루어와 동유럽 슬라브어들이 섞인 언어인 이디쉬(Yiddish)를 사용한다는 점에서 전통 문화와 언어를 최대한 지키려 노력하는 학자, 교육자, 성직자 비율이 상대적으로 높다.

미국으로 건너온 세파르딤은 언론, 상업 등의 세속적 분야에, 아슈케나짐이 대학 등에서 연구자로 성공을 거둔 경우가 많다. 이처럼 유대인이라고 해도 어떤 분파에 속하느냐에 따라 언어를 포함한 가치관 차이가 존재하기 때문에 유대인이라고 하나로 뭉뚱그려 정형화하지 않도록 유의해야 할 것이다.

22) https://jewishchronicle.timesofisrael.com/will-sephardic-jews-join-ashkenazi-embrace-of-premarriage-genetic-testing/

페기 디츠 쉬어의 『속삭이는 천』

『속삭이는 천』 앞표지

여섯 번째 작품은 페기 디츠 쉬어(Pegi Deitz Shea)의 『속삭이는 천』(*The Whispering Cloth: A Refugee's Story*)이다.[23] 이 그림책은 "어느 난민의 이야기"라는 부제처럼 터전을 잃고 타지에서 트라우마를 안고 사는 사람들의 내면에 집중한다. 작품의 배경은 라오스의 공산화로 박해를 당한 몽족(Hmong)이 1970년대 중반에 태국의 난민촌으로 이주하여 1990년대까지 머물면서 힘겨운 시절을 보낸 역사적 사실을 기초로 한다. 부모가 살해당한 후 할머니의 품에 안겨 가까스로 태국 난민촌으로 들어온 마이(Mai)는 몽족의 전통천 판다우(pandau)를 만들어 팔며 연명한다. 전통문양으로 된 천 혹은 옷감인 판다우는 여러 이야기를 정교하게 수놓아 만드는 것으로, 유대인의 바부슈카와 마찬가지로 마이의 가족이 경험한 사건 장면을 천에 정교하게 수놓는 방식으로 전통이라는 과거와 현재의 이야기를 절묘하게 결합하는 모티프이다. 할머니는 마이의 엄마가 생전에 솜씨가 좋았다는 사실을 언급하면서 가족에 닥친 불운을 언급한다. 손녀와 할머니가 고즈넉한 자연에서 담소를 나눌 때 고단한 과거가 의식 전면으로 튀어나오는 것이다.

마이는 너무 어렸을 적 일이라 난민촌 바깥에서 벌어진 모든 사건을 기억하지 못한다. 과거를 제대로 알고 싶은 마이의 소망은 판다우에 수놓아진 이야기를 바람이 속삭여준다는 상상력을 자극한다. 마이는 수놓은 천에 귀를 대면서 자신의 문화적 정체성을 되새김질한다. 마이가 허공에 떠도는 이야기를 느꼈다는 말은 천에 수놓아진 부족의 다양한 이야기들을 신령한 존재가 들려주었다기보다 다양한 이야기를 담은 문양들을 견주어 보고 묵상하면서 자신이 속한 공동체의 과거와 전통을 파악했다는 의미일 것이다.

난민촌 사람들은 직간접적으로 경험한 끔찍한 기억을 천에 수놓는다. 어느 누구도 입 밖으로

---

23) Pegi Deitz Shea, *The Whispering Cloth: A Refugee's Story* (New York: Astra Publishing House, 1995).

내뱉지 않으려는 상흔은 밖으로 표출하지 않으면 속에서 곪는다. 이런 의미에서 전통문양을 수놓는 작업은 트라우마를 어루만지는 심리적 방어기제다. 즉, 마이가 만든 판다우는 비극적 고통을 승화시켜 아름답게 예술작품으로 재조직한 것이다. 할머니는 마이에게 과거의 이야기에서 더 나아가 자기만의 이야기가 있어야 한다며 예술적 승화를 현재의 일상에서 풀어내라고 권한다. 이에 마이는 햇빛이 빛나고 구름이 뜬 하늘 아래에서 난민촌의 초가집 주위에 빈 유리병을 모아 거꾸로 박아 반짝이게 장식하여 밝은 분위기를 연출한다. 주어진 환경을 최대한 활용하여 일상을 의미있게 가꾸는 것이다.

일반인이 상상하는 난민촌 이미지는 전쟁의 포화 속에 초췌한 의상과 몰골을 한 사람들이 줄을 서서 비상식량을 받고 텐트에 기거하는 모습으로 채워져 있다. 그러나 『속삭이는 천』의 난민들은 전쟁으로 가족을 잃는 슬픔을 겪고 난민으로 힘겹게 살면서도 판다우를 제작하고 전통복식이나 물품을 사용하고 일상용품을 만들어 팔면서 인간다운 품격과 문화적 정체성을 유지한다. 마이는 곤궁함을 탈피하기 위해서 민족과 문화적 정체성을 애써 부정하거나 온갖 것들을 상품으로 파는 일에 혈안이 된 상태가 아니다. 독자는 난민이라고 해서 무조건 도움을 제공받아야 할 불쌍한 객체가 아니라 힘든 삶에서도 존엄성과 정체성을 지키는 소중한 이웃임을 깨닫게 된다. 이렇게 『속삭이는 천』은 난민을 바라보는 통념을 교정하는 작품이다.

마누스 핑크워터의 『커다란 오렌지 얼룩』

일곱 번째 작품은 다니엘 마누스 핑크워터(Daniel Manus Pinkwater)의 『커다란 오렌지 얼룩』(*The Big Orange Splot*)이다.[24] 이 그림책은 플럼빈씨(Mr. Plumbean)가 똑같은 모양을 한 집들이 모인 거리에 사는 것으로 시작한다. 플럼빈씨를 포함해서 이곳에 거주하는 모든 사람들은 공장에서 찍어낸 물건처럼 비슷한 색깔과 모양으로 이루어진 집이 들어선 주택지구(zoning)에 산다. 미국에서 주택지구는 비슷한 평면구조로 이루어진 주택단지(tract housing)가 들어선 지역을 뜻한다. 『커다란 오렌지 얼룩』에서 머리 스타일이 제각각인 사람들이 획일적인 공간에 거주한다고 해서 '주머니 속의 송곳'이라는 사자성어 낭중지추(囊中之錐)처럼 개성을 감추는 것은 불가능하다. 어느 날, 갈매기가 오렌지색 페인트통을 플럼빈씨 집 지붕에 떨어뜨려 큰 얼룩이 생긴다. 인간은 균질하게 환경을 관리하려고 부단히 뭔가를 하지 않으면 엔트로피의 법칙(무질서화 되는 경향)이 지배하는 자연 상태를 극복할 수 없다. 얼룩을 본 이웃들은 플럼빈씨의 집이 무질서해지는 징조가 나타나자 거부 반응을 보이면서 페인트칠을 다시 하라고 플럼빈씨를 압박한다. 실제로

24) Daniel Manus Pinkwater, *The Big Orange Splot* (New York: Scholastic, 1977).

『커다란 오렌지 얼룩』에서 개성을 살려 수리한 플럼빈씨의 집(가운데) 삽화

미국에서 단지형 주택은 지정된 색상과 자재로만 집을 고쳐야 하고 이웃집에 피해가 가지 않도록 공용공간처럼 여겨지는 앞마당을 주기적으로 깨끗하게 관리하는 규약을 따라야 한다. 한국의 아파트 복도에 지저분하게 짐을 쌓았을 때 치우도록 요구받는 상황과 유사한 것이다.

플럼빈씨는 이웃의 항의에 시달리다 지붕에 올라가 페인트를 칠한다. 그런데 이웃들의 지붕과 벽 색깔과 똑같은 페인트가 아니라 오렌지 얼룩 주변에 다른 그림을 덧붙이는 개성 넘치는 방향으로 수선한다. 무슨 이유로 플럼빈씨는 이웃의 요구를 거스르는 방향으로 작업한 것일까? 인위적 획일화를 거부하고 자연 질서에 순응하면서 자신의 개성과 조화를 이루고 싶었던 것일까? 플럼빈씨의 그림은 나름의 개성을 담아 동물원에서 경험했을 법한 놀라운 일들을 표현하고 있다. 플럼빈씨는 이성을 상실했다는 이웃의 불평에 아랑곳하지 않고 지붕 꼭대기에 시계탑을 세우고 야자수, 가시덤불, 바오밥 등 온갖 식물을 심고 악어도 풀어놓은 채 해먹에서 음료를 마시며 여유로움을 만끽함으로써 균일한 주택단지 질서에 균열을 가한다. 그는 “내가 곧 내 집이고 내가 바로 집인 걸요. 내가 원하는 곳으로 내 집을 꾸몄으니 이제 나의 모든 꿈들과 닮은 곳이랍니다”라고 대꾸한다. 흥미롭게도, 플럼빈씨에게 따지러 찾아간 옆집 남자도 밤새 이야기를 나눈 끝에 자신의 집을 배 모양으로 단장한다. 이야기를 나누면서 획일적으로 개성을 억누르기보다 하고 싶은 방식대로 당신도 집을 꾸며보라는 플럼빈씨의 설득에 넘어간 것으로 추정된다. 이런 식으로 항의하러 찾아온 이웃들이 설득당하여 주택단지가 단정하지 않을지언정 나름의 특색을 보여주는 개성이 넘치는 지역으로 탈바꿈한다.

집을 지을 때 꼭 반듯한 모양으로 짓지 않아도 되지만, 일반인들은 똑같은 모양과 자재로 집을 지어야 비용을 아낄 수 있다거나 네모여야 공간 효율성이 높다는 것처럼 관습적인 공식, 나쁘게 말하면 정형화된 생각을 고수한다. 『커다란 오렌지 얼룩』에서는 선입견을 내려놓고 자기 자신이 원하는 바를 떠올리고 과감하게 시도하라는 주제를 형상화한다. 즉, 문화적 다양성을 존중한다는 관념만 품지 말고 먼저 개성을 표출하는 실천이 있어야만 상대방도 용기를 얻어 동참하면서 다양성이 사회 곳곳에 퍼져나간다는 메시지를 전달하는 것이다. 플럼빈씨가 일으킨 작은 물결은 사회 분위기를 역동적이고 다채롭게 만든다. 획일화된 사회는 플럼빈씨와 같은 인물을 필요로 하는 것이다.

개성이 살아 있는 공동체를 만드는 프로젝트는 말만 가지고 성공하기 어렵다. 튀지 말라는 이웃의 직간접적인 압박을 이겨내려면 뭔가 개성을 드러낼 원동력(momentum)이 있어야 한다. 이런 의미에서, 어느 날 느닷없이 하늘에서 갈매기가 만든 오렌지 얼룩은 임계점(tipping point)을 건드려 행동에 돌입하도록 촉발하는 사건이다. 이 그림책은 오렌지 얼룩이 찍힌 순간처럼 삶에서 개성 넘치는 인격체로 거듭나도록 요구받는 순간이 찾아왔을 때 병균 침입이 아니라 나를 살찌우는 일부로 받아들이는 마음가짐의 전환이 중요하다는 주제를 전달한다. 이런 의미에서 나의 자아 구현은 사회적 다양성을 촉발하는 불씨일 수 있다.

존 시스카의 『냄새 고약한 치즈맨과 멍청한 이야기들』

Well, as it turned out, he was just a really ugly duckling. And he grew up to be just a really ugly duck.
The End.

『냄새 고약한 치즈맨과 멍청한 이야기들』의 용두사미 하강 결말 예시 삽화

여덟 번째로 분석할 작품은 존 시스카(Jon Scieszka)의 『냄새 고약한 치즈맨과 멍청한 이야기들』(*The Stinky Cheese Man and Other Fairly Stupid Tales*)이다.[25] 이 그림책은 전래동화 플롯을 복잡하게 비틀고 재기발랄하고 창의적인 삽화를 활용하여 관점과 사고 전환의 깊이를 더했다는 점에서 다문화주의 그림책이자 포스트모던 그림책(postmodern picture book)으로 분류된다. 포스트모던 그림책은 통념이나 권위를 의심하면서 대안적 가치와 주제를 패러디와 유머를 이용하여 전달함으로써 학습자의 비판적 사고 역량과 사회문화적 정의감을 기르는 것에 초점을 맞춘다.[26] 『냄새 고약한 치즈맨과 멍청한 이야기들』은 제 위치를 벗어난 독창적인 목차 배열

---

25) Jon Scieszka, *The Stinky Cheese Man and Other Fairly Stupid Tales* (New York: Viking, 1992)
26) Sylvia Pantaleo and Lawrence R. Sipe, "Introduction: Postmodernism and Picturebooks,"

을 통해 통념에서 벗어나는 이야기가 제시될 것임을 암시한다. 이 그림책은 하나의 이야기가 아니라 여러 전래동화들을 창의적으로 각색하여 모은 작품이다. 여기에서는 「정말로 미운 아기오리」(The Really Ugly Duckling)만 짚어볼 것이다.

「정말로 미운 아기오리」는 안데르센 동화의 익숙한 패턴으로 시작한다. 옛날 옛적에 7마리 오리가 있었으나 마지막 한 마리가 정말로 밉상으로 생겼다. 막내는 모두에게 못생겼다는 말을 듣고도 언젠가 커다란 백조가 되어 연못에서 가장 멋있어질 것이라 여기며 개의치 않는다. 못생긴 아기오리이면서도 안데르센 동화의 결말을 이미 알고 있어서 걱정하지 않는 것이다. 이런 심리는 세상 어딘가에 밝은 기운이 있으니 잘 찾거나 참고 기다리면 된다는 아동문학의 낭만적 플롯을 기대하는 것으로 볼 수 있다. 그러나 안타깝게도, 이야기는 "글쎄, 밝혀지기로는, 그 녀석은 진짜로 미운 아기오리였다. 그리고 자라고 나서도 정말로 못생긴 오리가 되었다. 끝"이라는 말로 허무하게 종료된다. 이처럼 반전이 없고 용두사미로 마무리되는 반전동화는 현실에 동화 속 마법이나 운이란 없다는 메시지를 담고 있다. 극적인 사건을 기대하는 인간의 보편적 인지구조와 달리 허무하게 흘러가는 실망스러운 용두사미 하강(anticlimax)으로 마무리되는 것이다. 이처럼 진지하고 웅장하다가 우스꽝스럽거나 평범하게 바뀌는 용두사미 수사법은 점강법(bathos)이라 불린다.

다문화 주제를 형상화한 그림책에서는 기성 권위를 해체하는 포스트모더니즘 성향을 보이는 경우가 다반사다. 오늘날의 그림책들은 일반적으로 권력과 재력이 집중되는 것을 경계하고 각자의 개성을 존중하고 이를 수용하여 자신의 성장 자양분으로 삼는 주제를 어떤 식으로든 담아 내려 노력한다. 이런 시도는 지구 환경파괴와 기후 위기를 염려하면서 동식물을 인간보다 열등하여 함부로 대할 수 있다는 그릇된 생각을 시정하려는 환경 정의(environmental justice) 담론도 포함한다. 어린 학습자일지라도 개인의 성공이라는 좁은 틀에 매몰되지 않고 공동체정신을 토대로 넓은 의미의 자아성장을 도모하는 그림책 이야기를 깊이 음미해야 한다는 보이지 않는 합의가 작가들 사이에 존재하는 것이다. 이렇듯 시대가 바뀜에 따라 그림책의 기능도 읽고 쓰는 기초 문해력 신장과 도덕적 관념을 심어주는 사회화에 국한되지 않고 비인간 존재와 환경까지 고려하는 방향으로 확대되고 있다.

Postmodern Picturebooks: Play, Parody, and Self-Referentiality, Lawrence R. Sipe and Sylvia Pantaleo, eds. (New Yoor: Routledge, 2008) 3.

VII 영어 그림책의 변용과 확장

영어 그림책의 역사와 특성을 깊이 배우는 궁극적인 이유는 지식만 빠삭한(book smart) 이론가가 아니라 그림책의 교육현장 적용에 필요한 실천적 역량(street smart)을 기르기 위함이다. 그림책의 교육적 활용은 누구를 대상으로 무엇을 어떻게 가르칠지 꼼꼼하게 분석하여 조직한 글, 이른바 교육 에세이 작성으로부터 시작된다. 이러한 숙고와 정리 과정에서 그림책 원본과 번역본의 텍스트가 동일한 장면을 다르게 표현하는지 지점을 비교하면 그림책의 교육적 활용에서 무엇에 집중하고 유의해야 하는지 보다 명료하게 이해할 수 있다. 그림책의 교육적 가치와 교수학습방법을 정리하였다면, 그림책을 학습자료로 다듬는 다음 단계로 넘어가야 한다. 즉, 그림책을 구성하는 글과 그림이라는 두 가지 매체를 중심으로 학습자의 흥미와 수준에 맞게 개작할지 짚어보고 이를 토대로 이모티콘과 음향 자료와 같은 비언어 매체까지 아우르는 복수의 매체를 창의적으로 융합한 콘텐츠 변환까지 생각해야 하는 것이다. 이번 파트에서는 그림책의 교육적 적용을 위한 분석에 기초하여 학습자료로서 그림책의 가치를 끌어올리기 위한 개작 및 그림책을 다양한 매체를 사용한 콘텐츠로 변환하는 것에 관해 알아보고자 한다.

18. 그림책 번역과 교육 에세이 쓰기

Behind the Scenes

교사1: 이번 5학년 영어수업에서는 유리 슐레비츠의 『눈송이』를 읽어보면 어떨까 싶어요.

교사2: 아, 그러시군요. 저희 집 아이에게 읽어준 기억이 나네요. 눈에 점점 쌓이는 삽화가 매력적인 책이에요. 그런데, 눈이 내리는 것이 싫은 어른들이 아이를 무시하는 대목은 좀 거슬렸어요.

교사1: 그런가요? 어떤 식으로 묘사했는데요?

교사2: 털보할아버지가 코웃음을 치면서 그까짓 눈 한 송이에 왜 이리 요란을 떠느냐는 대사가 있었던 것으로 기억해요.

교사1: 그러면 그 부분은 빼고 개작해야겠군요. 기왕 바꾸는 김에, 이번 단원 의사소통기능이 동작 표현하기이므로 눈 내리는 장면을 다양한 동작으로 표현이나 묘사 어구로 개작해야겠어요.

교사2: 네, 좋은 생각이에요. 뒷부분으로 가면 계속 눈이 내려 세상이 온통 하얗게 빛나는 것으로 끝났으므로 거기에 동작 표현 어구를 넣으면 되겠네요.

교사1: (집으로 돌아와 왼쪽 원작을 살펴보며 혼잣말로) 어느 대목에서 어른들이 아이를 무시했다는 걸까? (어리둥절한 표정을 짓는다)

도입부 장면은 유리 슐레비츠(Uri Shulevitz)의 『눈송이』(*Snow*)를 개작하여 영어수업에 활용하는 방안에 관한 두 교사의 대화를 제시한 것이다.1) 교사1은 교사2로부터 작품에서 어른들을 부정적으로 묘사했다는 말을 듣고 해당 부분을 들여다보지만 어느 대목을 염두에 두고 이런 평가를 한 것인지 근거를 찾지 못하고 있다. 이런 일이 벌어지는 까닭은 교사2가 자녀에게 읽어준 그림책이 번역본이기 때문이다. 도입부에서 제시된 삽화의 원문 "'It's only a snowflake,' said grandfather with beard."는 번역본에서 "털보할아버지는 코웃음을 쳤어요. 그까짓 눈 한 송이!"로 기술되어 있다. 원문은 턱수염을 기른 할아버지가 눈 한 송이가 떨어졌을 뿐이니 호들갑을

1) Uri Shulevitz, *Snow* (New York: Farrar, Straus and Giroux, 1998).

떨지 말라는 의미이지만, 번역본은 "코웃음을 쳤다"와 "그까짓"이라는 수식어를 덧붙임으로써 할아버지가 아이의 생각을 무시하는 뉘앙스를 풍긴다. 또한, 교사1은 교사2의 작품 설명을 듣고 눈이 내리는 장면을 다양하게 묘사하는 동작 표현 어구를 넣는 쪽으로 개작하려고 한다. 그런데, 원문을 보면 "Snowflakes keep coming and coming and coming, circling and swirling, spinning and twirling, dancing, playing, there and there, floating, floating through the air, falling, falling everywhere."이기에 동작 표현 어구가 반영되어 있다. 이 부분은 "눈송이는 그저 내리고, 내리고 또 내릴 뿐입니다. 쉬지 않고 내립니다. 빙글빙글 돌며 훨훨 날개짓하며, 세상 어디에나, 사뿐히 떨어져, 온 세상을 하얗게 빛냅니다"로 번역되어 있다. 원문이 눈이 내리는 동작 묘사에 집중하였다면, 번역본에서는 의태어보다 눈이 내려 생긴 결과라는 아이의 소망 구현에 초점을 맞추고 있다. 교사2는 번역본만 읽고 동작 표현이 다양하지 않다고 생각해서 교사1에게 관련 어구를 넣어 개작하라고 제안한 것이다.

『눈송이』 원작이 시시각각 달라지는 눈 내리는 상황 묘사에 치중하였다면, 번역본은 이런 상황 변화를 대하는 아이의 심리적 측면에 초점을 맞춘다. 이런 의미에서 번역은 제2의 창작인 셈이다. 여기에서는 원작과 초점이 달라진 번역을 오역이라 비판하기에 앞서 번역본과 원본이 다를 수 있음을 인식하는 것에 방점을 두고자 한다.

그림책 번역본의 특징과 사례

그림책 번역본의 일반적인 특징을 정리하면 다음과 같다.2)

첫째, 원문에 없는 감탄사, 최상급, 빈도부사를 덧댐으로써 상황이나 감정을 강조하는 경향을 보인다. 이런 식으로 "너무너무, 그렇게도, 아주 많이"를 사용하면 아무래도 특정 상황이나 감정으로 해석의 무게가 쏠리게 된다. 둘째, 문화적으로나 사회적 통념상 부적합해 보이는 대목들을 임의로 삭제하거나 바꾸는 경향을 띤다. 학습자들에게 생소한 동식물이 나오면, 번역자는 가독성을 높이기 위해 삽화에서 크게 어긋나지 않는 이상 익숙한 사물로 대체하려 노력할 것이다. 셋째, 메시지의 이중적 해석 가능성을 없애려는 경향을 보인다. 번역본 독자들은 대체로 원문의 복잡다단한 배경지식에 익숙하지 않기 때문에 원문에 담긴 미묘한 뉘앙스를 파악하기 어려워한다. 번역자는 어린 독자들이 다층적 의미를 짚어내기 어렵거나 불필요하다고 여기면 긍정적이고 뚜렷한 메시지를 내세우는 경향을 보인다.

위와 같은 번역본의 특징은 그림책 사례를 통해 확인된다. 존 버닝햄의 『야, 우리 기차에서 내

2) 이하에 기술한 그림책 번역본의 특징은 다음 논문을 참고한 것이다. 이동환, 「기계번역 이후의 영미문학교육: 번역연구의 성과와 영미문학교육의 미래」, 『영미문학교육』 21.2 (2017) 235-37.

려!』에서는 아이가 강아지에게 "Don't make too much noise with the shovel"이라며 삽으로 너무 시끄러운 소리를 내지 말라는 장면이 있다.3) 이 구절의 번역문 "삽 소리 좀 시끄럽게 하지 마"는 '형용사 + 명사' 혹은 '전치사 + 명사' 구문을 직역하였다. 즉, '동사+부사'(예. look closely, 꼼꼼히 살피다)보다 '동사+(형용사)+명사'(예. take a close look, 꼼꼼히 살피는 것을 취하다) 구문을 선호하는 영어의 언어적 특성에 충실한 것이다. 따라서 "삽 소리 좀 시끄럽게 하지 마"는 "삽(을) 가지고 시끄럽게 하지 마"로 번역해야 자연스러운 한국어로 느껴진다.

번역을 통해 작품의 시점이 미묘하게 바뀌는 경우도 존재한다. 에즈라 잭 키츠의 『눈 오는 날』(*The Snowy Day*)에서 피터가 창문 밖을 바라보는 장면을 예로 들 수 있다.4) 영어 원문 "It covered everything as far as he could see"는 창문을 통해 피터가 볼 수 있는 모든 공간이 눈으로 덮였다는 의미이다. 피터의 관점에서 세상이 하얗다는 정보에 방점이 찍힌 것이다. 이 대목은 "눈이 온 세상을 하얗게 덮어 버렸어요"로 번역되어 있다. 피터의 시점을 삭제하고 "하얗다"는 말을 삽입하여 하얀 눈이 압도하는 풍경에 주안점을 둔 것이다.

삽화와 글에 드러난 세밀한 정보를 번역하기보다 인물의 행위와 내면에 초점을 맞추어 번역의 방향을 미묘하게 뒤트는 사례도 발견된다. 『눈 오는 날』에서 "He walked with his toes pointing out, like this: He walked with his toes pointing in, like that."은 발을 벌리고 걸었다가(pointing out) 다시 오므리고 걸은 후(pointing in) 조심스럽게 자신의 발자국 차이를 살펴봄으로써 피터가 조심스럽게 세상으로 나가는 상황을 실감나게 묘사한다. 번역본에서는 이 부분을 "피터는 이렇게 발자국을 만들며 걸어갔어요. 피터는 이렇게도 발자국을 만들며 걸어갔어요"로 처리한다. 발자국을 내딛는 피터의 의지와 행위에 무게를 둔 것이다. 조심스럽게 미지의 세

『눈 오는 날』에서 피터가 발을 벌리고 오므리며 걷고 뒤돌아보는 장면 삽화

3) 존 버닝햄, 박상희 역, 『야, 우리 기차에서 내려!』 (서울: 비룡소, 1995).
4) 에즈라 잭 키츠, 김소희 역, 『눈 오는 날』, (서울: 비룡소, 2017).

계에서 실험적으로 이리저리 걸어가는 피터의 불안정한 내면을 보여주는 원문 의도에 충실하려면 "이렇게 발을 벌리고, 저렇게 발을 오므리고 까치발로 걸었다"로 표현해야 한다.

영어 번역본에서 일관된 논조로 친근한 분위기를 살리기 위해 뉘앙스를 다르게 가져가기도 한다. 『눈 오는 날』 번역본에서는 나뭇가지로 눈이 쌓인 곳을 찰싹 때려 쏟아지게 한다(smacking)는 말을 호기심에 "톡톡 건드려 본다"로 번역하였다. 눈이 녹아 슬프다며 "he felt very sad"라고 말한 대목은 "피터는 너무너무 슬펐습니다"라며 꾸밈어구 '너무'를 추가하여 슬픈 감정에 힘을 싣는다. 이렇듯 번역본에서는 백인이 주도하는 차갑고 냉정한 세계를 상징하는 눈 덮인 바깥에서 용기를 내어 조심스럽게 앞으로 나가는 피터의 도전 혹은 모험보다 하얗고 아름다운 풍경 속에서 다양한 감각적 체험에 몰입하는 놀이에 초점을 맞춘다. 한국의 어린 독자가 미국의 사회문화적 배경지식으로 작품을 이해할 수 없기에 놀이 활동 자체를 집중 조명하며 번역한 것이다. 원문에서는 어린 독자일지라도 삽화를 보며 직관적으로 숨은 의미를 감지할 여지가 있지만 번역문에서는 미묘한 뉘앙스까지 살리기보다 분명하고 일관된 메시지 전달을 우선 순위로 고려하기 마련이다. 이를 통해, 원문 읽기는 번역본이 어찌할 수 없는 고유한 장점을 지니고 있음을 알 수 있다.

그림책 번역본이 사회문화적 배경을 적절히 처리하기 어렵다는 사실은 『눈 오는 날』의 마지막 장면에서 확인된다. 주인공 피터는 아침을 먹고 나서 "복도 저편에 사는 친구"를 불러서 "깊고도 깊게 쌓인 눈"(the deep, deep snow) 속으로 함께 나간다. 이 대목에서 "복도 저편에 사는 친구"라는 말 속에 흑인 가족이 아파트에 산다는 사실을 알 수 있다. 미국에서 아파트가 주로 독신

"번역자의 보이지 않는 영향력"(translator's invisibility)[5]

미국의 문학연구자 로렌스 베누티(Lawrence Venuti)는 번역과정에서 영어권 문화를 흠모하는 사대주의가 무의식적 차원에서 발동한다고 지적한다. 그에 따르면, 영어로 번역하면 영어권 독자가 수월하게 받아들이게끔 맥락을 바꾸고 단순화하는 경우가 많지만, 정반대로 영어를 다른 언어로 번역하면 세세한 정보들을 직역하는 경향을 보인다. 이처럼 영어로 번역하거나 혹은 영어를 다른 언어로 번역하는 과정에서 영어권 사람들에게 잘 읽히거나 영어권 텍스트의 깊이를 돋보이도록 하는 번역자의 보이지 않는 영향력이 작동한다는 것이다.

14세기에 프랑스 샤를 5세가 아리스토텔레스 저작의 번역을 명하고(왼쪽 상단), 번역하며(오른쪽 상단), 번역본을 가져가(왼쪽 하단), 왕에게 바치는(오른쪽 하단) 장면

5) Lawrence Venuti, *The Translator's Invisibility: A History of Translation* (London: Routledge, 2008) 16-17.

자나 하층민 거주지인 경우가 많다는 사회적 배경을 염두에 둔다면, 피터와 친구의 가족은 도시 하층민일 가능성이 높다. 이 부분은 "피터는 아침밥을 먹고 나서 옆집에 사는 친구를 불러냈어요. 친구와 함께 수북이 쌓인 눈 속으로 걸어갔습니다"로 번역되어 있기 때문에 독자가 앞 문장에서 언급한 사회적 배경을 읽어낼 수 없다. 원문의 "the deep, deep snow" 또한 눈 내린 세상 깊숙이 들어가는 무게감을 담고 있지만 번역본에서 담기에는 무리가 있었을 것이다. 나쁘게 보면, 번역자가 임의로 원작을 재단하였기에 번역본만 읽어가지고 글과 삽화를 종합하여 숨은 의미를 짚어내기 쉽지 않을 수 있다고 비판할 수 있다. 반대로 좋게 보자면, 번역본에서 독자의 언어와 배경지식 한계를 고려하여 배경지식을 건너뜀으로써 가독성을 끌어올렸다고 볼 수 있다.

그림책 교육 에세이의 의미와 예시

원문과 번역을 비교하면 작품을 바라보는 다양한 관점이 무엇인지 누가 시키지 않아도 자연스럽게 비교해보게 된다. 원문의 미묘한 뉘앙스와 숨은 정보까지 꼼꼼하게 감상문 형식으로 적어보면 작품에 담긴 여러 메시지들을 식별하고 어떻게 가르치고 배울 것인지에 대한 아이디어도 얻을 수 있다. 이런 의미에서, 영어 그림책을 번역하고 분석하면서 교수학습의 기초정보를 정리하는 그림책 교육 에세이(pedagogical essay)에 대해 살펴볼 필요가 있다. 그림책 교육 에세이는 교수자가 그림책의 함축적 의미, 배경지식, 교육적으로 다룰 내용들을 자세히 정리하여 추후 교수활동의 기초자료로 활용하기 위한 뚜렷한 목표를 지니고 있다. 이런 점은 교육적 맥락을 의식하지 않고 문학작품의 이해와 감상에 집중하는 일반적인 감상문과 구분된다.

그림책 교육 에세이는 그림책의 모양, 색깔, 크기, 배치와 같은 삽화 정보, 어휘와 구문과 같은 언어 지식, 작품의 사회문화적 배경지식, 그리고 비유나 플롯 구성과 같은 문학적 식견을 총동원하여 교육적으로 의미있는 요소들을 샅샅이 찾아내는 과정을 두루 포함한다. 가용한 시간과 여력 범위 내에서 작품의 내용과 의의를 정리하면 무엇을 먼저 어떻게 가르칠지 뚜렷해진다. 그림책 교육 에세이가 그림책의 모든 요소를 빠짐없이 기술하기보다 나름의 선택과 집중을 거쳐 정리한 글이라면, 언어, 삽화, 주제를 중심으로 에세이를 작성하는 것이 가장 보편적인 쓰기 전략이라고 보아야 할 것이다. 언어는 어휘와 반복되는 문형을, 삽화는 화풍, 색상, 판면 구성을 기술하는 것이다. 주제는 배경지식과 도덕적 교훈을 추출하되, 작품의 교육적 활용 방식에 따라 더 자세히 분석할 가치가 있는 세부주제에 집중할 수도 있다.

영어 그림책 교육 에세이의 의미를 정리하면 다음과 같다. 첫째, 명료한 언어로 정리하는 과정에서 작품의 의미와 교육적 적용 포인트를 수월하게 파악할 수 있다. 둘째, 꼼꼼하게 읽고 글로 정리하기 때문에 작품의 언어, 삽화, 내용 주제 특징 중에서 무엇을 어떻게 누구에게 가르칠지에 대한 명료한 방향을 정립할 수 있다. 셋째, 지도서 등에 의지하지 않고 능동적으로 교수(기)법을 정하고 수업에 적용함으로써 교수자의 식견과 교육철학을 수업에 반영할 여지를 늘리는 기초자료로 활용될 수 있다. 넷째, 그림책 전체를 깊이 읽는 이상, 단원의 의사소통기능과 어울리는 그림책의 일부 대목과 장면만 소개하기보다 학습자의 수준과 관심에 맞는 방향으로 그림책을 폭넓게 이용하는 아이디어를 얻을 수 있다.

이하에 소개하는 라니아 알 압둘라(Rania Al Abdullah)의 『샌드위치 바꿔 먹기』(*The Sandwich Swap*) 교육 에세이는 그림책 깊이 읽기와 교육적 활용방안 염출하기가 절묘하게 결합된 형식으로 쓰여 있다.6)

『샌드위치 바꿔 먹기』에서 샐마와 릴리의 우정 표현 삽화

에세이 도입부에서는 특정한 사물이나 현상을 소개하면서 분석 대상 그림책이 어떤 의미에서 교육적으로 가치있는 작품인지 다음과 같은 취지로 적을 수 있다. 『샌드위치 바꿔 먹기』에서는 문화적 배경이 다른 샐마(Salma)와 릴리(Lily)가 집에서 가져온 샌드위치를 나누어 먹으면서 상대방과 내가 다르다는 사실을 체험으로 익히는 내용을 다루기 때문에 다문화주의를 익히기 유익하다. 샐마와 릴리가 서로의 집에서 만들어온 후무스 피타 샌드위치와 땅콩버터 젤리 샌드위치에 대해 무지하여 오해와 갈등이 생겨난 후 이를 현명하게 해결하는 내용이 그림책의 플롯이기 때문이다. 배경지식 환기 차원에서, 그림책을 읽기 전에 후무스와 피타 샌드위치(humus and pita sandwich) 및 땅콩버터와 젤리 샌드위치(peanut butter and jelly sandwich) 사진을 보며 각각의 맛을 떠올려 볼 수 있을 것이다.

작품의 겉표지와 속지는 샐마와 릴리가 포옹은 하지만 꼭 끌어안지 않고 까치발을 들고 있는

---

6) Rania Al Abdullah, *The Sandwich Swap* (New York: Little, Brown, 2010).

삽화를 통해 아무리 가까워져도 약간의 거리가 존재하는 것이야말로 우정의 참된 의미임을 암시한다. 이야기의 첫 페이지에서는 땅콩버터와 젤리 샌드위치로 이야기가 시작된다는 표현이, 다음 페이지에서는 후무스와 피타 샌드위치로 이야기가 마무리된다는 말이 제시된다. 이와 같은 그림책 도입부를 읽은 학습자들은 두 가지 사물에 관한 일화로 줄거리가 전개될 것임을 예상하는 발문이나 질문을 던질 수 있다. 샐마와 릴리를 꼼꼼하게 살펴보면 눈매, 얼굴 윤곽, 신장이 비슷하지만 머리색, 모양, 입은 옷이 다르다. 독자는 이런 삽화를 보면서 공통점과 차이점을 식별하게 된다. 두 소녀가 함께 그림을 그리고 어깨동무를 하고 감상한다거나 그네를 타고 노는 삽화에서 무엇을 함께 그리고 어떤 감정일지 떠올려보거나, 좌우대칭 구도이면서도 세세한 차이를 숨겨둔 줄넘기 장면에서 공통점과 차이점을 정리해 볼 수도 있다.

샐마와 릴리가 마주보며 점심 식사를 하는 장면에서도 인물들의 표정을 자세히 들여다보면 흥미로운 지점들이 발견된다. 입에 당근을 물고 있는 아이는 싫어하는 음식을 억지로 먹고 있음을 암시한다. 학습자는 이런 장면을 통해 무엇을 먹고 있으며 해당 음식을 좋아하는지 여부를 이유와 더불어 생각해 볼 수 있다.

릴리는 샐마의 후무스가 맛없다고 느끼고, 샐마는 릴리의 샌드위치가 조악하다고 생각하다가, 어느 순간에 입이 근질거려 역겹고(yuck) 거칠다(gross)는 말을 서로에게 뱉는다. 부모님의 정성이 담긴 샌드위치가 무시당했다는 감정이 들었기 때문이다. 이렇게 두 소녀의 갈등이 시작되자 삽화와 글이 파편화된다. 이렇게 쪼개진 판면은 팍팍해진 두 사람의 마음을 대변한다. 작품에서 중요하게 사용된 영어표현은 한글 옆에 관련 영어표현을 병기하는 방식으로 에세이에 적어볼 수도 있을 것이다. 이렇게 정리해보면, 무슨 표현이 반복적으로 사용되고 줄거리의 핵심 내용을 표현하는지 수월하게 식별함으로써 영어교육에서 작품을 활용할 때 적합한 언어목표를 설정하기 수월하다.

두 소녀의 대립은 결국 아이들의 편가르기 다툼으로 비화되어 서로의 모든 점을 근거없이 비난하는 상황으로 치닫는다. 아이들은 두 소녀의 갈등을 평소의 불만을 표출하는 기회로 삼아 음식전투(Food Fight)라는 소제목이 붙은 난장판 싸움을 벌인다. 아이들이 서로를 향해 "괴상하다, 멍청하다, 우스꽝스럽다, 바보같다"(weird, stupid, funny, dumb)는 말을 내뱉자, 샐마와 릴리는 서로를 향한 아이들의 조롱 속에서 등을 돌리거나 어두운 표정으로 서로를 응시하면서 '이게 원하던 바는 아니다'라는 속내를 내비친다. 그런데 아이들은 뭐가 그리 재미있는지 웃으며 음식을 마구 던지며 즐긴다. 영양사 선생님(lunch lady)의 잔뜩 부풀려진 머리에 꽂힌 음식물은 평소에 급식이 불만스러웠으나 선생님의 권위에 눌렸던 아이들의 불만이 표출된 것으로 볼 수 있다. 이 대목은 서양에서 영양사 선생님이 음식에 이상한 것을 섞는다거나 평소 성격이 괴팍하다는 갖가지 뜬소문이나 미신이 널리 퍼진 점을 반영한 것으로 해석될 수도 있다. 이런 사실은 담배를 들고

『샌드위치 바꿔 먹기』에서 교장실에 불려간 샐마와 릴리 삽화

음식을 불결하게 요리하는 『심슨스』(*The Simpsons*)의 도리스(Doris)와 같은 대중문화를 통해 확인된다. 또한, 삽화에서 식당 벽과 천장에 음식이 달라붙어 난장판이 된 상황은 "The juice stuck to the ceiling"처럼 눈에 보이는 음식이 어디에 붙어있는지 묘사하는 말하기나 쓰기 구문 학습과 연결될 수 있다.

샐마와 릴리는 음식 전투 사건으로 교장실에 불려간다. 길쭉한 얼굴의 교장 선생님은 아래로 스탠드 전등이 내리 쬐는 가운에 높은 곳에 앉아 (길쭉한 등받이에 앉은) 아이들을 위압적으로 내려다본다. 이런 분위기에 위축된 샐마와 릴리의 심리상태는 까치발을 들고 있는 모습을 통해 짐작 가능하다. 두 소녀는 교장실을 나와 창피함을 느끼며 엉망이 된 식당을 청소함으로써 서로의 샌드위치를 비난하였던 추한 자신의 내면을 목격하고 닦아내기 시작한다. 자신들의 갈등에 다른 아이들이 가담한 사건을 반추하면서 친구를 비난한 감정의 '지저분한' 실체를 객관적으로 바라보는 것이다. 이후 두 사람은 샌드위치를 먹다가 동시에 서로의 샌드위치를 먹어보기로 결심한다. 막상 먹어보니, 생각보다 맛이 괜찮다는 사실을 알고 서로를 향한 오해를 풀고 화해한다. 학습자는 이 장면에서 다른 문화가 생소하여 거부감이 들더라도 일단 경험해보면 의외로 나쁘지 않을 수 있다는 교훈을 얻는다.

작품 후반부에서 샐마와 릴리는 자신들로 인해 벌어진 사태를 수습하기 위해서 다문화 음식 페스티벌 이벤트를 학교에 제안하여 성사시킨다. 긴 테이블 왼쪽의 릴리 앞에 땅콩버터와 젤리 샌드위치가 있고 오른쪽에 샐마의 후무스와 피타 샌드위치가 자리하며 둘 사이에는 17개 나라의 다양한 음식들이 진열되어 있다. 이런 이벤트는 논리나 이성이 아닌 경험으로 문화적 이해와 수용에 도달해야 함을 함의한다. 이 그림책을 읽은 학습자는 각종 음식을 살펴보면서 어떤 음식이고 무슨 맛일지 조사해보면 몸소 해당 국가 음식점을 찾아가 맛보고 싶을 수 있다. 이런 맥락에서, 수업시간에는 국기와 음식의 개수, 음식의 이름과 맛, 먹어본 경험, 샐마와 릴리가 왜 양쪽 끝에 자리했는지 조사하여 소개하는 과업을 해 볼 수 있다. 필요시 국가마다 상이한 신체접촉과 거리 관념을 소개하는 것도 가능하다. 작품 속 음식 페스티벌에서 왼쪽의 릴리와 오른쪽의 샐마가 멀찌감치 떨어져 있는 삽화 구도에 주목하면서 두 소녀가 속한 문화권의 거리 내지는 차이와 실제로 얼마나 (불)일치하는지 조사해 볼 수도 있다.

영어 그림책을 분석하는 안목을 기르는 유용한 훈련수단이라는 가치를 지니고 있음에도 불구하고, 교육 에세이 작성이 무조건 필요하거나 바람직한 것은 아니다. 교육 에세이 집필에 적지 않은 시간과 노력이 소요되므로 문예적인 글을 작성하는 것에 매몰되면 교육적 안목을 키우기 위한 그림책 읽기라는 본질에서 멀어질 수 있다. 문학적 판단준거로 작품을 대하다보면 내용학습 위주로 작품을 대하고 가르치기 때문에 영어교육에서 멀어지는 문제가 생기기도 한다. 교육 에세이를 작성하고 함께 돌려보면서 안목을 키울 강좌나 교사학습공동체가 부족한 현실적 문제도 무시할 수 없을 것이다.

이런 어려움에도 불구하고, 이미지와 글로 이루어진 그림책을 분석하여 정리하는 훈련은 둘 이상의 매체가 결합하여 생성되는 다양한 메시지를 잡아내는 기초 작업이라는 의미를 지닌다. 처음부터 복잡한 디지털 매체를 해석하려고 덤비기보다 그림책 분석을 통해 다양한 메시지를 파악하다보면, 이모티콘을 포함한 비언어 정보들의 은유로 가득한 디지털 메시지의 숨은 의도를 잘 읽어낼 수 있기 때문이다. 즉, 그림책을 읽는 안목은 그림책 하나를 제대로 아는 수준에 그치지 않고 디지털/미디어 문해력 획득의 첫 단추라 할 수 있다.

19. 그림책 개작의 원칙과 전략

Behind the Scenes

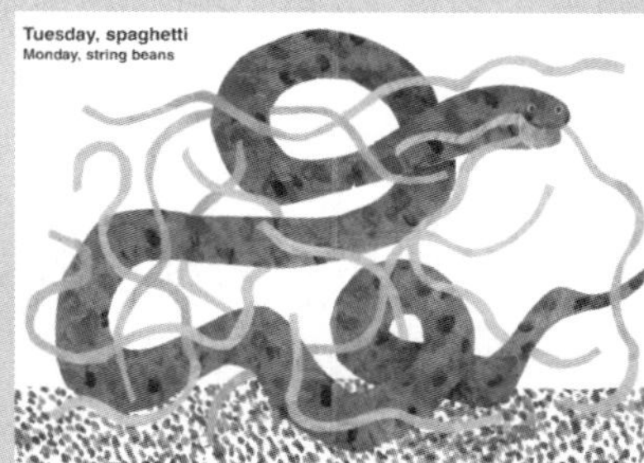

교사: 우리 그림책을 같이 읽어 봅시다. (첫 번째 삽화 제시) "투데이 이즈 먼데이. 먼데이, 스트링 빈즈."

학생(들): "투데이 이즈 먼데이. 먼데이, 스트링 빈즈."

교사: 잘 했어요. 다음 문장도 같이 읽어 봅시다. (두 번째 삽화 제시) "튜스데이, 스파게티. 먼데이, 스트링 빈즈"

학생(들): "튜스데이, 스파게티. 먼데이, 스트링 빈즈"

교사: 계속 읽어봅시다. (또 다른 삽화 제시) "웬즈데이, 쭙쭙. 튜즈데이, 스파게티. 먼데이, 스트링 빈즈."

학생(들): "웬즈데이, 쭙쭙. 튜즈데이, 스파게티. 먼데이, 스트링 빈즈."

교사: (교사가 학생들과 쳐다보면서) 그림책을 보니까 어떤 내용일 것 같나요?

학생1: 선생님, 스파게티는 알겠는데, 스트링 빈즈하고 쭙쭙은 무슨 뜻이에요?

교사: 스트링 빈즈는 긴 콩깍지를 그대로 채소처럼 요리해서 먹는 야채이고, 쭙쭙은 스프를 마시는 의성어랍니다.

학생2: 선생님, 털이 길거나 몸이 뾰족한 동물들은 길쭉한 음식을 먹는 같은데, 코끼리는 왜 스프를 먹나요?

학생1: 코끼리의 경우에 왜 음식이 아니라 먹는 소리가 적힌 거에요?

교사: 글쎄요 ... 코끼리가 먹는 것 중에는 코끼리와 모양이 비슷한 음식이 없나 보죠.

학생2: 선생님, 제가 지금 찾아보니까 파파야처럼 둥근 과일을 대부분 잘 먹는 거 같은데요?

교사: (당황한 목소리로) 아, 그런가요. 그런데 그림책에서는 왜 스프를 먹는 걸까요?

도입부 장면의 교사와 학생은 에릭 칼의 『오늘은 월요일』(*Today Is Monday*)의 일부를 함께 읽으면서 궁금증을 묻고 답하고 있다.[7] 해당 교사처럼 영어 그림책에서 복잡한 의미가 숨어있다는 생각이 들거나 즉석에서 대답하기 어려운 상황에 봉착하면 단순하게 개작하거나 작품을 부분적으로만 이용하고픈 생각을 해 볼 수 있다. 그렇다면 이 그림책을 어떤 방식으로 개작하는 것이 바람직할까? 이에 대한 대답은 그림책 개작의 원칙과 전략으로부터 출발해야 할 것이다. 그림책 이야기를 개작하는 원칙과 전략은 일반적인 학습자료와 마찬가지로 추가, 감축, 삭제, 재수정, 재배열로 나누어진다.[8]

그림책 이야기 개작 준비와 방향 설정

교수자는 그림책 이야기 개작의 원칙과 전략에 따라 이야기를 교육적으로 적합하게 바꾸기 전에 아래의 세 가지 조건을 충족해야 한다.

첫째, 학습자에 관한 구체적인 정보(learner profile)를 조사해야 한다. 개작한 그림책을 배울 학습자들의 수준, 흥미, 규모 등이 분명할수록 개작 방향을 정하기 쉽다. 학습자의 모든 정보를 정확히 알 수는 없을지라도 기초 정보를 많이 모아야 맞춤형 개작이 가능하다. 둘째, 학습자 정보를 수집하여 개작의 방향성을 정하였다면 이를 능숙하게 수행할 역량을 단련해야 한다. 그림책의 일반적인 플롯 구성, 삽화 분석 역량, 그림책 변환에 필요한 디지털 문해력, 그리고 다양한 교과 주제 영역에 관한 폭넓은 지식이 있어야 주어진 시간 내에 가용자원을 활용하여 효율적으로 그림책을 원하는 교육 목적에 맞게 변환할 수 있다. 셋째, 개작된 결과물을 이용할 수 있는 교수학습 여건이 갖추어져야 한다. 교수자가 개작한 그림책을 수업에 활용하고 싶어도 기존의 학습계획을 변경하기 어렵거나 디지털 기자재를 사용할 환경이 갖추어지지 않으면 아무리 훌륭한 개작도 활용할 수 없다.

위의 개작 조건 중에서 학습자 정보나 교수학습 여건이 충족되었을 때 교수자가 특별한 개작 훈련을 거치지 않고 인공지능을 활용하면 그만이라고 의문을 제기할 수 있다. 예를 들어, 『오늘은 월요일』의 텍스트를 긁어다가 음식에 초점을 맞추되 교육과정의 초등 권장어휘 800개 내에서 흥미로운 이야기로 개작할 수 있을 것이다. 그런데 원하는 조건을 구체적으로 입력하면서 만족스러운 결과가 나오도록 요청하는 능력을 일컫는 프롬프트 문해력(prompt literacy)을 발휘하여 인공지능으로 훌륭한 개작 결과물을 산출하려면 무엇보다 교수자에게 인공지능의 산출물이 지니는

---

7) Eric Carle, *Today Is Monday* (London: Penguin, 1993).

8) 김혜련, 박선호, 최희경, 심창용, 이동환, 강정진, 황필아, 성민창, 박지현, 조규희, 남보라, 『초등영어 교재연구』 (서울: 경문사, 2023) 112-16.

***Eric Carle*의 *Today Is Monday*: 음식과 먹기에 초점을 둔 인공지능 개작 사례**

Today is Monday. We eat string beans.
Tuesday is spaghetti day. Yum!
Wednesday, "ZOOOOP" goes the blender. We have smoothies.
Thursday means roast beef. So good!
Friday, fresh fish. Mmm!
Saturday is chicken time. Yummy!
Sunday ends with ice cream. Delicious!
Now, we're full. Then, what more?
Eat English words like food. Hungry children, come and eat! Have fun!

의미를 짚어내는 안목이 중요하다.[9]

군대에서 컴퓨터 시뮬레이션까지 동원하여 가상의 전쟁(war game)을 거쳐 현재 전력을 가늠하는 것처럼, 교수자는 학습자를 염두에 두고 개작함으로써 작품을 이리저리 분석하여 다양한 관점을 부지불식간에 머릿속으로 돌려보게 된다. 사정이 이와 같다면, 인공지능을 이용하여 원하는 개작 결과물만 획득하려는 마음가짐을 내려놓아야 한다. 개작 과정에서 그림책을 보는 교수자의 안목을 키울 뿐 아니라 학습자의 다양한 반응 양상을 염출하여 수업의 돌발상황까지 예측함으로써 해당 작품을 효과적으로 가르칠 수 있기 때문이다. 이렇듯 개작은 교수자의 상황대처역량 신장에도 유익하다.

그림책 이야기의 개작 방향은 두 가지로 갈라진다. 하나는 적극적인 개입을 통해 창작에 버금가는 수준으로 다듬는 것이고, 다른 하나는 인물, 사건, 배경을 유지한 상태에서 원작에 최소한으로 개입함으로써 누가 보더라도 개작임을 알 수 있게 다듬는 것이다. 이 중에서 통상적인 의미의 개작은 후자를 지칭한다. 예시로 든 『오늘은 월요일』의 인공지능 활용 개작 사례는 삽화를 그대로 사용하면서 일주일 동안 먹는 음식을 열거하는 흐름에 충실하기에 원작의 뼈대를 유지한다고 볼 수 있다. 사실 인공지능을 활용하더라도 원작의 틀을 지키면서 원하는 방향으로 개작하는 것이 쉬운 일은 아니다. 인공지능이 바로 답을 달아주므로 "인공지능이 요청하는 순간에 곧장 답을 달아주는데 뭐가 어렵다는 것이지?"라고 반문할 수 있지만, 인공지능기술로 그림책을 개작하면 다음과 같은 어려움에 부딪치게 된다.

---

9) 프롬프트 문해력은 인공지능 앱에 정확한 언어 입력을 제공하여 원하는 출력을 얻을 수 있는 능력을 뜻한다. 프롬프트 문해력이 영어교육에 의미하는 바에 관한 논의는 다음 논문을 참고한다. Thomas Dillon, "Korean University Students's Prompt Literacy Training with ChatGPT: Investigating Language Learning Strategies," *English Teaching* 79.3 (2024) 123-57.

첫 번째로, 교수자가 원하는 요구조건을 정확하게 입력하는 것이 생각보다 쉽지 않다. 학습자의 수준, 관심사, 규모 등이 분명하더라도 작품의 어디를 어떻게 바꿔야 결괏값이 제대로 나올지 머릿속에 깊이 그려보지 않으면 어휘수, 통사구조처럼 객관적인 언어적 지표들만 변수로 넣을 수밖에 없다. 교수자는 염두에 두는 개작 방향을 최대한 꼼꼼히 정리한 상태에서, 인공지능의 답변에 꼬리 질문을 하면서 원하는 답변이 구체화되도록 해야 한다.

두 번째로, 답변이 마음에 들지 않아 인공지능에 다른 답변을 재차 요구하더라도 원하는 정답을 끊임없이 '약간씩' 두루뭉술하게 겉도는 일이 다반사다. 인공지능에게 작품의 중간이나 후반부에 유머나 반전을 반영하여 문학적 향취가 느껴지게 해달라고 요구하면, 길이가 갑자기 길어지거나 초등이나 중등 수준에 어울리지 않는 단어를 마구 사용한 결과를 보여주는 현상이 잦다. 길이를 줄여달라고 하면 개작된 결과가 너무 밋밋하게 느껴져서 학습자의 흥미를 자극하기 어려워 보이는 새로운 문제가 생기기도 한다. 인공지능이 대략적으로 질문자의 특성에 맞게 대답하더라도 질문자의 머릿속을 들여다보는 것은 아니기 때문이다. 일례로, 『오늘은 월요일』에서 맛있게 먹는 설정으로 만들어 달라고 보충 요청을 하였을 때 어린 학습자에게 어려운 devour라는 단어를 인공지능이 제안하기도 한다. devour는 게걸스럽게 먹어 치우는 유머를 표현하기 안성맞춤이기는 하지만 영어과 교육과정의 단어목록에 없는 단어다.

결국, 인공지능은 알아서 교수자의 머릿속을 읽고 개작을 해주는 것이 아니라 교수자가 원하는 개작 방향을 정립할 때라야 유용하다. 아무리 훌륭한 개작 결과를 인공지능이 산출하였더라도, 교수자의 식견이 부족하여 이를 제대로 알아보지 못한다면 인공지능의 쓸모가 반감될 수밖에 없다.

그림책 개작의 원칙

개작의 큰 방향을 정하였으면, 본격적인 그림책 개작을 위해 다음과 같은 세부 원칙을 정해야 한다.

첫째, 그림책의 삽화를 그대로 이용할지, 아니면 삽화마저 바꿀지 정해야 한다. 그림책에 담긴 삽화의 매력 때문에 교육적 가치가 높다는 점을 고려한다면, 대부분의 개작에서는 삽화 정보를 그대로 이용하는 것을 전제로 한다. 삽화를 바꾸려 한다면, 창작에 버금가는 대공사가 될 가능성을 감안해야 한다.

둘째, 그림책의 길이를 늘이거나 줄일지 정해야 한다. 길이를 조정한다면, 사회문화적 배경정보, 인물이나 사건의 개수, 수식어구 사용 규모, 문장 당 단어수 및 통사구조의 복잡성 등을 함께 고민해야 한다. 인공지능이 없던 시절에는 지나치게 많은 변수를 개작 과정에서 일일이 통제할 수 없었기 때문에 감당가능한 범위에서 정하라는 원칙만 제시하고 개작자의 재량에 일임했지만,

인공지능을 이용한다면 원하는 조건을 구체적으로 정리해 두어야 한다.

셋째, 그림책에 새로운 내용을 추가 혹은 삭제 여부를 정해야 한다. 이 경우에는 주로 사회문화적 배경정보를 포함하여 인물이나 사건의 개수를 조정하는 문제와 관련된다. 만약 교수자가 새롭게 추가하기를 희망하는 정보가 있다면 이를 반영한 새로운 줄거리로 재구성하도록 인공지능을 활용해 볼 수 있을 것이다. 중간에 인상적 구절(punchline)이 들어가기를 소망한다거나, 아니면 배경을 미국에서 한국으로 바꾸는 것과 같은 논점을 고민해 볼 수 있다. 인공지능의 최초 결과에서 만족스럽지 않은 지점을 살피면서 어떤 부분을 추가적으로 고칠지 결정하여 새로운 질문을 인공지능에게 던진다거나, 아니면 완전히 새로운 변인을 질문에 포함하여 새로운 결괏값을 유도해야 한다.

넷째, 그림책의 어휘와 구문 수준을 어느 정도 선에서 통제할지 염두에 두어야 한다. 생소한 어휘나 숙어를 어떻게 처리할지, 문형을 얼마나 단순하게 정리할지, 시제, 단/복수, 인칭 등을 얼마나 단순화할지 등에 대해서 사전에 방향성을 정해야 하는 것이다. 물론, 이 경우에도 하나의 변인을 통제한 결과를 얻으면 다른 변인이 맘에 들지 않는 문제가 계속 발생한다. 인공지능이 내린 결론은 프롬프트에 충실할 뿐 요청하지 않은 다른 변인들까지 고려하는 복합적 상황판단과 거리가 있기 때문이다. 어느 정도 꼬리 질문을 하거나 변인을 바꾸면서 구체적으로 요구를 하더라도 만족스러운 결과가 도출되지 않으면 교수자가 안목을 발휘하여 스스로 고쳐야 한다. 이런 이유로, 인공지능시대이더라도 교수자의 그림책 해석 혹은 분석 역량이 중요하다. 결괏값의 가치와 추가 수정 여부를 최종적으로 교수자가 판단하기 때문이다.

다섯째, 그림책의 개작에 재미를 더하기 위해 어떤 요소를 빼거나 바꾸거나 더할 때 학습자에게 매력적일지 판단해야 한다. 이 과정에서 인공지능의 결과물이 현장에서 효과적일지 지속적으로 점검할 필요가 있다. 일례로, 유머를 넣어 원작에 재미를 더하기 위해서 개작했을 때 의외로 학습자의 반응이 좋지 않을 수 있다. 이럴 때, 너무 어린 학습자들이나 특정 성향의 학습자에게만 통하는 유머였을 가능성을 따져보아야 한다. 인공지능이 딱히 한국의 영어학습자를 고려하여 제안하지 않을 가능성 또한 놓치지 말아야 한다.

여섯째, 영어수업의 목표를 분명하게 설정하여 현장적용성이 확보되도록 해야 한다. 원작의 매력도, 길이, 언어 및 내용 복잡도를 학습자에게 적합하게 바꾸었더라도 40~50분 단위 수업에 맞추어 활용할 수 있는 분량과 구성이 아니면 개작의 의미가 반감된다. 특히 그림책을 활용하여 사회문화적 배경을 학습할 계획이라면 언어와 길이 부담을 줄이고 학습목표와 연관된 부분에 방점을 두어 개작해야 한다.

그림책 개작 원칙 요약

① 삽화 변형 여부 판단
② 분량 조정 방향 판단
③ 내용 조정 방향 판단
④ 언어 복잡도 조정 방향 판단
⑤ 흥미 요소 변형 여부 판단
⑥ 현장적용성 확보 방안 판단

그림책 개작의 전략과 사례

위에서 논한 세부 원칙을 염두에 두면서 그림책 개작을 위한 전략을 살펴보면 다음과 같다.

첫 번째, 개작 대상 그림책을 정밀하게 분석한 다음에 1~2가지의 개작 중점요소를 설정하여 바꾸는 연습을 한다. 교수자는 교육과정에서 규정한 기본어휘나 문장 당 어휘 수를 지킨다거나, 인물이나 사건 중 한 부분에 흥미로운 요소를 가미하거나, 아니면 배경지식 하나를 제거하는 방식 등을 사전에 결정한다. 일반적으로는 그림책을 단순하게 바꾸면서도 매력도를 유지하거나 높이는 경우가 대부분이다. 가장 손쉬운 접근방식은 지나치게 개작 포인트를 많이 잡지 않고 1~2가지 중점요소를 정하여 이야기의 교육적 활용도를 높이는 것이다.

마가렛 와이즈 브라운의 『아빠가 와요』(*The Fathers Are Coming Home*)는 여러 동물들의 아빠가 가족을 찾아가는 상황을 제시한 다음에 선원으로 일하는 소년의 아빠가 아이를 만나는 내용으로 이루어진 간단한 그림책이다.[10] 영어표현은 “The boy’s father, who is a sailor, comes home from the sea. Home to his little boy.”에 불과하다. 따라서 이 작품에서는 상상력을 발휘하여 이야기를 풍성하게 할 인물과 사건 및 이를 표현하는 언어를 덧붙일 여지가 충분하다. 인공지능을 적절히 활용하면서 아버지가 집으로 돌아온 상황으로 간단한 분량의 이야기를 한 번 만들어 볼 수도 있을 것이다.

두 번째, 학습자가 관심을 가질만한 글없는 그림책을 골라 글을 채워 넣을 수 있다. 이런 전략은 교수자 주도의 개작에만 국한되지 않고 영어 쓰기수업에서 협력과업으로 해 볼 수도 있다. 예를 들어, 이솝우화를 글없는 그림책으로 만든 제리 핀크니(Jerry Pinkney)의 2009년작 『사자와 쥐』(*The Lion and the Mouse*)에서 덫에 걸린 사자가 쥐를 쳐다보며 도와달라는 표정을 하는 장면과 어울리는 글을 떠올리고 삽화에 글을 넣는 과업을 시도할 수 있다.[11] 만약 글없는 그림책

10) Margaret Wise Brown, *The Father Is Coming* (New York: Simon & Schuster, 2010).
11) Jerry Pinkney, *The Lion and the Mouse* (New York: Little, Brown, 2009).

「사자와 쥐」에서 덫에 갇힌 사지에게 다가온 쥐를 묘사한 삽화

중에서 수업에 사용하기 적합한 작품을 발견하기 어렵다면, 일반적인 그림책 중에서 글만 지운 상태에서 그림과 궁합이 맞도록 새로운 내용으로 개작하는 것도 가능하다. 원작의 내용을 새롭게 재조직하기를 원한다면, 글없는 그림책의 삽화를 순서없이 섞고 나서 교수자나 학습자가 일부 삽화만 골라 창의적으로 재배열하면서 새로운 이야기를 떠올리고 각 장면에 어울리는 글을 적어 보는 것도 가능하다.

세 번째, 동시를 이용하여 그림책으로의 장르 변환을 연습해 볼 수 있다. 엄밀히 따지면, 이런 시도는 그림책 개작이라기보다 그림책으로의 매체 전환에 가깝다. 동시의 그림책 변환 전략은 두 가지 절차를 거쳐 수행된다. 우선, 동시에 담긴 의미를 해석하여 산문으로 변환해야 한다. 동시는 다양한 가상 상황들로 해석될 여지를 담고 있어서 보는 관점에 따라 여러 종류의 산문 혹은 이야기로 변환될 수 있다. 『아낌없이 주는 나무』(*The Giving Tree*)를 지은 셸 실버스타인(Shel Silverstein)의 동시집 『보도가 끝나는 곳』(*Where the Sidewalk Ends*)에 수록된 「발명」(Invention)으로 동시의 산문 전환을 연습하면 다음과 같을 것이다. 내용을 살펴보면, "해냈다, 해냈어! 내가 뭘 해냈는지 맞혀보세요. 햇빛에 꽂는 전등을 발명했다구요. 햇빛이 충분히 밝고, 전구는 충분히 강한데, 아 참, 하나 잘못된 게 있네 ..."로 이어진다. 이런 흐름은 마지막에 "The cord ain't long enough." 그러니까 "전선 코드가 충분히 길지 않다"는 반전 유머로 이어진다. 일부러 안되는 줄 알면서 너스레를 떠는 종결부는 대단한 뭔가를 해냈다고 착각하는 상황을 에둘러 비판한다. 헛똑똑이의 망상을 경계하라며 잘난 척하기 전에 신중할 것을 주문하는 것이다.

[표 19-1]에 제시한 산문 변환 예시는 새로운 인물(James)을 추가하여 대화하는 상황으로 개작한 것이다. 이 과정에서 "Look!"과 같이 간단한 표현을 덧붙이거나 앞뒤 관계를 알려주는 담화 표지(and, bus, so)를 삽입하여 대화의 논리 관계를 분명히 잡아줄 수 있을 것이다. 산문 개작에서는 특히 주의를 환기시키는 표현이나 담화 표지를 적재적소에 사용해야 한다. 교수자는 원문을 이용해서 일상에서 많이 사용하는 "I've done it."을 배우는 한편, 형용사 다음에 enough가 사용되는 사례가 3번이나 나오는 점을 이용하여 이를 연습하는 수업을 해볼 수 있다. 이럴 의도라

면 해당 구절을 산문 개작에 포함해야 할 것이다. 이렇게 이야기로 만든 다음에 이미지를 적절히 추가하여 그림책처럼 꾸밀 수 있다.

▮표 19-1 『보도가 끝나는 곳』 수록 동시 「발명」의 원작(왼쪽)과 개작(오른쪽)

I've done it, I've done it! Guess what I've done! Invented a light that plugs into the sun. The sun is bright enough, The bulb is strong enough, But, oh, there's only one thing wrong... **The cord ain't long enough.**	One day James felt proud. He said, "Look! I invented a special plug. I've done it!" "What's so special?" asked Amy. "I will connect this plug to the sun. So I can light the bulbs." "Will you show me?" "Sure," said James. He tried, but stopped soon. James said, "Oh, there's only one thing wrong. The cord ain't long enough."

▮표 19-2 『보도가 끝나는 곳』 수록 동시 「발명」 개작의 이미지 삽입 예시

학습자는 문서 작성 소프트웨어와 인터넷에서 다양한 시각자료를 불러와 작품과 어울리는 이미지를 골라 말풍선을 결합하는 활동만으로도 능동적으로 학습 과정에 참여하여 자기효능감을 끌어올릴 수 있다. 운문에서 산문으로의 (이야기) 장르 전환에서는 언어와 내용의 복잡도나 길이를 가장 먼저 고려해야 한다. 다음으로는 언어 정보와 궁합이 맞는 삽화를 고르거나 만들어야 한다. 미술에 시간을 투자할 여력이 없거나 관련 분야에 소질이 없다면 교수자의 지도하에 인공지능을 포함한 디지털 도구를 활용할 수 있을 것이다.

네 번째, 구문이나 어휘가 복잡하지 않은 아동청소년 소설을 그림책으로 바꿔볼 수 있다. 이 역시 동시의 그림책 변환과 마찬가지로 개작이라기보다 매체 변환에 가깝다. 뉴베리 수상작만 하더라도 여러 삽화를 포함한 소설부터 만화 형식의 그래픽노블까지 길이, 복잡도, 유형이 다양하다. 화이트(E. B. White)의 『샬롯의 거미줄』에 수록된 수십 장의 스케치 삽화를 모아 채색을 하고 앞뒤 줄거리가 연결되게끔 간단한 보충 삽화를 그리거나 찾아서 덧붙이면 글없는 이야기 만들어진다. 여기에 원작의 관련 구절을 덧붙이거나 변형하여 삽입하면 그림책으로 재탄생한다. 이 과정에서 언어능력이 부족한 학습자를 의식한 나머지 과도하게 단순화하면 원작의 감동과 흥미 요소가 사라진 진부한 줄거리 요약으로 변질될 수 있다. 이런 문제를 피하기 위해, 학습자의 동기를 끌어올릴 만큼의 풍성한 내용과 재미가 담겨 있는지를 고려하여 일차로 개작하고, 이후에 반복되는 언어(어휘, 구문 등)에 초점을 맞추는 이차 개작을 고려해야 한다.

▮표 19-3『샬롯의 거미줄』삽화 활용 그림책 변환 예시

	"Are you going to kill it, Dad?" asked Fern. "We can't feed it," said Dad. "No way!" said Fern.		One day in the early morning. A little pig was born. His name was Wilbur.

다섯 번째, 애니메이션 영화에서 주요 장면을 캡처한 후 대사를 단순하게 다듬어서 그림책처럼 만들 수 있다. 영화의 인상적인 장면을 골라 그림책으로 매체를 변환하는 훈련을 꾸준히 하면 원하는 그림책을 만드는 요령을 터득하게 된다. 애니메이션 장면이 아니더라도, 상상력을 발휘하여 이후의 상황을 떠올린 다음에 유사한 이미지를 검색하거나 그리기 앱으로 제작할 수도 있다. 동영상 콘텐츠는 시각 정보가 고정된 상태로 제시되지 않을 뿐 아니라 음악적 요소도 포함되어 있어서 정보의 밀도가 높다. 이런 이유로, 이런 콘텐츠를 그림책으로 변환하려면 비판적 시선으로 명확한 기준을 잡아 정보들을 선별하고 다듬어 배열해야 한다.[12)]

여섯 번째, 사진을 활용하여 그림책을 만들 수 있다. 가족 모임이나 학교 운동회처럼 실생활에서 자신과 친구들이 촬영한 흥미로운 사진들을 모은 후 여러 이미지와 글을 덧입혀 이야기 앨범으로 꾸밀 수 있는 것이다. 이런 결과물은 개작이나 매체 변환이라기보다 창작에 가까우므로 한 명의 교수자나 학습자가 처음부터 끝까지 모든 과정을 수행하기에는 부담이 뒤따를 수 있다. 따라서 다양한 이미지들을 모아 나름의 기준으로 이야기를 짜서 배열한 다음에 사진을 연관된 지점에 삽입하는 것부터 훈련하는 것을 우선 고려해 볼 수 있다.

12) 그림책을 애니메이션 영화로 제작한 다중모드 텍스트를 통해 다양한 관점을 다루고 비판적 사고를 키우는 것에 관한 연구로는 다음 논문을 참고한다. Len Unsworth, "Point of View in Picture Books and Animated Movie Adaptations," *Scan: The Journal for Educators* 32 (2013) 28-37.

인공지능을 이용하여 효율적으로 그림책 개작을 수행하려면 결과의 의미를 파악하는 안목과 이를 토대로 제대로 요청하는 프롬프트 문해력에 대한 이해가 필수적이다. 디지털 대전환 시대에 기술적 도움을 받아 원작을 변형하면 영어표현이나 상황에서 실제성(authenticity)이 떨어지는 문제를 완화할 수 있다. 인공지능을 통해 언어와 내용의 실제성을 점검할 수 있게 된 이상, 교수자는 그림책을 학습자료로 재구성하기 위해 학습자 정보 파악에 우선 힘써야 한다.

그림책 개작의 방법과 유형 요약

① 1~2개 중점요소 위주 변환
② 글없는 그림책의 언어 정보 삽입
③ 동시의 그림책 변환
④ 아동청소년문학의 그림책 변환
⑤ 아동용 동영상 콘텐츠의 그림책 변환
⑥ 일상의 사진들을 모으고 꾸며 그림책으로 변환

과거보다 시간과 노력을 덜 들이고도 수월하게 그림책을 개작할 수 있다는 사실은 단지 원하는 자료를 획득하는 장점만 의미하지 않는다. 교수자 본인이 의도하지 않더라도 개작 과정에서 그림책의 언어와 비언어적 구성 특징을 종합적으로 점검하기에 다양한 수업상황에 대처하는 역량을 자연스럽게 머릿속으로 정리할 수 있기 때문이다. 여기에서 논하는 영어 그림책 개작은 단지 이야기와 삽화가 좋아서 몰입하는 문예적 활동이 아니라 교육적 성과를 염두에 둔 작업임을 기억해야 할 것이다.

20. 그림책의 다매체 변환

Behind the Scenes

교사: 이번 시간에는 인공지능기술을 활용하여 스토리를 만들겠습니다. 주어진 항목에 자신이 원하는 내용을 기입하고 나서 결과를 확인해 봅시다.
(학생이 다음과 같이 스토리 생성기에 변수를 입력하고 결괏값을 확인한다.)

- 스타일: 만화
- 주인공 외양: 개, 꼬리, 검은 털
- 주인공 이름(성별): Genie(she)
- 주인공 특성: 자동차, 고양이, 트럭

Genie has lost her dog.

Can you help to find it?

학생: (생성 결과물을 교사에게 보여주면서) 선생님, 이거 스토리 맞나요? 개의 외양이 사자인지 개인지 헷갈리고 질문들에 대한 대답도 이상해요.

도입부 장면에서 교사와 학생은 인공지능기술을 활용하여 쉽게 이야기를 만들었으나 원하는 방향으로 나오지 않아 어리둥절한 상태다. 결과물의 어색한 질문과 대답이 반복되는 점은 문형 반복이라는 영어교육상의 이점에도 불구하고 사건의 유기적 전개라는 이야기의 필수조건을 갖추지 못하였다. 학습자의 이목을 끄는 디지털과 인공지능기술을 활용하여 시청각적 생동감이 있다고 해서 영어학습에 항상 유용한 자료라고 볼 수는 없을 것이다. 학습자의 흥미와 동기를 유발하지 못하는 이야기가 언어학습에 도움을 주더라도 수많은 양질의 자료를 제쳐두고 굳이 그것을 사용할 까닭이 없기 때문이다. 학습자들은 그림책 이야기라는 말을 들으면 특정 인물들의 언행을 통해 사건 속에서 사랑, 이별, 죽음, 폭력, 우정과 같은 전형적 주제를 다룰 것으로 기대한다. 인공지능기술이 제안하는 '엉뚱한' 이미지들은 순간적으로 말초적 흥미를 자극할 수 있지만 줄거리의 흐름을 관통하는 주제가 없으면 몰입을 방해하여 학습동기가 지속되지 못한다. 그렇다면 그림책 이야기에 몰입하며 영어를 배우기 적합한 플롯은 비언어 매체들을 어떻게 언어와 결합했을 때 가능한 것일까? 이에 대한 해답 찾기는 그림책 선정과 적용의 원칙에 대해 논하는 것으로부터 시작된다.

그림책 선정과 적용 원칙

다매체 변환을 위한 그림책 선정에서는 다음을 고려해야 한다.

첫째, 교수자는 그림책을 고를 때 과도하게 많고 복잡한 세부 항목을 기준점으로 삼아 그림책을 고르기보다 교수자가 원하는 목적과 학습자 수준 및 관심사를 우선 고려해야 한다. 복잡하고 훌륭한 작품보다 학습자의 수준과 관심을 중심으로 간명한 텍스트를 골라야 문학적 감상과 언어학습

상호작용 기반 스토리텔링 그림책(interactive storytelling picture book)

독자가 그림책에 수록된 언어와 이미지가 전하는 메시지에 즉각적으로 반응하도록 줄거리가 전개되는 작품을 뜻한다. 독자와 그림책의 활발한 상호작용을 통해 몰입하는 효과를 의도한 것으로, 스토리의 1인칭 화자가 독자에게 말을 거는 방식으로 특정 언행을 유도하거나 인쇄물에 벌레가 종이책 음식 삽화를 갉아먹은 것과 같은 방식을 예로 들 수 있다. 이런 그림책들은 화면 터치를 통하여 상황이 바뀌거나 동영상 메시지가 재생되는 디지털 온라인 기반 그림책이 발명되기 전에 출현하였기에 종이책 형태를 취한다. 이를 통해, 무슨 주제를 어떤 방식으로 구성하느냐에 따라 디지털 기술에 의존하지 않고도 학습자의 상황 몰입과 반응을 통해 훌륭한 언어학습 교재를 제작할 수 있다. 대표적인 그림책들은 다음과 같다.

- B. J. Novak, *The Book with No Pictures*
- Eric Carle, *The Very Hungry Caterpillar*
- Hervé Tullet, *Press Here*
- Jon Stone, *The Monster at the End of This Book*
- Jon Stone, *There's a Monster at the End of This Book*
- Mo Willems, *We Are in a Book!*
- Mo Willems, *Don't Let the Pigeon Drive the Bus!*
- Oliver Jeffers, *The Incredible Book Eating Boy*
- Richard Byrne, *This Book Just Ate My Dog!*

하단 밑줄에 자기 성명을 적고 나만의 그림책을 만들도록 한 상호작용 기반 그림책의 앞표지

에 유리하다.13) 학습자가 언어 수준이나 내용 친숙성을 어떻게 느낄지 역지사지하는 것이 무엇보다 중요하다. 전문가 추천이 있다고 좋은 그림책으로 예단하기보다 교수자가 가르치는 학습자들을 머릿속에 그려보고 재차 따져보아야 한다. 범용성이 높은 소수의 명작만 전가의 보도처럼 이런저런 영어학습에 사용하기보다 잘 알려지지 않았더라도 삽화와 내용이 학습자가 몰입하기 쉬운 작품을 지속적으로 발굴하여 학습자에게 참신하게 느껴진다면 흥미 진작에 도움이 된다.

둘째, 교수자는 수업에 사용하지 않는 그림책이더라도 꾸준히 여러 작품들을 읽고 교육적 쓸모를 정리해 두어야 한다. 교수자가 평소에 그림책을 분석해야 하는 까닭은 인물, 사건, 배경의 기본정보만 숙지하여 속성으로 학습자료를 제작하거나 유익한 교수(기)법을 떠올리기 위함만은 아니다. 교수자의 중요한 임무 중 하나는 그림책의 고유한 개성을 포착하는 것이다. 그림책의 개성은 학습자의 몰입을 촉발하는 중요한 역할을 한다. 그림책을 활용한 영어학습의 본질은 어휘와 문형 숙지보다 인상적인 구절의 자연스러운 반복을 거치면서 해당 구절의 속뜻을 음미하고 작품 전체의 주제와 창의적 표현(문체)에 주목하는 일련의 몰입 과정에 있다.

셋째, 일회적인 작품 선정과 수업 적용에 그치지 않고 조금씩 수업 조건을 달리하면서 성공과 실패 경험을 쌓음으로써 그림책의 교육적 활용에 관한 교수자 나름의 식견을 키워야 한다. 그림책 이야기의 장단점을 파악하려면 책상에 홀로 앉아 작품을 분석하고 검색하는 것만으로 충분하지 않다. 교수자는 그림책으로 조금씩 다른 수업환경마다 적절하게 대처하면서 작품을 깊이 이해하고 교육적 시사점을 추출하는 혜안을 길러야 한다.

그림책의 언어 텍스트와 시각 이미지는 고정되어 있지 않고 창의적으로 결합한 상태이기 때문에 해석 또한 다양할 수밖에 없다.14) 이를 고려할 때, 그림책에 수록된 언어와 삽화의 관계를 살피면 그림책에서 언어와 다양한 비언어 매체들이 결합하여 의미의 확장 혹은 증폭이 일어나는 기제를 파악하기 쉽다.

언어와 이미지의 관계를 파악하려면 다음과 같은 질문들을 이유와 함께 던져야 한다. 첫째, 언어 혹은 그림 중에 무엇이 더 흥미로운가? 둘째, 언어와 이미지가 같은 내용을 다른/같은 방식으로 어떻게/언제/어디에서 전달하는가? 셋째, 이미지가 없는 언어 텍스트만으로도 훌륭한 그림책 이야기로 볼 수 있는가? 넷째, 언어가 없는 이미지만으로도 훌륭한 그림책 이야기로 볼 수 있는가?15)

13) Bill Costello and Nancy J. Kolodziej, "A Middle School Teacher's Guide for Selecting Picture Books," *Middle School Journal* 38.1 (2006) 29.

14) Nathalie op de Beeck, "Picture-text Relationship in Picturebooks," *The Routledge Companion to Picturebooks*, Bettina Kümmerling-Meibauer, ed. (New York: Routledge, 2018) 25.

15) Miriam Martinez and Janis M. Harmon, "Picture/Text Relationship: An Investigation of Literary Elements in Picturebooks," *Literary Research and Instruction* 51 (2012) 324.

그림책의 매체 변환과 인공지능기술

그림책을 디지털 기반 시청각 매체로 변환하는 과정은 이야기를 깊이 이해하는 계기로 작용한다. 「백설공주」(Snow White)를 현대 뉴욕을 배경으로 각색한 피오나 프렌치(Fiona French)의 『뉴욕의 백설공주』(*Snow White in New York*)를 예로 삼아 생각해보면 다음과 같다.16) 『뉴욕의 백설공주』는 엄마를 잃은 백설공주가 뉴욕의 유명한 사교계 마담과 아빠가 재혼한 이후의 사건을 다룬다. 어느 날 계모가 "뉴욕의 미인 백설공주"라는 기사를 읽고 질투심에 불타 백설공주를 없애려 경호원을 매수하지만, 경호원이 백설공주를 차마 죽이지 못하고 뉴욕 밤거리에 풀어준다. 배고픈 백설공주가 7명의 재즈맨이 공연하는 클럽에서 밥벌이 목적으로 노래를 부르는 모습을 본 기자가 대서특필하여 백설공주가 유명해진다. 분노한 계모가 백설공주의 성공을 축하하는 파티를 연 후 변장한 채 독이 든 체리를 넣은 칵테일을 백설공주에게 먹여 죽인다. 그런데 백설공주의 장례식에서 관이 흔들리면서 백설공주가 깨어난다. 마침내 백설공주는 자기에게 명성을 안긴 기자와 사랑에 빠져 호화유람선을 타고 여행을 떠난다. 이런 줄거리를 디지털로 변환하려면 줄거리를 깊이 들여다볼 수밖에 없다. 가령, 백설공주가 억울하게 핍박받아 클럽에서 노래를 부르는 장면에서는 배경음악으로 흑인의 억울함을 호소하는 대중가요인 빌리 할리데이(Billie Holiday)의 "스트레인지 프룻"(Strange Fruit)을 삽입하거나, 관에서 어떤 연유로 깨어나는지 고심하면서 입에서 체리가 튀어나오는 애니메이션을 넣는 아이디어를 떠올릴 수 있다.

『뉴욕의 백설공주』 앞표지

위와 같이, 그림책의 다매체 변환에서는 매체 속성까지 고려한 창의적인 줄거리 해석과 표현 및 이야기의 배경지식에 관한 심층 조사가 수반된다. 그런데 현실적으로 외국어 교사와 학습자가

16) Fiona French, *Snow White in New York* (New York: Oxford UP, 1990).

수많은 그림책을 일일이 분석하고 조사하기는 쉽지 않다. 이런 문제를 해결하기 위해 인공지능기술을 현명하게 활용한 개작과 변환으로 눈을 돌릴 필요가 있다.

인공지능기술을 활용하여 이야기와 어울리는 이미지를 만들려면 우선적으로 명령어를 구체적이고 정확하게 입력하며 원하는 의도와 가까운 결괏값을 최대한 많이 획득해야 한다. 인공지능 설정 변수를 다르게 하여 반복적으로 여러 앱에서 조금씩 표현을 달리하며 실행하는 과정을 거치면 최초로 구상한 이미지에 점점 가까워질 것이다.

그림책의 다매체 변환을 위한 시작 단계에서는 특정 삽화를 보거나 혹은 글을 읽고 다른 이미지나 글로 변환하면서 무엇이 같고 다른지 식별하고 고치는 활동을 해 볼 수 있다. 일례로, 『아기 오리들한테 길을 비켜 주세요』에서 글과 그림이 어우러진 특정 장면을 골라 입력하면 원작과 다른 삽화가 생성될 수 있다.

학습자가 이미지들의 차이점을 비교하면서 어떻게 표현을 수정하여 재입력해야 원작 이미지와 가까워질지 여러 표현을 입력하다보면 어느 시점에 적합한 표현을 획득하게 된다. 학습자는 원하는 이미지를 얻기 위해 여러 표현들을 찾아서 입력하는 과정에서 자기주도적으로 언어학습을 하게 된다. 『아기 오리들한테 길을 비켜 주세요』를 예로 삼은 이미지 생성(246쪽 결과물)에서는 획득한 이미지들이 원작과 다른 화풍으로 그려졌으나 왼쪽에서 오른쪽으로 오리 유람선을 타고 이동하는 사람들이 묘사되는 상황은 공통적이다. 배의 이동과 인물의 숫자 정보가 인공지능에서 보편적으로 중요하게 취급되었기 때문일 것이다. 만약 보스턴 강변이라는 원작의 특정한 배경을 강조하여 프롬프트를 작성하면 이미지가 실사처럼 생성될 수도 있다. 이런 이미지는 연필 스케치로

동일한 지시문(삽화 하단)을 입력한 다양한 인공지능기술의 결과물들

The mother is watching over her two sons who are studying hard. She is holding her red smartphone in her left hand. Her hair is a little bit brown. She looks nervous. Sitting on the wooden chairs, the sons keep writing something on the papers. It seems that they are doing their homework. There are dozens of story books or picture books piled upon the table. Everyone is in a bright living room.

표현한 원작의 고즈넉한 풍경과는 다소 멀어질 것이다.

원작을 보면서 프롬프트를 아무리 수정해도 원작과 가까운 이미지를 얻지 못할 수도 있다. 설령 그렇다 할지라도, 프롬프트를 작성하는 과정에서 언어학습이 수반되므로 교육적 이점은 분명히 존재한다. 학습자는 본인이 수행한 실제적 결과물을 확인하고 학습동기를 끌어올리면서 자발적인 언어적 탐색을 지속한다. 과업이 종료된 이후에 다른 학습자들의 결과물과 자신의 것을 비교하면서 무슨 표현이 어떤 이미지를 생성하였는지 되짚어보는 후속활동은 언어와 이미지의 관계와 의미의 연관성을 깊이 머릿속에 새기는 계기로 작용한다. 한편, 프롬프트를 통해 이미지를 얻

최초 지시문과 추가 지시로 생성된 인공지능 이미지 결과의 차이

The boat, which has no protective guard, is moving from left to right on the still water. There is an enormous bird-shaped pilot box on the left end of the boat. The boat is full of people. Everyone is sitting on the five rows of the boat. The pilot, who is standing inside the box, is busy driving the boat. Two mallards are swimming on the river. Some people on the boat throw peanuts into the water. There is a hexagon-shaped bell-tower in the backside of the boat.

『아기 오리들한테 길을 비켜 주세요』의 삽화와 삽화를 설명한 지시문으로 얻은 인공지능 이미지

(추가한 지시) There are few buildings except the tower. It looks like a riverside park (pond) in Boston.

위의 추가 지시에 따라 얻은 인공지능 이미지들

기보다 주어진 이미지를 인공지능에 글로 써서 새로운 이미지를 만들라고 요구하는 역발상도 가능하다. 특정 이미지를 보면서 말 혹은 글로 이를 묘사한 다음에 인공지능이 제안한 여러 표현들을 비교하는 과업은 특히 중등 이상의 학습자들에게 유용하다. 인공지능 앱을 활용할 때 특히 공간 묘사가 세밀할수록 입력자가 원하는 결과와 유사할 확률이 높다. 생생한 묘사를 잘 보여주는 유명작품에서 어떤 표현과 방식으로 묘사하는지 사전에 훈련하는 것도 함께 고려해 봄직하다. 사건의 논리적 연결을 염두에 두면서 언어와 이미지를 변환하고 비교하는 훈련을 통해 그림책 콘텐츠를 동영상과 같은 다른 매체로 변환하는 능력도 키우게 된다.

그림책을 다양한 매체로 변환하는 과업에서는 텍스트의 인공지능 음성 변환(TTS)을 비롯한 다양한 기술을 사용하여 수월하게 창의적인 콘텐츠를 제작할 수 있다. 학습자들이 그림책을 분석하고 토의하여 언어와 비언어 매체를 모두 활용하여 원하는 내용, 길이, 난이도로 만드는 과정은 학습자와 학습과정에 방점을 두는 미래 교육 방향을 구현하는 것에 기여한다. 이러한 과업 수행은 암시적 학습을 지향한다. 인공지능을 최대한 이용하려고 여러 가지 프롬프트를 작성하는 작업은 학습자 본인이 의식하지 못하더라도 언어 표현활동을 한 것과 별반 다르지 않다. 화면과 화면을 하이퍼링크로 연결하여 순환구조를 이루는 방식으로 학습자를 스토리텔링 콘텐츠에 오래 붙들어 두면 교수자가 의도하는 영어표현을 오래 많이 들여다보기 때문에 언어학습에 유익하다.

인공지능에 핵심 정보만 빠르게 입력하여 이야기를 구성하면 입력자가 원하는 정확한 내용일 가능성이 낮고, 반대로 공을 들여 구체적인 작업 방향을 제시하다보면 수많은 정보를 결과적으로 입력자가 짜낸 격이므로 인공지능이 실질적으로 할 일이 많지 않을 수 있다. 입력하는 내용이 구체적이고 창의적일수록 인공지능이 주어진 프롬프트를 수사적으로만 가다듬은 밋밋하고 무난한 결과를 내놓을 확률만 높아진다. 인공지능이 입력자가 요구하는 특정한 조건을 충족시키려고 과도하게 원문의 핵심 플롯을 훼손하는 환각 효과(hallucination effect)도 간과할 수 없다. 사정이 이와 같다면, 학습자가 인공지능 산출물을 일일이 따져보지 않을 수 없다. 다시 말해, 인공지능 결괏값을 맹신하기 곤란한 것이다. 이런 이유로, 학습자는 인공지능의 산출물이 얼마나 창의적이거나 새롭게 수정될 필요가 있는지 판단하기 위해 이야기를 깊이 음미하고 비판적으로 해석하는 안목을 지녀야 한다. 결국, 인공지능을 활용한 이야기 제작과 변환의 성공 여부는 얼마나 구체적으로 변수를 넣고 주어진 결과를 어떻게 받아들일지에 관한 학습자의 주체적 역량에 좌우되는 것이다.

인공지능을 활용한 이야기 제작의 가장 큰 장점은 문법적으로 정확한 표현으로 난이도와 길이를 자유자재로 조절할 수 있다는 것이다. 학습자들은 인공지능의 도움을 받을 수 있다면 통해 토의를 거쳐 이야기의 내용, 난이도, 길이를 어떻게 변환할지 정리하면 영어로 쉽게 변환할 수 있다. 다만, 언어적 완성도와 서사의 일관성을 유지하면서 원작에 재미와 기발함을 더하려면 아무리

인공지능의 수준이 개선되더라도 최종 단계에서 입력자가 결과를 꼼꼼히 살피면서 비판적으로 점검하고 수정해야 한다. 인공지능을 활용한 이야기 변환에서 인공지능이 완성도 높은 결과를 생성하리라 막연히 기대하기보다 입력자의 요구조건과 결과물의 공통점과 차이점을 꼼꼼하게 살펴야 하는 것이다. 이러한 비교 점검은 이미지, 음향효과, 관련 동영상 연동과 같은 매체 변환 양상 역시 포함한다. 이렇게 인공지능을 활용하여 그림책의 다매체 변환에 매진하면 문형과 어휘 난이도와 같은 언어적 준거에 치중하는 영어교육 관행도 달라지리라 예상된다. 이렇게 되면, 학습자들은 교수자와 교재가 지정한 영어표현이 아니라 스스로 목표와 방향을 정하여 자신이 원하거나 배울 필요가 있는 표현에 집중할 수 있다.

학습자가 디지털 도구 사용에 어려움을 느낀다면 파워포인트와 같은 범용성이 높은 소프트웨어를 이용하여 디지털 스토리텔링을 제작할 수 있다. 학습자는 익숙한 소프트웨어에서 삽화를 끌어와 수정하여 배치하고 추가적인 이미지를 그리거나 불러온 다음에 어울리는 글을 삽입할 수 있다. 흥미를 자극하면서도 플롯이나 주제의 일관성이 유지될 수 있다면 폰트, 색깔, 크기, 애니메이션 효과, 배치 방식 등을 자유롭게 조정할 수도 있을 것이다. 이렇게 완성한 자료에 인공지능 성우의 목소리와 다양한 효과음을 입힌 음성화일 아이콘을 화면에 배치하고 하나씩 클릭하면서 녹화하면 나만의 스토리텔링 콘텐츠가 만들어진다. 스토리텔링의 내용과 정서 전달 효과는 언어와 비언어 매체의 조합이나 애니메이션 구동 방식에 크게 영향을 받지만, 손쉽게 매체를 조합할 수 있는 기술적 장벽이야말로 현실적으로 가장 중요한 고려사항일 수밖에 없다.

PPT와 간단한 음향효과만 사용한 아놀드 로벨(Arnold Lobel)의 『개구리와 두꺼비 친구』(*Frog and Toad Are Friends*)의 「이야기」(The Story) 디지털 스토리텔링 변환 사례(4분 48초)

영어 그림책의 교육적 활용

VIII

영어 그림책 개작과 변형을 통해 교육자료로 적합하게 다듬었다면, 그 다음에는 이렇게 완성한 그림책 자료를 교육적으로 의미있게 활용해야 한다. 영어수업에서는 그림책에서 다루는 주제와 내용을 주로 다룬다. 그런데 그림책은 수업 이외의 상황에서 이를 읽고 학습자가 보이는 반응을 토대로 한 상담과 치료 목적으로도 활용될 수 있다. 무엇보다, 교수자는 스토리텔링까지 포함하여 효과적인 그림책 활용 교수기법과 활동에 정통해야 한다. 특히 그림책을 초등영어 공교육에서 사용하는 경우라면 영어 교과서에 수록된 그림책에 대해서도 잘 알고 있어야 한다. 중등영어를 배우는 경우라면 그림책처럼 공들인 삽화를 구사하였으면서도 학습자 수준에 맞는 언어와 내용으로 이루어진 그래픽노블에 특히 관심을 기울일 필요가 있다. 이번 파트에서는 위와 같은 영어 그림책의 교육적 활용에 대해 살펴볼 것이다.

21. 문학치료와 주제 학습

BTS Behind the Scenes

상담사: 자, 그림책에서 누가 가장 불쌍한 것 같지?
아이: 키다리 앤소니요.
상담사: 왜 그렇게 생각하지?
아이: 벌을 받아서 파스타를 다 먹었잖아요?
상담사: 앤소니가 정말 그 많은 파스타를 다 먹었을까?
아이: 마을에 흘러넘칠 정도로 많은데, 어떻게 먹어요? 적당히 먹다 버려야죠.
상담사: 그래, 사람이 다 먹긴 너무 많지. 그런데 할머니가 벌로 먹게 했는데, 안 먹으면 어떻게 되는 거지?
아이: 할머니가 잘 때 도망가야죠.
상담사: 몰래 도망가는 거구나. 그러면 마법사 할머니가 쫓아오지 않을까?
아이: 따라오면 파스타를 먹던 포크를 휘둘러야죠.
상담사: 그렇구나. 그런데, 그렇게 하면 할머니가 다치지 않을까?
아이: 이상한 할머니는 더 이상 안 볼 거라 상관없어요.
상담사: 할머니가 왜 이렇게 많이 먹게 하는 거지? 정말 다 먹을 걸로 생각한 걸까?
아이: 청소해야 되니까 괜히 짜증내는 거죠. 참나, 자기는 누워 자면서.
상담사: 벌을 주려고 먹게 하는 건 아니고?
아이: 안 볼 땐 안 먹어도 되요. 뭐하려고 먹어요? 딴 데로 가면 되는데.
상담사: 딴 데 어디로 가지?
아이: 동네 밖으로 나가서 생각하면 되죠. 뭐 어디 괜찮은 데 있겠죠.

상담보고서

성명: 000
안건: 보호자의 부적적한 보살핌과 정서적 학대
결과: 000의 보호자는 평소 아이를 하루 종일 방치한 후 늦게 귀가하여 모든 나쁜 일을 아이 탓이라며 욕설을 내뱉는데, 라면밖에 없어 물리는 바람에 아이가 먹지 않은 것을 알게 되면 반항한다고 구타하였음. 이에 대해, 아이는 보호자에 대한 두려움으로 라면을 몰래 처리하는 강박적 행동을 하였고, 체벌 이후에 자기중심적으로 행동하는 보호자를 향해 적개심을 실행에 옮기려는 성향을 보였으며, 가출 욕구도 품고 있어서 보호자와 분리 조치해야 할 것으로 사료됨.

도입부 장면은 상담사가 토미 드 파올라(Tomie dePaola)의 『스트레가 노나』(*Strega Nona*)를 읽은 아이의 반응을 보고 정리한 내용을 담고 있다.[1] 스트레가 노나는 이탈리아어로 마법사 할머니(grandma witch)라는 뜻으로, 작품에서 주인공 아이에게 억지로 먹도록 강요한다. 상담사는 아이를 불러 이런저런 질문을 통해 문제를 확인하고 해결방안을 찾기 위한 수단으로 그림책을 활용한다. 그림책 이야기 몰입을 통해 무의식적으로 자신의 속내를 내비치기 적합하기 때문이다. 아이는 사실대로 털어 놓았을 때 학대를 일삼는 보호자가 알게 될 것을 두려워 할 수도 있다. 그렇다고 상담사 한 사람이 특별한 경우가 아닌 이상 특정한 아이와만 유대감(rapport)을 쌓을 여력도 없을 것이다. 이런 상황으로 인해 아이에게는 자신의 본 모습을 드러내지 않고 간접적으로 이야기하도록 유도하는 뭔가가 필요하다. 마침 문학의 특징이 은유적으로 돌려 말하는 것이므로, 이를 잘 활용한다면 아이의 심리를 읽고 적절하게 대처할 때 유익할 수 있다. 그림책의 친근한 삽화와 소재는 생소한 환경에서 상담사와 같은 낯선 이를 향한 아이의 경계심을 누그러뜨리기도 한다. 이렇게 내담자에게 불필요한 자극을 주지 않으면서 원하는 정보를 파악하여 심리상담에 활용하기 위해서 문학치료(bibliotherapy), 읽기치료, 혹은 독서치료로 불리는 분야가 태동하였다.

그림책 활용 문학치료는 주제 학습과 더불어 그림책을 심화 단계에서 교육적으로 활용하는 것으로 이해된다. 여기에서 문학치료는 그림책을 교육 현장에서 비교과에 적용할 수 있는 대표적 사례이기에 상담과 같은 비교과 영역에 해당한다면, 그림책을 활용한 주제학습은 교과 개념을 다루는 정규 수업과 연관된다. 이번 장에서는 그림책의 활용 범주가 어떻게 확장될 수 있는지 살펴보는 일환으로 그림책을 활용한 문학치료와 주제학습을 살펴볼 것이다.

『스트레가 노나』의 강제 취식 벌칙

마법사 할머니의 조수 앤소니는 파스타 항아리로 국수를 뽑아내는 할머니의 행동을 모방하여 온 마을로 국수가 넘쳐흐르는 사고를 친다. 마을을 떠났다 돌아온 할머니는 안소니가 모든 파스타를 먹어치우는 벌을 준다.

1) Tomie dePaola, *Strega Nona* (Hoboken, NJ: Prentice-All, 1975).

문학치료의 의미와 방식

문학치료는 정신과의 진단과 처방처럼 임상적 적용이 아니더라도 학교 현장에서 학습자 상담을 통해 마음을 읽고 적합한 대처방안을 찾을 때 유용하다. 미국 도서관협회의 정의에 따르면, 문학치료는 1916년에 미국의 목사 새뮤엘 크로더즈(Samuel McChord Crothers)가 정신병 상담을 위해 고안한 용어로서 "의학과 정신분석의 부가적 치료 차원에서 선정한 읽기 자료의 활용이자 유도된 읽기를 통해 개인적인 문제를 해결하는 지침"이라고 규정한다.2) 한마디로, 문학치료란 정신 분석과 치료를 위해 읽기를 통해 심리적 문제를 진단하고 해결하는 정신과의 임상 방법인 것이다. 문학치료에 대한 관심은 고대 그리스나 로마 시절부터 있었으나 임상 적용은 18세기 말에서 19세기로 넘어가면서 활발해졌다. 유럽과 영국에서는 18세기 말에 이미 정신병 치료의 중요한 수단으로 부담을 주지 않는 이야기 읽기의 미덕에 주목하여 병원에 도서관을 설치했다. 미국에서도 건국의 아버지 중 한 명이자 의사이자 교육자이기도 했던 벤자민 러쉬(Benjamin Rush)가 병원에서 환자의 오락과 학습을 위해 작은 도서관을 마련해야 한다면서 읽기를 정신적 위안과 치료 목적으로 권유한 바 있다. 이러한 읽기는 의사의 심리 진단과 처방으로서의 읽기라기보다 환자의 자발적 심리적 위안 찾기에 가까웠다.3)

20세기에 들어서면서, 도서관학 연구자들을 중심으로 읽기의 치유적 효과, 도서 선정과 상담 기법, 병원 도서관 설치와 운영 방식, 환자의 유형에 따른 적용 방식, 체계적인 관련 프로그램 제안과 실행 연구 등이 시도되었다.4) 이러한 초창기 문학치료는 전문가의 심리분석과 처방이라는 임상적 차원에서 구성되었기 때문에 교육적 적용과는 거리가 있었다. 교육 분야에서는 20세기 후반에 이르러서야 개인의 심리적 치유와 자아 발견을 통한 내면의 성장을 촉진하는 효과적인 수단으로 문학작품의 유용성을 조명하였다. 그 결과, 아동 발달 단계를 고려하여 학습자의 인지발달과 정서 이해와 학습과 관련지어 문학치유의 교육적 적용이 주목을 받게 되었다.

교육 분야에서 문학치료를 다루는 통상적인 절차와 기법을 정리하면 다음과 같다.

첫째, 대상 학습자가 당면한 어려움과 필요를 짚어내기 적합한 도서를 선정한다. 교수자는 학습자의 인지와 정서 상태를 고려하여 공감을 이끌기 유리한 이야기를 읽으면서 특정 대목에서 감정이 변하는 지점을 포착한다. 이 순간, 교수자는 직접 질문보다 색깔, 모양, 캐릭터 표정처럼 가벼운 질문들을 던지며 삽화나 글을 통해 어떤 감정이 왜 들었는지 확인하면서 학생의 심리 상태

---

2) Samuel McChord Crothers, "A Literary Clinic," *Atlantic Monthly* 118 (1916) 295.

3) Debbie McCulliss, "Bibliotherapy: Historical and Research Perspectives," *Journal of Poetry Therapy* 25.1 (2012) 24.

4) McCullis, ibid. 24-26.

를 드러내는 간접 증거들을 획득한다. 다만, 수사기관에서 조사하듯 꼬리 질문으로 캐묻다보면 아이가 원하지 않는 말을 하도록 강요받는다고 느낄 수 있음에 유념해야 한다.[5)]

둘째, 학습자가 홀로 읽기의 전 과정을 소화할 수 없는 상황을 가정하여 적절한 방식으로 반응을 보이도록 이끄는 읽기 지도 기법을 적용한다. 교수자는 학습자와 함께 읽거나, 핵심 구절을 설명해주거나, 아니면 특정 대목에 오래 멈출 경우에 행동 패턴을 유심히 관찰하면서 읽기 중간 혹은 읽은 다음에 글이나 그림으로 느낀 점을 표현해보도록 한다. 특정 지점에 아이의 눈이 오래 간다면 그 부분과 연관된 생각이나 앞서 아이가 유사한 내용이나 이미지에 보인 반응과 연결되는지 짚어야 한다. 가장 기분이 좋거나 불쾌한 지점에 대해서도 언급하도록 기회를 주면 학습자가 무엇에 어떤 심리 반응을 보이는지 스스로 문제에 동일화하고, 정서적 분출에 의한 감정 정화를 거쳐 문제 해법에 대한 나름의 통찰을 얻게 된다.[6)]

셋째, 여러 학습자들을 동시에 대할 경우에는 공통의 문제점을 다룬 작품을 골라 함께 읽고 토의를 거치면서 스스로 문제를 발견하고 해결하도록 유도한다. 이 과정에서 교수자는 공통의 문제를 식별하여 모색한 집단적 해결방안이 윤리적으로 올바른 방향으로 도출된 것인지 판단하여 적절한 순간과 방식으로 개입한다.[7)]

넷째, 이야기의 은유적 속성을 십분 활용하기 위해 하나의 사건을 학습자 본인을 포함한 다양한 캐릭터들의 관점으로 생각해보는 기회를 제공한다. 학습자는 캐릭터의 입장에서 공감이입과 감정 분출을 거쳐 자신의 삶을 건강하게 꾸리는 방향을 잡고 세상과 상호작용하는 방법을 고민하게 된다.[8)] 이런 소기의 목적을 달성하기 위해, 상담사와 교수자는 학습자의 최초 반응을 무조건 지지하면서 친밀감을 형성한 다음에 부드러운 말투로 조심스럽게 다르게 생각해봤거나 그럴 여지

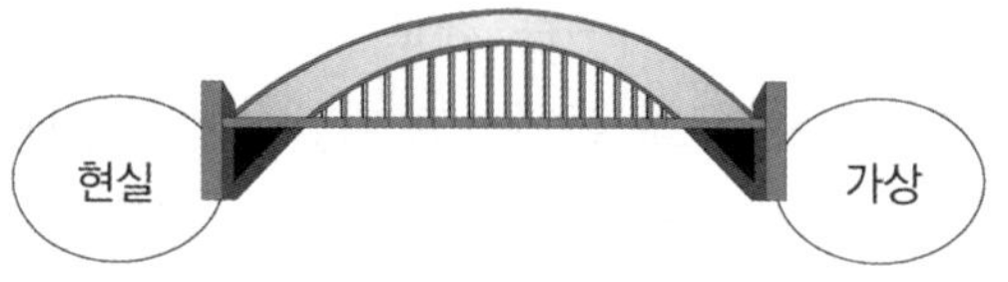

문학 언어의 은유적 속성

5) Mary Anne Prater, Marissa L. Johnstun, Tina Taylor Dyches, and Marion R. Johnstun, "Using Children's Books as Bibliotherapy for At-Risk Students: A Guide for Teachers," *Preventing School Failure: Alternative Education for Children and Youth* 50.4 (2006) 8.

6) McCullis, ibid. 27.

7) Eunice S. Newton, "Bibliotherapy in the Development of Minority Group Self Concept," *The Journal of Negro Education* 38.3 (1969) 260.

8) Samuel T. Gladding and Claire Gladding, "The ABCs of Bibliotherapy for School Counselors," *The School Counselor* 39 (1991): 7.

를 타진해야 한다.

좁게는 문학치료, 넓게는 학습자 심리 파악을 위한 이야기는 의식과 무의식이라는 두 가지 층위에서 다른 방식으로 작동한다. 학습자의 의식에서는 이야기의 가상 상황이 자신의 (괴로운) 현실과 무관하다고 부정하거나 자신과 상관없는 일로 치부하지만, 무의식적으로는 현실과 이야기의 연결고리를 이리저리 찾으려 한다. 이야기의 은유적 속성이 구체적 심상(imagery)을 매개로 삼아 추상적인 가상 세계와 구체적인 현실을 무의식적 차원에서 연결하려 시도하기 때문이다.[9)]

페르소나(persona)

가면이라는 의미의 그리스어 페르소나는 사람들에게 보여주는 자신의 본래 모습이 아닌 이름과 성격을 뜻한다. 페르소나에 빙의하면 인물의 입장에서 몰입하며 공감하는 한편, 자신이 주어진 상황과 무관한 듯 거리를 둠으로써 한결 편안한 마음으로 사물이나 현상을 객관적으로 진단하게 된다. 스트레스 해소를 위해 자신의 직업을 공유하지 않는 동호회 활동을 하는 경우도 일종의 페르소나 착용으로 볼 수 있다. 연기자라는 가면을 쓰면 소심한 성격을 감추고 남들 앞에 활발한 사람인 듯 가장할 수 있다. 예능 프로그램에서 '부캐'(주요 특징은 아니지만 부수적인 캐릭터)라는 이름으로 사용되는 수많은 캐릭터들도 이에 해당한다.

학습자는 주어진 이야기에 관한 해석을 요청받으면 특정한 캐릭터에 빙의된 페르소나(persona) 입장에서 이야기의 은유적 표현이 뜻하는 바를 말한다. 페르소나로서 표출하는 말과 글은 어느 시점에서 학습자의 현실적 고민과 '주파수'가 맞는다. 이 순간, 학습자는 인물, 사건, 배경의 함의를 짚어내면서 부지불식간에 자신이 묵혀둔 고민을 풀 단서를 발견한다. 이런 의미에서, 은유적 언어는 현실과 이야기의 가상 세계를 묶어주는 가교인 셈이다. 학습자는 은유적 언어를 방패로 삼아 부담스러운 현실(의 기억)과 스스로를 분리하고 편안한 심리상태에서 속내를 표현한다. 따라서 상담사와 교수자는 학습자가 이야기로 에둘러 밝히는 속내를 해석할 줄 알아야 한다.

다섯째, 학습자가 인물의 감정, 역경, 극복 과정을 식별하여 자신이 처한 현실에 대입함으로써 진단과 치유의 목적으로 그림책 이야기를 활용한다. 학습자는 캐릭터에 몰입하고 현실과 거리를 유지하면서 캐릭터의 역경 극복을 확인하며 위안을 얻는다. 교수자는 질문하기나 감정 그려보기와 같은 기법을 통해 학습자가 캐릭터로부터 획득한 깨달음에 기초하여 자신의 처지를 객관적으로 들여다보도록 유도한다. 가령, "I SOLVE 전략"을 활용하면, 학습자가 감정이입을 한 캐릭터의

9) Susan Sunden, "Storytelling and Bibliotherapy: Tools and Techniques for Children Reveiving Therapeutic Intervention," *Journal of Poetry Therapy* 37.4 (2024) 258.

I	Identify the problem.
S	Solutions to the Problem?
O	Obstacles to the Solutions?
L	Look at the Solutions Again—*Choose One.*
V	Very Good; Try it!
E	Evaluate the Outcome.

I SOLVE 전략

문제, 이에 대한 해법, 해법을 적용하기 위한 장애물, 해법의 재검토와 수정, 해법 적용과 재시도, 결과 분석과 평가와 같은 일련의 절차를 거쳐 캐릭터에게 몰입할 수 있다. 캐릭터에 관한 진단과 처방은 학습자 본인이 현실에서 겪은 유사한 문제에 관한 진단과 처방을 모색하는 것으로 자연스럽게 이어진다.10) 교수자는 이 과정에서 학습자의 트라우마를 건드려 소통이 단절되지 않도록 "캐릭터가 지금 우리가 사는 마을에 왔을 때는 어떤 상황일지 떠올리며 말하거나 그림으로 표현하자"는 것처럼 조심스럽게 단계적으로 접근해야 한다.

여섯째, 학습자가 작품을 음미하면서 적극적 치유까지는 아니더라도 카타르시스(catharsis), 다시 말해 감정 배설과 정화를 경험하도록 이끈다. 학습자는 언어 혹은 비언어적 수단으로 캐릭터의 심리를 이해하고 위로하는 마음을 표현하는 동일시(identification)를 거쳐 자기연민에 이른다. 이런 감정 배설을 통해 사건 현장과 자신을 분리하여 개운한 마음으로 캐릭터와 자신의 현재 상황을 거리를 두고 객관적이고 냉철하게 바라보게 되는 것이다.

일곱째, 학습자가 감정 정화 이후에 인물의 입장이라면 어떻게 문제를 바라보고 해결했을지 떠올리면서 상상적으로 얻은 대답을 자신의 현실에 적용해보도록 유도한다. 교수자는 이야기를 감상한 학습자의 생각과 언어가 막힐 때 몇 가지 예를 드는 것과 같이 스스로 문제를 헤치고 나갈 언어와 비언어 단서를 적시에 적합한 방식으로 제공해야 한다.

문학치료의 교육적 적용: 시 쓰기와 그림책 상담

학습자가 자신의 속내를 감추려는 성향이 강한 경우에는 그림과 같은 비언어적이면서도 간접적인 표현 방법을 사용할 수 있겠지만, 감정을 은유적으로 에둘러 표현하는 시 형식도 고려해 볼

10) James W. Forgan, "Using Bibliotherapy to Teach Problem Solving," *Intervention in School and Clinic* 38.2 (2002) 78.

수 있다. 시를 통한 창의적 글쓰기는 20세기 초반부터 심리치료의 일환으로 이용되어 왔다. 특히, 그림과 시를 결합한 결과물은 내담자의 속내에 관한 보다 많은 정보를 담고 있어서 적절한 진단과 처방에 유용하다.11) 예를 들어, 학습자가 화난 표정으로 큐브를 부수고 다시 맞추며 기뻐하는 장면 옆에 [표 21-1]과 같은 시를 썼다면, 큐브 맞추기는 흥분을 가라앉히고 평정심을 지녀야 성공할 수 있다는 메시지로 해석될 수 있다. 이처럼 교육적 맥락에서라면, 교수자에게 교사와 상담사가 그림과 시에 담긴 암호문의 의미를 섬세하고 정확하게 읽어 내는 안목이 무엇보다 중요하다. 교수자는 학습자가 구사한 표현 그 자체에 꽂히지 말고 말하고 싶은 핵심 메시지에 주목해야 한다. 학습자의 언어습관이나 특성에 대한 기본적인 정보를 가지고 종합적으로 해석해야 하는 것이다. 일례로, 아이의 어휘력이 부족하여 또래집단과 어울리며 내뱉는 욕설을 분노로 오해하지 않도록 유의해야 한다.

▮표 21-1 감정 표현 시 쓰기 예시

큐브 맞추기
정육면체 큐브를 맞춘다. 열 손가락이 현란하게 색깔 조각을 움직인다. 여섯 색깔이 맞았다 틀어졌다 반복한다. 색깔끼리 갑자기 한 자리에 모인다. 끼리끼리 좌우로 정렬한다. 정육면체 큐브를 다시 맞춘다. 열 손가락이 길을 잃고 더듬더듬 색깔을 돌려댄다. 잔뜩 틀어진 여섯 색깔이 잘 섞인 비빔밥 신세다. 화난 손가락이 색깔을 부수고 흩어놓고 훈계한다. 색깔들이 눈치껏 제 자리로 기어 들어간다. 한결 순해진 손가락은 마구잡이로 큐브를 돌려댄다. 손가락은 빠릿빠릿한 색깔 덕에 멍청해도 그만이다. 손가락이 바쁘게 지시하면 색깔이 알아서 움직인다. 손가락은 지금까지 자기가 맞춘 줄 안다. 손가락은 거들 뿐 큐브가 알아서 맞춘다.

11) Nile Stanley, Laurel Stanley, and Kate Nguyen, "Evaluating the Use of Biblio-poetry Therapy to Improve Resilience in Undergraduates," *Journal of Poetry Therapy* (2024) 4-5. DOI: 10.1080/08893675.2024.2413598.

여기에서, "과연 시를 쓰는 것이 아이들 수준에서 쉽게 될까?"라는 의문이 들 수 있다. 입시 목적으로 비교, 은유, 직유, 환유 등의 문학적 개념들을 지식으로 대한 '불편한' 기억에 사로잡히면 시가 멀게 느껴질 수밖에 없다. 학습자에게 시인처럼 제대로 창작하라고 요구할 수는 없다. 그림을 그리고 나서 하고 싶은 말을 자유롭게 아무 데나 적어보라고 하는 정도여도 충분하다. 학습자 자신은 의식하지 않더라도 단어나 어구들을 모아 자유롭게 배열하다보면 대부분 시처럼 보일 수 있다. 문학치료에서 말하는 시는 이상적 운문이라기보다 정제된 산문이 아닌 글을 통칭한다고 이해하는 편이 적절하다. 시 쓰기의 의미는 학습자의 속내가 엿보이는 단어와 구절을 시 형식 속에서 포착하는 것에 있다.

문학치료를 학습자의 심리 진단과 처방에 적용할 때, 학습자가 그림책 전체를 읽고 난 후 단순하게 "좋아요" 내지는 "싫어요"라는 반응만 하기 때문에 속 깊은 대화를 지속하기 어려울 수 있다. 이럴 때, 학습자의 특정한 반응을 사전에 예상하고 그림책 전체를 읽기보다 특정 정서를 다루는 장면만 읽도록 해도 무방하다. 교수자는 장면을 하나씩 보여주면서 어떻게 느껴지는지 짚어보는 단계를 거쳐 결말에 이르렀을 때 어떻게 처음의 생각이나 감정에 변화가 일어났는지 학습자 스스로 숙고하게 할 수 있다.

『크릭터』에서 부인의 보살핌을 받고(왼쪽) 범인을 옭아매는 크릭터 삽화

그림책 중에서 토미 웅거러(Tomi Ungerer)의 『크릭터』(*Crictor*)를 통해 학습자의 심리 진단과 처방에 대해 살펴보면 다음과 같다.[12] 이 그림책은 어느 프랑스 마을에 살던 부인의 아들이 파충류 한 마리를 어머니에게 보내면서 시작된다. 부인은 소포에서 아들이 보낸 생일선물로 뱀이

12) Tomi Ungerer, *Crictor* (New York: HarperCollins, 1983).

튀어나오자 깜짝 놀란다. 그러나 이내 동물원을 방문하여 독이 없는 뱀임을 알고 안심하여 보아뱀(boa constrictor)이라는 종의 이름에 착안하여 크릭터라는 이름을 지어준다. 삽살개의 이름을 삽살이라고 짓는 것과 비슷한 것이다. 부인은 반려동물로 키우기로 결심하여 우유도 먹이고 화분도 사서 환경을 꾸며주는 등 정성껏 돌본다. 사람들은 부인을 따라다니는 크릭터를 보며 놀라워한다. 부인은 추위에 견디라고 길게 스웨터도 짜서 입혀주고 침대도 따로 마련해준다. 크릭터는 부인이 교사로 근무하는 학교까지 따라가 몸을 갖가지 알파벳과 숫자 모양으로 구부리면서 공부도 한다. 크릭터와 아이들은 학교에서 뱀이 만든 미끄럼틀 모양에 매달리거나 줄넘기를 하고 매듭을 묶고 연날리기도 한다. 그러던 어느 날, 마을 사람들을 괴롭히던 강도가 부인의 집에 들어와 부인을 묶고 물건을 훔쳐가려던 와중에 크릭터가 경찰이 올 때까지 강도를 꽁꽁 묶어 버린다. 그 결과, 마을을 수호한 공로를 기념하는 동상까지 만들어 지면서 크릭터가 행복한 여생을 보낸다.

『크릭터』는 외모나 편견으로 힘들어 하는 아이나 특정한 대상에 대한 부정적 첫 인상이 트라우마로 남은 아이의 마음을 다독이는 용도로 활용될 수 있다. 소포로 배달된 크릭터를 보고 부인이 어떤 심정이었을지 떠올려 보고, 아들이 왜 파충류를 엄마에게 선물로 보냈는지 이유를 생각해보게 할 수 있다. 위의 이유에 관한 답으로 엄마에게 짓궂은 장난을 한다거나 크릭터가 영리하기 때문에 어머니와 같이 지낼 때 여러모로 도움을 줄 수 있다는 반응 등이 나올 수 있다.

학습자가 파충류를 부정적으로 여긴다면, 그렇게 생각하는 이유를 들어보고 우선 무조건적 지지를 표명하여 유대감을 형성한다. 평소 다른 무언가를 무서워한다면, 여러 가지 모양과 색깔로 표현된 이미지들을 깔아놓고 싫은 모양이나 색깔을 골라보도록 하면서 교사가 상담 전(前) 과정을 통해 아이가 두려워하는 대상을 짐작해 볼 수도 있다. 작품에서 부인이 가르치는 학생들이 뱀과 스스럼없이 어울리며 노는 장면에서는 어떤 생각이 들었는지 짚어볼 수 있을 것이다. 이후 처음에 깜짝 놀랐음에도 불구하고 파충류를 보살피는 부인을 보며 든 생각을 물어볼 수 있다. 아이가 귀엽지도 않은 파충류를 왜 부인이 정성껏 돌보는지 이해하지 못한다는 반응을 보일 때, 크릭터가 치장한 모습이 귀엽다거나 부인의 외로움을 달래준다는 것과 같은 가치판단이 개재된 발화는 가급적 피해야 한다.

교수자는 긍정적 반응을 유도하여 학습자를 특정한 방향으로 몰고 가려고 애쓰기보다 크릭터의 모습이 앞과 비교했을 때 어떻게 같거나 다르게 느껴지는지와 같이 아이의 심리 반응을 끌어내는 것에 초점을 맞추어야 한다. 크릭터가 강도를 붙잡는 장면에서 혐오의 감정이 여전한지 알기 위해서 직접 묻기보다는 크릭터에게 느껴졌던 생각이 달라졌는지 간접적으로 탐문해야 할 것이다. 교수자는 학습자에게 좋고 나쁨을 직접 요구하기보다 작품의 특정 장면으로부터 아이가 어떤 생각과 감정을 가지고 있는지 일단 정보들을 모으고 이후에 종합적으로 판단해야 한다.

그림책을 통한 개념과 주제학습의 의미

문학치료 목적의 그림책 활용이 상담과 같은 비교과 영역에 속한다면, 그림책들의 다양한 내용은 개념과 주제학습에 유용하다. 에둘러 주제를 형상화하는 문학적 언어의 특징이 주제학습에 적용된 사례를 에릭 칼의 『요술쟁이 작은 구름』(*Little Cloud*)을 통해 확인할 수 있다.13) 이 그림책의 줄거리는 물이 하늘로 솟아 물고기 구름이 되었다가 펭귄 구름 속으로 들어가고, 펭귄 구름이 백곰 구름 속으로 들어갔는데, 너무 커져 몸을 움직이지 못하고 답답해지자, 차가운 바람이 시원하게 해준다며 큰 구름을 문질러 물이 생기고 몸이 작아지면서 다시 가벼워져 잘 돌아다닐 수 있게 되는 것이다. 개념 전달만 고려한다면, 공기 상승과 기압 저하로 단열팽창이 일어나 구름(물고기 구름)이 만들어진 다음에 찬 공기(펭귄 구름→백곰 구름)를 만나 수증기 응결(몸을 문지르기)로 하늘에서 물이 떨어져 비가 된다고 사실 위주로 기술할 수도 있다. 그러나 이렇게 무미건조하게 설명하면, 물질의 이동도 복잡한데 용어까지 어려워서 어린 학습자들이 이해하기 힘들 것이다.

그림책을 활용한 개념학습은 특정 개념지식을 숙지하기 위함이 아니라 일상에 녹아있는 해당 개념을 환기시킴으로써 외국어로서 영어를 배울 때 조성하기 어려운 상황맥락, 다시 말해 대화를 나누어야 할 이유와 목적을 학습자에게 제공한다.14) 이를 염두에 둔다면, 주제중심 언어학습의 의의는 어느 정도 배경지식을 사전에 제공하고 이를 일상의 사례에 견주어 환기시킴으로써 개념에 대한 흥미와 관심을 자극하여 유의미한 의사소통맥락과 상호작용을 해야 하는 이유를 제시하

듀이와 비고츠키: 그림책 활용 주제학습의 이론적 배경

듀이(왼쪽)와 비고츠키(오른쪽)

미국의 철학자이자 교육자 존 듀이(John Dewey)와 러시아 출신 심리학자 레브 비고츠키(Lev Vygotsky)는 학습자의 경험을 통한 구성주의(constructivism) 교육의 시조로 알려져 있다. 경험과 협력을 거쳐 배울 개념의 단서들을 모아 머릿속에서 구성한다는 구성주의 교육론은 개념이 부단한 사고실험(reflection)을 거치며 만들어진다는 것을 전제로 한다. 일상적 맥락과 연관된 개념을 담은 그림책을 읽으며 개략적 개념을 이해하고 그림책을 읽은 동료들과 생각을 나누며 세세한 개념까지 파악하는 것은 구성주의 교육론을 반영한 것이다.

13) Eric Carle, *Little Cloud* (New York: Scholastic, 1996).

14) Gabrielle A. Stouse, Angela Nyhout, and Patricia A. Ganea, "The Role of Book Features in Young Children's Transfer of Information from Picture Books to Real-World Contexts," *Frontiers in Psychology* 9:50 (2018) 1.

는 것에 있다. 가뜩이나 영어도 힘든데 개념까지 익히는 이중 부담을 주는 것이 아니라 오히려 실제적 의사소통을 구현하려는 반대의 목적을 추구하는 것이다.

그림책 이야기가 개념학습에 유리하려면 몇 가지 전제조건이 필요하다. 첫째, 다루는 개념이 복잡하지 않으며, 둘째, 해당 개념이 일상생활에서 발견 가능한 사례여야 하고, 셋째, 배경지식이 부족한 어린 학습자들이 지식 숙지보다 현상 이해에 초점을 맞추어야 하며, 넷째, 줄거리 해석에서 과학적 원리에 대한 오개념이 형성되지 않아야 한다.

학교에서 배우는 주제가 여러 교과에서 워낙 광범위하기 때문에 짧은 시간에 모든 교과의 특수한 사정을 그림책에 대입하여 일일이 학습할 수는 없다. 때때로 개념이 너무 복잡하여 이야기보다 삽화를 통한 간명한 설명이 더 나을 경우도 많다. 그림책을 개념학습과 결합할 때는 두 가지 방향을 취할 수 있다. 하나는 흥미로운 그림책을 훑으면서 대략적인 의미를 잡아내는 것이다. 다른 하나는 꼼꼼히 읽으면서 삽화에 숨은 개념의 단서를 찾은 후 주변 삽화들에서도 유사한 단서들을 찾아 조합하여 개념의 위계를 촘촘히 구성하는 것이다. 두 가지 방법은 별개로 존재한다기보다 절차 혹은 단계에 가깝다. 그림책을 사용하는 목적이 개념의 핵심을 포착하는 것에 있다면 꼭 삽화의 의미를 속속들이 파고들지 않아도 무방하다.

학습자들끼리 그림책을 매개로 소통하면서 함께 개념을 익힐 요량이라면 개념의 단서들이 삽화와 글 속에 어떻게 숨어있는지 살피는 작업을 가장 먼저 해야 한다. 가령, 학습자들이 모둠을 이루어 주사위 각 면에 스토리의 수학, 음악, 과학, 사회, 미술 등의 특정 주제를 적고 해당되는 면이 나왔을 때 빠르게 그림책을 다시 훑으면서 조금이라도 관련된 정보를 제한된 시간 내에 말하는 게임을 해 볼 수 있다. 이런 과정을 거쳐 다양한 개념들을 식별하면, 제시된 개념들을 협력학습을 통해 삽화들을 꼼꼼하게 훑으면서 개념들의 단서들을 숙지한 채 심화학습으로 넘어갈 수 있다.

그림책을 통한 개념과 주제학습: 현장 적용

그림책을 활용하여 각 교과영역에서 무슨 활동을 할 수 있을지에 관하여 학자들이 일반적으로 언급하는 것들은 다음과 같다. 사회과 수업에서는 그림책의 내용에 대한 지도와 도표 제작, 시간표작성, 다른 관점의 직소(jigsaw) 역할놀이, 지역공동체 활동 참여, 작품에 숨은 사실 발견하여 알려주기, 맥락 바꿔 다시 쓰기 등을 해 볼 수 있다. 수학 수업에서는 수학적 발견과 얽힌 흥미로운 그림책 읽기, 수학 어휘를 활용한 큐브 맞추기, 수학 이야기의 옥의 티 찾기, 그림책에 숨은 색깔과 모양의 수열 규칙 발견하기 등이 가능하다. 과학 수업에서는 개념 정리 후 그림책 만들어보기, 그림책 읽고 보고서 정리하기, 그림책에 등장하는 물질을 종류별로 분류하기, 그림책의 물질이 지닌 에너지 계산하기, 지구과학 개념을 다룬 과학 그림책 찾아 친구에게 소개하기 등을 해

볼 수 있다.

각 교과영역에서 그림책으로 개념을 배우는 수업의 예시 상황은 다음과 같다. 수학에서는 어떤 수리 개념이 이야기에 포함되었는지 학습자들끼리 토의를 통해 확인하고 수식으로 변환하여 함께 표현해 볼 수 있다. 또한, 삽화에서 크기와 개수에 따라 어떻게 다르게 표현했는지 살펴보면 숫자에 관한 감을 잡을 때 도움이 된다. 과학에서 날씨를 가르친다면, 비와 눈이 어떻게 만들어지는지 보여주는 정보책을 읽고 나서 이해가 되지 않은 것을 표시하고 친구와 대화를 나누며 익힌다거나 삽화만 보여주고 어떤 개념과 연관되었는지 분류해보는 활동을 해 볼 수 있다. 음악과에서는 각운 등의 리듬감을 살려 노래하면서 강세, 리듬, 억양과 같은 영어의 초분절자질(suprasegmental features)을 익힐 수 있다. 가령, "Mama! Mama! My socks don't match! One is red and one is blue. One is bigger than the other! Oh, no! Mama! Mama! My socks don't match! One is bigger than the other! Oh, no!" 등의 패턴을 반복하다 보면 영어 억양에 익숙해질 것이다.

그림책 이야기는 일반적으로 둘 이상의 개념이 얽힌 하나의 상황을 암시적으로 묘사한다. 이런 점은 그림책 중에서도 일관된 개념 위계를 잡아 표현한 정보책과 구분된다. 교과의 학습자료라는 관점으로 보면, 그림책 이야기는 일관된 서사로부터 둘 이상의 개념들을 추출해야 하므로 학습자 입장에서 장벽이 있다고 보아야 한다. 그렇다고 해서 이를 마냥 어렵다고 치부할 필요는 없다. 이에 관해 3장 도입부 장면에서 다룬 제럴드 맥더모트의 『태양으로 날아간 화살』을 예로 삼아 다음과 같은 각 교과의 주제개념 수업을 해 볼 수 있다.15)

『태양으로 날아간 화살』은 푸에블로족(Pueblo)의 어느 소년이 태양신에게 찾아가 시련의 방에서 아들임을 증명한 후 다시 세상으로 돌아와 부족을 이끌었다는 신화를 담고 있다. 이 이야기를 미술이나 실과와 연결하면 학습자들이 작품의 인물 모양처럼 생긴 전통가면과 의상을 색종이로

『태양으로 간 화살』 앞표지

15) Gerald McDermott, *Arrow to the Sun* (New York: Viking, 1973).

만들고 전시회를 하면서 전통문양을 익힐 수 있다. 사회과의 전통가옥과 연결하면 건조하고 더운 지역에 적합한 푸에블로족의 전통 가옥구조와 특징을 다루게 된다. 수학교과라면 캐릭터를 유심히 살펴보고 다양한 전통문양이 종류와 개수를 세보고 표로 정리할 수 있다. 음악이나 춤이라면 이야기 캐릭터들이 보여주는 다양한 표정이나 동작을 떠올리면서 푸에블로족의 태양춤(sundance)과 연결된다.

교과 영역에서 그림책을 사용하였을 때의 이점은 다음과 같이 정리된다.

첫째, 그림책은 내용지식 숙지보다 이런 내용이 삶과 연결되는 지점을 짚어주기 유리하다. 예를 들어, 선상지나 원주율 개념은 지리와 수학수업에서 배워야 한다. 그렇지만 이에 관한 그림책을 읽으면, 작달비가 내려 길가에 부채모양으로 쌓이는 흙무더기를 보면서 물이 흘러내려 어떻게 저런 모양이 되었는지 관찰하고, 점점 커지는 부채모양의 둘레를 상상하다보면 원으로 그리면 크기가 얼마나 커질지 가늠할 수 있을 것이다. 이처럼 그림책의 장점은 선상지와 원주율과 같은 개념을 명시적으로 배운다기보다 일상에서 보았을 법한 현상과 개념을 연결하여 지적 호기심과 상상력을 자극하는 것에 있다.

둘째, 그림책과 개념학습을 결합하면 외국어로 영어를 배우는 상황에서 소통의 분명한 목적을 제공한다. 실제적 상황에서 소통하며 언어를 배우는 것이 가장 효과적이지만, 한국처럼 외국어로 영어를 접하는 환경이라면 교실 밖에서 물건을 사고팔며 영어로 소통하기 어렵다. 교실 안에서 교보재 화폐나 물건으로 사고파는 교육적 과업(pedagogical task)을 할 수도 있지만 실제성이 떨어져서 학습자의 의사소통의지를 끌어올리기에는 무리가 따른다. 이럴 때, 그림책 이야기에 몰입하여 일상에서 학습자가 접한 유사한 상황이나 대상을 떠올리면 실제적인 의사소통 맥락을 간접 체험할 수 있다. 학습자의 머릿속에 일상 경험(배경지식)이 어느 정도 쌓여 있고 다른 교과 수업에서도 관련 개념을 익혔다는 전제가 충족된다면 영어수업에서도 그림책을 사용할 수 있을 것이다.

셋째, 그림책에서 복수의 창의적인 삽화들을 유기적으로 연결함으로써 개념의 위계와 조직을 한 눈에 파악할 수 있다. 어린 학습자들을 대상으로 한 학습교재에서 개념을 효과적으로 전달하려고 삽화를 즐겨 사용하더라도 이를 이야기에 담지 않으면 개념이나 주제를 깊이 담아내는 것에 한계가 있다. 학습교재가 대부분 장과 절 단위로 구분되어 있어서 한 가지 개념을 깊고 다양하게 다루기 어렵기 때문이다. 그림책에서는 하나의 개념이더라도 다양한 일상적 맥락을 삽화를 곁들인 일관된 플롯에 따라 배열하므로 일반적인 교재의 삽화보다 학습자가 이해하고 몰입하기 수월하다. 그림책으로 개념의 대강을 파악한 다음에 인공지능을 이용하여 이해가 되지 않거나 흥미를 느끼는 지점에 관한 추가·보충학습을 할 수도 있을 것이다.

넷째, 그림책 이야기는 상상력으로 맥락을 변환한 것이기에 배울 내용을 새로운 관점으로 들여다보게끔 한다. 마법을 통해 누군가의 몸속을 돌아다니며 소화기관이나 심혈관 계통을 배우는 사례들을 떠올려 본다면, 이런 상황 설정은 흥미로운 이미지를 통해 개념을 직관적으로 파악하도록 한다. 창의적인 상황과 관점을 설정하여 오로지 말과 글로만 개념을 익히는 것보다 교육적 효과가 큰 것이다. 특히 이런 방식은 중간 이하 수준의 학습자에게 개념의 대강을 이해시킬 때 유용하다. 추상적 개념 이해와 메타적 사고력이 뛰어나고 학식이 풍부한 경우일지라도 새로운 개념을 익힐 때 그림책 이야기를 사고의 촉매제로 삼을 수 있다.

22. 교수기법과 활동

BTS Behind the Scenes

교사: 괴물들이 소중한 것을 원래 상태로 놓아주면서 세상이 아름다워진 내용을 재미있게 잘 읽으셨죠? 이제 여러분이 가장 소중하게 생각하는 것 다섯 가지를 떠올린 후 두 사람이 한 조를 이루어 함께 새로운 영어 그림책으로 바꿔보세요.

학생1: 나는 초콜릿, 우유, 아이스크림, 케이크, 에그타르트로 정했어.

학생2: 어, 나랑 생각이 좀 다른 것 같네. 나는 엄마, 아빠, 할아버지, 언니, 남동생을 떠올렸거든.

학생1: 선생님, 소중한 것이 물건인가요 아니면 사람인가요?

교사: 하나가 없으면 나머지 것도 의미가 없는 대상이면 좋겠어요. 물건이나 사람은 그 다음 문제이구요.

학생2: (학생1을 향해) 나는 가족들을 골랐으니까 선생님이 말한 것에 잘 맞는 것 같은데?

학생1: (학생2를 향해) 나도 그래. 초콜릿이 없으면 우유, 아이스크림, 케이크, 에그타르트를 맛있게 만들 수 없잖아? 그리고 우유가 없으면 초콜릿, 아이스크림, 케이크, 에그타르트를 어떻게 만들겠어?

학생2: 선생님, 저희는 소중한 것으로 고른 게 너무 달라요. 반드시 두 사람이 한 작품으로 만들어야 하나요?

교사: 아... 그런가요? 혹시 두 사람의 소중한 것들을 잘 섞어서 창의적으로 만들어 볼 수는 없을까요?

학생1과 2: (동시에 한 목소리로) 선생님, 너무 어려워요.

도입부 장면에서 두 학생은 사라 다이어(Sarah Dyer)의 『세상을 훔쳐간 꼬마 도깨비들』(*Five Little Fiends*) 바꾸기 과업을 시작하기 전부터 난관에 봉착한다.[16] 이 그림책에서 다섯 개의 바위에 각각 살고 있는 꼬마 악마들은 아무도 없을 때 밖으로 나와 아름다운 세상을 둘러보고 감탄하면서 각자가 원하는 태양, 하늘, 땅, 바다, 그리고 달을 유리병에 넣어 석상 안으로 들어간다. 그러자 홀로 석상 속에 들어온 태양은 하늘이 없어서 바닥으로 곤두박질쳤고, 하늘은 땅이 받쳐

16) Sarah Dyer, *Five Little Fiends* (London: Bloomsbury Children's Books, 2001).

주지 않아서 역시 제자리를 잡지 못한다. 땅은 바다에서 물이 들어오지 않아 메말라갔고, 바다는 달이 인력으로 당겨주지 않아서 움직이지 않으며, 달은 태양이 없어서 빛을 잃고 존재감을 잃는다. 자신의 욕심으로 세상이 사라지는 것을 염려한 꼬마 악마들은 다시 가져온 것들을 원래 자리에 갖다 놓는다.

『세상을 훔쳐간 꼬마 도깨비들』을 접한 학생들은 각자의 기준에 맞는 소중한 것들을 고른다. 학생 1-2는 꼬마 악마들이 고른 5개가 세상을 구성하는 근본 요소이기에 거칠게나마 하나의 개념으로 묶인다는 것을 간파한다. 문제는 두 학생이 염두에 둔 개념의 범주가 너무 달라 하나로 합치기 힘들다는 것이다. 교사가 창의적 역량을 발휘해서 하나로 합쳐보라고 요구하지만, 학생들이 영어수업에서 번뜩이는 아이디어를 내어 문제를 해결하기에는 무리가 따른다. 나쁘게 보자면, 교사가 그림책으로 수업활동을 원활히 진행하기 위한 사전 작품 분석 준비가 철저하지 못했다고 볼 수도 있다. 이와 같은 도입부 수업 사례는 영어 그림책을 활용할 때 교수자가 학습자의 창의성을 끌어내는 최적화된 상호작용을 위해 순간순간 판단하고 유연하게 수업방향에 변화를 주어야 함을 시사한다.

영어 그림책 선정 준거

영어 그림책 활용 수업 및 관련 교수기법과 활동을 논할 때 가장 먼저 짚어보아야 할 사항은 아무래도 어떤 기준으로 무슨 그림책을 고를지에 관한 내용일 것이다. 교과용 도서 선정 방법 중에서 가장 손쉬운 것은 읽기 다섯 손가락 규칙(The five finger rule for choosing books)이다.[17] 이 방법에서는 손가락을 하나씩 접으면서 한 페이지에서 모르는 어휘가 0~1개이면 쉽고, 2~5개이면 적합하고, 6개 이상이면 어렵다고 판단한다. 문제는 그림책마다 페이지 당 구문 복잡도와 어휘 개수가 들쭉날쭉해서 이것만으로 적절한 책인지 명확히 분별하기 곤란하다는 것이다. 교수자의 주관에 따라 선정한 그림책의 난이도 편차가 크다는 한계도 있다. 이런 고민을 일부나마 해소하기 위한 방안으로, 그림책만을 위한 선정 준거는 아닐지라도 분량, 난이도, 언어표현, 배경지식, 주제나 소재, 흥미, 확장성 등을 고려한 BOOKMATCH 전략([표 22-1])도 준거 중 하나로 참고할 수 있다.

17) Tracy Baker. "Strategic Planning: Recognizing Patterns for Reading Instruction," *Primary Voice K-6* 10.4 (2002) 16-22.

▮표 22-1 도서 선정을 위한 BOOKMATCH 전략[18)]

항목	설명
B (Book length)	분량(너무 많거나 적은 분량인가? 적절하다면, 이 책에 전념할 것 같은가?)
O (Ordinary language)	일상적 표현(아무 페이지나 넘겨서 소리내어 읽을 때 글의 흐름이 자연스럽고 일상적인 표현인가?)
O (Organization)	구성(활자 크기와 모양, 단락 길이, 그리고 장과 절의 구분이 적정한가?)
K (Knowledge prior to book)	배경지식(줄거리 요약이나 표지의 제목과 삽화를 보면서 내용이 연상되거나 관련 상식을 알고 있는가?)
M (Manageable text)	난이도(첫 부분의 표현이 쉽거나 어려운가? 적절하다면 내용이 잘 이해되는가?)
A (Appeal to genre)	장르(이런 종류의 글을 읽어봤거나 좋아하는가?)
T (Topic appropriateness)	주제나 소재(이런 주제나 소재가 편안하여 읽고 싶은가?)
C (Connection)	연결과 확장성(이 책을 다른 대상이나 사람과 연결할 수 있는가?)
H (High interest)	흥미(이 책의 주제, 소재, 저자, 삽화에 관심이 생기는가? 이 책을 다른 사람에게 추천하겠는가?)

언어연구자들은 영어 읽기 자료의 난이도에 많은 관심을 기울인다. 대표적인 읽기 난이도 측정 지표로는 렉사일 지수(Lexile Index)와 AR 지수(Accelerated Reader Index)를 들 수 있다. 렉사일 지수는 문장 길이와 음절수가 늘어나면 내용과 어휘 수준이 올라간다고 가정하면서 읽기 난이도를 초등부터 성인까지 0L~2000L 사이의 숫자로 분류한다. 200까지가 초등 1학년, 1000은 초등 고학년, 1300이상이면 대학 이상 수준에 해당한다. 렉사일 지수가 언어 복잡도와 핵심 내용의 전반적 이해 측정에 적합하다면, AR 지수는 어휘와 문장의 세부 의미파악에 초점을 맞춘다. AR 지수는 학령 단계에 따라 수치를 부여한다. 예를 들어, AR 3.5이면 3학년 중반 수준이라는 의미이므로 렉사일 지수보다 직관적이다. 대부분의 도서는 출판사에서 렉사일 지수나 AR 지수로 그림책의 난이도를 측정하여 온라인상에 공개한다. 렉사일 지수와 AR 지수는 상호변환표가 있기 때문에 하나를 알면 다른 하나도 같이 알 수 있다. 일반적으로, 그림책 읽기에서는 글이 많지 않

18) Jessica Ann Wutz and Linda Wedwick, "BOOKMATCH: Scaffolding Book Selection for Independent Reading," *The Reading Teacher* 59.1 (2005) 17.

아 문장 이하 단위의 표현을 삽화와 일일이 견주고 따지기 때문에 전체적인 텍스트 복잡도를 살피는 렉사일 지수보다 AR 지수가 적합하다.

▮표 22-2 렉사일 지수와 AR 지수 변환표[19)]

렉사일 지수	AR 지수 (학년)	렉사일 지수	AR 지수 (학년)	렉사일 지수	AR 지수 (학년)	렉사일 지수	AR 지수 (학년)
25	1.1	350	2.0	675	3.9	1000	7.4
50	1.1	375	2.1	700	4.1	1025	7.8
75	1.2	400	2.2	725	4.3	1050	8.2
100	1.2	425	2.3	750	4.5	1075	8.6
125	1.3	450	2.5	775	4.7	1100	9.0
150	1.3	475	2.6	800	5.0	1125	9.5
175	1.4	500	2.7	825	5.2	1150	10.0
200	1.5	525	2.9	850	5.5	1175	10.5
225	1.6	550	3.0	875	5.8	1200	11.0
250	1.6	575	3.2	900	6.0	1225	11.6
275	1.7	600	3.3	925	6.4	1250	12.2
300	1.8	625	3.5	950	6.7	1275	12.8
325	1.9	650	3.7	975	7.0	1300	13.5

렉사일 지수와 AR 지수가 언어 난이도에 따라 그림책을 일차 선별할 때 유용하다면, 난이도 이외의 언어적 특징이나 내용을 종합적으로 살펴보기 위한 세밀한 선정 준거 또한 필요하다. 이러한 선정기준은 작품의 플롯 구조를 꼼꼼히 분석하기 위한 것이 아니라 대략적으로 그림책의 특징을 훑어보며 선정할 가치가 있는지 파악하기 위해 사용한다.

그림책의 교육적 가치에 주안점을 둔 선정 준거는 아래의 다섯 단계로 나누어진다. 1단계는 언어 접근성으로, 외국어 학습자 입장에서 읽기 지수만으로 알 수 없는 어휘와 구문의 복잡도, 언어 표현의 분량, 특정 표현의 반복성을 살펴보면서 학습자가 읽을 수 있는지 판단하는 것이다. 2단계는 내용 친숙성으로, 스토리의 사회문화적 맥락과 주제의 난이도가 학습자의 관심과 수준에 적합한지 짚어보는 것이다. 3단계는 사실 정확성으로, 사실의 왜곡이나 비도덕적 내용이 포함되었는지 따져보는 것이다. 4단계는 삽화 적절성으로, 삽화를 비롯한 각종 비언어 정보가 전반적으로 매력적

19) https://www.standrewschoolmb.com/editoruploads/files/AR_to_Lexile_Conversion.pdf

영어 그림책 선정 준거 5단계

① 언어 접근성
② 내용 친숙성
③ 사실 정확성
④ 삽화 적절성
⑤ 수업 유용성

이고 언어 표현과 궁합이 잘 맞는지 살피는 것이다. 5단계는 수업 유용성으로, 영어수업에서 직접 혹은 변형하여 가르치고 배우기 알맞은 분량, 판면, 언어 및 내용 구성인지 살피는 것이다.

경우에 따라, 사실적 그림책, 판타지 그림책, 정보책 등에 적합한 세밀한 선정 준거를 추가적으로 고안해야 될 수도 있다. 그러나 현실적으로, 세세한 준거를 일일이 체크리스트와 5분위 척도로 계수화하면서 그림책을 고르는 교사는 많지 않다. 어쩌면 렉사일/AR 지수와 5단계 준거도 지나치게 세밀하고 이론적 수치일 따름이라고 비판받을 수 있다.

언어 접근성, 내용 친숙성, 사실 정합성, 삽화 적절성, 수업 유용성이라는 5단계 선정 준거는 그림책을 신속하게 고를 때 유익하지만 교육적 활용 방안을 세밀하게 파악하기에는 역부족이다. 작품을 선정하여 수업교재로 어떻게 다듬어 무슨 교수기법과 활동으로 가르칠지 파악할 때 유용한 세부 항목은 아래와 같이 정리할 수 있다.

우선 언어 접근성과 관련하여, 교사는 반복적으로 사용되는 표현, 학습자 수준을 감안한 신출 어휘, 비유적 표현과 속뜻, 주제 개념어, 난이도와 내용상 부적합하여 변형해야 하는 표현, 페이지나 판면 단위의 분량 적절성, 그리고 굵기, 색깔, 크기, 모양이 다른 글씨가 사용된 표현과 속뜻 등을 점검한다. 이렇게 확인한 정보들은 학습자의 관심사와 수준에 따라 어디까지 바꾸거나 그대로 가르칠 수 있는지 하나씩 따져보아야 한다.

여기에서 영어 그림책의 언어 접근성을 점검할 때 "내용도 충실하고 재미도 있지만 언어 분량과 난이도가 적절하지 않다"거나 "언어 분량과 난이도가 맞으면 내용과 재미에서 문제가 있다"는 상충하는 주장들에 대해 생각해 볼 필요가 있다. 인공지능에게 그림책 목록을 산출하게 할 수도 있지만, 이렇게 추천받은 작품은 교사가 가르칠 학습자 집단을 고려한 것이 아니기 때문에 직접 읽어보지 않는 이상 실제로 유용한지 알 수 없다. 그렇다고 적절한 책을 찾기 위해 온라인과 인쇄물을 일일이 뒤져가며 찾는 일은 모래사장의 바늘 찾기와 비슷해 보인다. 현실적으로, 언어 접근성의 세부 준거들의 적절성은 맞춤형 정장처럼 깐깐한 잣대가 아니라 기성복을 고르듯 대상 학습자들의 특성에서 크게 벗어나지 않으면 일단 괜찮을 것으로 여기는 편이 바람직하다. 딱 맞는 그림책을 고르려 하다보면 사용 가능한 그림책이 거의 없을 수밖에 없다.

내용 친숙성과 관련하여, 학습자가 관심을 보일 것으로 예상되는 삽화와 표현을 점검해야 한다. 이렇게 파악한 삽화와 표현이 그림책 이야기의 사회문화적 맥락이나 작품의 핵심주제를 어떻게 반영하는지도 살펴야 한다. 영어를 우선시하더라도 내용을 완전히 배제할 수 없다면, 영어에 내용까지 추가할 때 짊어질 인지적 부담도 진지하게 고려해야 한다. 모르는 내용을 배우고 깨닫는 것이 학습의 본질이라면, 생소한 문화와 도덕적 교훈을 어느 정도는 영어 그림책 학습에 반영해야 한다. 결국, 수업 목표와 학습자 특성에 따라 언어와 내용학습의 균형을 어떻게 잡을지 판단하는 것은 가르치는 사람의 몫일 수밖에 없다. 너무 익숙해서 뻔한 것도 아니고, 너무 생소해서 어렵지도 않고, 그러면서도 적절히 흥미를 자극하고 깨달음을 줄 법한 내용으로 구성된 그림책을 골라야 하는 것이다.

『프랑켄슈타인』 삽화 예시(왼쪽)와 『프랑켄슈타인의 고양이』 앞표지(오른쪽)

영어 그림책을 현미경처럼 분석하다보면 상당히 많은 문화적 배경지식이 깔려 있을 텐데, 과연 어디까지 교사가 확인하고 준비해야 하느냐고 의문을 제기할 수 있다. 예를 들어, 학습자가 커티즈 조블링(Curtis Jobling)의 『프랑켄슈타인의 고양이』(*Frankenstein's Cat*)를 배울 때 19세기 초 영국 소설가 메리 셸리의 『프랑켄슈타인』에 관한 약간의 배경지식만 있어도 그림책을 무난히 이해할 수 있다.[20] 그렇다면, 교사는 배경지식을 얼마나 준비해야 하고 학습자는 어디까지 배워야 하는 것일까? 적어도 학습자가 배경지식이 없어서 궁금증이 생길만한 부분에 대한 배경지식만큼은 제공해야 할 것이다. 『프랑켄슈타인의 고양이』에서는 신체 부분들을 조합하여 탄생한 고양이를 다루고 있기 때문에 이 부분과 관련된 원작의 괴물 탄생 정도를 언급할 수 있어 보인다. 특히 초등영어수업이라면 원작의 상세한 줄거리와 심층 주제까지 다루는 것은 무리일 것이다.

사실 정합성의 경우에, 교사는 인공지능 산출물을 꼭 교차점검해야 한다. 비도덕적 내용의 포

20) Curtis Jobling, *Frankenstein's Cat* (New York: Simon & Schuster, 2001).

함 여부와 관련해서는 작품을 꼼꼼히 정독하며 확인해야 한다. 시간 부족 등으로 사정의 여의치 않으면, 차선책으로 디지털 도구를 활용하여 작품의 핵심 주제로 언급된 정보들을 최대한 많이 모아서 비교대조하거나 경험이 많은 교육자의 조언을 수용하여 판단한다.

삽화 적절성은 정서 반응과 내용 이해로 나누어진다. 교사는 어느 장면에서 학습자가 흥미나 불쾌감을 일으킬지 식별하고 이유를 정리한 후 그림책의 핵심 내용과 주제를 파악하는 단서가 어디에 있는지 확인한다. 삽화 분석은 관련된 언어 표현과 함께 들여다보면서 숨은 의미가 있는지 살피는 방향으로 이루어져야 한다. 메시지가 뻔해 보이더라도 앞뒤 판면을 수차례 넘기고 자세히 들여다보면서 글자 모양, 크기, 배치 등에서 특이점이 있는 의심해 볼 필요가 있다. 가상의 숨은 그림찾기를 하는 심정으로 여러 번 작품을 앞뒤로 오가며 분석하면 숨어 있던 의미가 불현듯 떠오를 수 있다. 이렇게 발견한 아이디어들은 학습자에게 명시적 혹은 암시적으로 알려주는 것처럼 수업 앞뒤로 어떻게 다룰지 사전에 교사가 분류하여 정리해두어야 한다.

수업 유용성은 해당 작품을 누구에게 무슨 시간에 어떤 방식으로 얼마나 오래 할 수 있는지와 같은 물리적 제한조건과 관련된다. 그림책 전체를 다루기 부적합하면 이야기를 개작하는 것까지도 고려해야 한다. 수업 유용성을 높이기 위한 가장 확실한 방법은 교사가 다양한 교수기법을 많이 알고 이를 조합하고 변형하여 현장에 맞는 교수활동을 확정하고 실천하는 것이다. 교수기법과 활동에 정통하면 그림책의 부족함을 얼마든지 뛰어넘을 수 있다.

영어 그림책을 사용한 교수기법

교수기법과 활동은 언어 접근성, 내용 친숙성, 사실 정합성, 그리고 삽화 적절성에 따라 분석한 그림책의 교육적 가치를 수업에서 풀어내는 것이다. 전형적인 그림책 활용 수업의 교수기법으로는 질문하기와 내용 정리하기를 들 수 있다.

질문하기는 동료나 교사와 실제로 대화를 주고받는다는 의미라기보다 작품의 의미를 풍부하게 포착하기 위한 '생각의 그물 던지기'라 할 수 있다. 질문의 종류는 사실 정보 파악과 사실 기반 확장으로 나누어진다.

사실 정보 파악 질문은 작품에서 누가 언제 무슨 일에 간여하는지와 같은 작품 줄거리 이해를 측정한다. 이런 질문은 작품의 특정한 언어와 삽화 한 곳만 보면 알 수 있는 특정 정보(information-specific) 질문과 작품에서 두 군데 이상에 흩어진 정보들을 모아서 파악하는 정보 종합(information-integrating) 질문으로 다시 구분된다. 사전에 준비한 질문지를 활용하면 정보 파악과 종합에 두루 유익하다. 학습자는 사실 정보를 플롯에 맞도록 구조화하여 질문 형식으로 변환하여 질문지를 스스로 구성해 볼 수도 있다.

사실 정보 파악 질문과 대답을 마치고 나면 사실 기반 확장 질문으로 넘어간다. 사실 기반 확장 질문의 첫 단계는 사실 정보에 관해 의문을 제기하는 것이다. 예를 들어, 모리스 센닥의 『괴물들이 사는 나라』를 읽고 주인공 맥스(Max)에게 "왜 하얀 늑대옷을 입었냐?"(What made you wear a white wolf suit?)고 물을 수 있다.21) 이런 질문에 대한 해답은 캐릭터의 입장에서 스스로 답하거나 주변인에게 묻는 것 중에서 택할 수 있다. 사실 기반 확장 질문의 두 번째 단계는 학습자 본인의 경험과 배경지식을 토대로 하여 질문하는 것이다. 이런 질문은 대개 "what if," 그러니까 너라면 어떻게 할 것이냐는 형태를 취한다. 예를 들어, 『괴물들이 사는 나라』의 맥스가 엄마에게 험한 말을 내뱉어 혼난 줄거리를 보고 유사한 경험과 감정을 떠올리면서 맥스의 입장이라면 어떻게 할지 물을 수 있다. 사실 기반 확장 질문은 독자가 캐릭터에게 공감이입을 통해 가치 판단을 시도하기 때문에 심미적 감상, 실제 삶으로의 가치 판단 확장 적용, 그리고 작품의 현재적 의미에 대한 평가로 연결된다.

질문하기의 목적이 학습자들의 상호작용보다 개인의 생각을 일깨우는 것이라면, 굳이 자문자답 방식으로 생각을 일깨워야 하느냐고 반문할 수 있다. 작품의 특정 장면, 인물, 혹은 주제에 관한 브레인스토밍을 거쳐 쓰기, 발표, 포스터 만들기, 언론기사 작성, 디지털 콘텐츠 제작 등의 다른 흥미로운 대안 활동들이 있기 때문이다. 질문을 던지는 까닭은 작품에서 무엇이 문제인지 매의 눈으로 살피며 끄집어내는 능동적인 사고를 촉진하기 위함이다. 인간은 문제에 봉착하면 눈앞의 과제를 해결하기 위해 여러 방법을 찾으려 안간힘을 쓴다. 전등이 켜지지 않을 때 전구를 바꾸거나 배선을 점검하듯, 뭔가 조치를 취하지 않으면 원인을 알 수 없어 당연히 해결책도 떠올릴 수 없다. 마찬가지로, 질문하기는 텍스트의 글과 그림에서 잠자고 있는 문제를 의식 전면으로 끄집어 올리는 가장 손쉬운 사고기법이라 할 수 있다. 따라서 질문하기는 교사가 수업 준비를 위해 작품을 분석할 때도 유용하다.

그렇다면 교사는 학습자가 원활하게 자신과 동료에게 질문을 주고받으며 만족할 만한 답을 찾지 못할 때 어떻게 대처해야 할까? 모든 학습자의 생각 그물 모양이 제각각이라면, 각자 떠올리는 질문만 가지고 감추어진 의미를 척척 끌어 올릴 수 있을까? 학습자의 자발적 질문이 연신 핵심을 겉돈다면, 교사는 학습자가 누락하는 질문 유형을 포착하여 특정 방향으로 생각을 유도하는 단서를 제공해야 한다. 학습자가 사실 정보 종합 질문을 던지지 못한다면, 교사는 그림책에서 특정한 페이지들을 묶어 하나의 질문을 만들라는 것과 같은 구체적인 지침을 제시해야 한다.

내용 정리하기에서는 마인드맵으로 알려져 있는 여러 가지 유형의 도식조직자가 가장 보편적으로 활용된다. 그림책 이야기는 인물, 사건, 시공간 배경과 발단부터 결말에 이르는 줄거리 전개를 갖추고 있기 때문에 작품의 시간 순서와 인물 관계도로 도식화하기 쉽다. 인물의 이름을 가로칸

21) Maurice Sendak, *Where the Wild Things Are* (New York: HarperCollins, 1963).

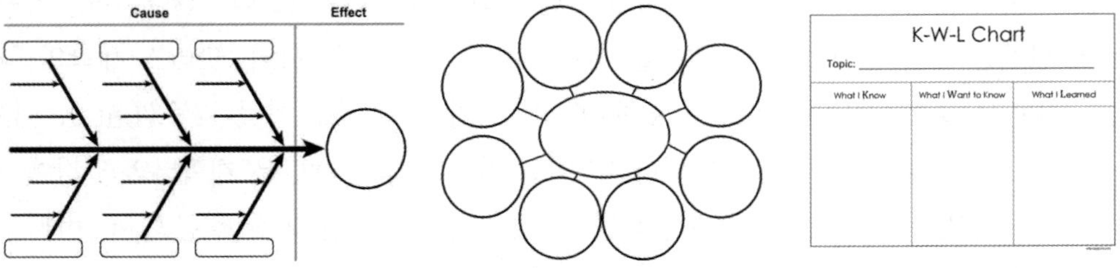

도식조직자 유형 예시

에 쓰고 여러 가지 성격과 감정 묘사 형용사나 아이콘을 넣어서 해당되는 칸에 체크를 하는 방식의 인물 감정과 성격 점검표를 만들어 볼 수도 있다. 정리하기를 통해 색깔, 모양, 크기, 외모 등의 시각적 정보 이외에도 육하원칙(5W1H)처럼 모종의 준거에 따라 독서카드와 같은 특정한 양식을 만들어 세부 정보를 분류하는 것도 가능하다. 이야기와 무관한 정보책은 개념 체계가 분명하기 때문에 도식조직자를 활용하여 정보를 재배치하기 더욱 수월하다. 플롯을 구조화한 다양한 도표 역시 도식조직자의 일종이다. 가령, 읽기 전-중-후 단계마다 아는 것(What I know), 알고 싶은 것(What I want to know), 배운 것(What I learned) 중에서 적절한 항목에 적으면서 정리하는 KWL 차트를 생각해 볼 수 있다.[22]

도식과 표를 통한 정리하기의 핵심은 내용을 단정하게 시각화하는 것이다. 시각화하면 학습자들이 복잡할 수도 있는 줄거리를 스스로 정리하고 이를 교사가 살펴봄으로써 학습자의 이해 정도를 파악 혹은 평가하기 용이하다. 학습자의 수준이 높지 않다면 글로 정리하는 것보다 시각적 구조화가 더욱 효과적일 수 있다.

이외에도, 소리내어 읽거나 묵독을 하는 등의 다양한 읽기 전략도 교수기법에 속한다. 작중 인물이나 저자에게 편지를 보내는 것과 같은 여러 쓰기 전략도 질문하기와 정리하기 다음에 수행하는 교수활동으로 적절하다. 특정 언어 표현을 시각 이미지로 바꾸거나 특정 삽화를 언어로 변환하는 전략도 생각해 볼 수 있다.

영어 그림책을 사용한 교수활동

교수기법이 작품의 이해와 감상에 초점을 맞춘다면, 교수활동은 학습자와 교사가 함께 작품을 살펴보면서 개인적인 이해와 감상에서 놓친 부분을 잡아내고 다양한 매체와 수단을 이용하여 이해와 감상에서 놓친 지점을 발견하거나 이해와 감상을 증폭시키는 것에 초점을 맞춘다. 교수활동

22) Eileen Carr and Donna Ogle, "K-W-L Plus: A Strategy for Comprehension and Summarization," *Journal of Reading* 30.7 (1987) 626-31.

에서 디지털 매체로 흥미롭게 사실적 정보를 점검하거나 작품을 종합하고 내용 확장을 도모할 수도 있다. 그림책을 활용한 대표적인 교수활동은 연극 기반 활동, 시각 예술 활동, 언어 표현 활동, 놀이 기반 활동, 디지털 매체 표현 활동이다. 이런 활동에서는 이야기 전체나 일부를 그대로 혹은 바꿔서 제시할 수도 있고, 플롯에 기초하여 사건 전-중-후의 누락된 부분을 상상하여 재현해 볼 수도 있다.

연극 기반 활동으로는 가면이나 인형 등의 소품을 활용한 공연, 표정과 행동을 제외한 목소리만으로 읽으며 연기하는 낭독극(reader's theater), 목소리가 없고 표정과 행동으로 표현하는 무언극(pantomime), 작품의 특정 대목을 정지장면으로 보여주는 멈춤 동작(tableaux), 가림막 뒤에서 연기하는 그림자극, 그리고 정극 공연 등이 대표적 사례다.23) 이 중에서 낭독극은 대사를 보며 캐릭터 입장에서 실감나게 발화한다는 점에서 중 이하 수준 학습자들의 표현 능력 향상에도 효과적이다.24) 예를 들어, 8장과 18장에서 논의한 『야, 우리 기차에서 내려!』는 캐릭터와 대화문 숫자가 적정하여 상황에 맞게 감정을 넣어 여러 번 읽고 연습하고 몸동작을 추가하는 낭독극 구성에 적합하다.25)

시각 예술 활동으로는 인물 감정곡선 그리기, 미술을 통해 그림책 표지 및 내용을 새롭게 만드는 북아트(book art), 만화/벽화/특정 언어 표현 듣고 그리기, 포스터/광고/잡지 만들기, 작품 속 물건 재현하기 혹은 실물 모형 만들기, 사건 시간표 작성, 칠판을 이용한 스토리보드 그리기 혹은 관련 이미지 붙이기, 타임캡슐 만들기, 시공간 배경 축소 모형(dioram) 만들기 등이 가능하다.

언어 표현 활동으로는 작품 전-중-후 사건을 다르게 상상하면서 말하거나 다시쓰기, 시공간 변화에 따라 작품 재구성하기, 신출어휘와 재미있는 언어 표현 그림사전 만들기, 인상적인 언어 표현 설문 스티커 붙이기, 작품에 관한 시 써보기, 작품 소개글 써보기, 작가나 특정 캐릭터에게 자신의 경험을 반영한 편지쓰기, 일부 언어 표현을 조합하거나 이용하여 노래 부르기, 언어 표현을 가리고 삽화만 가지고 이야기 다르게 재구성하기, 작품의 장면/사건/주제에 대해 토의하고 발표하거나 칠판에 안건에 관한 메모지 붙이기, 악당에 대한 모의재판하기, 그림책과 영화 버전을 비교하며 토의하기 등을 해 볼 수 있다.

---

23) 낭독극의 장단점과 활용에 대해 체계적으로 정리한 문헌은 다음과 같다. Victoria Y. Hsui, "Integrating Language Processes Through Readers Theater," Teaching and Learning 14.2 (1994) 30-42. 멈춤 동작에 대해서는 다음 문헌을 참고한다. Margaret Branscombe, "Showing, Not Telling: Tableau as an Embodied Text," *The Reading Teacher* 69.3 (2015) 321-29.

24) Mi Jin Jeon and Dong-hwan Lee, "The Effects of Using Creative Readers' Theater Scripts on Primary English Education," *Primary English Education* 19.3 (2013): 31-56.

25) 초등영어그림책연구회, 『하루 한 권 아이와 함께 하는 영어 그림책 수업 77』, (서울: 교육과실천, 2025) 68.

놀이 기반 활동에서는 대체로 작품의 일부 정보만 보거나 듣고 모둠원이 조각정보들을 조합하여 답을 추론하는 정보 차 기반 활동(information gap activity)을 한다. 예를 들어, 작품에서 어울리는 사실 정보들끼리 매칭하는 카드놀이, 인물/배경 등으로 된 돌림판을 활용한 놀이, 주사위를 굴려 도착한 칸의 미션을 수행하는 말판 놀이, 교실에 흩어진 작품 정보들을 모으는 보물찾기, 내가 누구인지 알아맞히기, 캐릭터의 고민을 듣고 답하는 상담사 놀이, 그리고 스피드 퀴즈, OX 퀴즈, 스무고개 퀴즈처럼 사실 정보에 관한 각종 퀴즈들을 떠올려 볼 수 있다.

디지털 매체 표현 활동으로는 작가나 특정 캐릭터에게 소셜미디어 메시지 보내기, 동영상까지 포함된 디지털 그림책 변환하기, 작품 소개 동영상이나 소셜미디어 홍보물 제작, 말하기 변환(Text-to-Speech) 소프트웨어 등을 활용한 디지털 스토리텔링 영상물 제작, 작품과 연관된 인터넷 동영상 찾기와 이유 말하기 등이 가능하다. 이런 활동을 할 때 대부분 다른 학습자의 결과물에 댓글 달기를 겸할 수 있다.

위에서 기술한 여러 교수활동 사례는 그림책 말고도 영어수업에서 보편적으로 사용되는 방법들이다. 어떠한 유형의 활동이든, 학습자는 자주 접하고 흥미를 느끼는 매체로 작품 전체 혹은 일부를 재현하거나 변형할 때 무슨 이유와 원칙으로 재현하거나 변형하였는지 설명할 수 있어야 한다. 그래야만 인공지능에 의지하지 않고 스스로 깊이 고민하여 신중하게 메시지를 구성한 것으로 간주할 수 있다. 이런 맥락에서, 작품 이해와 감상을 상세하게 풀어내는 토의하기도 함께 짚어볼 필요가 있다.

성공적인 토의활동은 모둠원의 명확한 역할 배분을 전제로 한다. 그래야만 다양한 학습자들이 소외되지 않고 각자의 임무(책임)를 정확히 숙지하고 참여하여 원활한 토의가 가능하기 때문이다. 무엇보다, 모든 구성원은 관찰자(observer)이자 질문자(questioner) 역할을 공통적으로 수행해야 한다. 모둠 토의가 생산적으로 진행되려면 모든 모둠원이 생각을 끌어내는 질문들을 능동적으로 꾸준히 말해야 한다. 이 과정에서 앞서 살펴본 다양한 질문 유형들을 응당 고려해야 한다. 학습자들은 너무 뻔한 질문 혹은 모둠원이 답하기 어려운 질문을 피하고 토의 주제에 관한 모둠의 결론이 도출되는 방향으로 질문을 던져야 한다. 나머지 역할은 수업 상황에 따라 특정 모둠원에게 역할을 지정하거나 공통 역할로 고정할 수도 있다. 역할 설정을 어떻게 할지에 대해서는 교수자가 상황에 따라 바꿀 수 있지만, 일반적으로는 다음과 같을 것이다.

언어전문가(language expert)는 작품에서 배울 만한 어휘나 구문을 모둠원에게 소개한다. 연구자(researcher)는 작품의 배경지식을 조사하고 필요에 따라 토의 중간에 개입하여 설명한다. 요약자(summarizer)는 작품의 핵심 요지를 간명하게 말로 정리하거나 도식과 같은 시각 장치로 모둠원들에게 제시한다. 삽화가(illustrator)는 그림책의 삽화가 담은 의미나 기법 상의 특징에 대해 짚어준다. 평론가(critic)는 심미적 감수성을 건드리는 인상적인 부분을 이유와 함께 풀이한다.

논평자(commentator)는 자신의 경험이나 배경지식을 끌어와 작품 내용과 연결하여 평한다.[26)]

학습자는 각자의 역할에 충실하면서도 다른 모둠원이 수행한 역할에 대해 질문을 던지거나 자신이 맡은 역할에 맞는 반응을 보여야 한다. 교사는 학습 상황을 지켜보면서 특정 학습자의 역할을 필요에 따라 곧바로 조정하면서 수업이 원활하게 돌아가도록 촉진한다. 토의활동을 무난하게 수행할 정도로 역량을 갖춘 영어학습자들이 많지 않을 수 있으므로 사전에 토의활동 역할 배분 매뉴얼을 구비하는 것도 필요하다. 이런 매뉴얼에는 질문자 역할을 하기 위한 간단한 질문들, 언어전문가 역할을 수행하기 위해 조사해야 할 표현 목록, 작품의 핵심 정보가 무엇인지 알려주는 자료 등과 같이 학습자에게 필요한 정보가 담겨 있어야 한다. 학습자가 특정 역할을 수행할 때 무엇을 유의해야 하고 어떤 말투와 표현을 사용해야 하는지에 대해 친절하게 안내하는 것도 잊지 말아야 한다. 무엇보다, 매뉴얼을 준비할 때 가장 중요한 것은 교사의 안목이다. 학습자와 그림책이 다양한 만큼, 영어 그림책을 활용한 교수기법과 활동에서 특정한 누구에게 무슨 그림책을 어떤 기법과 활동으로 언제 적용해야 하는지에 대해서는 일반적 원칙을 출발점으로 삼아 교사가 상황에 맞게 조정해야 한다.

26) 언어학습에서 모둠활동의 역할로는 관찰자와 질문자 역할을 공통 수행한다는 전제하에 자료와 내용 조사자(researcher), 기록자(recorder), 참여 조정자(moderator, encourager), 내용 요약자(summarizer), 언어책임자(language expert, language monitor), 삽화와 같은 비언어 표현 담당자(illustrator, content-maker), 발표자(presenter) 등을 들 수 있다.

23. 스토리텔링 기법

BTS Behind the Scenes

(교사가 뒤쪽에서 머리에 왕관을 쓰고 사자 가면을 쓴 채 주변 아이들에게 잡아먹는 무서운 흉내를 내면서 단상으로 올라간다) "어흥! 사자왕이 나가신다 길을 비켜라!"

(아이들이 꺄 소리와 웃음이 섞인 효과음이 있고 나서, 스토리텔러가 단상에서 아이 한 명을 지목하며 말한다) "사자왕을 보면 어떻게 인사해야 하는가?"

(앞의 아이가 꾸벅 인사한다.) "오냐, 그렇게 해야지"

(교사가 교탁 바닥 구석의 작은 벌레 모양의 장난감을 쳐다보고 말한다) "딱정벌레, 나를 알아봤으면 인사를 해야 할 것 아니겠는가? 어? 뭐라고?"

(교사가 휴대폰을 꺼내 버튼을 누르자 다음과 같은 딱정벌레 목소리가 들린다) "전하, 제가 너무 작아서 인사를 했는데도 보지 못하신 것 같습니다. 제가 너무 작아 올라갈 수 없으니 제 인사를 가까이서 봐주세요"

(교사가 딱정벌레 방향으로 몸을 숙인 후 들리지 않는다는 표정을 지으면서 휴대폰 버튼을 누른다.) "전하, 더 가까이 오셔야 제가 고개를 숙인 것을 보실 수 있으십니다"

(교사가 딱정벌레 방향으로 몸을 숙이면서 넘어지자, 왕관과 사자 가면이 벗겨져 바닥에 떨어져 나뒹군다. 아이들이 깔깔 웃는다.)

도입부 장면에서 교사는 아놀드 로벨의 『우화집』(*Fables*)에 수록된 「사자왕과 딱정벌레 이야기」에서 사자왕이 잘났다고 까불다가 우스운 꼴을 당하는 장면을 스토리텔링하고 있다.[27] 만일 동일한 내용을 텍스트로 읽었더라면 무미건조했을 수 있다. 교사의 고민은 스토리텔링을 제대로 보여주면 학습자의 내용 이해와 몰입에 도움이 되지만 교사가 목소리와 표정을 바꿔가면서 영어로 스토리텔링을 실감나게 연기하는 것이 어렵다는 것이다. 따라서 교육현장에서는 주로 인터넷의 스토리텔링 구연동화 중 괜찮은 영상을 가져다 틀어주는 방식으로 스토리텔링을 활용하는 경우가 대부분이다.

영어수업에서는 짧은 시간에 집중하면서 이해할 수 있도록 캐릭터 숫자가 많아도 4명 정도에 불과한 짧은 이야기를 스토리텔링에 활용한다. 특히 전래동화는 '옛날 옛적에'로부터 시작하는 전

27) Arnold Lobel, *Fables* (New York: Harper & Row, 1980).

영어 스토리텔링의 교육적 효과
① 실제적 언어자료를 활용한 영어학습
② 영어의 강세, 리듬, 억양을 직관적으로 파악
③ 반복적 발화 연습과 실제적 소통 기회 제공
④ 문화적 맥락, 감수성, 소통 역량 함양
⑤ 스토리 참여를 통한 정서 교감과 소통능력 향상
⑥ 기억력과 비판적 사고 등의 전반적인 인지능력 계발

형적인 패턴이 존재하기 때문에 집중력이 흐트러지는 순간이 있더라도 흐름에 몰입하고 즐기기 유리하다. 도덕적 교훈을 건드리는 메시지가 명료할 뿐 아니라 힘센 캐릭터가 우스꽝스럽게 바뀌는 유머도 전래동화의 장점이다. 인류의 집단 지혜와 문화유산이 전래동화에 대거 담겨 있기 때문이다. 이런 이유로, 바바라 그리핀(Barbara Budge Griffin)은 스토리텔링을 "마음 깊은 곳으로 향하는 여행 통로"로 규정한 바 있다.[28]

스토리텔링의 교육적 가치와 구연 방식

스토리텔링은 현장성을 가미하여 이야기를 매력적으로 만든다. 아무리 인터넷 동영상이 화려하더라도 내 앞에서 누군가가 무언가를 실감나게 표현하면서 때때로 나에게 대화를 걸어주면 이야기에 깊이 몰입하게 된다. 이런 점은 혼자 영화를 보면서 즐기기보다 상영관에서 다른 관객들과 함께 감상하고 반응을 공유하면서 감정이 증폭되는 경험에 빗댈 수 있다. 연극이 지금까지 살아남은 까닭 또한 배우와 교감하는 특별한 체험 덕분이다. 내 앞에 있는 누군가가 직접 울고 있다면 감정 교감이 일어나기 마련이다. 디지털 매체를 통해 내용과 상황을 잘 이해할 수는 있지만, 아무리 기술이 발달해도 시청각 자극만으로 현장에서 벌어지는 교감을 완전히 대체할 수는 없다. 따라서 스토리텔링의 효과를 극대화하려면 디지털과 차별화되는 현장성을 최대한 이용해야 한다. 교사는 스토리텔링을 하면서 학습자들의 현재 상태를 반영한 즉흥 발화를 삽입하거나 일부 학습자들에게 스토리텔링의 역할을 맡기는 것도 가능하다. 이렇게 되면 학습자들에게 적절한 긴장감을 불어넣어 수업에 집중하는 효과를 거둘 수 있다.

스토리텔링은 영어수업 도입부의 동기 유발에서 빈번히 활용된다. 이러한 즉흥 반응과 교감 기법을 스위스치즈 방법(the Swiss cheese method)이라고 부른다.[29] 이런 방법에서는 스위스치

28) Barbara Budge Griffin, *Storyteller's Handbook* (Medford, OR: Griffin McKay Publications, 1996) 3.
29) Griffin, ibid. 9.

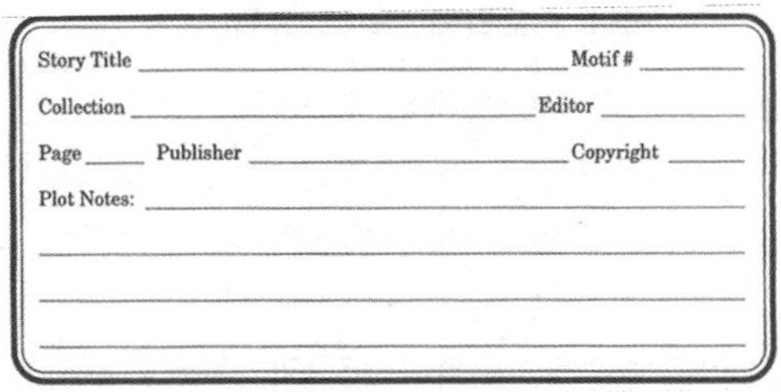
Story Title ______ Motif # ______
Collection ______ Editor ______
Page ____ Publisher ______ Copyright ______
Plot Notes: ______

속성노트 예시

즈의 구멍을 메우는 것처럼 줄거리를 똑같이 재현하지 않고 핵심 플롯을 중심으로 공연자가 학습자와 반응을 주고받으며 스토리텔링을 진행한다. 이 경우에 이야기의 큰 줄기에서 벗어나지 않아야 한다는 전제는 지켜야 한다. 이야기의 경로이탈을 예방하려면 핵심 정보를 요약하고 미리 숙지해야 한다. 특히 주요 인물 정보, 핵심 플롯, 학습자들과 즉흥 반응을 보일 지점 등에 대해 정리하는 속성노트(Quick Note form)를 준비하면 빠르게 스토리텔링을 준비할 수 있다.[30] 이런 노트는 전자문서 형식으로 보관해도 무방하다. 특정 이야기의 주제나 소재를 키워드로 분류해두면 추후에 유사한 목적으로 동기 유발을 할 때 손쉽게 검색하여 사용할 수 있을 뿐 아니라 스토리텔링 반응을 덧붙여 기록하기도 쉽다.

스토리텔링에서는 수업의 동기 유발처럼 특정 요소만 보여주어도 무방하거나 시간이 부족한 경우가 일반적이므로 무슨 내용을 어떤 방법으로 재현할지가 관건이다. 이른바 말할 가치가 있는 이야기(tell-able-tale)로 스토리텔링을 구성하려면 학습자의 관심, 흥미, 수준, 수업 분위기 등을 종합적으로 고려해야 한다. 교육적 맥락에서 스토리텔링을 활용하는 목적은 학습자들이 각자의 경험을 떠올리고 공감하면서 본 차시 내용을 효과적으로 배우도록 이끄는 것이다. 「개미와 베짱이」처럼 학습자들에게 익숙한 이야기는 자칫 식상할 수 있으므로 반전의 묘미를 추가한다거나 어울리지 않는 정보를 가미하는 등의 변형을 통해 흥미를 자극해야 한다. 다만, 수업의 목적이 이야기를 즐기는 그 자체에 있는 것은 아니므로 학습자의 말초적 흥미만 자극하는 스토리텔링은 피해야 한다. 교사는 원작의 느낌과 기본 줄거리를 떠올릴 수 있는 전제하에 최고의 장면들(best parts)을 엄선하여 스토리텔링에 임해야 한다.[31] 영어수업이라면 본 차시에서 배울 표현과 내용을 사건 전개에 자연스럽게 포함할 수도 있다.

교사가 스토리텔링에서 and, but, so, therefore와 같은 담화 표지를 적절히 사용하면 학습자의 머릿속에 논리구조가 생성되어 이야기 흐름을 쉽게 따라갈 수 있다. 소품이나 동작을 효과적

30) Griffin, ibid. 15.
31) Griffin, ibid. 37-39.

스토리텔링 구현에 관한 가이드라인

① 또렷한 발성과 눈맞춤을 통한 교감
② 원작에 얽매이지 않고 학습자의 관심과 수업 상황에 맞도록 유연하게 반응
③ 짧은 시간에 복잡한 서사구조를 압축적으로 설명하지 않기
④ 강조하고 싶은 언어표현과 개념을 목소리와 시청각 자료로 강조
⑤ 짧지만 강한 인상을 남기는 한 두 가지 장면이나 단일한 주제에 따라 공연
⑥ 교사 자신이 스토리에 대해 공감할 필요
⑦ 인상적인 마무리 멘트로 여운을 남기기

으로 활용하는 것도 중요하다. 수업에서 과하게 분장할 수 없기 때문에 역할띠나 가면 정도만 착용하여 스토리텔링 분위기를 조성해도 무방하다. 목소리가 작거나 연기에 자신이 없는 교사라면 인형극처럼 교사 자신을 어느 정도 감추는 방식을 구사하거나, 아니면 끼가 많은 학습자 몇 명을 불러내어 대본을 보면서 역할극을 해 볼 수 있다. 학습자가 몸으로만 연기를 하고, 교사가 캐릭터의 목소리로 연기하는 하이브리드 방식도 생각해 볼 수 있다. 바람소리, 쿵소리 등의 효과음이나 사건과 어울리는 배경화면도 분위기 조성에 효과적이다. 이때, 배경화면이 지나치게 구체적이거나 교사가 과한 의상이나 무대장치를 사용하면 실제성을 끌어 올리려는 의도보다 학습자의 주의를 산만하게 하는 역효과가 발생할 수도 있다. 창문을 등지고 스토리텔링을 하면 바깥 풍경으로 주의집중이 분산되는 점도 기억해야 한다.

스토리텔링 교구와 유형

스토리텔링 교구로는 전자칠판 이외에 자석동화(magnet board storytelling)나 융판동화(felt board storytelling)처럼 실물 교보재를 사용할 수 있다. 특히 초등 저학년은 디지털 이미지보다 오감으로 느낄 수 있는 실물에 더 관심을 보인다. 무슨 실물 교보재를 사용할지에 대해서는 학습자 특징, 줄거리, 스토리텔링 방법 등을 감안하여 정해야 한다. 실물 교보재를 사용할 때는 낡아서 제대로 붙지 않거나, 떼었다 붙이는 시간이 오래 걸리거나, 혹은 엉뚱한 위치에 붙여서 학습자가 상황에 몰입하지 못하는 일이 생기지 않도록 유의해야 한다.

자석동화는 빠르게 언어표현과 그림들을 이동하여 재배열할 수 있기 때문에 교사가 학습자와 상호작용을 하면서 전체 상황을 재구성하기 유리하다. 한 번 사용한 자료들을 재사용하기 유리한 점도 빼놓을 수 없는 자석동화의 장점이다. 전자칠판에서 터치를 통한 당겨서 옮기는(drag and drop) 방식도 교사와 학습자가 상호작용하는 효과적 방안일 수 있지만, 자석동화처럼 직관적이지

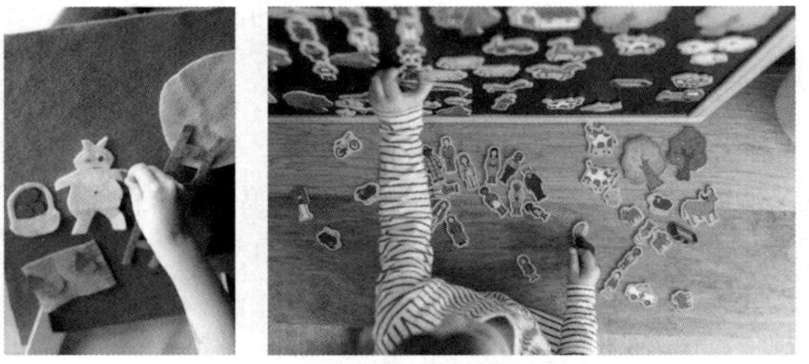

자석보드와 융판 예시

않을 뿐 아니라 즉흥적으로 새로운 캐릭터와 그리기를 통해 내용을 수정할 때 메뉴 설정을 바꿔야 하는 번거로움이 수반된다.[32)]

융판동화도 자석동화와 유사한 특징을 지니고 있다. 만지며 부드러운 질감을 느낄 수 있어서 정서적 밀착에 유리할 뿐 아니라, 사전에 정밀하게 이미지들을 준비한 것이기 때문에 학습자가 볼 때 엉성하다는 느낌이 자석동화보다 적어서 몰입에 유리하다. 다만, 떼고 붙이는 과정이 자석동화보다 시간이 걸리기 때문에 활발한 상호작용에서 상대적으로 불리하다. 한마디로, 자석동화는 현장성에서, 융판동화는 몰입과 친밀감 형성에 유리한 것이다. 이런 이유로, 일반적으로 융판동화는 유아교육에서, 자석동화는 초등교육에서 선호한다.[33)]

이 외에도, 인형극(puppetry), 그림자 인형극(shadow puppetry), 이야기의 특정 상황을 작은 상자에 아기자기하게 꾸민 스토리 박스(story box) 역시 학습자가 현장감을 느끼면서 이야기에 몰입하는 교구이자 효과적인 스토리텔링 유형이다.[34)] 준비과정이 복잡하고 교사의 정밀한 손동작과 언어 표현이 동시에 구사되어야만 학습자가 자연스럽게 느낄 수 있음에도 불구하고, 교구를 사용하는 스토리텔링은 현장감을 살릴 수 있기 때문에 반복 사용이 가능한 교구들이 구비되어 있다면 적극적으로 활용해 볼 필요가 있다.

이야기의 정보들을 요소별로 분류하고 조합하여 학습자가 주도적으로 창의적인 이야기를 생성하는 스토리 박스나 스토리 꾸러미(story sack)도 고학년 학습자들의 입장에서 흥미를 자극하는 스토리텔링 방식이다.[35)] 이야기를 배우고 나서 인물, 사건, 시·공간 배경 등으로 구분된 상자들

32) Devi Oktasari, "The Use of Magboard in Improving the Writing Creativity at Kangaroo School," *Tamansiswa International Journal in Education and Science* 3.1 (2020) 18-26.

33) Linda Mattingly, "Storytelling with Felts," *101 Favorite Play Therapy Techniques*, Heidi Kaduson and Charles Schaefer, eds. (Lanham, MD: Rowman & Littlefield Publishers, 1997) 26-29.

34) 인형극을 통한 스토리텔링의 교육적 효과에 대해서는 다음의 연구를 참고한다. Connie Champlin, *Storytelling with Puppets* (Chicago: American Library Association, 1998) 4-7.

에서 끄집어낸 정보를 조합하여 원작과 다른 스토리로 만들어 공연할 수 있다. 이처럼 직소 활동(jigsaw activity)과 유사한 협동학습은 노래나 챈트처럼 리듬감 있는 언어를 따라 부르는 것에 만족하는 초등 저학년 학습자들과 달리, 자기표현 욕구가 강한 초등 고학년이나 중등 학습자들에게 적합하다. 스토리 꾸러미가 아니더라도 작품의 다양한 정보가 적히거나 그려진 카드를 만들어 임의로 뽑아서 조합하는 변형도 가능하다.

그림책을 화면에 공유하면서 스토리텔링을 진행한다면, 스토리텔링에 효과음을 삽입하거나 캐릭터가 할 법한 언행을 교사나 학습자가 따라해 볼 수 있다. 특히 파워포인트와 같은 범용성 높은 소프트웨어에 담은 이야기는 동영상처럼 제작과 편집이 복잡하지 않고 클릭만으로도 손쉽게 스토리텔링이 가능한 장점을 지닌다. 이런 자료는 어느 교실에서든 자료의 손상 없이 반복적으로 쉽게 사용할 수 있을 뿐 아니라 클릭한 스토리텔링을 화면 녹화하여 동영상으로 만들어 공유할 수도 있다. 파워포인트의 하이퍼링크 기능처럼 세부 메뉴를 활용하면 상호작용(interactive) 스토리텔링처럼 만들어지기도 한다.[36] 다만, 스토리텔링에서 일방적인 보여주기에 치중하였을 때 시간이 흐르면서 학습자의 흥미가 반감될 수도 있다. 학습자들이 워낙 디지털 콘텐츠에 많이 노출되어 있기 때문이다.

이야기와 연관성이 높은 장소에 가기 쉽다면 교실 밖에서 스토리텔링을 시도할 수도 있다. 학습자들이 모이기 적합한 장소를 찾아가서 보다 편안한 분위기 속에서 연습한 대사를 자연스러운 동작과 표정으로 스토리텔링을 해보는 야외 스토리텔링(outdoor storytelling)을 대표적 사례로 들 수 있다. 야외 스토리텔링에서 때때로 주변의 소음은 내용 몰입을 방해하지만, 영어에 익숙하지 않은 학습자가 스토리텔링을 할 때 백색소음과 같은 환경이 긴장감을 누그러뜨리는 순기능을 발휘하기도 한다.[37] 따라서 야외 스토리텔링을 할 때 일반적으로 공원, 분수, 쉼터 등과 같이 편안한 분위기를 조성하는 공간을 찾아야 한다.

한편, 전지 크기로 제작한 빅북 동화책은 전통적인 스토리텔링의 기초가 되는 자료이다. 빅북은 출판사들이 판매하는 버전이나 학교에서 자체 제작한 자료 중에서 현장 상황에 맞게 사용될 수 있을 것이다. 빅북을 활용한 스토리텔링은 10명 정도의 소규모 집단을 교사 주변으로 모아서

---

35) 스토리 박스 활용 영어수업의 방법과 절차에 관해서는 다음 논문을 참고한다. Rita Collins, "Using Story Boxes in Language Learning," *English Teaching Forum* 47.1 (2009) 18-21.

36) PPT 활용 언어학습으로 매력적으로 상호작용이 가능하다는 점에 대해서는 다음 연구를 참고한다. Francisca Maria Ivone, "Old Software, New Purpose: Exploring PPT for Interactive Language Learning," *The 4th International Conference on Language, Society and Culture in Asian Contexts, KnE Social Sciences* (4017) 445-54. DOI 10.18502/kss.v1i3.767

37) 야외 스토리텔링의 교육적 효과에 관한 연구로는 다음 논문을 참고한다. R. Andi Ahmad Gunadi, and Maesaroh Lubis, "The Effect of Outdoor Learning on Students' Storytelling Ability," *Lentera Pendidikan: Jurnal Ilmu Tarbiyah dan Keguruan* 24.2 (2021) 345-51.

글과 그림을 하나씩 같이 짚어가며 진행된다. 교사의 지시에 따라 표현을 짚어가며 읽으면 학습자의 이해 정도에 맞추어 속도와 설명을 조절할 수 있을 뿐 아니라 뒤처지는 학습자를 배려할 수도 있다. 학습자의 눈이 책을 향하기 때문에 교사가 목소리와 동작 연기를 해야 하는 부담감을 덜 수 있는 것도 장점 중 하나이다. 편리하게 온라인 스토리텔링을 틀어주는 것이 보편화되어 빅북의 장점이 희석된 상태이지만, 빅북을 사용할 여건이 되고 학급 규모가 크지 않은 교실에서는 빅북을 활용하여 온라인 과몰입으로부터 학습자를 분리시킬 수 있다.38)

학습자 주도 스토리텔링 활동

스토리텔링은 교사가 주도하는 동기 유발 자료 이외에 학습자 중심 이야기 이해와 감상 활동에서도 유용하다. 후자의 경우, 다양한 매체를 활용한 이야기 읽기 후 확장 활동에 주목할 필요가 있다. 학습자들은 이야기를 다양한 관점에 따라 토의하거나 뉴스 보도처럼 다른 매체로 플롯을 변형하여 제시하는 과업을 수행할 수 있다. 영어교육에서 학습자 주도로 다양한 매체를 이용한 스토리텔링 활동 사례는 다음과 같다.

첫째, 스토리 표현을 반복 연습을 한 다음에 유창성이 어느 정도 갖추어지면 팟캐스트(podcast)와 오디오 녹음을 통해 이야기의 특정 역할을 맡아 대사를 녹음할 수 있다. 이런 다음에 원어민 녹음과 자신의 것을 나란히 들으며 어떻게 같고 다른지 비교하면서 개선점을 발견할 수 있다. 원어민의 스토리텔링을 들으며 1-2초의 차이를 두고 따라하며 녹음하고 발음 유사도를 인공지능을 통해 확인하는 그림자 읽기(shadowing)도 정확성과 유창성을 동시에 기르는 방법 중 하나다.39)

둘째, 유창성 훈련뿐만 아니라 자연스러운 동작과 표정 연기까지 곁들여 동영상과 숏폼 콘텐츠로 자신의 이야기를 일상 맥락 속에서 구현해 볼 수 있다. 이야기를 활용한 콘텐츠 제작에서는 원작을 판박이처럼 재현하지 않고 내용을 바꿀 수 있다. 학습자들은 인공지능 앱의 도움을 받아 바뀐 표현을 외우고 연기하는 과정에서 자연스럽게 자신의 일상을 영어로 표현해보게 된다. 자신의 스토리텔링과 다른 학습자들의 결과물을 비교하면서 새로운 표현을 익힐 수도 있다.

셋째, 멀티미디어 소프트웨어로 이야기를 변환함으로써 다중모드(multimode) 디지털 스토리텔링 콘텐츠를 제작할 수 있다. 다중모드 활용 소통의 효과성에 관한 이론적 배경은 이미 1980년

38) 빅북 활용 스토리텔링이 어린 학습자의 문해력 향상에 기여하는 점에 대해서는 다음 연구를 참고한다. Siti Labiba Kusna and Endang Puspitasari, "Big Book Storytelling: Stimulation Strategies in Early Childhood Literacy," *Kiddo: Jurnal Pendidikan Islam Anak Usia Dini* 4.2 (2023) 88-100.

39) 다음 논문에서는 그림자 읽기 기법에 관한 이론적 설명과 현장연구 결과를 종합하여 소개한다. Yo Hamada, "Shadowing: What Is It? How to Use It. Where Will It Go?" *RELC Journal* 50.3 (2018) 386-93.

대 초반에 언어와 비언어 메시지의 상호작용이 직접적 번역보다 효과적이라는 파이비오(Paivio)의 이중부호화 모델(dual-coding model)을 통해 제시된 바 있다.[40] 이후 이중부호화 모델이 정보처리를 설명하는 중요한 이론으로 부상하였음에도 불구하고 주목도가 높아진 결정적 계기는 디지털 매체 발달로 인한 소통 환경 변화와 밀접히 관련되어 있다. 언어사용 환경이 구두언어나 문자언어라는 두 가지 방식이 아니라 소셜미디어를 통하여 다양한 방식으로 이루어지는 현실은 스토리텔링도 다양한 매체 특성과 어울리도록 재조직되어야 함을 시사한다.

넷째, 다양한 이야기 콘텐츠 제작 웹사이트, 앱, 그리고 메타버스 플랫폼을 이용하여 캐릭터의 시각적 실제성이나 배경 묘사의 구체성을 확보하는 상호작용 스토리텔링 콘텐츠를 제작할 수 있다. 이런 시도는 학습자의 영어소통의지를 북돋우는 확실한 장점을 지니고 있다.[41] 터치 기능이 있는 디지털 그림책에서는 상호작용을 위해 가볍게 터치하는 탭(tap), 화면의 확대와 축소와 관련된 더블탭(double tap), 꾹 눌러 숨겨진 메뉴를 불러오거나 텍스트를 선택하는 프레스(press), 이미지 이동이나 그리기와 연관된 드레그(dreg), 화면 터치 상태에서 손가락으로 확대와 축소를 하는 핀치(pinch)와 손가락으로 이미지를 돌리는 로테이트(rotate), 빠르게 손가락을 수평이나 수직으로 밀며 화면을 넘기는 플릭(flick) 등을 해 볼 수 있을 것이다.[42] 이런 활동을 원만하게 수행하려면 교수자와 학습자 모두 디지털 플랫폼 메뉴 사용에 익숙해야 한다. 다만, 어린 학습자들에게 섣불리 이런 콘텐츠 제작을 요구하면 디지털 사용 장벽으로 인해 언어학습의 본질에서 멀어질 수 있음을 잊지 말아야 한다.

다섯째, 수업시간에 간단하게 해 볼 수 있는 역할놀이와 짧은 연극(skits)을 해봄으로써 이야기 대사와 상황을 깊이 이해할 수 있다. 이런 활동은 주로 초등학교 저학년 영어 교과서에서 단원 후반부에 스토리 타임 코너로 다루어진다. 고학년에서 이야기 사용 빈도가 줄어드는 까닭은 나이가 들면서 이야기를 유치하고 진부하다고 지레짐작하여 흥미를 느끼지 못하는 학습자들이 많기 때문이다. 이런 어려움을 극복하는 것과 관련하여, 누군가는 학습자들의 발달 수준이나 성향과 맞지 않는 이야기 역할놀이를 고학년들에게 강요할 필요가 있는지 반문할 수 있다. 이에 대한 재반론으로, 영어로 대면 소통하는 활동의 가치는 실제성이 부족한 교육적 과업이더라도 해봐야만 원

---

40) Allan Paivio and Wallace Lambert, "Dual Coding and Bilingual Memory," *Journal of Verbal Learning and Verbal Behavior* 20.5 (1981) 539.

41) 인터액티브 스토리텔링은 1990년대부터 아동의 언어와 정체성 탐구를 위한 기술로 각광받기 시작하여 언어 학습 수단으로 이용 범위가 확대되어 왔다. 인터엑티브 스토리텔링이 일상에 버금가는 경험 확장을 제공하는 동시에 어휘와 의사소통기술 향상에 미치는 긍정적 효과는 다음 논문을 참고한다. Asmaa Alsumait and Zahraa S. Al-Musawi, "Creative and Innovative e-learning Using Interactive Storytelling," *International Journal of Pervasive Computing and Communications* 9.3 (2013) 209-26.

42) 한유미 외, 『디지털 시대의 그림책 제작과 활용: 전통문화와 첨단기술의 융합』, (서울: 학지사, 2024) 40-41.

어민과의 '실전 대화'에서 심리적 장벽이 낮아진다는 점을 들 수 있다. 역할놀이가 지겨운 까닭은 공감하기 힘든 캐릭터가 되어 목적없는 대화를 강요받기 때문이다. 이런 문제를 최소화하기 위해, 학습자들이 자신의 생각과 인물의 입장을 종합한 대사를 만들고 시연하는 방식을 고려해 볼 수 있다.

여섯째, 앱을 이용하여 흥미로운 대사를 골라 랩(가사)으로 변환하고 시연해보거나, 학습자가 공연자 입장에서 전자칠판을 두드리는 것처럼 약속된 이미지를 제시하며 스토리텔링을 해 볼 수 있다. 성공적인 스토리텔링을 위한 연습을 반복하면 자연스럽게 영어능력 향상으로 이어진다. 스토리텔링 연습의 초기 단계에서는 그림을 이용하여 그림 묘사하기 과업(picture description)을 해 볼 수 있다.[43] 유쾌하거나 특이한 사진이나 그림을 제시한 후 1~2분 동안 생각나는 표현으로 자유롭게 짚어가며 묘사하는 연습을 하다보면 영어로 발화하는 순발력이 향상될 뿐 아니라 그림책의 그림만 모아놓고 1분씩 발화해 가면서 자연스럽게 어떤 언어가 그림책에 기술되었을지 추측하는 능력도 키울 수 있다.

여기에서, 교사는 학습자들이 스토리텔링을 준비하면서 그렸거나 가져온 콘텐츠가 교육적으로 부적절하다고 판단될 경우에 어떻게 대처할지에 대해서도 미리 생각해 두어야 한다. 예를 들어, 「벌거벗은 임금님」을 배운 후 스토리텔링을 위해 내용을 창의적으로 바꾸는 과정에서 임금님이 벌거벗은 삽화를 사용한다면 일부 학생들이 불쾌감을 호소할 수 있다. 이를 감안하여, 교수자는 학습자의 불쾌감을 자극할 수 있는 언어와 비언어 표현을 예상하여 사전에 적절한 가이드를 제공해야 한다.

일곱째, 모둠 별로 주어진 이야기로 스토리텔링을 수행한 다음에 다른 모둠의 스토리텔링과 우리 모둠의 경우를 비교하면서 내용과 표현방식 측면에서 무엇이 같고 다른지 비교할 수 있다. 학습자들은 같은 이야기를 얼마나 다르게 해석하고 표현할 수 있는지 확인하면서 나와 다른 상대와의 소통에서 예상되는 다양한 반응에 대처하는 역량을 키우게 된다. 이렇게 대인 간 소통에서 가능한 상대방의 반응을 고려하여 여러 가능한 영어표현을 떠올리다보면 결과적으로 영어능력이 향상된다.

그림책의 언어와 주제학습은 스토리텔링을 매개로 진행된다. 홀로 그림책을 읽는 묵독과는 다르게 스토리텔링, 더 넓게 서사 행위는 여럿이 같이 특정 상황에 대해 대화를 나누면서 자신과 타인의 벽이 허물어지고 깊은 단계에서의 의견 조정과 교감(sense-making)으로 확장될 수 있다.[44] 이런 이유로 이야기를 공유하면 보편적인 인간 내면을 들여다볼 수 있다. 이처럼 스토리텔

43) 그림 묘사하기를 스토리텔링과 결합하였을 때 의사소통기술 향상이 이루어졌다는 점에 대해서는 다음 연구를 참고한다. Diana Elizabeth Arguello San Martin, Maria Rossana, Ramirez-Avila, and Irma Guzman, "Storytelling through Picture Description to Enhance Young EFL Learners' Oral Production," *Journal of Foreign Language Teaching & Learning* 5.2 (2020) 115-34.

링을 거쳐 누군가의 내면을 들여다보는 작업은 필연적으로 다양한 언어표현을 접하고 이해하는 것을 수반한다.

매체 결합 스토리텔링 활동 사례 정리

① 팟캐스트와 오디오 녹음
② 동영상과 숏폼 콘텐츠 제작
③ 다중모드 기반 디지털 스토리텔링
④ 인터액티브 스토리텔링
⑤ 역할놀이(role play)와 짧은 연극(skits)
⑥ 음악이나 미술 콘텐츠로 변환
⑦ 모둠 별 스토리텔링 결과물 비교 검토

스토리텔링이 벌어지는 상황이나 교수자가 의도하는 학습목표가 다양하기 때문에 좋고 나쁜 스토리텔링이 따로 존재할 수 없을 것이다. 스토리텔링을 동기 유발 목적으로 활용할 때, 학습목표에 따라 일부만 가져와 변형하여 제시할 수도 있다. 교사는 전문 공연자처럼 능숙하지 않아도 각종 도구를 활용하여 스토리텔링 상황임을 환기시키는 최소한의 상황만 조성해도 무방하다. 학습자 중심으로 스토리텔링을 수행할 때는 여러 매체를 창의적으로 결합한 콘텐츠 제작과 공연을 통해 학습자의 자기효능감을 끌어내야 할 것이다.

44) David, Herman, *Storytelling and the Sciences of Mind* (Cambridge, MA: The MIT P, 2013) 34.

24. 교과서와 영어 그림책

Behind the Scenes

교사1: 제가 가르치는 교과서의 "걸리버 여행기" 줄거리는 다음과 같습니다. "소인국 해변에 걸리버의 배가 쓸려왔고, 난파된 배에서 나온 물건이 해변에 널려 있습니다. 해변에 쓰러져 있는 걸리버를 소인국 병사들이 발견합니다. 소인국 병사가 이름을 묻고 걸리버가 대답합니다. 마침 탁상시계가 울리자 놀란 병사들이 뭐냐고 묻고, 걸리버는 시계라고 답합니다. 또 다른 병사가 커다란 책을 가리키며 뭐냐고 묻자, 걸리버는 책이라고 답합니다. 이때, 바람이 불어 걸리버의 큰 모자가 병사들을 덮어버리자, 걸리버는 병사들의 질문에 모자라고 답합니다"

교사2: 제가 다루는 줄거리와 비슷하면서도 다르네요. 한번 말해보겠습니다. "소인국 사람들이 요일을 묻고 목요일이라고 답한 후에 수영 강습이 있다고 말합니다. 이 중 한 명이 걸리버의 신발 한 짝을 보고 "배"라고 외치자, 걸리버가 다가와 신발이라고 답합니다. 놀라서 네 신발이냐고 하자 걸리버는 그렇다고 말합니다. 이때, 걸리버가 재채기를 하자 소인국 사람들의 모자가 날아갑니다. 걸리버는 파란색과 보라색 모자를 하나씩 주워 한 명씩 네 것인지 묻고 답합니다"

교사3: 두 분 말씀을 들어보니 재미있네요. 제가 가르치는 걸리버 여행기도 소개할게요. "걸리버가 소인국으로 오자, 놀란 소인국 사람이 조심하라고 주변에 알립니다. 걸리버는 자기가 걸리버라고 소개를 하자, 뜻밖에도 조심하라던 사람이 태도를 바꿔 반갑다고 인사를 합니다. 소인국 사람들이 걸리버를 환영하는 파티를 할 때 모두 춤을 추는데, 걸리버의 뜀박질에 집이 들썩거리자 사람들이 하지 말라고 제지합니다. 걸리버가 떠날 때 소인국 사람들이 수영할 줄 아냐고 묻고 걸리버가 그렇다고 답한 다음에 좋은 시간 보내라고 답합니다. 장면이 전환되어 걸리버가 눈을 뜨니까 눈앞에 쿠키가 있습니다. 걸리버가 먹으려는 찰나, 거인 소녀가 플라스틱 쿠키라 먹지 말라면서 자기 쿠키를 떼어 줍니다"

도입부 대화에서 교사 세 명은 가르치는 영어 교과서가 다르지만 공통적으로 실린 "걸리버 여행기"를 소개하고 있다. 여기에서 소개하는 사례는 모두 2015 교육과정의 3~4학년 영어 교과서에 수록된 내용이다.[45] 교사1의 교과서에서는 "What's your name? My name is Gulliver." 이후에 "What's this? It's a clock." 구문을 통해 물건에 관해 묻고 답하는 대화를 익힌다. 교사

2의 교과서에서는 다양한 의사소통기능을 사용한다. 우선, 소인국 사람이 걸리버를 보고 "Watch out!"이라 외친 후 걸리버의 자기소개에 "Nice to meet you."로 답하고 나서 장면이 바뀐다. 파티를 즐기면서 "Let's dance together."를 하다가 걸리버의 육중한 몸짓에 놀라 사람들이 "Don't jump, please."라 말하고, 헤어질 때 "Can you swim?"이라 묻는다. 걸리버가 대인국의 플라스틱 쿠키를 먹으려 할 때는 "Don't eat, please." 대사가 사용된다. 한편, 교사3의 교과서에서는 "What day is it today? It's Thursday."를 묻고 답한 후 "Is this your shoe? Yes, it is."처럼 물건 소유 대화가 이어진다.

위의 교과서 3종에서는『걸리버 여행기』에서 인물의 크기가 작아졌다 커지는 소인국과 대인국 모티프를 이용하여 만나고 헤어지는 인사, 주의 환기시키기, 권유하기, 금지하기, 물건의 정체와 소유 묻기 표현을 다룬다. 아무래도 초등영어에서 복잡한 줄거리 정보를 그대로 끌어오기 어렵기 때문에 의사소통기능을 목표로 하여 익히 알려진 원작의 인상적인 모티프를 이용하는 것에 초점을 맞추고 있다. 이렇게 교과서에 변형된 채 수록된 이야기는 관점에 따라 어색하게 느껴질 수도 있다.

초등영어 교과서 수록 이야기의 특징

2015 교육과정의 초등영어 교과서에 수록된 이야기의 특성을 살펴보면 이를 공교육에서 슬기롭게 활용하는 방안에 대해 깊이 생각해 볼 수 있다.

[표 24-1]의 가로축은 3~6학년을, 왼쪽 세로축은 문학작품 장르를 뜻한다. 여기에서 장르는 전래동화나 민담,『걸리버 여행기』처럼 원작에서 아동 독자를 대상으로 상정하지 않았으나 추후 아동 독자의 사랑을 받게 된 영문학 고전명작(classics),『샬롯의 거미줄』처럼 처음부터 아동 독자를 의식하여 집필한 아동문학(children's literature), 작가가 분명한 창작 그림책(picture book), 아동문학을 원작으로 삼은 영화와 만화(movie & animation), 집필진 창작(creative writing)으로 나누어진다.

---

45) 분석대상으로 삼은 교과서는 2015 개정 교육과정에 해당하며, 서지정보는 다음과 같다. 김혜리, 황창녕, 강영옥, 임희진, 경지숙, 김태영, 정윤희, 정수정, 신재욱, 이지현, Jordan Vinikoor, *Elementary School English 3, 4, 5, 6* (서울: YBM, 2018).; 박기화, 안경자, 홍진영, 김혜원, 임은화, 정고은, 이명희, *Elementary School English 3, 4, 5, 6* (서울: ㈜동아출판, 2018).; 이재근, 김진석, 나경희, 이동주, Judy Yin, 권민지, 김은주, 정은숙, 윤경진, 김동연, 서미옥, 민경선, 최은수, 김소영, 정효준, 장진철, 장안숙, 김주원, *Elementary School English 3, 4, 5, 6* (서울: 대교, 208).; 최희경, 서지연, 문은혜, 이미화, 윤지영, 박미애, 조선형, 이효진, 박경희, *Elementary School English 3, 4, 5, 6* (서울: YBM, 2018).; 함순애, 이양순, 김현아, 박수경, 박장웅, 안소연, 은정화, 이정민, 임남희, 정신우, Heather L. Reichmuth, *Elementary School English 3, 4, 5, 6* (서울: 천재교육, 2018).

▮표 24-1 초등영어 교과서 수록 이야기의 장르 범주와 학년 별 분포

<table>
<tr><th colspan="3">장르 범주 \ 학년</th><th>3</th><th>4</th><th>5</th><th>6</th><th>총합</th></tr>
<tr><td colspan="3">전래동화(민담)</td><td>19</td><td>28</td><td>5</td><td>4</td><td>56</td></tr>
<tr><td colspan="3">고전명작</td><td>7</td><td>7</td><td>10</td><td>4</td><td>28</td></tr>
<tr><td colspan="3">아동문학(아동청소년 소설)</td><td>11</td><td>7</td><td>12</td><td>1</td><td>31</td></tr>
<tr><td colspan="3">(창작)그림책</td><td>8</td><td>7</td><td>9</td><td>8</td><td>32</td></tr>
<tr><td colspan="3">영화와 만화</td><td>2</td><td>0</td><td>6</td><td>3</td><td>11</td></tr>
<tr><td rowspan="5">집필진 창작</td><td rowspan="2">내러티브</td><td>텍스트</td><td>1</td><td>0</td><td>0</td><td>2</td><td>3</td></tr>
<tr><td>연습문제</td><td>0</td><td>0</td><td>1</td><td>1</td><td>2</td></tr>
<tr><td rowspan="3">내러티브 이외</td><td>텍스트(제목만)</td><td>0</td><td>0</td><td>2</td><td>8</td><td>10</td></tr>
<tr><td>텍스트(저자소개만)</td><td>0</td><td>0</td><td>2</td><td>1</td><td>3</td></tr>
<tr><td>연습문제</td><td>0</td><td>0</td><td>0</td><td>6</td><td>6</td></tr>
<tr><td colspan="3">총합</td><td>48</td><td>49</td><td>47</td><td>38</td><td>182</td></tr>
</table>

초등학교 영어 교과서의 이야기를 학년과 장르 별로 분류하면 몇 가지 특징이 발견된다. 6학년에서 아동문학 사용 빈도가 다소 줄어들기는 하지만 3~5학년에서 47~49회로 큰 차이가 나지 않는다. 학년이 올라가면서 장르 사용 양상이 달라지기는 하지만 초등영어교육에서 스토리 사용에 대한 보편적 선호도가 존재하는 것이다. 전래동화를 보면, 3~4학년에서 다른 장르들보다 월등이 많이 사용된다. 5~6학년으로 올라가면 전래동화 사용 빈도가 급격히 줄어들지만, 전 학년에서 56건 사용된 수치를 그림책이나 아동용 소설을 비롯한 다른 장르들과 비교하면 월등히 많다. 창작 그림책의 사용 비중이 7~9건으로 학년 별로 고르다는 점도 주목할 만하다. 고전 명작과 아동문학도 3~5학년에서 고르게 분포되어 있다. 집필진 창작은 고학년에서 순서 추론 같은 연습문제 코너에 내러티브라는 제목만 붙인 경우가 대부분이다.

[표 24-1]에서 나타난 정보를 정리하면 다음과 같다.

첫째, 3~4학년에서는 교과서 삽화를 보면서 익숙한 전래동화의 배경지식을 이용하여 영어표현의 의미를 추측하는 방향을 취한다. 알아서 뻔하고 재미가 없다기보다 알기 때문에 언어적으로 생경한 영어 수업에 편안함을 느끼는 것이다. 어린 학습자들은 영어가 능숙하지 않다보니 상식을 활용하여 모르는 표현을 추측하는 하향식 정보처리(top-down cognitive processing)에 의존하기 쉽다. 관점을 달리하여 보면, 어른보다 세상살이 지식이 부족하기에 어른의 눈에 지겨울 정도로 언어와 내용을 반복하며 심리적 지지대를 만들어서 스스로 불안감을 덜어내려고 하는 것이다.[46)]

둘째, 고학년에서는 언어와 내용 수준이 적합하다는 판단에 따라 고전 명작이나 아동용 소설을 활용한 읽기 수업의 비중이 늘어난다. 영어능력이 완숙하지 않아 배경지식을 끌어와야 잘 이해할 수 있기는 해도 저학년의 경우처럼 전래동화의 뻔한 내용을 끌어다 쓰면 고학년의 인지 수준에 맞지 않을 수 있다. 이럴 때 꾀를 내어 친구들이 울타리를 하얗게 칠하게 하는 『톰 소여의 모험』(*The Adventures of Tom Sawyer*) 장면처럼 고전 명작의 잘 알려진 내용을 끌어올 수 있다. 복잡한 원작의 플롯을 과감하게 단순화하여 교과서에 수록하는 것이다. 사정이 이렇다 보니, 작품의 특정 모티프나 상황만 반복 사용하는 사례가 빈번하다. 『톰 소여의 모험』을 교과서에 사용한 3건 중에서 2건이 울타리 담장을 하얗게 칠하는 장면이다.

셋째, 타 학년보다 6학년의 이야기 비중이 38건으로 줄어드는 점은 학년이 올라감에 따라 읽기 장르의 종류가 다양해지는 현상을 반영한 것이지 이야기의 중요성이 덜하다는 뜻은 아니다. 학년이 올라갈수록 이야기 이외의 다양한 장르의 문자언어와 다중모드 메시지를 해석해야 하므로 이야기에 시간을 과하게 쓸 수 없는 것이다. 관점을 달리 하면, 오히려 고학년이 되어서도 이야기의 비중이 높다고 볼 수 있다. 그렇다면, 이야기라는 꼬리표만 달려 있어도 흥미로운 활동이라는 선입견에 따라 고학년에 이를 반영한 것이라는 해석이 가능하다. 실제로 교과서에서는 일반적인 연습문항 코너에서도 이야기 구성요건을 갖추지 못했지만 이야기, 스토리, 내러티브라는 명칭을 사용한다.

넷째, 만화영화나 아동문학을 원작으로 삼은 영화의 교과서 반영 비율이 높지 않다. 이런 결과는 원작을 특정하기 어려운 순수한 아동용 영상물의 개수만 반영한 것으로, 전래동화, 고전 명작, 아동용 소설, 창작 그림책과 같은 다른 장르들을 변형한 아동용 영상물을 제외한 것이다. 아동용 영상물 중에서는 영어권 문화의 배경지식이 필요하거나 언어 표현의 난이도가 높은 사례도 적지 않다. 공교육의 짧은 수업 시간에 복잡하고 긴 영상물을 다루기 어려운 현실적인 어려움도 무시할 수 없다.

한편, 여러 종의 교과서에서 동일한 이야기를 반복적으로 사용하는 경향이 확인되기도 한다. [표 24-2]에서 괄호 안 숫자는 작품 숫자 및 여기에 사용 빈도를 곱한 총 사용 횟수(괄호 안 숫자)를 의미한다. 예를 들어, 교과서 두 종(빈도 2)에서 겹치는 이야기가 7개라면 사용 횟수가 14이므로 빈도 2의 해당되는 장르 칸에 7(14), 교과서 네 종(빈도 4)에서 겹치는 이야기가 3개라면 사용 횟수가 12이므로 빈도 4의 해당되는 장르 칸에 3(12)로 표기되어 있다. 2015 교육과정 교과서가 5종이므로 빈도 5가 최고값이다.

---

46) 초기 학습자가 발음과 단어처럼 언어적 요소에 집중하는 상향식 처리(bottom-up processing)에만 기대지 않고 의외로 하향식 처리를 즐겨 사용한다는 점에 관해서는 다음 논문을 참고한다. John Field, “An Insight into Listeners’ Problems: Too Much Bottom-up or Too Much Top-down?” *System* 32.3 (2004) 363-77.

▮표 24-2 초등영어 교과서 수록 이야기의 장르 범주와 빈도(괄호 안 숫자: 작품 갯수×빈도)

<table>
<tr><th colspan="3">빈도
장르 범주</th><th>1</th><th>2</th><th>3</th><th>4</th><th>5</th><th>총합</th></tr>
<tr><td colspan="3">전래동화(민담)</td><td>12</td><td>6(12)</td><td>5(15)</td><td>3(12)</td><td>1(5)</td><td>27(56)</td></tr>
<tr><td colspan="3">고전명작</td><td>4</td><td>3(6)</td><td>3(9)</td><td>1(4)</td><td>1(5)</td><td>12(28)</td></tr>
<tr><td colspan="3">아동문학(아동청소년 소설)</td><td>6</td><td>7(14)</td><td>2(6)</td><td></td><td>1(5)</td><td>16(31)</td></tr>
<tr><td colspan="3">(창작)그림책</td><td>28</td><td>2(4)</td><td></td><td></td><td></td><td>30(32)</td></tr>
<tr><td colspan="3">영화와 만화</td><td>4</td><td>2(4)</td><td>1(3)</td><td></td><td></td><td>7(11)</td></tr>
<tr><td rowspan="5">집필진 창작</td><td rowspan="2">내러티브</td><td>텍스트
(+팩션)</td><td>3</td><td colspan="4" rowspan="5">N/A</td><td>3</td></tr>
<tr><td>연습문제</td><td>2</td><td>2</td></tr>
<tr><td rowspan="3">내러티브 이회</td><td>텍스트
(제목만)</td><td>10</td><td>10</td></tr>
<tr><td>텍스트
(저자소개만)</td><td>3</td><td>3</td></tr>
<tr><td>연습문제</td><td>6</td><td>6</td></tr>
<tr><td colspan="3">총합</td><td>78</td><td>20(40)</td><td>11(33)</td><td>4(16)</td><td>3(15)</td><td>116(182)</td></tr>
</table>

초등영어 교과서 5종에서 중첩 사용한 이야기 개수를 장르 별로 분류하여 살펴보면 두 가지 특징이 발견된다.

첫째, 총 116개가 5종 교과서 3~6학년에서 182번 사용되었을 정도로 중복 사용이 보편적 현상임을 알 수 있다. 전래동화, 고전 명작, 그리고 아동용 소설은 초등영어 교과서에서 평균 2번 정도 사용되었다. 집필진 창작을 제외한 5개 장르의 경우, 한 번만 사용된 이야기는 54개, 두 번 이상 사용된 이야기는 38개다. 이처럼 중복 사용이 많은 까닭은 학습자의 이야기 배경지식을 영어수업에 이용하기 위함이다. 5종 영어 교과서에서 한정된 작품들이 두루 사용된다는 사실은 집필자들이 알고 있는 작품이 비슷하거나 외국어로 영어를 배울 때 유용한 작품이 많지 않다는 의미로 해석된다.

둘째, 그림책은 창작이기 때문에 중복 사용 비율이 다른 장르보다 낮다. 27개의 전래동화가 56번 사용된 것에 비해, 그림책은 30편을 32번 사용하였다는 점에서 중복 사용이 거의 없는 편이다. 이를 통해, 창작 그림책을 많이 사용하면 각 교과서마다 실린 이야기의 다양성을 확보할 수 있음을 알 수 있다.

이 밖에도, 초등영어 교과서 이야기는 사용되는 차시가 유사하다는 특징 또한 지니고 있다. 구체적으로, 3~4학년에서는 4차시, 5~6학년에서는 4~5차시의 읽기 펼침면에 제시된다. 또한, 영어능력의 제약으로 인해, 인물 간 대화가 특정 상황의 단편적으로 묘사하는 수준에 머무는 경우가 대부분이기도 하다.

초등영어 교과서 수록 이야기: 사례 분석

초등영어 교과서에서 즐겨 사용하는 이야기들은 다음과 같다. 교과서 4~5종(빈도 4~5)에서 사용한 작품은 「백설공주」, 「개미와 베짱이」, 「도시 쥐와 시골 쥐」, 『알라딘과 요술램프』, 『걸리버 여행기』, 『피터 팬』, 그리고 『이상한 나라의 앨리스』이다. 3종(빈도 3)에서 사용한 작품은 「신데렐라」, 「구두장이와 요정들」, 「진저브레드 맨」, 「여우와 두루미」, 『브레멘 동물음악대』, 『톰 소여의 모험』, 『80일간의 세계일주』, 『셜록 홈즈』, 『오즈의 마법사』, 『피노키오』, 『해리 포터』이다. 2종(빈도 2)에서는 더 많은 수의 작품을 다루었다. 전래동화로는 「아기돼지 삼형제」, 「잭과 콩나무」, 「빨간 망토」, 「해님 달님」 등이 있고, 아동용 소설로는 「미운 아기오리」, 「벌거벗은 임금님」, 『정글 북』, 『마지막 잎새』, 『왕자와 거지』, 『빨강머리 앤』, 「헨젤과 그레텔」 등이다. 영화에 담긴 스토리로는 『인크레더블』이나 『미녀와 야수』가 사용되었다. 1회(빈도 1) 사용한 것들은 대부분 칼데콧 수상작이거나 현장에서 많이 사용하는 유명한 작품이다. 그림책으로는 크리스 반 앨스버그의 『쥬만지』, 에릭 칼의 『뒤죽박죽 카멜레온』, 데이비드 섀논의 『안 돼, 데이비드』 등이 있다.

그렇다면 초등영어 교과서에서는 이야기를 어떻게 변형하여 수록하고 있는 것일까? 「도시 쥐와 시골 쥐」를 예로 삼아 3~4학년 교과서 수록 이야기를 분석하면 다음과 같다. 먼저 A교과서의 경우에, 쥐들이 이동하는 경로를 삽화의 1~8번 순서대로 따라가면서 이야기를 들려주는 방식으로 제시한다. 줄거리 흐름은 시골 쥐가 도시 쥐의 집에서 어떤 음식인지 연달아 묻고 나서 좋아하는 방식으로 진행된다. 영어표현으로는 궁금한 것과 좋아하는 것을 묻는 "What's this? Do you like steak?"의 구문을 익히면서 물질적으로 풍요로워도 불안한 도시 쥐와 가난해도 마음이 편한 시골 쥐 모티프를 사용하고 있다. 시골 쥐는 도시 쥐가 주는 스테이크 파이, 피자, 우유, 빵, 생선이 무엇인지 묻고 나서 전부 좋다는 반응을 보인다. 이런 점은 시골 쥐가 세상물정에 어둡다는 통념을 은연중 내비친다.

대화문의 마지막 장면에서 느닷없이 고양이가 나타나 생선을 좋아하냐고 묻고 시골 쥐가 무서워서 아니라고 하면서 도망가는 상황은 어색하게 느껴질 수 있다. 고양이가 시골 쥐를 바로 붙잡지 않고 "Do you like fish?"를 묻는 어색한 전개는 이야기를 의사소통기능과 엮어야 하는 고육지책의 산물로 이해된다. 고양이가 쥐를 뒤쫓다가 포크에 부딪히는 유머로 마무리한 까닭도 정의로운 약자를 보호하는 도덕적 교훈을 재미있게 제시하면서 학습자에게 이야기를 감상한 느낌을 전하기 위함이다. 짧은 대사와 그림, 2분이 채 되지 않는 동영상 애니메이션만으로 이야기의 세부

— Script

시골 쥐가 도시 쥐의 집에 놀러 와 식탁 위에 놓인 여러 가지 음식을 보고 있다.

Scene 1
시골 쥐: (스테이크 파이를 가리키며) What's that?
도시 쥐: It's a steak pie.

Scene 2
시골 쥐: Steak?
도시 쥐: Yes. Do you like steak?
시골 쥐: Yes, I do.
(파이 안에 있는 스테이크를 먹는다.)

Scene 3
시골 쥐: (피자를 가리키며) What's this?
도시 쥐: It's a potato pizza.
시골 쥐: Wow, I like potatoes!
(피자에 있는 감자를 먹는다.)

Scene 4
시골 쥐: (우유를 마시며) I like milk.

Scene 5
시골 쥐: I like bread, too. (시골 쥐가 빵을 먹는다.)

Scene 6
시골 쥐: (포크로 생선을 찍으며) Oh, I like fish.
도시 쥐: I don't like fish.

Scene 7
고양이: (갑자기 나타나) Do you like fish?
시골 쥐: (무서워하며) No, I don't.
(고양이를 피해 도망가는 도시 쥐와 시골 쥐. 두 생쥐를 쫓아가던 고양이는 포크를 밟는 바람에 포크 손잡이에 세게 부딪히고 만다.)

A교과서의 『도시 쥐와 시골 쥐』 제시 방식

Script

시골 쥐와 도시 쥐

장면 1 시골 쥐와 시골 쥐 아내가 도시에 도착한다.
시골 쥐: Look! Many cars.
도시 쥐: How many cars?
시골 쥐 아내: One, two, three, four, five.
차 한 대가 빠른 속도로 다가온다.
시골 쥐: Oh, no!

장면 2 골목에서 큰 개 네 마리가 으르렁거린다.
시골 쥐: Look!
도시 쥐 아내: Oh, no! Dogs.
상자 뒤에 숨는다.
도시 쥐: How many dogs?
시골 쥐 아내: Four dogs.
개들이 사라지자 쥐들은 다시 길을 간다.

장면 3 쥐들이 식탁 위에 차려진 음식을 바라본다.
시골 쥐 아내: What's that?
도시 쥐 아내: It's pizza.
쥐들이 피자를 맛본다.
시골 쥐: Do you like pizza?
도시 쥐: Yes, I do. I like pizza.

장면 4 고양이 두 마리가 나타난다.
도시 쥐 아내: Look! Cats. They are big.
도시 쥐: How many cats?
시골 쥐 아내: Two cats.
도시 쥐: (환풍구 문을 가리키며) Open the door.
쥐들이 급하게 환풍구 문을 열고 빠져나간다.
시골 쥐, 시골 쥐 아내: Goodbye.

B교과서의 『도시 쥐와 시골 쥐』 제시 방식

정보를 담기 쉽지 않은 것이다.

B교과서에서는 쫓기며 사는 도시 쥐의 불안한 삶을 모티프로 사용하여 개작한 이야기를 싣고 있다. 줄거리는 복잡한 도심, 개들에게 쫓기는 상황, 모여서 식사하기, 그리고 고양이에게 쫓기기 순으로 이어지는 만화풍 네 컷 삽화 구도에 담겨 있다. 장면 1에서는 수많은 차를 보고 신기해하는 시골 쥐에게 도시 쥐가 "How many cars?"라고 묻는다. "도대체 차가 얼마나 많기에 그렇게 놀라는 것이냐?"는 뉘앙스가 아닌 이상, 도시 쥐가 평소 익숙한 풍경임에도 불구하고 차량 대수를 세라는 질문은 어색하게 느껴질 수 있다. 장면 2에서도 골목에서 쫓기는 급박한 상황에서 개가 몇 마리인지 세보는 여유를 부리기 어려울 것이다. "우리 이제 큰일 났다"와 같은 모종의 반응을 건너뛰기 때문이다. 장면 4에서도 이런 아쉬움이 엿보인다. 다만, 시골 쥐 부부가 도망가는 결말은 적대적인 도시 환경과 거리를 둔다는 원작의 주제를 A교과서의 이야기보다 분명하게 보여준다.

한편, C교과서의 이야기는 고양이를 무서워하는 모티프를 중심으로 흘러가지만 2개 차시에 걸쳐 있다는 점에서 A와 B교과서의 경우와 구별된다.

이야기는 네 컷 삽화를 통해 시골 쥐 부부가 도시 쥐 부부의 집을 방문하여 인사를 하고, 식탁에서 커다란 케이크를 즐기려는 순간에 고양이 소리가 들려 놀란 후, 고양이를 피해 식탁에서 점프하여 도망치다가, 문에서 고양이 소리가 들려서 쳐다보니 새끼 고양이가 있다는 흐름으로 이어진다. 시골 쥐가 집 밖으로 도망가지 않고 집 안 이곳저곳으로 고양이를 피하는 동선은 불안한 도시를 떠나는 원작의 결말과 결이 다르다. 스크립트를 보면, 해당 단원에서는 간단한 인사와 함께 "Look!" "It's fast," "It's small," "Sit down," "Jump," "Close the door"를 통해 주의 끌기, 상태 묘사하기, 그리고 동작 지시하기 의소를 배운다. C교과서의 줄거리에서는 마지막 장면 4의 의미가 모호하게 처리되어 있다. 원래 고양이를 무서워함에도 불구하고 새끼 고양이라서 무섭지 않다는 뜻으로 마지막에 "It's small"이라고 말한 것인지, 아니면 고양이 덩치와 무관하게 얼른 문을 닫아 위기에서 벗어나려는 상황인지 불분명하다.

Script

[장면 1]
시골 쥐 부부가 초대를 받아 서울 쥐 부부의 집을 방문한다.
시골 쥐 부부: Hi!
서울 쥐 부부: Hello!
서울 쥐 부인: Sit down, please.
시골 쥐 부인: Okay.

[장면 2]
서울 쥐 부부가 음식이 차려진 식탁으로 시골 쥐 부부를 안내한다.
시골 쥐: (커다란 케이크를 보며) Look! It's cake.
시골 쥐 부인: Wow! It's big.
시골 쥐: (고양이 소리가 들리자 깜짝 놀라며) Is it a cat?
서울 쥐: Yes, it is.
시골 쥐 부인: (빠르게 지나가는 고양이 그림자를 보며) It's fast.

[장면 3]
고양이를 피해 도망가던 시골 쥐 부인이 식탁 끝에 선 채 두려워서 건너뛰지 못한다.
시골 쥐: Jump! Jump!
시골 쥐 부인: Okay.
서울 쥐 부인: (시골 쥐 부인이 점프해서 건너오자) Great!

[장면 4]
서울 쥐의 집에 도착한 서울 쥐와 시골 쥐 부부는 열린 문을 통해 고양이 소리를 듣는다.
서울 쥐: (다급하게) Close the door!
시골 쥐: (서둘러 문을 닫으며) Okay. (문에 달린 창문으로 새끼 고양이를 발견하고) Look! It's small.

C교과서의 『도시 쥐와 시골 쥐』 제시 방식

네 번째 사례는 5학년 교과서의 읽기로 제시된 것이다. 여기에서는 도시 쥐와 시골 쥐가 고양이를 피한 다음에 집에서 음식을 먹고 편하게 지내는 상황을 기술한다. 시골 쥐가 화려하지만 불안한 도시에 환멸을 느껴 떠나는 원작의 결말과 차이가 난다. 삽화를 보면, 해리(Harry)가 도시 쥐, 샘(Sam)이 시골 쥐로 설정되어 있다.

『도시 쥐와 시골 쥐』 5학년 읽기 제시 예시

여기에서는 "This is my kitchen," "This is a stove," "There is a cat," "There is a big bed"처럼 집안 구조를 설명하면서 물건의 위치를 알려주는 의소를 배우는 단원에 이야기를 입혔다. 왼쪽 하단에서는 고양이가 나타난 상황에서 도시 쥐 해리가 "Sam, let's run"이라고 말한다. 급박한 상황에서도 "Let's"를 사용하여 도망가자고 권유하는 설정은 "Oh, no!"라고 놀라는 시골 쥐의 반응과 대비된다. 그런데 삽화를 보면 해리도 놀라서 샘보다 앞서서 도망친다. 평소에 고양이를 많이 마주쳐서 경계심이 무뎌진 탓은 아닌 듯하지만, let's라는 표현은 급박한 상황과 이를 표현한 삽화와 어울리지 않는다. C교과서 사례처럼 동작 지시하기의 명령어를 사용하면 급박한 맥락상 더 자연스러울 것이다.

이처럼 교과서에서 『도시 쥐와 시골 쥐』 이야기를 의소 학습 목적으로 개작한 사례들을 살펴보면 다음과 같이 정리해 볼 수 있다. 첫째, 도시로 시골 쥐가 찾아오고 이에 도시 쥐가 접대하는 핵심 상황 설정은 모든 개작에서 공통적으로 확인된다. 학습자들이 상식으로 공유하는 내용이기 때문이다. 둘째, 짧게 개작하였기 때문에 원작 전체의 플롯을 보여주고 관련 주제나 교훈까지 담지 못한다. 원작을 모른다고 전제할 때, 네 가지 교과서 사례들의 끝부분만 나열해보면 원작의 결말이 무엇인지 종잡을 수 없다. 단순히 도망치거나, 도시 쥐와 작별 인사를 하거나, 잠시나마 숨을 고를 수 있는 장소에 도착했거나, 혹은 위기에서 벗어나 도시 쥐의 집에서 편하게 지내는 내용이 상반된 정보를 담고 있기 때문이다. 셋째, 작품 개작에 사용한 "무엇인지 묻기, 좋아하는 것 묻고 답하기, 숫자 묻고 세기, 주의 끌기, 상태 표현하기, 할 수 있는 것 말하기, 동작 지시하기" 의소들을 통해 『도시 쥐와 시골 쥐』가 다양한 의소와 연결될 가능성이 높다는 사실을 알 수 있다. 의소가 다양하다는 것은 그만큼 이야기를 다양한 방향으로 개작하기 수월하다는 뜻이다. 실제로 교과서에서 빈번하게 사용된 이야기들은 대체로 다양한 의소들을 사용하여 원작을 자유롭게

『도시 쥐와 시골 쥐』 교과서 개작 분석 결과
① 핵심 상황과 모티브를 공통적으로 반영
② 원작의 구체적 내용, 주제, 교훈까지 담기 어려운 한계
③ 다양한 의소들을 활용한 개작하기에 유리한 원작

변형하기 수월한 플롯으로 이루어져 있다.

『도시 쥐와 시골 쥐』 개작 사례에만 해당되는 것은 아니지만, 교과서 수록 이야기에서는 삽화와 내용이 불일치하거나 상황과 어울리지 않는 대사가 이따금 발견된다. 따라서 교과서 이야기를 개작할 때는 대화 흐름에 유의하여 대사를 작성하고 이에 어울리는 이미지로 삽화를 꾸며야 한다. 단원의 의사소통기능(이하 의소)을 가르칠 목적이라고 해도 학습자가 부자연스러운 대사로 느껴지면 곤란하다. 여기에서 말하는 부자연스러운 대화 전개 사례는 다음과 같다.

첫째, 의소가 사용되는 보편적인 맥락이 아니라 내포된 의미(implicature)로 구사되는 경우를 들 수 있다. 예를 들어, 3학년 교과서에서 피노키오가 그물로 잡힐 때 "Hi, Pinocchio"라고 내뱉는 말은 인사가 아니라 "나한테 딱 걸렸다"는 뉘앙스로 쓴 반어법이다. 「여우와 두루미」에서는 두루미가 제공한 호리병 음식을 재치있게 빨대로 먹는 여우를 생각해 볼 수 있다. 이 장면에서 두루미는 여우에게 "Mmm ... it's good."이라고 반응한다. 이 말은 "너희 제법이네"라는 속내를 담고 있다. 물론, 이런 어법도 현실에서 흔히 사용되기에 배울 필요가 있지만 주로 영화에서 악당이 내뱉는 대사이기에 모방하여 남용하지 않게 지도해야 한다.

둘째, 의소의 쓰임 자체가 부적절한 경우도 눈에 띈다. 「개미와 베짱이」에서 춥고 배고픈 베짱이가 개미에게 찾아가 "Can you help me?"라고 말하는 대사를 예로 들 수 있다. 이 맥락에서는 자비를 베풀라는 의미이므로 일손이 부족하니 도와달라는 뜻으로 쓰이는 "Can you help me?"가 부적절하다. 불쌍한 모습을 한 채 "Help, please!"라고 말하거나 "I'm hungry (cold)."가 더 자연스럽다.

셋째, 원작의 인물, 사건, 배경과 무관하게 사용한 대사가 발견된다. 가령, 『빨강머리 앤』(*Anne of Green Gables*)에서 앤이 자신의 나이와 좋아하는 교과목을 말한 후 절친 다이애나를 포함하여 마릴라(Marilla)와 매튜(Matthew)까지 한 가족으로 지내서 행복하다는 읽기 지문은 의소에만 초점을 맞추다보니 작품 내용과 관련성이 없다. 의소를 가르치기 위해 원작과 무관한 내용으로 변형하려면 인물이나 핵심 플롯과 연결고리가 있어야 한다. 일례로, 『피터 팬』에서 팅커 벨이 가루를 뿌려도 날지 못하는 아이에게 나이를 물어본 다음에 가루약의 효능에 나이 제한이 있는 표기를 보여주는 또 다른 예시는 원작 모티프를 이용한 개작이지만 "How old~" 표현을 재미있게 배우도록 창의적으로 바꾸었다.

넷째, 짧은 대사에 의소를 억지로 집어넣은 장면 변화가 잦으면 서사 초점이 분산될 수 있다. 「백설공주」에서 서로 인사를 주고받고 나서 난쟁이들끼리 시각에 대해 말한 후, 때에 맞게 축제로 가서 참가자들의 직업을 묻고 답한 다음에, 난쟁이와 백설공주가 춤을 출 수 있는지 묻고 대답하면서 춤을 추자, 곧이어 종소리가 들렸을 때 다른 난쟁이가 저녁식사 시간이라고 말하는 사례를 생각해 볼 수 있다. 이와 같이 과도하게 많은 장면이 급하게 전환되면 서사의 기본 요건을 충족할 수 없다. 의소학습에 초점을 두어 과도하게 여러 의소를 섞으면 장면과 장면의 논리가 충돌하여 서사 초점화가 이루어지지 않는다. 이런 문제는 장면1에서 마녀의 과자집에 들어가지 말라는 요청에 알았다고 대답한 후 장면2에서 집에 이미 들어간 상태에서 대화가 전개되는 「헨젤과 그레텔」의 교과서 이야기 사례에서도 확인된다.

다섯째, 원작을 알지 못할 때 상황 흐름을 학습자가 따라가기 쉽지 않거나 부자연스러운 사례를 들 수 있다. 『브레멘 동물음악대』(*Die Bremer Stadtmusikanten*) 첫 장면에서 당나귀가 개를 만나 인사를 나눈 후 갑자기 “Are you sad?”를 묻고 답하는 부분은 인간에게 학대당하고 버림받은 배경지식이 있어야 이해할 수 있다. 동물들이 인사를 나누고 나서 갑자기 감정을 묻는 어색한 흐름도 부자연스러운 전개라 할 수 있다.

여섯째, 원작의 배경지식을 이용하여 상황이 무난하게 전개되더라도 문화적 편견이나 정형화가 엿보이기도 한다. 『정글북』(*The Jungle Book*)의 모글리(Mowgli)가 연필, 가방, 카메라를 차례로 묻고 나서 카메라 사진을 찍어 플래시가 터질 때 깜짝 놀라는 것은 미개하다는 편견을 은연중 내비친다. 다른 교과서 사례에서 모글리가 내용 교과목을 싫어하고 철봉에 매달려 물구나무를 서는 신체 역량을 강조하는 점은 제 3세계 출신이라 지적인 것보다 신체 활동에 능하다는 문화적 정형화 논리를 보여준다. 두 교과서의 삽화에서는 공통적으로 모글리를 원시성이 드러나는 헐벗은 외모로 묘사한다. 이런 사례를 통해 문화다양성과 존중을 의식하면서 교과서에서 문화적 편견을 담고 있지 않은지 유심히 살펴야 한다.

일곱째, 초등영어 교과서 이야기들에서는 자연스러운 상황 전개가 막힐 때마다 놀라는 상황을 집어넣어 흐름을 다른 방향으로 급격하게 틀면서 마무리하는 경향을 보인다. 이럴 때 “Oh, no!”는 어색한 상황을 타개하는 만능열쇠처럼 활용된다. 이 표현은 맥락에 따라 여러 의미를 지닐 수 있다. 교과서 수록 이야기마다 “사실과 다르다, 믿을 수 없다, 놀랐다, 큰일 났다”처럼 제각각의 의미로 사용되고 있어서 “Oh, no!”가 과도하다는 인상마저 준다. 반대의 의미로 빈번하게 사용하는 “Okay”도 마찬가지다. 어린 학습자들이 익히 알고 있는 영어표현이 제한적이라 “Oh, no!”를 빈번히 사용할 수도 있지만, 그렇다고 남용하면 상황을 희화화하여 학습자에게 용법에 관한 오해를 불러일으키고 이야기 몰입도 방해한다.

교과서의 『정글북』 모글리 제시 삽화들

교과서 스토리의 부자연스러운 대화 유형 분석 결과

① 의소가 특수하게 사용
② 의소의 사용 맥락의 부적절함
③ 원작과 밀접하게 연관되지 않은 대화
④ 과도한 장면 변화로 인한 서사 초점 분산
⑤ 원작을 알아야만 이해가능한 대화
⑥ 문화적 편견 노출
⑦ 놀라는 상황과 의소를 사용한 부작위적 진행과 결말

초등영어 교과서 개작 중에서 훌륭한 사례들도 적지 않다. 14장 도입부 장면에서 다룬 에스피르 슬로보드키나의 『모자 사세요!』를 교과서에 수록한 사례를 보면 원작에서 암시적으로 처리된 대목을 잘 잡아내어 마지막 장면에 반영하였다. 모자장수가 “My hats! Come down, please. / Is this your hat? No, it isn’t.”라 말하며 모자를 바닥에 내던지자 원숭이들이 모자장수를 따라 한다. 모자장수는 원숭이들이 자기를 따라하고 있다는 것을 간파하자 꾀를 내서 원숭이들이 가져간 모자를 바닥에 내려놓게 유도한 것이다. 다시 말해, 원작의 모자장수는 바닥에 모자를 던졌을 때 왜 원숭이들이 모자를 돌려주었는지 깨닫지 못하지만, 교과서 개작의 모자장수는 현명한 캐릭터로 재해석된 것이다.

중등영어 교과서 수록 이야기: 사례 분석

중등영어 교과서는 이야기를 학년 당 1~2단원에서만 반영하기 때문에 초등영어 교과서에 비해 개작 사례가 많지 않다. 이하에서는 주디 블룸(Judy Blume)의 『골칫덩어리와 대장님』(*The Pain and the Great One*) 원본과 중학교 영어 교과서 개작을 비교하면서 길이, 복잡도, 삽화에서 무엇이 같고 다른지 점검할 것이다.[47] 이 작품은 동일한 상황을 누나와 남동생이 서로의 입장에서 다르게 받아들이는 것을 병렬적으로 제시하여 관점 차이의 묘미를 느끼게끔 구성되어 있다. 누나에게 동생은 골칫덩어리이지만, 반대로 동생 입장에서 누나는 잘난 척하는 대장님처럼 느껴진다.

동생은 아침에 늦잠을 자서 엄마가 식탁에 데려와야 할 뿐 아니라 목욕탕에 들어가면 어질러 놓기 일쑤다. 남동생은 전화를 걸 때마다 큰 소리로 노래를 불러서 방해하고 고양이 먹이도 주지 않는다. 누나가 보기에, 부모님은 동생만 예뻐하고 고양이도 동생만 좋아해서 침대에서 같이 잠드는 행동을 이해할 수 없다. 반대로, 동생은 누나가 잘난 척이 심하다고 생각한다. 피아노를 잘 치고 뭐든 잘한다는 이유로 자기를 깔보며 '아기'라고 부르는 것이 맘에 들지 않았기 때문에 물을 뿌리고 어지럽히고 머리를 당기는 등의 비뚤어진 행동을 한다. 동생의 입장에서는 부모님이 누나를 더 사랑하는 것처럼 느껴진다.

이와 같은 원작 내용이 중학교 교과서에서는 원작의 내용을 대부분 가져오면서 when 부사절을 익히는 동시에 시 형식의 배열을 통해 삽화를 보여줄 공간을 확보하는 방식을 취하였다. 의미를 분명히 드러내기 위해 원작의 삽화보다 색감을 뚜렷하게 바꾸었고, 작품이 출간되었던 당시의 유선 전화를 대신하여 무선으로 처리하였다. 다시 개작한다면, 스마트폰을 이용한 영상통화로 표현되어야 할 것이다. 또한, 잘난 척하는 누나를 삐딱한 시선으로 바라보는 동생의 진술은 누나보다 적은 분량으로 다루어졌다.

중학교 교과서 수록 이야기는 원작의 글과 그림을 최대한 반영하면서 핵심 내용 위주로 압축하여 제시하는 방식을 취한다는 점에서 원작의 잘 알려진 모티프를 주로 활용하는 초등 교과서 사례와 차이가 난다. 중학 수준에서는 단원에서 읽기를 여러 페이지로 제시할 수 있을 뿐 아니라 교육과정상으로 사용 가능 어휘와 언어형식이 늘어나기 때문이다. 중등 학습자들은 원작과 확연히 차이가 나는 축약본을 읽는 것보다 다소 길더라도 있는 그대로 감상하려는 성향을 지니고 있기도 하다. 그렇다면, 중등영어교육, 더 넓게는 초등 고학년 이상에서는 기발한 창작 역량을 발휘하여 짧은 분량에 학습자의 동기 유발 요소와 의소를 담는 개작에 너무 매달리기보다 학습자에게

---

47) Judy Blume, *The Pain and the Great One* (Scarsdale, NY: Bradbury Press, 1974). 중학교 영어 교과서는 2009 개정 교육과정의 다음 교과서에 수록되어 있다. 양현권, 황종배, 이창수, 민병천, 김태영, 이동환, 이주연, 박은경, 정경아, 김민영, *Middle School English 1, 2, 3* (서울: 지학사, 2013).

호소력을 지니는 작품을 엄선하고 가급적 있는 그대로 제시하되 수업 전에 꼼꼼하게 분석하여 내용을 제대로 파악해두는 안목이 더욱 중요할 수 있다.

『골칫덩어리와 대장님』의 교과서 삽화 예시(왼쪽)과 원작 관련 장면(오른쪽)

중등영어 교과서에서는 문자언어 기반 활동에서도 개작을 적용할 수 있다. 중학교 교과서에서 디아나 데 라스카사스(Dianne de Las Casas)의 『청개구리와 초콜렛 전설』(*Blue Frog: The Legend of Chocolate*)의 요약을 완성하기 위해 둘 이상의 문장을 관계대명사의 계속적 용법을 통해 연결하여 써보는 활동을 예로 생각해 볼 수 있다. 이 문항에서 학습자는 "He sang a loud song. It was about how to find sweet cacaos."를 "He sang a loud song which was about how to find sweet cacaos."처럼 한 문장으로 연결한 다음에 요약문의 빈 자리 중에서 문장이 줄거리 상으로 알맞은 자리에 넣어야 한다. 이처럼 중등에서는 그림책에서 삽화를 제외한 채 글만 요약하거나 혹은 그 일부만 활용하여 문형 학습의 기초자료로 사용할 수 있다. 학습자의 수준이 높아져서 그림책 내용이 유치해졌어도 영어학습 상으로 여전히 유용한 것이다.

전래동화, 고전 명작, 아동용 소설 대부분이 그림책으로 발간되었음을 염두에 둔다면, 그림책은 초등영어 교과서 제작의 기초자료라 할 수 있다. 교과서 삽화가들이 그림책의 화풍을 모방하여 단원 개관 삽화를 포함한 다양한 삽화 자료를 제작하는 것까지 포함하면, 그림책은 교과서 제작에 큰 영향력을 행사하고 있다. 원작의 주요 인물이나 모티프를 가지고 의소와 결합하여 대화문을 구성한 초등영어 교과서와 달리, 중등영어 교과서에서는 원작을 많이 변형하지 않고 수록하거나 문자언어 기반 후속활동에서 일부 대목을 가져와 응용하는 방식으로 그림책이 사용될 수 있다.

1, 2의 두 문장을 한 문장으로 쓴 다음, 이를 이용하여 아래의 이야기를 완성해 봅시다.

1. He sang a loud song. It was about how to find sweet cacaos.

2. The Sun God had sweet cacaos. They were his secret food.

A long time ago, there lived a Sun God and a Wind God. (A) The Sun God had sweet kiwis which(that) were his secret food. Only the Wind God knew this secret. He wanted to tell people about it. When the Sun God went out to work, the Wind God came down to the people. (B) He sang a loud song which(that) was about how to find sweet kiwis. The people heard it and the Sun God's secret was not a secret any more.

『청개구리와 초콜렛 전설』의 줄거리를 이용한 교과서의 문형 연습 문항

초등영어 교과서를 그림책의 주제와 관련 어휘를 익히는 활동과 결합하기보다 "What 명사(color, time) is 지시대명사?"와 같이 의사소통기능의 특정한 문형을 흥겹게 반복 숙달하는 보조 자료로 활용할 수도 있다. 그림책 중에서 패턴예측책은 특정 문형을 반복 사용하는 것을 특징으로 한다(11장 참고). 의사소통기능과 유사하거나 동일한 문형으로 이루어진 패턴예측책으로 노래와 챈트를 부르며 교과서 해당 단원을 마무리하면 명시적 문법 학습을 피하고 암시적 차원에서 언어적 직관을 체득하는 효과로 이어질 수 있을 것이다.

25. 그래픽노블과 영어교육

Behind the Scenes

(그래픽노블의 한 장면을 학생들이 보며 토의한다.)

학생1: 페이지 맨 상단이 꽤 인상적이네. 시간 변화를 공간적으로 잘 보여주고 있어. 비스듬하게 빗금 경계선으로 구분한 다음에, 왼쪽은 빈 침대를, 오른쪽은 사람들로 빽빽한 침상을 보여주니까.

학생2: 이런 상황이 너무 끔찍하지 않아? 유대인 수용소에 갇힌 사람들이 잠을 잘 공간도 없어서 짐짝처럼 칸칸이 쟁여져 있잖아. 잠자리가 닭장과 같아.

학생3: 맞아. 아프리카에서 흑인들을 싣고 대서양을 횡단한 노예선 내부의 모습을 보고 충격을 받은 적이 있는데, 그 모습과 너무 비슷해.

학생1: 가해자나 피해자를 쥐와 돼지로 묘사한 부분도 인상적이지 않니?

학생2: 동감이야. 사실 가해자도 폴란드 농민 출신의 죄수라고 적힌 부분을 보면 나치 독일이 이이제이로 사람들을 괴롭힌 것이라 더 악독하다는 생각이 들어.

학생3: 페이지 하단에서 줄을 세워 괴롭히는 장면을 보면 가해자와 피해자가 같은 옷을 입고 있잖아? 돼지이건 쥐이건 간에, 전쟁은 모든 사람의 인간성을 말살하는 것 같아.

학생1: 유대인 홀로코스트를 만화로 그리니까 간수 노릇을 하는 폴란드 농민 출신의 죄수가 악당같지 않니?

학생2: 그런데 진짜 악당은 눈에 보이지 않는 나치 아닐까?

학생3: 만화를 보니까 나치가 수용소에서 유대인이나 점령지 사람들을 잡아다 서로 괴롭히게 했다는 사실이 실감난다. 만화가 흥미진진한 코믹물이라고 생각했었는데, 작품을 읽다 보니 참 많은 생각이 머릿속을 스쳐간다.

도입부 장면은 아트 슈피겔만(Art Spiegelman)의 『쥐 1권』(*Maus: A Survivor's Tale*) 중에서 일부 장면을 보며 학생들이 나누는 대화를 제시한 것이다.[48] 『쥐 1권』은 슈피겔만의 가족이 아우슈비츠에서 겪은 홀로코스트를 소재로 한 자전적 이야기로, 유대인을 쥐, 독일인을 고양이, 폴란드인을 돼지, 미국인을 개에 빗대어 트라우마를 대하는 가족들의 복잡한 심경을 섬세하게 묘사한 그래픽노블이다. 홀로코스트 주제를 통해 짐작할 수 있듯이, 이 작품은 만화를 대하는 부정적 시선을 개선하여 학습자료 내지는 문예적 분석 대상으로 격상시키는 것에 크게 기여하였다. 예를 들어, 서술자의 아버지가 나치독일이 유대인을 수색하고 잡아들이면서 "I'm a filthy Jew"

『쥐 1권』 앞표지

48) Art Spiegelman, *Maus: A Survivor's Tale* (New York: Pantheon Books, 1986).

그러니까 "나는 더러운 유대인입니다"라는 푯말을 들고 다니던 시절을 아들에게 회고하는 만화컷이 등장한다. 만화컷에서 아우슈비츠로 끌려가 가스실에서 비참한 최후를 맞이해야 했던 가족과 이웃들의 비극과 트라우마에 시달린 서술자의 어머니가 극단적 선택으로 생을 마감한 사실을 현재 시점으로 진술하는 부분을 읽는 독자는 즐거움을 주는 활극이라는 만화에 대한 통념을 재고하게 된다.

1980년대 이전까지만 해도 만화는 진지한 도덕 주제보다 재미를 위한 읽을거리로 여겨졌다. 대부분의 만화가 선정적이고 폭력적이기 때문에 교육적으로 바람직하지 않다고 치부되었던 것이다. 대표적으로, 독일 출신 미국 심리학자 프레드릭 워섬(Fredric Wertham)이 1954년에 발표한 저서 『순진한 자들을 유혹하다』(*Seduction of the Innocent*)는 선정적이고 폭력적인 만화가 청소년 비행의 원인일 가능성을 경고하여 미 의회의 검열 법제화(The Comics Code Authority)까지 영향을 미쳤다.[49] 그러나 1980년대 이래로 만화일지라도 주제와 기법에 예술적 경지에 올라 진지한 논의나 학습자료일 수 있다는 인식 변화가 생겼다. 이런 만화는 그래픽노블로 불리게 되었다. 그래픽노블은 문학적 상징이나 수사를 통해 빈부 격차, 폭력 등의 진중한 도덕적 주제를 다루는 단행본 분량의 만화를 의미한다. 이 용어는 윌 아이즈너(Will Eisner)가 자신의 작품 『신과 맺은 계약』(*A Contract with God*, 1978)을 그래픽노블로 칭하면서 널리 퍼졌다. 그래픽노블은 잘게 쪼개진 판면에 빽빽한 텍스트를 넣고 복잡한 플롯과 묵직한 주제를 담은 단행본 형식을 취한다. 이런 이유로, 그래픽노블은 여가 목적으로 읽는 간단한 플롯으로 이루어진 전통적인 의미의 '소일거리' 만화를 뛰어넘어 삽화와 텍스트가 정교하게 얽혀 사회적 주제를 전달하는 예술작품으로 격상되었다.[50]

그래픽노블의 특징과 영어교육에의 시사점

그래픽노블이 영어교육에 주는 시사점은 21세기 디지털 시대에 빛을 발하고 있다. 그래픽노블의 문예적 가치뿐 아니라 교육적 쓸모도 주목받고 있는 것이다. 그래픽노블에서 소설의 진중함을 수용하되 시각 이미지와 결합하여 무겁지 않게 결합하는 방식은 다중모드 소통과 일맥상통한다. 그래픽노블은 장시간 책상에 앉아 활자책에 집중하기 어려운 시대에 창의적 시각화를 통해 고전의 복잡한 플롯을 직관적으로 파악할 수 있도록 함으로써 문학을 시대에 맞게 변환한다. 예를 들어, 윌리엄 셰익스피어의 『리어 왕』(*King Lear*)에서 눈이 먼 글로스터(Gloucester)가 절벽에 뛰

49) Fredric Wertham, *Seduction of the Innocent* (New York: Rinehart & Company, 1954).

50) 그래픽노블의 의미와 교육적 활용을 기술한 연구로 다음 논문을 참고한다. Steven Hoover, "The Case for Graphic Novels," *Communications in Information Literacy* 5.2 (2012) 174-86.

어내려 죽으려 할 때 기적처럼 살아났다고 에드가(Edgar)가 기지를 발휘하는 대목과 같은 난해한 부분을 읽는 경우를 떠올려볼 수 있다. 학습자들은 이럴 때 그래픽노블의 삽화와 단순화된 텍스트를 읽으며 원작의 핵심을 수월하게 파악할 수 있다. 그래픽노블은 판면을 쪼개어 다양한 상황과 정서를 삽화와 텍스트로 형상화하므로 그림책보다 정보밀도가 높다. 이런 특징을 잘 활용하면 복잡한 플롯을 효과적으로 표현하고 이해할 수 있다. "원작에서 캐릭터의 복잡미묘한 심경 변화 과정을 천천히 음미하지 않고 시각 이미지로만 접한다면 중의적 은유를 다각도로 짚어내지 못한다"는 비판이 가능하지만, 문예적 탐구가 영어교육에서 문학작품을 활용하는 유일한 목적은 아님을 기억할 필요가 있다. 작품의 핵심 메시지를 꿰뚫어보는 학습활동은 언어학습이라는 틀 안에서 학습자가 인지적으로 감당 가능한 범위에서 다루어져야 한다.

그래픽노블의 글자체로 소문자보다 대문자를 즐겨 사용한다는 점도 눈에 띄는 특징 중 하나이다. 신문에 연재하는 네 컷 만화만 떠올려보아도 이런 점을 쉽게 짐작할 수 있다. 그래픽노블에서 가독성이 떨어지는 단점에도 불구하고 대문자를 즐겨 사용하는 이유는 세 가지로 추정된다.

첫째, 그래픽노블에서 대문자를 사용하면 크기가 일정해져서 말풍선의 한정된 공간에 많은 글자를 넣을 수 있다. 대문자를 사용하면 상대적으로 주변 삽화에 눈이 더 가게 되는 부수적 효과도 생긴다. 이렇게 되면, 삽화로부터 대강의 흐름을 파악하고 간판이나 헤드라인의 짤막한 핵심 어구만 제시하듯 글을 압축적으로 사용할 수 있다. 이럴 경우에 전치사와 같은 기능어보다 정보를 담은 내용어 구사 비율도 높아지게 된다.

둘째, 대문자를 사용하면 꾸밈글씨로 장식적 효과를 구사하기 용이하다. 폭탄이 터지는 장면에서 "BOOM!!"처럼 대문자로 강조효과를 내면 소문자 사용과 비교할 때 충격과 공포를 전달하기 유리한 것이다.

셋째, 대문자 텍스트는 삽화와 번갈아보면서 이면의 의미를 짚어내는 그래픽노블의 특성을 효과적으로 형상화한다. 그래픽노블은 반복적인 표현을 구사하여 리듬(운율)을 즐기기보다 삽화와 글을 곱씹으며 천천히 심층적 의미를 짚어내도록 구성되어 있다. 눈에 잘 들어오지 않는 대문자 텍스트는 빠르게 읽으며 대강의 의미를 파악하려고 할 때 마치 과속방지턱에 걸리는 것처럼 천천히 읽도록 하여 자연스럽게 속뜻을 생각해보도록 유도한다.

이모티콘이나 독특한 폰트의 글자 사용에서 보듯, 시청각적 텍스트가 대세가 된 소통 환경 변화는 그래픽노블이 각광받는 환경을 조성하였다. 세계 곳곳에서 문화 다양성이 보편화되는 추세는 그래픽노블이 부상한 또 다른 배경일 것이다. 글과 그림을 포함한 복수의 매체를 동시에 사용하여 정보의 밀도를 높이면 언어적 묘사로 담기 어려운 문화적 다양성을 어린 학습자에게도 효과적으로 알려줄 수 있다. 2018년에 미국에서 출간된 아동문학작품의 캐릭터 다양성을 조사한 결과에 따르면, 백인 50%, 동물이나 생명/비생명 캐릭터 27%, 흑인 10%, 아시아계 7%, 라틴계

5%, 미국 원주민 1%이다.[51] 이런 통계는 21세기에도 여전히 아동문학에서 다양성이 양적으로 부족하다는 사실을 의미한다. 추가적으로, 촌스러워 보이는 만화 캐릭터 느낌의 이모티콘이 소셜 미디어에서 빈번하게 사용된다거나 웹툰의 인기가 지속되는 현상과 결부된 복고풍(nostalgia culture) 열기도 그래픽노블 유행에 일조하였다. 시청각적 메시지는 재생시간이나 방식이 번거로울 수 있지만, 웹툰 콘텐츠는 출퇴근이나 통학을 하는 동안 빠르게 위 아래로 훑어 읽을 수 있다. 이런 콘텐츠 소비자들은 대체로 유머를 원하기 때문에 그래픽노블이 방점을 둔 진지함과 거리가 있지만, 만화 스타일을 사용하면 과장과 너스레 떨기 기법 등을 통해 무거운 주제를 대중이 부담 없이 받아들이게 할 수 있다.

그래픽노블은 청소년들이 교육 목적의 읽기 자료라는 성격이 강하기 때문에 과학적 사실을 효과적으로 전달하는 논픽션 장르도 아우른다. 가령, 제이 호슬러(Jay Hosler)의 『벌집의 생활방식』(*The Way of the Hive*)에서는 꿀벌을 서술자로 등장시켜 자신의 일대기를 자세한 삽화와 더불어 설명한다. 이야기 형식을 빌려 꿀벌의 삶을 효과적으로 독자에게 소개하는 것이다. 다만, 그래픽노블을 효과적인 내용학습이 아니라 영어를 배우는 목적으로 활용하려면 몇 가지 장애를 극복해야 한다.

첫째, 그래픽노블에서는 그림이 공간을 많이 차지하기 때문에 텍스트를 제한된 공간에 압축적으로 넣어야 해서 삽화와 어울리지만 외국인이 이해하기 힘든 구어체나 까다로운 어휘를 사용하는 경우가 많다. 일례로, 제리 크래프트(Jerry Craft)의 2019년작 『뉴 키드』(*New Kid*)에서 선생님과 학생이 마주보는 일반적인 교실 책상 배치가 아니라 타원형 탁자에 둘러앉아 진행하는 토론식 수업(harkness method)은 배경지식을 필요로 한다. 삽화 사이의 적은 공간에 “What’s up?”의 축약형 “S’up”을 사용하거나 “Give you the scoop on the kids in our form”(우리 반 애들의 최신 소식을 알려주겠다)는 표현은 외국어 학습자가 이해하기 어려울 수 있다. scoop은 최신 소식, form은 학급을 뜻하는 구어체이기 때문이다.

둘째, 그래픽노블 특유의 시공간 전개 순서에 익숙하지 않거나 상상과 현실이 뒤섞인 이미지에서 무엇이 상상이고 현실인지 분간하지 못할 수 있다. 『뉴 키드』에서는 엄마와 아빠가 주인공 조던(Jordan)을 가운데에 두고 소파에서 언쟁을 벌이다 조던이 공갈젖꼭지를 물고 있는 아기처럼 바뀌는 익살스러운 삽화가 제시된다. 조던의 상상 속에서 자신의 존재감이 사라지는 맥락을 따라가지 못하면 갑자기 젖먹이 아이가 왜 등장했는지 이해할 수 없을 것이다.

셋째, 그래픽노블의 텍스트는 소리내어 읽는 방식이 아니라 글자 크기와 제시 방식을 자유자재로 보여주는 시각 텍스트 성격이 강하기 때문에 영어수준이 낮은 학습자들이 해석하기 어려울 수 있다. 띄어쓰기도 없고 수학 공식을 그대로 사용하는 이상의 「오감도」나 「건축무한육면각체」와 같은

51) https://www.everyeffortmatters.eu/post/diversity-childrens-literature-facts-figures

시는 읽는 텍스트가 아니라 독특한 문자 배열 그 자체가 메시지를 담고 있는 시각 텍스트다. 이런 난해한 시에서 느끼는 당혹스러움을 그래픽노블 읽기에서도 고스란히 경험할 수 있는 것이다.

이런 어려움들을 고려하면서 그래픽노블을 영어수업에서 활용하기 위한 조건을 정리하면 다음과 같다. 첫째, 글과 그림의 상호관계에 유의하면서 상상력을 발휘하여 특정 장면의 의미와 다음 장면과의 연관성을 머릿속에 능동적으로 구성하도록 이끄는 작품을 사용해야 한다. 둘째, 캐릭터의 표정과 동작에 다양한 의미가 깃들어 있음에 주목하게 유도하는 수업이어야 한다. 셋째, 재미 위주로 스쳐가듯 페이지를 넘기지 않고 여러 번 깊이 읽으며 핵심 내용 및 이와 연관된 세부 정보들을 발견하는 수업이어야 한다. 넷째, 작품에서 유용한 영어표현에 주목하고 익히는 수업이어야 한다.

그래픽노블을 통한 영어교육: 활용 준거와 유의사항

그래픽노블에서 다루는 대표적인 주제는 주인공 캐릭터의 성장과 연관된 정체성 문제, 인종이나 계급과 젠더와 같은 사회 정의 의제, 전쟁이나 이주 등과 얽혀 도는 인간 존엄성 이슈, 생태환경과 생명 돌봄의 윤리 등이다. 이들 주제는 문화 다양성 시대에 어떤 자아정체성을 길러야 할지에 대한 고민과 맞물려 돌기 때문에 청소년 독자에게 강한 호소력을 지닌다. 작품 중에서 유머와 진중함 사이를 오가는 『뉴 키드』, 실패자로 낙인찍힌 채 소외감을 느끼며 헤매고 다니거나 폭력으로 고통을 당하는 내면의 고통을 시각화한 로리 앤더슨(Laurie Halse Anderson)의 『스피크』(*Speak*), 학대를 당하다 가출한 소녀가 바깥세상 경험을 통해 문제와 대면할 내면의 힘을 획득하는 과정을 그린 브라이언 탤봇(Bryan Talbot)의 『나쁜 쥐 이야기』(*The Tale of One Bad Rat*)는 청소년을 보듬지 못하는 사회 문제와 성장과정에서 겪는 고뇌를 형상화한다. 이외에도 마제인 새트라피(Marjane Satrapi)의 『페르세폴리스』(*Persepolis*), 진 양(Gene Luen Yang)의 『미국 태생 중국인』(*American Born Chinese*), 자렛 크로코츠카(Jarrett Krokoczka)의 『헤이 키도』

『스피크』에서 주인공의 고통스러운 내면을 보여주는 삽화 예시

(*Hey, Kiddo*), 티 부이(Thi Bui)의 『우리가 할 수 있는 최선』(*The Best We Could Do*) 등도 청소년의 성장과 관련한 진중한 주제를 형상화한 작품이다.

그래픽노블의 매력은 인종을 포함한 민감한 사회 정의 이슈를 다루되, 아동용 도서의 단순하지만 선명한 메시지와 정전문학의 복잡한 표현 사이에서 균형을 잡을 때 극대화된다. 정치색을 노골적으로 띄지 않으면서도 건강한 방식으로 사회정의를 표현하기 위해 유치하거나 난해한 양극단을 피해야 하는 것이다. 그렇다면 그래픽노블을 교육적으로 유용하게 활용하기 위해 생각해 볼 준거는 무엇일까?

그래픽노블 분석과 교육적 활용을 위한 준거(308쪽 그림 참고)로는 그래픽(GRAPHIC)의 앞 스펠링을 딴 7가지 준거를 생각해 볼 수 있다.[52] G는 "Goals that graphic novels can help readers meet"으로, 그래픽노블이 독자에게 의도하는 깨달음의 목적을 제시하고 있는지를 살펴야 한다는 뜻이다. R은 "Resources that can help these goals"로서, 그래픽노블 전체 혹은 부분에서 의도한 목적 달성을 위해 무슨 내용을 어떤 매체를 이용하는지 점검해야 한다는 의미이다. A는 "Approaches that can focus learning (disciplinary thinking and practices, inquiry strategies, and so on)"으로, 학습자들이 사회문화적 배경지식이나 비판적 사고를 활용하여 그래픽노블에 담긴 메시지와 의도한 바에 접근할 수 있는지 살피는 것이다. P는 "Pictures and texts work together and students will have to focus on both"로, 그래픽노블도 그림책 분석과 마찬가지로 그림과 글이 조화롭게 상호작용을 하여 학습자가 둘 사이를 오가며 집중하면서 명시적 혹은 암시적 메시지를 짚어내기 적합한 작품이어야 한다. H는 "Hybridity is the ways that images and text intersect and inform each other"로서, 그래픽노블을 읽으며 그림과 글이 역동적으로 얽혀 산출하는 창의적인 메시지를 포착할 수 있어야 함을 뜻한다. I는 "Inquiry is the tasks and strategies that support student inquiry, comprehension, and understanding"으로, 학습자들이 내용을 깊이 이해한 바에 따라 추가적으로 탐구할 과업이나 문제를 제시하는 방향으로 그래픽노블을 활용할 수 있어야 한다는 의미이다. C는 "Critical response means opportunities students have to critically interrogate the text and its ideas"로서, 학습자가 문제 해결이나 과업 수행을 거쳐 비판적으로 텍스트에 담긴 아이디어를 발견하고 탐문하는 기회를 제공해야 한다는 뜻이다. 이와 같은 7가지 준거는 맞물려 돌기 때문에 하나씩 분절하기보다 다른 요인들과의 관련성 속에서 짚어보아야 한다. 순환적 연결고리 속에서

52) William Boerman-Cornell, Jung Kim, and Michael L. Manderino, *Graphic Novels in High School and Middle School Classrooms: A Disciplinary Literacies Approach*, (Lanham, MD: Rowman & Littlefield, 2017).; Jung Kim, "Representation and the Need for Asian American Graphic Novels in Today's Classrooms," *Annals of Social Studies Education Research for Teachers* 2.3 (2021) 29.

그래픽노블 분석과 교육적 활용 준거

지속적으로 각 요소들을 점검하다보면 다루게 될 작품의 특징을 명료하게 파악할 수 있다.

그래픽노블은 구성이 복잡하기 때문에 처음부터 끝까지 한 번 읽어서 다층적 메시지들을 완벽하게 잡아내기 어렵다. 따라서 읽는 목적과 의도를 달리하면서 3~4회에 걸쳐 읽어야 미처 알지 못하던 의미를 새롭게 발견할 수 있다. 처음 읽을 때는 재미를 느끼면서 전반적인 줄거리를 파악하는 것에 집중해야 한다. 이후에는 교사가 제공한 질문과 단서를 활용하여 분석이 필요한 장면을 꼼꼼하게 들여다보면서 암시적인 메시지를 궁리해야 한다. 가령, 흥분한 캐릭터가 감정을 여과없이 발산하는 대목을 접하면 심리적 거리를 두고 이유를 곱씹어야 할 것이다. 이런 과정을 거쳐 깊이 읽고 나면, 학습자가 작품 전체를 천천히 음미하면서 자기주도적으로 생각거리와 비판적 논점을 식별하여 정리하고 필요시 동료와 토의한다.

여기에서, 그래픽노블을 진지하게 반복적으로 읽으며 내용을 음미하고 영어를 익히는 것에 방점을 두면 다독의 장점인 몰입과 흥미에 저해가 된다는 반론이 제기될 수 있다. 이런 이유로, 그래픽노블에 익숙하지 않은 학습자는 유머 위주로 구성된 비교적 명료한 작품부터 읽기 시작하고, 어느 정도 그래픽노블 분석에 익숙해지거나 영어능력이 올라가면 진지한 성찰을 다룬 작품을 읽는 단계로 나가야 한다. 그래픽노블은 마냥 흥미 위주의 코믹물이 아니므로 교수자가 작품의 특성을 사전에 꿰뚫고 있어야 성공적으로 영어수업을 이끌 수 있다. 『뉴 키즈』에서 오레오 쿠키 모양의 우스꽝스러운 머리 모양을 한 흑인 주인공을 보고 웃어넘기기보다 밑에 숨은 암시적 인종주의를 파악하지 못하면 인종문제를 희화화하여 왜곡된 관념이 고착화될 수도 있다. 교수자는 학습자가 여러 번 작품의 의미를 곱씹으며 숨은 의도를 짚어보고 이를 말과 글로 표현하는 기회를 제공해야 한다.

수업시간에 그래픽노블의 일부를 개작하고 변형하고자 한다면, 이미지, 동영상, 애니메이션 효과 등이 결합한 하이브리드 텍스트와 같은 디지털 결과물 제작과 같은 전형적인 활동을 해 볼 수 있다. 예를 들어, 디지털 포스터, PPT와 같은 디지털 프레젠테이션, 하이퍼링크를 십분 활용한 디지털 시구나 디지털 스토리텔링, 인포그래픽, 팟캐스트, 줄여서 zine으로 부르는 아마추어 팬이 제작한 온라인 잡지(Fanzine) 등으로 바꿀 수 있다. 학습자는 디지털 결과물의 유형을 결정한 후, 페이지를 몇 개의 장면 구분 패널로 분할할지, 각 패널에 얼마나 많은 어구를 넣을지, 어떤 순서대로 패널에 담긴 정보를 읽어 나갈지 등을 구체적으로 정하여 결과물이 전하는 메시지가 명료한지 면밀히 살펴야 한다. 또한, 학습자가 만화적 기법에 익숙하지 않다면, 학습자의 눈높이에 맞는 정전작품이나 그림책을 선정한 다음에 시각 이미지의 일부를 만화적인 방식으로 변형하는 훈련을 먼저 거쳐야 한다. 그림 그리기에 자신이 없는 학습자들은 인공지능 앱을 도움을 받을 수도 있을 것이다. 필요시, 만화적 표현력이 뛰어난 학습자들을 모둠원으로 배정하여 협력과업으로 그래픽노블 개작을 시도해 볼 수도 있다.

그래픽노블 자체가 개작과 변형이 쉬운 장르가 아님을 감안할 때, 학습자 능동성이 중요하다고 해서 무리해서 개작을 강조할 필요는 없다. 언어학습이나 내용 이해와 감상보다 삽화를 기술적으로 처리하는 것에 시간과 노력을 과다하게 소비하면 의미있는 언어학습에서 멀어진다. 또한, 그래픽노블 개작은 그림책보다도 개작의 목적이 더욱 분명해야 한다. 예를 들어, 그래픽노블에서 빈번하게 구사하는 비속어와 은어들을 실제로 사용하지는 않더라도 적어도 누가 이런 표현을 구사할 때 이해는 할 수 있어야 한다. 필요시 비속어를 표준어로 바꾸어 익히는 과업을 해 볼 수 있다.

그래픽노블은 사회적 메시지를 담기 위한 목적으로 태동한 장르이기 때문에 통상적인 만화처럼 단순하고 유쾌하지 않아 교육적으로 사용할 때 적절한지 신중히 따져야 한다. 그래픽노블도 만화의 일종이라 영어학습에서 학습자의 흥미를 끌 수 있다고 막연히 짐작하면 곤란하다. 그래픽노블을 이용한 수업이 효과를 거두려면 교수자와 학습자가 그래픽노블에 대해 잘 이해하고 있고 수업의 목적이 뚜렷해야 한다. 다루는 주제가 사회비판적 메시지를 담아 무거울 뿐 아니라, 언어가 비속어와 은어처럼 외국인 입장에서 선뜻 이해하기 힘들고, 영미권 청소년 또래집단의 문화적 맥락이 녹아 있어서 공감하고 몰입하기 어려울 수 있기 때문이다. 오히려 학습자의 일상과 연관된 주제를 적절한 언어 복잡도와 분량으로 다루는 아동청소년 소설이 그래픽노블보다 읽기에 수월하여 공감을 끌어내기 유리할 수도 있다. 아동청소년 소설이 어렵고 길거나 언어학습에 유익한 표현들이 부족하다고 판단하면, 50~60페이지 분량으로 된 짧은 작품이나 인공지능을 활용하여 제작한 맞춤형 축약본을 이용하는 편이 나을 수도 있다.

세상 모든 지식을 한 권에 압축할 수 없는 것처럼 지금까지 논의한 바를 영어 그림책 이론의 알파와 오메가라고 단정할 수 없다. 그림책의 범주와 활용에 정답이란 없기 때문이다. 논자에 따라 유명 출판사에서 레벨 별로 수십 권의 이야기를 삽화를 곁들여 비슷한 분량과 동일한 형식으로 간행한 레벨 별 시리즈물(basal readers), 시중에서 소위 '노블류'라고 통칭하는 이야기들을 그림책으로 분류할 수 있을 것이다. 반대로, 영문학 고전을 아동용 그림책 도서로 변환하였다고 해서 글과 그림이 정밀하게 협업하는 그림책으로 볼 수 있느냐는 반론도 가능하다. 그림의 기능이 글로 전달하기 어려운 의미를 보완한다기보다, 글을 읽지 않고 빠르게 페이지를 넘기거나 '글밥'이라 불리는 텍스트 분량을 줄여 내용과 무관하게 빨리 책 한 권을 끝내는 재미를 주기 위한 것일 수 있기 때문이다.

그림책 페이지는 글과 그림이 어우러져 이야기를 효과적으로 담아내는 장 구실을 한다. 다만, 그림책 읽기에서 과도하게 그림의 숨은 의미를 찾기 위해 골몰하면 플롯을 통해 작품이 전하려는 바에 집중하지 못한 채 하나의 판면에서 눈에 띄는 특정한 이미지에 과도한 의미를 부여하는 우를 범할 수 있음에 유념해야 한다. 그림책의 비언어 정보를 분석하는 작업은 미술평론과 비슷하지만 같을 수 없다. 미술평론에서는 앞뒤 그림의 일관된 흐름을 포착하여 총체적인 의미를 추출하기보다 특정한 장면에 녹아있는 사회문화적 메시지나 미술사조의 특징을 잡아내는 것에 관심을 기울인다. 세상사가 그러하듯 그림책 분석에서도 중용과 절제의 미덕이 요망된다. 그림책에서 글이나 그림 어느 한쪽에 과도한 의미를 부여하면 왜곡된 해석으로 이어질 가능성이 크기 때문이다.

영어 그림책 이야기를 읽는 독자는 글과 그림을 부지런히 오가며 종합하는 과정에서 우선적으로 어떤 정서 변화를 경험하고 무슨 깨달음을 얻었는지에 집중한 다음에 이야기의 저변을 이루는 사회문화적 정보로 학습 영역을 확장해야 할 것이다. 이 모든 과정에서 영어학습이 자연스럽게 따라온다. 교수자가 요구하는 영어표현을 암기하기보다 학습자가 주도적으로 내용을 이해하고 표현하기 위한 영어표현을 찾아 익히기 때문이다.

그림책을 이용한 감정 변화 식별 훈련은 고교 영어수업과도 연관성을 지니고 있다. 실상 고등 영어 교과서의 읽기 지문도 다양한 삽화로 이루어졌다는 점에서 그림책은 아닐지라도 삽화가 포함된 작품(illustrated story)에 가깝다. 오로라가 "바람에 일렁이는 촛불"(candle flames waving in he wind)에서 움직임이 커져 "초록빛 커튼"(curtains of green lights)으로 바뀌다 춤사위처럼 천천히 허공에 흩어져 "자연의 음악에 춤추는"(dancing to the music of nature) 이미지로 구상화되는 교과서 지문 사례만 하더라도 문예적 식견을 필요로 한다.[53] 이런 지문을 읽고 오로라가 시간이 흐르면서 끊임없이 형체가 변화하고 밤하늘에 넓게 퍼지는 사실적 정보를 머릿속에 추론하는 능력은 문학적 역량이 필요하다. 문예적 속성이 사실적 이해와 얽혀있는 것이다.

위와 같은 이유로, 그림책 이야기의 문예적 속성은 인물의 마음 상태를 묻는 문항을 고르는 능력과도 연관된다. 하나의 단일한 감정이나 분명한 감정 변화를 묘사하는 지문은 그림책 이야기에서 인물의 정서 변화를 추적하는 사례와 유사하다. 예를 들어, 문제에서 처음에 실망했다가 추후에 깜짝 이벤트로 기뻐하는 딸을 묘사하는 지문이 주어진다면 앤소니 브라운의 『고릴라』에서 딸 한나의 생일을 잊고 있는 듯 보이는 바쁜 아빠가 한나의 꿈에 고릴라처럼 출현하여 한나를 즐겁게 해주어 기분이 풀리는 플롯과 흡사하다. 이처럼 어렸을 때부터 그림책을 읽으며 캐릭터의 감정 변화를 섬세하게 따라가는 읽기 습관은 장기적으로 초중고 영어과의 각종 시험에서 다루는 문제를 풀 때도 도움이 된다.

그림책의 은유적 언어가 뜻하는 바를 이리저리 생각해보는 사고 훈련은 에둘러 표현한 문구가 전체 글에서 의미하는 바로 적절한 선택지를 고르는 추론형 문항을 푸는 것과도 연관된다. 그림책에서 글과 그림의 관련성을 다각도로 점검하며 문맥상 가장 적합한 해석을 잡아내는 작업은 장차 글만 읽고도 반어와 상징과 같은 함축적 의미를 떠올리며 가장 알맞은 해석을 골라내는 능력을 키우는 초석을 놓는 일이다. 이 외에도, 그림책의 흐름을 파악하기 위해 앞뒤 문맥을 자연스럽게 잇는 단서를 잡는 읽기를 지속하면 이야기의 순서를 맞추는 능력도 키울 수 있을 것이다.

이 책을 마무리하며, 영어 그림책의 광활한 세계를 책 한 권에 풀어내기 위한 욕심이 지나쳐 애매한 개념 제시와 모호한 설명으로 독자의 기대를 충족시키지 못하였다는 걱정이 들기도 한다. 읽으며 궁금하거나 의문이 드는 지점, 저자의 잘못을 시정해 줄 부분, 영어 그림책에 관한 독창적 이해 등이 있다면 모든 부족한 지점은 오롯이 저자의 역량 한계에서 비롯된 것이다. 끝으로, 책으로 완성되기까지 그림책에 관한 저자의 닫힌 생각을 새롭게 전환하는 계기를 꾸준하게 마련해준 경인교육대학교 영어교육과 교수진과 온전한 도서가 되게끔 애써주신 경문사 관계자께 깊이 감사드린다.

Imago est lingua.
(이미지는 언어다.)

---

53) 김태영, 이동환, 김영미, 양현, 정지영, 김수진, *High School English* (서울: 천재교육, 2018) 145.

참고문헌

1. 문학작품

에즈라 잭 키츠. 김소희 역. 『눈 오는 날』. 서울: 비룡소, 2017.

존 버닝햄. 박상희 역. 『야, 우리 기차에서 내려!』. 서울: 비룡소, 1995.

Aardema, Verna. *Why the Mosquitoes Buzz in People's Ears?* New York: The Dial Press, 1975.

Ackerman, Karen. *Song and Dance Man.* New York: Knopf, 1988.

Adoff, Arnold. *black is brown is tan.* New York: HarperCollins, 1973.

Al Abdullah, Rania. *The Sandwich Swap.* New York: Little, Brown, 2010.

Allen, Pamela. *Inside Mary Elizabeth's House.* Sydney: Penguin Australia, 2003.

Allsburg, Chris Van. *Jumanji.* New York: Houghton Mifflin, 1981.

Bang, Molly. *When Sophie Gets Angry—Really, Really, Angry.* New York: Scholastic, 1999.

Baum, L. Frank. *The Wonderful Wizard of Oz.* Chicago, IL: George M. Hill Company, 1900.

Bingham, Kelly, and Paul O. Zelinsky. *Z Is for Moose.* New York: Greenwillow Books, 2012.

Blackall, Sophie. *Hello Lighthouse.* New York: Little, Brown Books, 2018.

Blackstone Stella, and Debbie Harter. *Bear's School Day.* Concord, MA: Barefoot Books, 2014.

Blume, Judy. *The Pain and the Great One.* Scarsdale, NY: Bradbury Press, 1974.

Browne, Anthony. *Gorilla.* London: Walker Books, 1983.

Browne, Anthony. *My Dad.* New York: Farrar, Straus and Giroux, 2001.

Brown, Margaret Wise. *The Dead Bird.* New York; HarperCollins, 2016.

Brown, Margaret Wise. *The Father Is Coming.* New York: Simon & Schuster, 2010.

Brown, Margaret Wise. *Goodnight Moon.* New York: Harper & Brothers, 1947.

Browning, Robert. *The Pied Piper of Hamelin.* New York: Knopf, 1993.

Bunting, Eve. *Smoky Night.* New York: Harcourt Brace, 1994.

Burningham, John. *Hey! Get off Our Train.* New York: Dragonfly Books, 1989.

Burningham, John. *John Patrick Norman McHennessy, the Boy Who Was Always Late.* New York: Dragonfly Books, 1999.

Burton, Virginia Lee. *The Little House.* New York: Houghton Mifflin, 1942.

Caldecott, Randolph. *The Queen of Hearts.* London: George Routledge and Sons, 1879.
Carle, Eric. *Little Cloud.* New York: Scholastic, 1996.
Carle, Eric. *The Mixed-Up Chameleon.* New York: HarperCollins, 1988.
Carle, Eric. *Eric Carle's Opposites.* New York: Penguin, 2007.
Carle, Eric. *1, 2, 3, to the Zoo.* New York: Penguin, 1990).
Carle, Eric. *Papa, Please Get the Moon for Me.* New York: Simon & Schuster, 1986.
Carle, Eric. *Today Is Monday.* London: Penguin, 1993.
Castillo, Lauren. *Nana in the City.* New York: Clarion Books, 2014.
Choi, Yangsook. *The Name Jar.* New York: Dragonfly Books, 2003.
Christelow, Eileen. *Five Little Monkeys Jumping on the Bed.* New York: Houghton Mifflin, 1989.
Cleary, Beverly. *Dear Mr. Henshaw.* New York: HarperCollins, 1983.
Cooney, Barbara. *The Ox-Cart Man.* New York: Viking, 1979.
Cooney, Barbara. *Miss Rumphius.* New York: Viking, 1982.
Cormier, Robert. *The Chocolate War.* New York: Pnatheon Books, 1974.
Crane, Walter. *The Frog Prince.* London: George Routledge and Sons, 1874.
de Brunhoff, Jean. *The Story of Babar.* New York: Random House, 1933.
dePaola, Tomie. *Strega Nona.* Hoboken, NJ: Prentice-All, 1975.
Dooley, Norah. *Everybody Cooks Rice.* Minneapolis, MN: Millbrook Press, 1991.
Dr. Seuss. *Green Eggs and Ham.* New York: Random House, 1960.
Dr. Seuss. *One Fish Two Fish Red Fish Blue Fish.* New York: Random House, 1960.
Dyer, Sarah. *Five Little Fiends.* London: Bloomsbury Children's Books, 2001.
Ehlert, Lois. *Leaf Man.* San Diego, CA: Harcourt, 2005.
Eland, Eva. *When Sadness Comes to Call.* London: Andersen P, 2019.
Feelings, Muriel. *Moja Means One: Swahili Counting Book.* New York: Puffin Books, 1971.
Freeman, Don. *Corduroy's Trick-or-Treat.* New York: Viking, 2002.
French, Fiona. *Snow White in New York.* New York: Oxford UP, 1990.
Gag, Wanda. *Millions of Cats.* New York: Coward-McCann, 1928.
Garner, James Finn. *Politically Correct Bedtime Stories.* London: Souvenir P, 2011.
Giganti Jr., Paul. *How Many Snails?* New York: Greenwillow Books, 1988.
Gilman, Phoebe. *Something from Nothing.* New York: Scholastic, 1992.
Gravett, Emily. *Monkey and Me.* New York: Simon & Schuster, 2008.

Henkes, Kevin. *Kitten's First Full Moon.* New York: Greenwillow Books, 2004.

Hutchins, Pat. *Rosie's Walk.* New York: Little Simon, 1967.

Hutchins, Pat. *The Doorbell Rang.* New York: HarperCollins, 1986.

James, Ann. *Finding Jack.* Melbourne: Oxford UP, 1992.

Jobling, Curtis. *Frankenstein's Cat.* New York: Simon & Schuster, 2001.

Johnson, Stephen T. *Alphabet City.* New York: Puffin Books, 1999.

Katz, Karen. *The Colors of Us.* New York: Square Fish, 1999.

Keats, Ezra Jack. *Peter's Chair.* New York: Viking, 1967.

Keats, Ezra Jack. *The Snowy Day.* New York: Viking, 1962.

Kraus, Robert. *Leo the Late Bloomer.* New York: HarperCollins, 1971.

Krauss, Ruth. *The Carrot Seed.* New York: Scholastic, 1945.

Levine Ellen, and Kadir Nelson. *Henry's Freedom Box: A True Story from the Underground Railroad.* New York: Scholastic, 2007.

Lindstrom, Carole. *We Are Water Protectors.* New York: Roaring Book Press, 2020.

Lionni, Leo. *Alexander and the Wind-Up Mouse.* New York: Pantheon, 1969.

Lionni, Leo. *Inch By Inch.* New York: HarperCollins, 1960.

Llenas, Anna. *The Color Monster: A Story about Emotions.* New York: Little, Brown, 2018.

Llenas, Anna. *The Color Monster Goes to School.* London: Templar Books, 2018.

Lobel, Arnold. *Fables.* New York: Harper & Row, 1980.

London, Jack. *The Call of the Wild.* New York: Macmillan, 1903.

Lowry, Lois. *Number the Stars.* New York: Clarion Books, 1989.

Macaulay, David. *Black and White.* Boston, MA: Houghton Mifflin, 1990.

McCloskey, Robert. *Make Way for Ducklings.* New York: Viking, 1941.

Maillard, Kevin Noble. *Fry Bread: A Narrative American Family Story.* New York: Roaring Book Press, 2019.

Martin Jr., Bill, and John Archambault, *Chicka Chicka Boom Boom.* New York: Simon & Schuster, 1989.

Martin, Jacqueline Briggs. *Snowflake Bentley.* New York: Houghton Mifflin, 1998.

Marzollo, Jean. *City Sounds.* New York: Scholastic, 1994.

McDermott, Gerald. *Anansi the Spider: A Tale from the Ashanti.* New York: Henry Holt, 1987.

McDermott, Gerald. *Arrow to the Sun.* New York: Viking, 1974.

McKee, David. *I Hate My Teddy Bear.* London: Anderson Press, 1996.

Mosel, Arlene. *The Funny Little Woman.* Boston, MA: E. P. Dutton, 1973.

Muhammad, Ibtihaj, and S. K. Ali. *The Proudest Blue.* New York: Little, Brown, 2019.

Nicholson, William. *Clever Bill.* New York: Farrar, Stras and Giroux, 1926.

Peek, Mary. *Mary Wore Her Red Dress.* New York: Clarion Books, 1988.

Peet, Bill. *The Wump World.* New York: Houghton Mifflin, 1970.

Pinkney, Jerry. *The Lion and the Mouse.* New York: Little, Brown, 2009.

Pinkwater, Daniel Manus. *The Big Orange Splot.* New York: Scholastic, 1977.

Polacco, Patricia. *The Keeping Quilt.* New York: Simon & Schuster, 1988.

Potter, Beatrix. *The Tale of Peter Rabbit.* London: Penguin, 2002..

Rappaport, Doreen. *Martin's Big Words: The Life of Dr. Martin Luther King Jr.* New York: Little, Brown, 2001.

Raschka, Chris. *A Ball for Daisy.* New York: Random House, 2011.

Rocco, John. *Blackout.* New York: Hyperion Books, 2011.

Rosen, Michael. *We're Going on a Bear Hunt.* London: Walker Books, 1989.

Ross, Tony. *Don't Do That!* London: Anderson Press, 1991.

Salati, Doug. *Hot Dog.* New York: Random House, 2022.

Santat, Dan. *The Adventures of Beekle: The Unimaginary Friend.* New York: Little, Brown Books, 2014.

Say, Allen. *Grandfather's Journey.* New York: Houghton Mifflin, 1993.

Schwartz, David M. *How Much Is a Million?* New York: HarperCollins, 1985.

Scieszka, Jon. *The Stinky Cheese Man and Other Fairly Stupid Tales.* New York: Viking, 1992.

Scieszka, Joe. *The True Story of the 3 Little Pigs.* New York: Viking, 1989.

Sendak, Maurice. *In the Night Kitchen.* New York: Harper & Row, 1970.

Sendak, Maurice. *Where the Wild Things Are.* New York: Harper, 1963.

Shannon, David. *David Goes to School.* Los Altos, CA: The Blue Sky Press, 1999.

Shannon, George. *One Family.* New York: Farrar, Straus and Giroux, 2015.

Shea, Pegi Deitz. *The Whispering Cloth: A Refugee's Story.* New York: Astra Publishing House, 1995.

Shulevitz, Uri. *Snow.* New York: Farrar, Straus and Giroux, 1998.

Sierra, Judy. *The Sleepy Little Alphabet.* New York: Knopf, 2014.

Slobodkina, Esphyr. *Caps for Sale.* New York: W. R. Scott, 1940.

Spiegelman, Art. *Maus: A Survivor's Tale.* New York: Pantheon Books, 1986.
Steig, William. *Sylvester and the Magic Pebble.* London: Windmill Books, 1969.
Taback, Simms. *Joseph Had a Little Overcoat.* New York: Viking Pres, 1999.
Tan, Shun. *The Arrival.* London: Hodder & Stoughton, 2006.
Ungerer, Tomi. *Crictor.* New York: HarperCollins, 1983.
Walsh, Ellen Stoll. *Mouse Count.* New York: Clarion Books, 1991.
Wells, H. G. *The War of the Words.* New York: Harper, 1898.
Wenzel, Brendan. *The All Saw a Cat.* San Francisco, CA: Chronicle Books, 2016.
Wertham, Fredric. *Seduction of the Innocent.* New York: Rinehart & Company, 1954.
Wiesner, David. *Flotsam.* New York: Clarion, 2006.
Wiesner, David. *The Three Pigs.* New York: Clarion, 2001.
Wiesner, David. *Tuesday.* New York: Clarion Books, 1991.
Wilhelm, Hans. *The Trapp Family Book.* London: Heinemann, 1983.
Willems, Mo. *Don't Let the Pigeon Drive the Bus!*ㅍNew York: Hyperion, 2003.
Woodson, Jacqueline. *Each Kindness.* New York: Nancy Paulsen Books, 2012.
Woodson, Jacqueline. *The Other Side.* New York: Nancy Paulsen Books, 2001.

2. 연구자료

교육부. 『영어과 교육과정』 (교육부 고시 제2022-33호). 세종: 교육부, 2022.
김태영, 이동환, 김영미, 양현, 정지영, 김수진. *High School English.* 서울: 천재교육, 2018.
김혜련, 박선호, 최희경, 심창용, 이동환, 강정진, 황필아, 성민창, 박지현, 조규희, 남보라. 『초등영어 교재연구』. 서울: 경문사, 2023.
김혜리. 『그림책을 활용한 어린이 영어교육』. 파주: 교육과학사, 2013.
김혜리. 『아동 문학과 영어 교육』. 서울: 한국문화사, 2015.
김혜리, 황창녕, 강영옥, 임희진, 경지숙, 김태영, 정윤희, 정수정, 신재욱, 이지현, Jordan Vinikoor. *Elementary School English 3, 4, 5, 6.* 서울: YBM, 2018.
마리아 니콜라예바 외. 서정숙 외 역. 『그림책을 보는 눈: 그림책의 분석과 비평』. 서울: 마루벌, 2011.
메리-프랜시스 오코너. 『사랑과 상실의 뇌과학』. 서울: 학고재, 2023.
M. 스턴버그. 서용조 역. 『공간이 마음을 살린다: 행복한 공간을 위한 심리학』. 서울: 더퀘스트, 2013.
박기화, 안경자, 홍진영, 김혜원, 임은화, 정고은, 이명희. *Elementary School English 3, 4, 5, 6.* 서울: 동아출판, 2018.
비외른 롬보르. 『회의적 환경주의자』. 서울: 에코리브르, 2003.

신명호. 『그림책의 세계』. 파주: 김영사, 2009.

앙투안 콩파뇽. 김병욱 역. 『문학의 쓸모』. 서울: 뮤진트리, 2025.

양현권, 황종배, 이창수, 민병천, 김태영, 이동환, 이주연, 박은경, 정경아, 김민영. *Middle School English 1, 2, 3.* 서울: 지학사, 2013.

이동환. 「기계번역 이후의 영미문학교육: 번역연구의 성과와 영미문학교육의 미래」. 『영미문학교육』 21.2 (2017): 221-49.

이동환. 「문학과 문학교육의 의미: 영미권의 문학교육 연구와 외국어로서의 영어교육(EFL)」. 『영미문학교육』 16.1 (2012): 107-30.

이동환. 「심미적 거리와 추상화된 자연: 영미 아동문학 속의 생태적 자연」. 『문학과환경』 10.1 (2011): 111-43.

이동환. 「칼데콧 수상작 플롯 요소의 교육적 의미: 영미문학교육이 그림책 해석과 개작을 위한 시론」. 『영미문학교육』 27.1 (2023): 35-66.

이동환. 「캐나다의 사실적 동물이야기: 시튼의 『내가 알던 야생동물』과 캐나다인의 수세적 사고방식(garrison mentality)」. 『영미문학교육』 26.1 (2022): 125-52.

이재근, 김진석, 나경희, 이동주, Judy Yin, 권민지, 김은주, 정은숙, 윤경진, 김동연, 서미옥, 민경선, 최은수, 김소영, 정효준, 장진철, 장안숙, 김주원. *Elementary School English 3, 4, 5, 6.* 서울: 대교, 2018.

장 자크 루소. 민희식 역. 『에밀』. 고양: 육문사, 2017.

조성순. 『한국 그림책의 역사』. 남양주시: 청동거울, 2023.

필립 아리에스. 문지영 역. 『아동의 탄생』. 서울: 새물결, 2003.

초등영어그림책연구회. 『하루 한 권 아이와 함께 하는 영어 그림책 수업 77』. 서울: 교육과실천, 2025.

최희경, 서지연, 문은혜, 이미화, 윤지영, 박미애, 조선형, 이효진, 박경희. *Elementary School English 3, 4, 5, 6.* 서울: YBM, 2018.

한광택. 「영미문학교육의 새 모델: 문학적 내러티브 중심 수업의 성취기준과 평가를 중심으로」. 『영미문학교육』 27.3 (2023): 101-30.

한유미, 김민재, 김윤희, 김정연, 민혜홍, 심혜진, 오숙자, 조미경, 최예숙, 허선화. 『디지털 시대의 그림책 제작과 활용: 전통문화와 첨단기술의 융합』. 서울: 학지사, 2024.

함순애, 이양순, 김현아, 박수경, 박장웅, 안소연, 은정화, 이정민, 임남희, 정신우, Heather L. Reichmuth. *Elementary School English 3, 4, 5, 6.* 서울: 천재교육, 2018.

Alsumait, Asmaa, and Zahraa S. Al-Musawi. "Creative and Innovative e-learning Using Interactive Storytelling." *International Journal of Pervasive Computing and Communications* 9.3 (2013): 209-26.

Ariès, Philippe. *Western Attitudes Toward Death from the Middle Ages to the Present.* Trans. Patricia M. Ranum. London: Marion Boyars, 1974.

Armstrong, Nancy. "Why the Bildungsroman No Longer Works." *Textual Practice* 34.12 (2020): 2091-111.

Baker, Tracy. "Strategic Planning: Recognizing Patterns for Reading Instruction." *Primary Voice K-6* 10.4 (2002): 16-22.

Bamberg, Michael G. W. *The Acquisition of Narratives: Learning to Use Language.* New York: Mouton de Gruyter, 1987.

Baumeister, Roy F., Karen Dale, and Kristin L. Sommer. "Freudian Defense Mechanisms and Empirical Findings in Modern Social Psychology: Reaction Formation, Projection, Displacement, Undoing, Isolation, Sublimation, and Denial." *Journal of Personality* 66.6 (1998): 1081-1124.

Beckson, Karl E., and Arthur F. Ganz. *A Reader's Guide to Literary Terms: A Dictionary.* New York: Noonday Press, 1961.

Beeck, Nathalie op de. "Picture-text Relationship in Picturebooks." *The Routledge Companion to Picturebooks*,. Ed. Bettina Kümmerling-Meibauer. New York: Routledge, 2018.

Beers, Kyleen, and Robert E. Probst. *Reading Nonfiction: Notice and Note, Stances, Signposts, and Strategies.* Portsmouth, NH: Heinemann, 2016.

Bettelheim, Bruno. *The Use of Enchantment: The Meaning and Importance of Fairy Tales.* New York: Vintage, 1977.

Bluemel, Nancy Larson, and Rhonda Harris Taylor. *Pop-Up Books: A Guide for Teachers and Librarians.* Santa Barbara, CA: ABC-CLIO, 2012.

Boerman-Cornell, William, Jung Kim, and Michael L. Manderino. *Graphic Novels in High School and Middle School Classrooms: A Disciplinary Literacies Approach.* Lanham, MD: Rowman & Littlefield, 2017.

Bosmajian, Hamida. "Reading the Unconscious: Psychoanalytical Criticism." *Understanding Children's Literature.* Ed. Peter Hunt. London: Routledge, 2005. 101-13.

Boyd, Brian. *On the Origin of Stories: Evolution, Cognition, and Fiction.* Cambridge, MA: Harvard UP, 2010.

Branscombe, Margaret. "Showing, Not Telling: Tableau as an Embodied Text." *The Reading Teacher* 69.3 (2015): 321-29.

Carr, Eileen, and Donna Ogle. "K-W-L Plus: A Strategy for Comprehension and Summarization." *Journal of Reading* 30.7 (1987): 626-31.

Carlyle, Thomas. *On Heroes, Hero-Worship, and the Heroic in History.* New York: AMS Press, 1969.

Carter, Ronald. "Linguistic Models, Language, and Literariness: Such Studies in the Teaching of Literature to Foreign Students." *Literature and Language Teaching*, Ed. Christopher Brumfit and Ronald Carter. Oxford: Oxford UP, 1986. 110-32.

Champlin, Connie. *Storytelling with Puppets*. Chicago: American Library Association, 1998.

Chou, Rosalind S., and Joe R. Feagin. *The Myth of the Model Minority: Asian Americans Facing Racism.* 2nd ed. Boulder, CO: Paradigm Publishers, 2015.

Collie, Joanne, and Stephen Slater. *Literature in the Language Classroom: A Resource Book of Ideas and Activities.* New York: Cambridge UP, 1987.

Collins, Rita. "Using Story Boxes in Language Learning." *English Teaching Forum* 47.1 (2009): 18-21.

Costello, Bill, and Nancy J. Kolodziej. "A Middle School Teacher's Guide for Selecting Picture Books." *Middle School Journal* 38.1 (2006): 27-33.

Crothers, Samuel McChord. "A Literary Clinic." *Atlantic Monthly* 118 (1916): 291-301.

Dillon, Thomas. "Korean University Students's Prompt Literacy Training with ChatGPT: Investigating Language Learning Strategies." *English Teaching* 79.3 (2024): 123-57.

Dunlap, Thomas R. "The Realistic Animal Story: Ernest Thompson Seton, Charles Roberts, and Darwinism." *Forest & Conservation History* 36.2 (1992): 56-62.

Eagleton, Terry. *Literary Theory: An Introduction.* Minneapolis: The U of Minnesota P, 2008.

Engel, Susan. *The Stories Children Tell: Making Sense of the Narratives of Childhood.* New York: W. H. Freeman and Company, 1995.

Field, John. "An Insight into Listeners' Problems: Too Much Bottom-up or Too Much Top-down?" *System* 32.3 (2004): 363-77.

Forster, E. M. *Aspects of the Novel.* New York: Rosetta Books, 2002.

Forgan, James W. "Using Bibliotherapy to Teach Problem Solving." *Intervention in School and Clinic* 38.2 (2002): 75-82.

Freire, Paulo. *Pedagogy of the Oppressed: 30th Anniversary Edition.* Trans. Myra Bergman Ramos. New York: Continuum, 2000.

Freud, Sigmund. *The Ego and the Id.* Trans. Joan Riviere. Ed. James Strachey. New York: Norton, 1960.

Frye, Northrop. *Anatomy of Criticism: Four Essays.* Princeton, NJ: Princeton UP, 1971.

Gladding, Samuel T., and Claire Gladding. "The ABCs of Bibliotherapy for School Counselors." *The School Counselor* 39 (1991): 7-13.

Glotfelty, Cheryll. "Introduction: Literary Studies in an Age of Environmental Crisis." *The Ecocriticism Reader: Landmarks in Literary Ecology.* Ed. Cheryll Glotfelty and Harold Fromm. Athens: The U of Georgia P, 1996. xv-xxxvii.

Grenby, M. O. *Children's Literature.* Edinburgh, UK: Edinburgh UP, 2008.

Griffin, Barbara Budge. *Storyteller's Handbook.* Medford, OR: Griffin McKay Publications, 1996.

Gubar, Marah. "On Not Defining Children's Literature." *PMLA* 126.1 (2011): 209-16.

Gunadi, R. Andi Ahmad, and Maesaroh Lubis. "The Effect of Outdoor Learning on Students' Storytelling Ability." *Lentera Pendidikan: Jurnal Ilmu Tarbiyah dan Keguruan* 24.2 (2021): 345-51.

Guy, Cook. "Making the Subtle Difference: Literature and non-literature in the Classroom." *Language, Literature, and the Learner: Creative Classroom Practice.* Ed. Ronald Carter and John McRae. London: Longman, 1996. 151-65.

Hamada, Yo. "Shadowing: What Is It? How to Use It. Where Will It Go?" *RELC Journal* 50.3 (2018): 386-93.

Haven, Hendall. *Story Proof: The Science Behind the Startling Power of Story* Westport, CT: Libraries Unlimited, 2007.

Herman, David. *Storytelling and the Sciences of Mind.* Cambridge, MA: The MIT P, 2013.

Heuer, Wolfgang. "The Temptation of Lying" *Russian Sociological Review* 17.4 (2018): 25-36.

Hoover, Steven. "The Case for Graphic Novels." *Communications in Information Literacy* 5.2 (2012): 174-86.

Hooykaas, Michiel Jan Dirk, Marloes Gertrudis Holierhoek, Joris Sebastiaan Westerweld, Menno Schilthuizen, and Ionica Smeets. "Animal Biodiversity and Specificity in Children's Picture Books." *Public Understanding of Science* 31.5 (2022): 671-88.

Horning, Kathleen T. *From Cover to Cover: Evaluating and Reviewing Children's Books.* New York: HarperCollins, 2010.

Hsui, Victoria Y. "Integrating Language Processes Through Readers Theater." *Teaching and Learning* 14.2 (1994): 30-42.

Hui, Anna N. N., Bonnie Wing-Yin Chow, Eva S. M. Chan, and Man-Tak Leung. "Reading Picture Books with Elements of Positive Psychology for Enhancing the Learning of English as a Second Language in Young Children." *Frontiers in Psychology* 10.2899 (2020): 1-12.

Hutto, Daniel D. "The Narrative Practice Hypothesis: Origins and Applications of Folk Psychology." *Narrative and Understanding Persons.* Ed. Daniel D. Hutto. Cambridge, UK: Cambridge UP, 2007. 43-68.

Hyde, Lewis. *Trickster Makes This World: Mischief, Myth, and Art.* New York: Farrar, Straus and Giroux, 1998.

Ivone, Francisca Maria. "Old Software, New Purpose: Exploring PPT for Interactive Language Learning." *The 4th International Conference on Language, Society and Culture in Asian Contexts. KnE Social Sciences* (4017): 445-54.

Jeon, Mi Jin, and Dong-hwan Lee, "The Effects of Using Creative Readers' Theater Scripts on Primary English Education." *Primary English Education* 19.3 (2013): 31-56.

Kelley, Michelle, and Nicki Clausen-Grace. "From Picture Walk to Text Feature Walk: Guiding Students to Strategically Preview Informational Text." *Journal of Content Area Reading* 7.1 (2008): 5-28.

Kim, Jung. "Representation and the Need for Asian American Graphic Novels in Today's Classrooms." *Annals of Social Studies Education Research for Teachers* 2.3 (2021): 27-34.

Kusna, Siti Labiba, and Endang Puspitasari. "Big Book Storytelling: Stimulation Strategies in Early Childhood Literacy." *Kiddo: Jurnal Pendidikan Islam Anak Usia Dini* 4.2 (2023): 88-100.

Lazar, Gillian. *Literature and Language Teaching: A Guide for Teachers and Trainers.* Cambridge, UK: Cambridge UP, 1993.

Lerer, Seth. *Children's Literature: A Reader's History from Aesop to Harry Potter* Chicago: The U of Chicago P, 2008.

Locke, John. *Some Thoughts Concerning Education.* London: R. and R. Tonson, 1779.

Long, Michael H. "Focus of Form: A Design Feature in Language Teaching Methodology." *Foreign Language Research in Crosscultural Perspective.* Ed. Kees de Bot, Ralph B. Ginsberg, and Claire Kramsch. Amsterdam: John Benjamins, 1991.

Long, Michael H. "Native Spekaer/Non-native Speaker Conversation and the Negotiation of Comprehensible Input." *Applied Linguistics* 4.2 (1983): 126-41.

Martin, Diana Elizabeth Arguello San, Maria Rossana, Ramirez-Avila, and Irma Guzman, "Storytelling through Picture Description to Enhance Young EFL Learners' Oral Production." *Journal of Foreign Language Teaching & Learning* 5.2 (2020): 115-34.

Martinez, Miriam, and Janis M. Harmon. "Picture/Text Relationship: An Investigation of Literary Elements in Picturebooks." *Literary Research and Instruction* 51 (2012): 323-43.

Mason, Beniko, and Stephen Krashen. "Extensive Reading in English as a Foreign Language." *System* 25.1 (1997): 91-102.

Mattingly, Linda. "Storytelling with Felts." *101 Favorite Play Therapy Techniques.* Ed. Heidi Kaduson and Charles Schaefer. Lanham, MD: Rowman & Littlefield Publishers, 1997.

May, Jill P. *Children's Literature & Critical Theory.* New York: Oxford UP, 1995.

McCulliss, Debbie. "Bibliotherapy: Historical and Research Perspectives." *Journal of Poetry Therapy* 25.1 (2012): 23-38.

McLeod, Beverly, and Barry McLaughlin. "Restructuring or Automaticity?: Reading in a Second Language." *Language Learning: A Journal of Research in Language Studies* 36.2 (1986): 109-23.

Mendoza, Jean, and Debbie Reese. "Examining Multicultural Picture Books for the Early Childhood Classroom: Possibilities and Pitfalls." *Early Childhood Research & Practice* 3.2 (2001): 1-38.

Mikkelsen, Nina. *Words and Pictures: Lessons in Children's Literature and Literacies.* Boston, MA: McGraw-Hill, 2000.

Montag, Jessica L., Michael N. Jones, and Linda B. Smith. "The Words Children Hear: Picture Books and the Statistics for Language Learning." *Psychological Science* 26.9 (2015): 1489-96.

Muftah, Muneera. "Impact of social media on learning English language during the COVID-19 pandemic." *PSU Research Review* 8.1 (2024): 211-26.

Nanson, Anthony. *Storytelling and Ecology: Empathy, Enchantment and Emergence in the Use of Oral Narratives.* London: Bloomsbury Academic, 2021.

Newton, Eunice S. "Bibliotherapy in the Development of Minority Group Self Concept." *The Journal of Negro Education* 38.3 (1969): 257-65.

Nodleman, Perry. *The Hidden Adult: Defining Children's Literature.* Baltimore, MD: The Johns Hopkins UP, 2008.

Nodelman, Perry. *Words About Pictures: The Narrative Art of Children's Picture Books.* Athens: The U of Georgia P, 1988.

Oktasari, Devi. "The Use of Magboard in Improving the Writing Creativity at Kangaroo School." *Tamansiswa International Journal in Education and Science* 3.1 (2020): 18-26.

Paivio, Allan, and Wallace Lambert. "Dual Coding and Bilingual Memory," *Journal of Verbal Learning and Verbal Behavior* 20.5 (1981): 532-39.

Pantaleo, Sylvia, and Lawrence R. Sipe. "Introduction: Postmodernism and Picturebooks." *Postmodern Picturebooks: Play, Parody, and Self-Referentiality.* Ed. Lawrence

R. Sipe and Sylvia Pantaleo. New York: Routledge, 2008.

Pappas, Christine C. "The Information Book Genre: Its Role in Integrated Science Literacy Research and Practice." *Reading Research Quarterly* 41.2 (2006): 226-50.

Prater, Mary Anne, Marissa L. Johnstun, Tina Taylor Dyches, and Marion R. Johnstun. "Using Children's Books as Bibliotherapy for At-Risk Students: A Guide for Teachers." *Preventing School Failure: Alternative Education for Children and Youth* 50.4 (2006): 5-10.

Paul, Ann Whitford. *Writing Picture Books.* Cincinnati, OH: Writer's Digest Books, 2009.

Pescosolido, Bernice A., Elizabeth Grauerholz, and Melissa A. Milkie. "Culture and Conflict: The Portrayal of Blacks in U.S. Children's Picture Books Through the Mid- and Late-Twentieth Century." *American Sociological Review* 62.3 (1997): 443-64.

Propp, Vladimir. *Theory and History of Folklore*, Trans. Ariadna Y. Martin and Richard P. Martin. Minneapolis: U of Minnesota P, 1984.

Ricœur, Paul. *The Conflict of Interpretation: Essays in Hermeneutics.* London: The Athlone P, 1989.

Ritvo, Harriet. "Learning from Animals: Natural History for Children in the Eighteenth and Nineteenth Centuries." *Children's Literature* 13 (1985): 72-93.

Rosenblatt, Louise M. *Literature as Exploration.* 5th ed. New York: The Modern Language Association of America, 1995.

Rosenblatt, Louis M. "The Literary Transaction: Evocation and Response" *Journal of Aesthetic Education* 20.4 (1986): 122-28.

Russell, David L. *Literature for Children.* 7th ed. Boston, MA: Pearson, 2012.

Said, Edward W. *Orientalism.* New York: Pantheon Books, 1978.

Schank, Roger C. *Dynamic Memory Revisited.* Cambridge, UK: Cambridge UP, 1999.

Seja, Astrida L., and Sandra W. Russ. "Children's Fantasy Play and Emotional Understanding." *Journal of Clinical Child Psychology* 28.3 (1999): 269-77.

Selden, Raman. *A Reader's Guide to Contemporary Literary Theory.* Brighton, Sussex: The Harvester P, 1985.

Sipe, Lawrence R. "The Art of the Picture Book." *Handbook of Research on Children's and Young Adult Literature.* Ed. Shelby A. Wolf, Karen Coats, Patricia Enciso, and Christine A. Jenkins. New York: Routledge, 2011. 238-52.

Smith, Adam. *The Wealth of Nations.* Chicago: The U of Chicago P, 1977.

Smith, Karen Patricia. *The Fabulous Realm: A Literary-Historical Approach to British*

Fantasy, 1780-1990. London: The Scarecrow Press, 1993.

Sorensen, Marilou. "Developing a Teaching Guide for Literary Teaching." *Teaching with Children's Books: Paths to Literature-Based Instruction.* Ed. Marilou Sorensen and Barbara Lehman. Urbana, IL: National Council of Teachers of English, 1995. 90-105.

Sprinker, Michael. "The War Against Theory." *PC: Politics and Theory in the Academy.* Ed. Jeffrey Williams. London: Routledge, 1995. 149-71.

Stadler, Marie A., and Gay Cuming Ward. "Supporting the Narrative Development of Young Children." *Early Childhood Education* 33.2 (2006): 73-80.

Stanley, Nile, Laurel Stanley, and Kate Nguyen. "Evaluating the Use of Biblio-poetry Therapy to Improve Resilience in Undergraduates." *Journal of Poetry Therapy* (2024). DOI: 10.1080/08893675.2024.2413598.

Stouse, Gabrielle A., Angela Nyhout, and Patricia A. Ganea. "The Role of Book Features in Young Children's Transfer of Information from Picture Books to Real-World Contexts." *Frontiers in Psychology* 9:50 (2018): 1-14.

Strange, Jeffrey J. "How Fictional Tales Wag Real-World Beliefs: Models and Mechanisms of Narrative Influence." *Narrative Impact: Social and Cognitive Foundations.* Ed. Melanie C. Green, Jeffrey J. Strange, and Timothy C. Brock. Mahwah, NJ: Lawrence Erbaum, 2002. 263-86.

Sunden, Susan. "Storytelling and Bibliotherapy: Tools and Techniques for Children Reveiving Therapeutic Intervention." *Journal of Poetry Therapy* 37.4 (2024): 255-66.

Unsworth, Len. "Point of View in Picture Books and Animated Movie Adaptations." *Scan: The Journal for Educators* 32 (2013): 28-37.

Venuti, Lawrence. *The Translator's Invisibility: A History of Translation.* London: Routledge, 2008.

Walsh, Sue. "Nature Faking and the Problem of the 'Real.'" *Interdisciplinary Studies in Literature and Environment* 22.2 (2015): 132-53.

Weinstein, Jack Russell. *Adam Smith's Pluralism: Rationality, Education, and the Moral Sentiments.* New Haven, CT: Yale UP, 2013.

Widdowson, Henry G. *Stylistics and the Teaching of Literature.* London: Longman, 1975.

The Wilmington Centinel and General Advertiser. Wilmington, NC. 8 January 1789.

Wiseman, Angela M., Nermin Vehabovic, and Jill S. Jones. "Intersections of Race and Bullying in Children's Literature: Transitions, Racism, and Counternarratives." *Early Childhood Education Journal* 47 (2019): 465-74.

Wormeli, Rick. *Summarization in Any Subject: 50 Techniques to Improve Student Learning.* Alexandria, VA: Association for Supervision and Curriculum Development, 2005.

Wutz, Jessica Ann, and Linda Wedwick. "BOOKMATCH: Scaffolding Book Selection for Independent Reading." *The Reading Teacher* 59.1 (2005): 16-32.

You, Chengcheng. "Representing Zoo Animals: The Other-than-Anthropocentric in Anthony Browne's Picture Books." *The Lion and the Unicorn* 43.1 (2019): 22-41.

찾아보기

작품제목

영어 그림책의 안과 밖

영어 그림책 바로 알고 새로 읽기

지은이 이동환
펴낸이 조경희
펴낸곳 경문사
펴낸날 2026년 1월 2일 1판 1쇄
등 록 1979년 11월 9일 제1979-000023호
주 소 04057, 서울특별시 마포구 와우산로 174
전 화 (02)332-2004 팩스 (02)336-5193
이메일 kyungmoon@kyungmoon.com

값 25,000원

ISBN 979-11-6073-806-3